- 四川省教育科研重点课题"新时代高品质学校建设成果的深化与推广研究"（川教函【2022】601号）成果
- 教育部"双名计划"何云竹名校长工作室建设阶段性成果

走近高品质幼儿园

主　编◎何云竹　崔　勇

ZOUJIN

GAOPINZHI YOUERYUAN

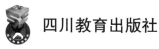 四川教育出版社

图书在版编目（CIP）数据

走近高品质幼儿园 / 何云竹，崔勇主编. —— 成都：
四川教育出版社，2024.11. —— ISBN 978-7-5408-9368
-2

Ⅰ．G617

中国国家版本馆 CIP 数据核字第 2024KC2730 号

走近高品质幼儿园

主　编 ◎ 何云竹　崔　勇

出 品 人　雷　华

策划组稿　卢亚兵

责任编辑　李萌芽

责任校对　刘正含

封面设计　庞　毅

责任印制　李栩彤

出版发行　四川教育出版社

　　　地　　　址　四川省成都市锦江区三色路 238 号新华之星 A 座

　　　邮政编码　610023

　　　网　　　址　www.chuanjiaoshe.com

制　　作　四川看熊猫杂志有限公司

印　　刷　四川省平轩印务有限公司

版　　次　2024 年 11 月第 1 版

印　　次　2024 年 11 月第 1 次印刷

开　　本　787 mm×1092 mm　1/16

印　　张　27

字　　数　510 千

书　　号　ISBN 978-7-5408-9368-2

定　　价　80.00 元

《走近高品质幼儿园》编委会

主　　编：何云竹　崔　勇

副 主 编：赵旭莹　李　敏　伍洪羲　黄　洁　王　霞　刁　玲　胡进雨　乔晓丽
　　　　　黄敏娟　赵三苏　张小帆　梁　娟　何世红　赵　颖　何　煦　熊　壮
　　　　　王炜娟　王　莉　王亚莉　刘建容　杜　杨　魏　霞　袁　丽　冀　娜
　　　　　刘朝霞　刘巧莉　泽仁拥初　张　平　周克霞　王　倩　胡　晓　林　莉
　　　　　庞　娟　陈先蓉　张春玉　阳　春　夏　凌　何　艺　雷　欢　郝　苗
　　　　　司　茜　刘　燕　杨　柳　邹晓敏　夏嘉忆　谢　蓉　尹　艳　魏红桔
　　　　　高　翔　彭海霞　张启弘　徐　颖

编　　委：何　苗　邵　莉　王　燕　蔡镜思之　王梦潇　杜　玲　李　平　余小丽
　　　　　李思默　彭泽翠　韩兴丽　涂恩来　解立谦　张靖霞　谢　娟　杜　红
　　　　　李佳蔚　蒋小茜　鲁正群　郭丁绮　邹　锦　余小梅　彭书红　朱志康
　　　　　胡　荔　李　艺　邵坤玉　邰　美　王　婷　王艳玲　谢辛希　刘云燕
　　　　　郝红梅　刘红梅　王月兰　焦芙琴　王亚丽　周　虹　陈　燕　付俊梅
　　　　　唐　蜜　何　珩　范春芳　陈金华　江琳琳　刘　懿　郑晓红　余　婷
　　　　　杨　帆　马　聃　符君雨　张家敏　杨　超　范潇文　陈丝丝　胡卓毅
　　　　　刘文英　李会兰　王　濛　郭鹏宇　谭丽娟　李晓凤　贺利莎　杨兴连
　　　　　虞晓琴　洛绒志玛　毕维珊　宋　娇　王　欢　林　芳　王　娟　周钰熹
　　　　　杨　敏　李　好　彭元菊　邱　芳　母　倩　张　泉　周　也　何　曼
　　　　　刘燕辉　宋柳延　李林径　刘欣妮　李　阳　赖遵吕　胡钰皎　张小娟
　　　　　何军霞　王晓艳　刘　谦　严　凤　郭小瑜　赵　郁　白　静　史　钰
　　　　　加冬梅　陈文静　梁海霞　李　静　谭　倩　赵栩艺　王媛媛　郭　静
　　　　　曾滟茹　吴秀平　汤　晴　陈思佚　阳　睿　曾向阳　周袁茜　梁　勤
　　　　　周　吉　江俊杰　夏德芳　梁红林　丁秋萍　严婷婷　胡　露　罗　丹
　　　　　徐　文　魏秀秀　徐　婷　何平牛　充　何　芳　易传凤

让保育教育过程充满"最优生长"的力量

　　保育教育（以下简称"保教"）是幼儿成人教育过程中的奠基工程，幼儿成人教育过程的高品质始于保教过程的高质量。走近高品质幼儿园的关键，首先是全面全程提高保教过程的质量，让育人过程充满"最优生长"的力量。

　　让保教过程充满"最优生长"的力量，是让策划和实施保教活动的环境、规则、行为、言语、事件、结果等富有引导幼儿成长的力量，一并达到最优程度。幼儿的成长是一个过程，这个过程是由连续不断的发展事件构成的，只有提高了这一过程中每一事件的质量，并且不断优化前后事件的关系，使不同的成长事件成为优质的动态发展的连续体，幼儿才能在这一过程中以理想的速度和质量成为"期望中的人"，这就是幼儿成人过程的最优化。要做到幼儿在成人教育过程中的最优化，首先要做到保教过程的最优化。

　　过程决定结果，没有过程的最优化，就难有育儿的高质量。实现保教过程的最优化，是世界各国教育教学改革的重点与难点。20 世纪 70 年代，苏联著名教育家巴班斯基在"教育教学过程的积极化"的基础上，提出了"教育教学过程最优化"的主张。由"教育教学过程的积极化"向"教育教学过程最优化"的转变，突出了教育研究与实践者对教育教学过程质量的追求。教育教学过程的积极化是指教育教学过程充满催人奋进、促人发展的正能量，学生在积极发展的氛围中不断进步，最终达成既定的发展目标。教育教学过程的积极化虽然注重了过程发展中的正能量与发展性，却忽略了教育教学过程的效益与质量，因而出现了两种负面倾向：一是过于重视教育教学过程中的快乐体验和学习的积极情绪，却忽视了学生在单位时间内应得到的学习成果，导致学生虽然学习热情高但实际收获有限的不良现象；二是过分强调学生在收获方面的积极表现，未充分考虑学生的学习能力和承受力，过度增加学习负担引发学生厌学情绪，造成学生学习负担日益加重而学习积极性却持续下降的不良趋势。这两种倾向都影响了教育教学过程的质量。为了纠正这两种倾向，巴班斯基在大量实验的基础上，提出了教育教学过程最优化的主张，并总结了教育教学过程最优化的内涵、原则、标准和具体实施办法，这些成果不但在当时的苏联影响广泛，而且在全世界掀起了研究与实践教育教学过程最优化的热潮。

"最优"这一术语，意指"根据特定标准评估，在当时的条件下被视为最佳"。解决特定任务的效果与所需时间，可作为评判最优性的标准。在这种情况下，所谓教育教学过程的最优化，就是指教师有目的地选定一种建立教学过程的最佳方案，使其能保证在规定时间内解决教养和教育学生的任务，并取得尽可能最大的效果。① 巴班斯基所强调的"最优"是一个相对性的概念：首先，相对于教与学的条件而言，"最优"指的是在最大程度上有效利用并发挥现有条件的优势，而非超越现实条件去进行不切实际的期望和空谈；其次，就师生所投入的时间和精力而言，"最优"意味着在不损害师生身心健康的前提下取得最佳成效；再次，针对学生的学习潜能，"最优"旨在帮助学生将其自身能力发挥到极致，而非忽视学生的发展潜能而急于求成；最后，关于达到国家规定的发展标准，"最优"并非一味追求高标准，而是力求以最少的时间和资源消耗达到国家规定的教育目标。所以巴班斯基说："应该注意的是，'最优的'这个词并不等同于'理想的'这个词。当谈论最优性时，必须强调指出，这里所说的尽可能最大的效果并非泛泛而谈，乃是针对一所学校或一定班级现有的具体条件而说的，也就是说，指的是学生和教师当时所具有的全部可能性。对某些条件来说是最优的，未必对另一些条件也是最优的。探求最优方案，应当同时努力改善教育教学过程得以发挥作用的条件，并把两者结合起来。"② 我国地域辽阔，不同地方的幼儿园在条件和师生发展的可能性上都存在较大差异，按照巴班斯基的过程最优化理论，不同幼儿园和不同师生可以实现不同的最优化，这种最优化是适合自身实际的最优化。巴班斯基反复强调："教育教学过程的最优化并不是一种什么新的教学形式或教学方法，而是教师工作的一项特殊原则，是解决任何教育教学任务的一定的工作方法，它专门用于在规定时间内（尽可能在较少的时间内）以较少的精力达到当时条件下尽可能最大的

① ［苏］巴班斯基.教学过程最优化——一般教学论方面[M].张定璋，译.北京：人民教育出版社，2007：2.
② 同①。

效果。"①

就幼儿园的保教工作来说,如何把教育教学过程最优化作为所有教师工作的一项特殊原则并将其转化为一种工作方法,是本书着力研究的问题。本书将"育人过程"作为主线统领保教内容,分别以"办园方向:找准育人过程的逻辑起点""保育与安全:筑牢育人过程的生命底线""遵循规律:实现育人过程的最优发展""育人环境:优化育人过程的全景场域""教师队伍:做强育人过程的中坚力量"为标题组织五章内容,旨在探讨在保教过程中,如何有效把握并高效实施最优化的理念、思路与方法。只有在明确方向、坚守底线、遵循规律及优化环境的大框架下,创造性地使保教过程充满"最优成长"的动力,才能全面提升幼儿园的保教质量。从本书阐述的观点及展示的实例来看,幼儿园若想切实提升保教过程的质量,需着重强化以下三组关键词。

第一组关键词是方向、价值与目的。方向、价值与目的,是制订保教过程质量目标和最优化标准的依据。幼儿园以保教目标为参照,《幼儿园保育教育质量评估指南》(以下简称《评估指南》)确定的各项指标就是保教过程最优化的标准。要让保教过程充满"最优生长"的力量,不能仅仅停留在这些具体目标和标准上,还要透过这些目标读懂"为党育人,为国育才"这一方向对幼儿保教过程赋予的育人价值,立足这些方向和价值细化保教的总体目标和过程目标,树立和强化保教过程的目标意识,有目的地保教。"在落实目的时,要统一地研究国家规定的教学任务、现行教学体系的发展的可能性以及现有的教学条件"②,把国家要求和幼儿园的现实条件结合起来细化和具化保教过程目标。因此,本书在第一章强调理解办园方向,找准育人过程的逻辑起点,必然绕不开教育的本质问题,也就是必须回答"培养什么人、怎样培养人、为谁培养人"这个根本性问题。从政策文本到实践进程,我们至少可以看到办园方向的三个方面的内涵:一是坚持党建引领,走中国特色社会主义办园之路,站稳国家立场,回答"为谁培养人"的问题;二是以品德启蒙为基点,用中国特色社会主义思想铸魂育人,站稳发展立场,回答"培养什么人"的问题;三是树立科学理念,遵循人的发展规律,站稳儿童立场,回答"怎样培养人"的问题。三者之间从宏观到微观,从思想到实践,层层深入递进,为育人过程奠定了思想根基,也为教师在保教过程中把准方向、深挖价值、确定目的和目标提供了思路和范例。

第二组关键词是结构、全体和个体。保教过程的最优化,不是某一行为或活动的

---

① [苏]巴班斯基.教学过程最优化——一般教学论方面[M].张定璋,译.北京:人民教育出版社,2007:2.
② 同①。

最优化，而是与保教活动密切相关的目标、内容、形式和结果等要素的整体最优化。巴班斯基的过程最优化理论认为，"在教学过程中可以区分出这样一些基本成分：由社会所决定的教学目的，教学内容，教学条件，教师和学生活动的组织形式，师生活动的方法，教学结果的分析和自我分析"①。要促进教育教学过程的最优化，"必须要研究过程本身所固有的最本质的、必然的、稳定的联系。因为，众所周知，规律就是现象间内在的、本质的、稳定的联系，它制约着现象的发展。深入钻研教学过程的规律是与认识它固有的结构联系有机地结合在一起的。为了揭示教学过程中的结构联系，必须依据联系是科学认识的范畴这一逻辑学和方法论的概念"②，认识教育教学过程中的要素及其结构，通过优化结构来实现育人过程的最优化。本书强化了保教过程的结构观与整体观，力求通过结构优化让保教过程充满"最优生长"的力量。

例如，在"保育与安全：筑牢育人过程的生命底线"这一章，首先建议教师们不断追问"怎样为儿童健康奠基"这一问题，进行深层次剖析，以明确卫生保健的价值导向，依此聚焦卫生防控、膳食营养、健康监测等价值确定保育的过程性目标。在此基础上融入自我关爱教育，由外向内引导幼儿学习"如何爱自己"，并将其贯穿于卫生保健、生活照料及安全防护的每一个环节：通过卫生保健保障幼儿身心健康，为"爱自己"打基础；通过生活照料提升幼儿生活品质，为"爱自己"提效能；通过安全防护构筑幼儿安全防线强实力，为"爱自己"筑防线。这就增强了"保育与安全"教育过程的结构性与整体性，为提高保育过程质量铺垫了基础。再如育人环境建设，在满足幼儿的"基本活动需要"上，从环保安全、年龄适宜、空间适宜、材料种类数量等方面提出了全景场域建设策略；在满足幼儿自主、开放的活动需要上，不仅涉及物质环境的打造，更涵盖了文化、情感、人际关系等精神环境的营造；在空间布局上，关注了空间的整体性、层次性，以及园家社携手幼儿共构教育空间等；在材料投放上，把为幼儿提供多元探索经验作为目标，把创设高质量的玩具材料作为方向，把玩具材料的丰富与充足作为保障，将课程目标隐含在玩具材料中；在精神氛围的营造上，对儿童观、师幼关系、文化渗透等进行多元构建，将育人环境的多层次多维度进行整体建构，提升了育人环境、育人目标和育人过程的结构化水平。

保教过程中的结构，除了保教目标、内容、方式、方法与结果等的相互作用形成的结构，还包括教师的教与幼儿的学之间的一致性及其师生间的相互作用所形成的结构。"因为只有在教师和学生的积极相互作用中才会产生出作为整体现象的教学过程本

---

① ［苏］巴班斯基. 教学过程最优化——一般教学论方面［M］. 张定璋，译. 北京：人民教育出版社，2007：8.
② 同①：19—20.

身。割裂开教和学之间的相互作用的联系，就使这一过程失去完整性，也就是说，失去它存在的一个基本特征和条件，那就不成其为教学过程本身了。"① 因此，要让保教过程充满"最优生长"的力量，不仅要形成"教"的结构，还要在"学"的结构上下功夫。"学"的结构有很多内容，但要特别关注的是幼儿全体与个体形成的"学"的结构，既要关注全体幼儿的学，将幼儿的全体学习结构化，也要关注幼儿个体的学，优化全体与个体之间的学习结构。为了强化"全体"与"个体"的学习结构，不但在全书强调"面向全体幼儿"设计和实施保育过程方案，而且在"遵循规律：实现育人过程的最优发展"这一章强化了幼儿的个体发展。在幼儿个体发展上，首先关注幼儿发展的整体性，把《评估指南》中的健康、语言、社会、科学、艺术五个领域整合成智力因素和非智力因素两大类，在结构化的实施中支持幼儿的整体发展。除了关注幼儿的整全生命，还特别关注幼儿发展的差异性，尊重幼儿在不同领域发展的先后、快慢，帮助幼儿按照自己的速度和方式向前迈进，促进幼儿个体和全体不断实现属于自己的最优化。

第三组关键词是经验、连续与交互。按照杜威的观点推论，幼儿保教的过程就是经验生长的过程，保教过程的最优化，就是经验生长的最优化。经验生长的最优化，是指幼儿在保教活动的体验中收获与生长出尽可能多的对待自己、他人与生活的经验。要帮助幼儿实现经验生长最优化的目标，教师应在观察与分析中为幼儿的经验生长提供适宜的帮助，所以本书建议教师首先要时刻保持对幼儿的细致观察，通过观察记录幼儿的行为表现，分析幼儿的兴趣点，以此作为经验生长的切入口，促进经验生长的最优化。在此基础上，本书还建议教师要理解幼儿的学习方式和特点，关注幼儿在游戏中的主动探究行为及其经验的生长点，以此提供适宜的支持，促进幼儿经验生长的最优化。幼儿经验最优化的标志还体现在经验的连续性上，即在今天获得的经验对今后的学习与生活能够产生连续性影响并持续发挥积极价值。换言之，幼儿在保教活动中生长出的经验具有未来价值才算得上有意义的经验，这种经验才属于最优化的经验。为此，本书强调了保教活动中幼儿经验生长的连续性。如在"幼小衔接"上，建议从幼儿园生活伊始就在润物无声中开始衔接，以小班为起点，贯穿整个学前三年教育的全过程，通过丰富多彩的活动和有效的家园合作助力幼儿顺利过渡走向小学，以强化学习经验的连续性。要实现幼儿经验的连续性生长，需要强化保教过程中的交互作用。保教过程中的交互作用，是指幼儿的内在力量与外在力量的相互作用。幼儿的内在力

---

① ［苏］巴班斯基. 教学过程最优化——一般教学论方面［M］. 张定璋，译. 北京：人民教育出版社，2007：20.

量是幼儿的好奇心和求知欲促使其主动探究，在探究中自发地积累经验，并在持续的保教活动中丰富和提升经验；外在力量是教师、家长和社区等教育活动与环境的影响等。外在力量的关键是形成保教过程中的向心力。因此，本书主张家长要提高"参与与支持"能力。"参与"是指家长直接参与到幼儿园的活动和管理中来，不仅限于活动本身，还包括在决策和规划中的贡献；"支持"则要求家长在理解和认可幼儿园教育理念和方法的基础上，为幼儿经验的连续生长提供帮助。如此等等，都是在促进幼儿经验生长最优化的过程中实现保教过程的最优化。

以上三组关键词，共同为保教过程的最优化护航：方向、价值与目的是保教过程的航标和灯塔，结构、全体和个体规范是保教过程的展开样态，经验、连续与交互强化是保教过程的核心与保障，它们共同作用、相互生发，促使保教过程不断朝着最优化的方向前进，并在持续提高保教过程质量的同时让保教过程充满"最优生长"的力量。唯其如此，我们才能不断走近高品质幼儿园。

2024 年 8 月

注重保育教育的过程与质量：
跨越高品质幼儿园建设的时代沟壑

幼儿园保教质量是一个复杂而多维的概念，一般认为其包括条件质量、过程质量、结果质量三个部分。厘清关系，方能行稳行远。

条件质量，指的是那些可以具体规范和控制的要素的质量，如幼儿园的基本物质条件、教师与幼儿的数量比例、班级规模、师资条件等。它反映了幼儿所处的环境状况，是保教得以顺利进行的基础。过程质量，是幼儿在幼儿园里与人、事、物相互作用的活动和经验，包括幼儿园的保教工作是如何进行的，为幼儿提供了什么样的学习经验，以及这些经验是如何提供的。它体现在教师与幼儿的互动、教师对环境的创设与利用、教师与家长的交往等多个方面，是决定保教质量高低的关键。结果质量，最主要的是从幼儿发展和学习成果上体现出的质量，表现为幼儿在各发展领域所达到的水平。但幼儿发展之外的结果，比如家长、教师、幼儿园、社区等所产生的变化也属于结果质量的范畴。

结果质量由前两者交互作用决定。没有好的条件质量，过程质量和结果质量一定会受到影响。但并不是有好的条件质量就一定会产生优质的结果质量，起决定作用的是好的条件有没有被充分利用，有没有转化为过程性教育价值，过程质量决定着条件质量向结果质量的转化。因此，我们更应该关注投入资源的使用效率，在动态的过程中分析幼儿园保教的质量。

"高品质学校建设的探求与实践"课题组前期研究形成的成果《走向高品质学校·幼儿园卷》已经非常系统地从七个方面对影响高品质幼儿园建设的条件质量做了论述，

当然也涉及相当一部分对过程质量的探讨。当我们再次对高品质幼儿园建设进行深入研究之时，应高度关注教育过程的科学性、适宜性、有效性，让过程质量成为突破的重点与难点。站在一线幼儿园园长的角度，我谈三点想法。

一是高品质幼儿园的建设必须跟上基础教育发展的步伐。随着国家教育水平的逐步提升，尤其是在基础教育领域的改革与发展中，义务教育已经进入"优质均衡"建设阶段，而学前教育由于规模大、发展起步晚、初期准入门槛较低，才刚刚到"普及普惠"阶段。阅读国家对"优质均衡"和"普及普惠"的相关要求，不难发现"优质均衡"更加侧重对教育过程质量的评价，而"普及普惠"更侧重对条件质量的评价。但这并不意味着学前教育只需要关注基础性发展，相反，学前教育需要主动对标义务教育的发展要求，注重教育过程质量的提升，推动学前教育从"普及普惠"到"优质均衡"的转变。

教育是党之大计、国之大计。教育兴则国兴，教育强则国强。在构建中国特色、世界水平且与中国式现代化相匹配的高质量教育体系，扎实推进教育强国建设重点任务落地落实的征程上，作为高质量教育体系起始环节的学前教育也应在普及普惠的基础上追求高水平、高层次、高标准。为此，学前教育应该有一些率先垂范者，站在基于现实而又高于现实的层面思考、落实国家要求，跳出学前教育看学前教育，借鉴和贴近义务教育优质均衡的要求开展学前教育实践。高品质幼儿园建设的研究者们就应该是这群率先垂范者。2024 年 8 月 6 日，中央广播电视总台《焦点访谈》播出的系列报道之《深改开新局：优化学前教育 点亮快乐童年》中，教育部基础教育司司长田祖荫说道："在硬件基本达标的前提下，要同步抓好软件建设，下一步改革重点还是习近平总书记说的八个字，普及普惠、安全优质。普及普惠我们可以说做到了，但是安全优质我们任重道远。"基于普及普惠，迈向优质均衡，建设高品质学前教育，是学前教育作为基础教育重要组成部分不断发展的必由之路。

二是高品质幼儿园的建设必须跨越制约当前学前教育质量提升的时代沟壑。进入新时代以来，我国学前教育实现了跨越式发展，普及普惠水平大幅提高，投入力度明显增强，管理制度不断完善，但也存在诸多问题，其中一些问题需要从政策层面来解决，但幼儿园层面的问题我们也必须正视。我有很多走进幼儿园的机会，其中为数不少的幼儿园园长会详细地介绍幼儿园的基础建设、环境改造、设施设备，但对于如何盘活这些资源生发教育效益、如何让幼儿与之交互形成动态活动、如何不断生成可持续发生的学习却往往鲜少涉及。显然，改造基础设施等硬件条件是相对容易做到的，效果也是非常外显的，但过程质量的提升却是一条蜿蜒崎岖的道路，需要不断探寻，需要付出艰辛的努力。这往往导致部分幼儿园对保教过程质量不够重视，进而成为迈向高品质幼儿园道路上的一道沟壑。

幼儿园不仅需要硬件的支持，更需要教师的专业素质与教育理念。教师作为一线教育工作者，其教学水平和态度直接影响到孩子们的成长与发展。为促进幼儿园对过程质量的关注，《评估指南》在评估方式中特别强调"重点关注保教过程""注重过程评估"，就是要引导广大学前教育工作者从单纯重视幼儿园硬件设施、环境、资源、教师资质、师幼比等条件性因素中跳脱出来，关注到这些因素是怎样通过生活、游戏和教师指导下的活动以及师幼互动等过程因素影响幼儿的学习与发展的，明确保教过程质量才是幼儿园教育质量的核心，才是质量评估的重点。

三是高品质幼儿园建设必须关注人的发展，将以儿童为本作为价值导向。高品质幼儿园归根结底是一种教育生态的产物，出发点和落脚点都应该放在教育追求上，其终极目标在于培养人，促进人的全面发展，关键在于我们要培养什么人、怎样培养人、为谁培养。从国家要求来看，我们应该"落实立德树人根本任务，培养德智体美劳全面发展的社会主义建设者和接班人"。而幼儿园保教的对象是幼儿，保教质量的高低最终应体现在幼儿的学习和发展水平上。过程质量，从幼儿的角度看，就是幼儿在班级情境中生活与学习的经历或经验获得的过程的质量。因此，我们要基于对幼儿价值和主体地位的尊重，坚定促进幼儿全面、和谐、可持续发展的价值取向，进而促进幼儿的全面发展。如何才能做到呢？

首先，幼儿园保教活动要站在儿童学习和发展的立场来建构，应充分了解并尊重儿童身心发展规律和学习特点，根据儿童的兴趣、能力和发展水平设计保教活动，选择具有生活化、适宜性和挑战性的教育内容，关注儿童的情感、社会性发展以及认知能力，确保每个孩子在安全、关爱的环境中健康成长。

《幼儿园教育指导纲要（试行）》（以下简称《纲要（试行）》）指出："教育活动内容的组织应充分考虑幼儿的学习特点和认识规律，各领域的内容要有机联系，相互渗透，注重综合性、趣味性、活动性，寓教育于生活、游戏之中。"这为幼儿园教师如何满足幼儿的学习与发展需要做出了重要指导，教师在组织各类保教活动时，避免内容割裂的、枯燥的、灌输的、机械训练的活动，就是在提升过程质量。

其次，注重环境的教育隐喻，落实一日活动的游戏化和生活化，契合《3-6岁儿童学习与发展指南》（以下简称《发展指南》）中"幼儿的学习是以直接经验为基础，在游戏和日常生活中进行的。要珍视游戏与生活的独特价值，创设丰富的教育环境，合理安排一日生活，最大限度地支持和满足幼儿通过直接感知、实践操作和亲身体验获取经验的需要"的实践要求。过程质量蕴含在教育环境和一日生活中,应认真推敲打磨每一处环境设计,让环境不只是华丽的装饰,而是成为幼儿隐形的伙伴、得力的助手,使环境发挥最大的教育价值;合理规划幼儿每一天的在园活动,让幼儿成为时间的主人并积极度过每一分钟有意义的时间,这便是过程质量的体现。

最后,注重课程建设的过程性,凸显幼儿学习的主体性。从根本上来说,幼儿学习特点决定了幼儿园的课程不是静态的文本而是动态的过程。幼儿园课程是一件件正在发生着的事,这是近年来幼儿教育界的很多人士所关注的一个课程命题。对于幼儿来说,学习就是行动,就是有事可做。这亦可追溯到陈鹤琴先生"活教育"思想中的"做中学、做中教、做中求进步"的理念,围绕"做"这一核心,从幼儿和教师两个层面阐明育人的教学理念和方法。其中,基于幼儿主体的"做"就是要不断增强幼儿的自主性与主动性,要求教师提供最大程度的鼓励,支持幼儿主动发现问题、独立思考、合作探索等,并将其落实到保教实践中,让幼儿敢想敢为、善思善为。我国先进地区的经验也为基于儿童特点构建幼儿园保教提供了例证和借鉴。上海市就基于幼儿在园一日生活的四类主要活动即生活活动、运动活动、学习活动、游戏活动来建构和实施课程,强调幼儿园保教的活动性、动态化。高品质幼儿园建设过程,就是要不断创造条件,让幼儿有机会去做适宜的事或者说让适宜幼儿的事不断在幼儿身上发生。

一个民族需要一些关注天空的人,教育亦如此,总是需要一些人不断开拓创新,高品质幼儿园建设研究的实践者们就是这样一群有情怀的使命担当者。

自 2018 年起,时任四川省教育科学研究院《教育科学论坛》杂志社主编的崔勇老师作为高品质学校建设课题负责人,第一次将学前教育纳入四川省中小幼一以贯之的教育体系中进行研究,带领一百三十余位园长、教师潜心研究,实现跨区域协同创新,形成了四川学前教育发展的核心力量,并以专著《走向高品质学校·幼儿园卷》贡献四川学前教育改革经验,形成共同的话语体系。该成果出版物获评由四川省委宣传部组织评选的 2020 年度"四川好书",为四川学前教育的发展贡献了力量。2023 年,崔勇老师携手教育部新时代"双名计划"入选者何云竹园长将"走向高品质幼儿园"主题深化为"走近高品质幼儿园",从更多关注条件质量跨越到核心关注过程质量,再一次引领上百所幼儿园的园长、教师参与其中,为将四川学前教育发展得更全面、更优质接力续跑。这既是教育强国建设重点任务在四川学前教育领域的扎实推进,也是成长与造就一批怀有教育家精神的四川学前教育人的创新之举,相信这本《走近高品质幼儿园》必将成为四川学前教育发展的里程碑,也期待循着这个逻辑,有更多人参与到走近高品质幼儿园、走入高品质幼儿园的追求中。

陶行知先生说："行动生困难；困难生疑问；疑问生假设；假设生试验；试验生断语；断语又生了行动，如此演进于无穷。"这是探索世界的真理，也是教育不断向高品质进阶的真理。

2024 年 8 月

.

目　录

第一章

办园方向：
找准育人过程的逻辑起点

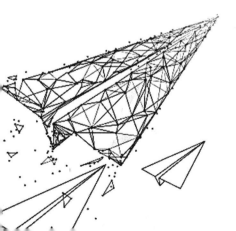

本章导读

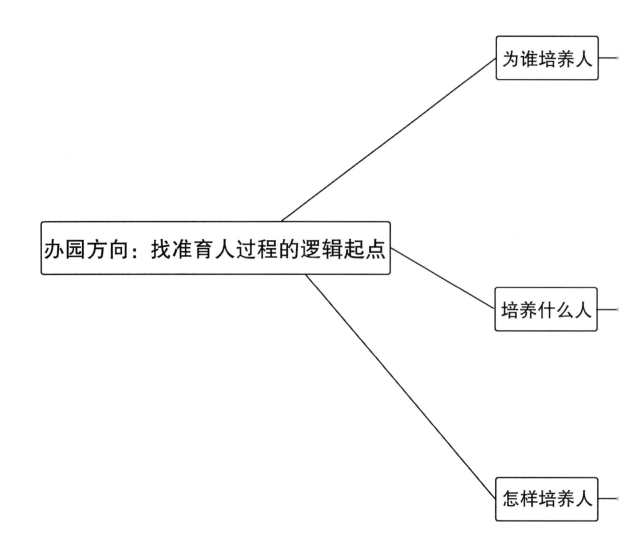

办园方向：找准育人过程的逻辑起点

- 为谁培养人
- 培养什么人
- 怎样培养人

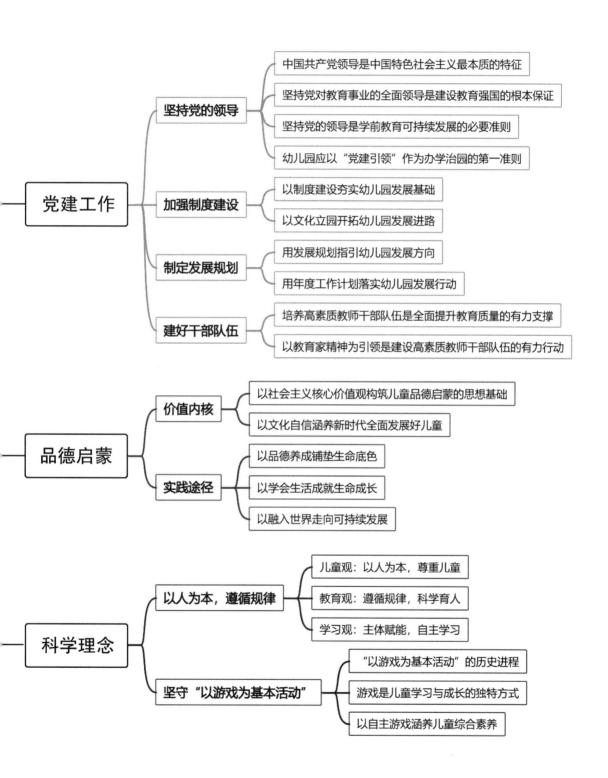

党建工作
├── 坚持党的领导
│   ├── 中国共产党领导是中国特色社会主义最本质的特征
│   ├── 坚持党对教育事业的全面领导是建设教育强国的根本保证
│   ├── 坚持党的领导是学前教育可持续发展的必要准则
│   └── 幼儿园应以"党建引领"作为办学治园的第一准则
├── 加强制度建设
│   ├── 以制度建设夯实幼儿园发展基础
│   └── 以文化立园开拓幼儿园发展进路
├── 制定发展规划
│   ├── 用发展规划指引幼儿园发展方向
│   └── 用年度工作计划落实幼儿园发展行动
└── 建好干部队伍
    ├── 培养高素质教师干部队伍是全面提升教育质量的有力支撑
    └── 以教育家精神为引领是建设高素质教师干部队伍的有力行动

品德启蒙
├── 价值内核
│   ├── 以社会主义核心价值观构筑儿童品德启蒙的思想基础
│   └── 以文化自信涵养新时代全面发展好儿童
└── 实践途径
    ├── 以品德养成铺垫生命底色
    ├── 以学会生活成就生命成长
    └── 以融入世界走向可持续发展

科学理念
├── 以人为本，遵循规律
│   ├── 儿童观：以人为本，尊重儿童
│   ├── 教育观：遵循规律，科学育人
│   └── 学习观：主体赋能，自主学习
└── 坚守"以游戏为基本活动"
    ├── "以游戏为基本活动"的历史进程
    ├── 游戏是儿童学习与成长的独特方式
    └── 以自主游戏涵养儿童综合素养

本章概述

幼儿园是党的学校，是国家的学校，是人民的学校，办学方向是幼儿园改革发展的根本。"办一所什么样的幼儿园"是办园过程中须首要解决的问题。对这个问题的回答，实际上包含着"顶天立地"的办园方略和育人过程的思索，即在严格依照国家教育方针政策要求办学的基础上，与时俱进、因地制宜、因园而异落实国家的要求，精准定位，找到适合自己的改革策略与发展道路，用科学理念引领幼儿健康发展。这是实现中国式现代化教育强国和高质量教育体系建设的题中之义，也是全面调动幼儿园育人力量和全面优化发展生态的核心要素。

方向决定道路，道路决定命运。方向既承载着历史的选择，也代表着未来的前进道路。《评估指南》开宗明义地提出了"办园方向"，并确定了党建工作、品德启蒙和科学理念三项关键指标和七项评估要点，旨在促进幼儿园全面贯彻党的教育方针，强化党组织的战斗堡垒作用，树立科学保教理念，坚定正确办园方向，落实立德树人根本任务。

理解"办园方向"，找准育人过程的逻辑起点，必然绕不开教育的本质问题，也就是必须回答"培养什么人、怎样培养人、为谁培养人"这个根本性问题。从政策文本到实践进程，我们至少可以看到办园方向的三方面内涵：一是坚持党建引领，走中国特色社会主义办园之路，站稳国家立场，回答"为谁培养人"的问题；二是以品德启蒙为基点，用中国特色社会主义思想铸魂育人，站稳发展立场，回答"培养什么人"的问题；三是树立科学理念，遵循人的发展规律，站稳儿童立场，回答"怎样培养人"的问题。三者之间从宏观到微观，从思想到实践，层层深入递进，为育人过程奠定了思想根基。

难点攻坚

《评估指南》在评估内容中将"办园方向"作为五项内容之首，对幼儿园落实党的组织建设、制度建设和工作机制提出了具体的要求；为幼儿园落实五育并举和五爱教育、培养幼儿民族认同和社会主义核心价值观指出了基本方向；对幼儿园遵循幼儿身心发展和学前教育的科学规律提出了明确要求；重申了尊重幼儿个体差异、坚持以游戏为基本活动，珍视幼儿生活和游戏的独特价值等重要理念。本章着力解决以下三个难点问题。

第一，如何将"党建引领"落实到育人的全过程？

党建工作是促进幼儿园保教管理的重要核心力量。然而，幼儿园在开展党建工作的时候常常遭遇党建与保教工作结合不足、党组织和干部队伍建设滞后等问题。考查要点中明确提出要"推进党的工作与保育教育工作紧密融合""落实幼儿园党的组织和党的工作全覆盖"等，正是对幼儿园的党建工作提出的新要求。因此，必须明确"为谁培养人"的问题，以政治建设为统领，围绕幼儿园保教工作，加强党组织和干部队伍建设，坚持社会主义办园方向，以促进幼儿园和幼儿的可持续发展。

第二，如何将品德启蒙融入一日活动的全过程？

中国的教育要培养什么样的人？近年来，党和国家制定并出台了一系列学前教育相关的法律政策，突出强调学前教育要以品德启蒙作为贯彻落实立德树人教育根本任务的重要抓手，贯穿于一日生活全过程。"将培育和践行社会主义核心价值观融入保教全过程，注重从小做起、从点滴做起"，"注重幼儿良好品德和行为习惯养成，潜移默化贯穿于一日生活和各项活动……"《评估指南》明确将"品德启蒙"作为"办园方向"板块的关键指标，就是要我们把品德启蒙和国家和党的命运联系起来，探讨面向现在和未来的社会主义建设者和接班人需要具备何种价值观、道德品质、法治意识、人格特征以及社会能力等问题。每位园长和教师都肩负这样的使命，应努力将品德启蒙融入教育的全过程，实现"为党育人，为国育才"的教育目标。

第三，如何坚持以儿童为本深入落实科学育人理念？

中国共产党的初心和使命是"为中国人民谋幸福，为中华民族谋复兴"。而这一目标的实现，关键在人才，根本在教育，希望在孩子。怎样培养人？怎样培育好建设未来的儿童？《评估指南》再次重申了"尊重幼儿的年龄特点和成长规律，注重幼儿发展的整体性和连续性，坚持保教结合，以游戏为基本活动"等基本理念和教育原则，指导广大幼教工作者牢固树立"以儿童为本"的思想根基，将科学的儿童观、教育观、学习观等融入育人过程，践行好立德树人的根本任务。

只有正确理解与把握办园方向的内涵与关键性问题，才能满足教育发展的本质要求，为培养德智体美劳全面发展的社会主义建设者和接班人奠定良好基础。

第一节　以党建为引领 站稳国家立场

➤ 理论指引

在办园过程中，以党建为引领，站稳国家立场，是解决为谁培养人的问题，落实为党育人、为国育才的育人要求的基础。党建是一切工作的基础，幼儿园作为终身教育的开端，其党建工作事关"为谁培养人"的核心命题。幼儿园坚持中国特色社会主义办园道路，必须以坚持党的领导为根本遵循，以制度建设为保障，以发展规划为蓝图，以干部队伍为关键力量，牢牢把握办园方向，谋篇布局，实现现代化高质量内涵发展。

表1　《评估指南》党建工作考查要点

重点内容	关键指标	考查要点
A1.办园方向	B1.党建工作	1. 健全党组织对幼儿园工作领导的制度机制，以政治建设为统领，加强幼儿园领导班子建设，推进党的工作与保育教育工作紧密融合。 2. 落实幼儿园党的组织和党的工作全覆盖，加强教师思想政治工作，落实党风廉政建设责任制和意识形态工作责任制，坚持党建带团建，充分发挥工会、共青团等群团组织的作用。 3. 坚持社会主义办园方向，积极研究制定幼儿园发展规划和年度工作计划。

一、坚持党的领导，是学前教育事业的根本遵循

（一）中国共产党领导是中国特色社会主义最本质的特征

中国共产党领导是中国特色社会主义最本质的特征。从"坚持党的全面领导是坚持和发展中国特色社会主义的必由之路"，到习近平总书记在党的二十大报告中强调"中国式现代化，是中国共产党领导的社会主义现代化"，都充分表明了党的领导是中国特色社会主义最本质的特征，是进一步全面深化改革、推进中国式现代化的根本保证。《评估指南》指导思想中强调要"全面贯彻党的教育方针"，体现了党的领导贯穿

学前教育改革的全过程，它要求幼儿园坚持社会主义办园方向，始终沿着正确政治方向前进。

（二）坚持党对教育事业的全面领导是建设教育强国的根本保证

教育兴则国家兴，教育强则国家强。习近平总书记在二十届中央政治局第五次集体学习时强调："我们要建设的教育强国，是中国特色社会主义教育强国，必须以坚持党对教育事业的全面领导为根本保证，以立德树人为根本任务，以为党育人、为国育才为根本目标，以服务中华民族伟大复兴为重要使命，以教育理念、体系、制度、内容、方法、治理现代化为基本路径，以支撑引领中国式现代化为核心功能，最终是办好人民满意的教育。"从历史发展到未来实践，只有坚持党对教育事业的全面领导，才能为教育强国建设保驾护航。

（三）坚持党的领导是学前教育可持续发展的必要准则

学前教育是终身学习的开端，是国民教育体系的重要组成部分。党中央、国务院高度重视学前教育事业。党的十八大以来，以习近平同志为核心的党中央带领人民迈进中国特色社会主义新时代，学前教育改革在新的时代、新的阶段取得了新的突破，经过连续三期的学前教育行动计划，我国学前教育实现了基本普及的目标，迈入全面普及和高质量发展阶段；党的十九大提出要在"幼有所育、学有所教、劳有所得、病有所医、老有所养、住有所居、弱有所扶"上不断取得新进展，把"办好学前教育"提升到"关系党和国家事业未来"的高度；党的二十大提出，要坚持以人民为中心发展教育，加快建设高质量教育体系，发展素质教育，促进教育公平，强化学前教育普惠发展。

坚持党的领导是学前教育可持续发展的必要准则。《幼儿园工作规程》第五十七条指出："幼儿园应当加强党组织建设，充分发挥党组织政治核心作用、战斗堡垒作用。幼儿园应当为工会、共青团等其他组织开展工作创造有利条件，充分发挥其在幼儿园工作中的作用。"中共中央、国务院《关于学前教育深化改革规范发展的若干意见》提出的首要原则就是"坚持党的领导，加强党对学前教育工作的领导，确保党的教育方针在学前教育领域深入贯彻，确保立德树人根本任务落实到位，确保学前教育始终沿着正确方向发展"，强调在组织领导上要"全面加强党对学前教育事业的领导，按照管党建与管业务相结合的原则，市、县级党委教育工作部门或教育行政部门党组织统一领导和指挥幼儿园党建工作。认真落实全面从严治党要求，实现幼儿园党的组织和党的工作全覆盖。充分发挥幼儿园党组织作用，保障正确办园方向，认真做好教职工思想政治工作，厚植立德树人基础"。《评估指南》更是将党建工作作为首要关键指标，以此来考核幼儿园的办学方向。

（四）幼儿园应以"党建引领"作为办学治园的第一准则

坚持落实高质量建党要求，用党的创新理论武装头脑、指导实践，从思想和实践两个层面推动幼儿园建设工作。首先，秉持党建治园把方向。我们要把"坚持党的教育方针"作为首要标准和核心追求，以高质量发展促进幼儿园办学思想体系的建构。其次，深挖党建价值促发展。中国共产党的建党宗旨、信仰追求、发展历史、治国思想、工作方法等本身就是一本鲜活而生动的教科书，我们要充分挖掘、运用其为活动内容，在学习与实践中加强信念修炼、愿景修炼、专业修炼、心智修炼。最后，强化"党建＋"意识。把党建治园和党建育人融入幼儿园教育教学各个环节，从而以党建为引领，重构和再造幼儿园育人模式，实现党建与教育相辅相成，融为一体。实践层面，我们至少可以从以下四个方面着手：一是聚焦思想育人，提升学习力。持续推进"两学一做"学习教育常态化、制度化，开展党史国史、形势政策等宣传教育，落实党支部书记讲主题党课、班子成员抓辅导宣讲、普通党员讲"微党课"等机制，全力营造良好舆论氛围。二是聚焦政治铸魂，提升执行力。贯彻落实《党委（党组）落实全面从严治党主体责任规定》，健全党组织议事决策制度，发挥好幼儿园党组织政治核心作用。认真落实"三会一课"及组织生活会、民主评议党员等制度。三是聚焦固本强基，提升组织力，比如加强领导班子的政治思想、作风纪律建设，建立高素质干部人才培养机制，持续加大优秀年轻干部发现、培养、使用力度。四是聚焦提质增效，提升创新力。开展特色党建品牌创建行动，保持党员教师的先进性，提升团队战斗力与执行力，不断强化党建工作对幼儿园发展的引领作用。如绵阳市花园实验幼儿园围绕"让幼儿在生活中快乐长大"的育人理念，创建"初心映花幼"党建品牌，开设师幼"初心课堂"，将品德启蒙融入幼儿一日生活，用党建引领"快乐教育"的全过程，培养一批又一批具有快乐品格的未来儿童。

二、加强制度建设，为学前教育科学规范发展保驾护航

"小治治事、中治治人、大治治法"，加强组织建设，健全制度机制，这是发挥党组织的战斗堡垒作用和对党员教育管理的重要保证，也是幼儿园党建工作逐步走向规范化、有序化、经常化的关键。《评估指南》明确提出，"要进一步健全党组织对幼儿园工作领导的制度机制，以政治建设为统领，加强幼儿园领导班子建设，推进党的工

作与保育教育工作紧密结合"，其表明就是要以制度机制建设为基点，发挥党组织在教育工作中的政治核心作用和党员的先锋模范作用，增强党组织的凝聚力、号召力和战斗力。

（一）以制度建设夯实幼儿园发展基础

制度是发展的保障性措施，执行制度的力度决定了幼儿园发展的成效。制定规章制度的过程，也是学校发展流程再造的过程。[①] 制度建设是依法治园的重要抓手，是民主管理的重要基石，是校园文化的文明体现，是和谐发展的根本保障。《幼儿园工作规程》第五十八条规定，"幼儿园应当建立教职工大会制度或者教职工代表大会制度，依法加强民主管理和监督"。以制度治园，幼儿园要本着科学、法治、民主的精神，以促进公平、提高质量为准绳，围绕促进每个师幼的发展为根本目的，对各项制度进行废改立工作，在逐步完善的保教评估制度中，推动构建科学保教体系，整体提升幼儿园办园水平和保教质量。

（二）以文化立园开拓幼儿园发展进路

从制度机制到文化引领，我们应着重思考两个方面。

构建科学的制度机制。一是完善管理制度，追求内涵发展。建设扁平化管理结构、参与型管理机制、评估性管理考核，形成本园特色的管理。二是注重管理自主，实行民主管理。遵循制度从民主中产生的原则，以民主监督促规范管理，做到有章可循，增强教职工参与管理的主人翁态度，形成宽松、和谐、诚信的管理氛围。三是强化"四化"考核方案，即内容具体化、考核标准化、考核数字化、形式公开化，在考核上做到公平公开、奖罚分明。

营造动态的精神文化。一是严守基本底线。遵守教师行为规范准则，为人师表，争做有爱、敬业、负责、诚实、公正的教师。二是凸显价值引领。重视教师文化和儿童文化塑造，通过共同价值观的培育，营造健康和谐的文化氛围，实现个人价值最大化。三是积淀学习文化。倡导终身学习，建设学习型校园，培植健康的儿童文化。四是凝练服务文化。探索"服务儿童、服务教师、服务家长，服务社会"的服务机制，打造幼儿园"五星服务"样板。

三、制定发展规划，为学前教育高质量发展描绘蓝图

党建引领指导方向，制度建设保障发展，而真正要落实国家的发展思想与各项政

---

① 刘涛. 现代学校治理策略探析[J]. 中小学校长，2019（12）：33-34.

策方针，必须落脚到实实在在的行动上，才能让高质量发展变为现实。研制发展规划与年度计划，是把国家要求落点实践的关键环节，是对宏观政策思想的深入把握进而微观入理的个性化设计，需要把握正确方向，谋定后动。

学前教育是基础教育的起始阶段，我国学前教育发展起步较晚，20 世纪 90 年代后才进入快速发展阶段。《幼儿园工作规程》和《幼儿园管理条例》的相继出台，明确了幼儿园办园的基本方向，规范了幼儿园办学的基本条件。2015 年，教育部发布《幼儿园园长专业标准》，指出园长要"重视幼儿园发展规划的制定和实施，凝聚教职工智慧，建立共同发展愿景，明确发展目标，形成办园合力"。2022 年初，教育部发布《评估指南》，第一项办园方向指标中明确指出要"坚持社会主义办园方向，积极研究制定幼儿园发展规划和工作计划"。《评估指南》考查要点三指出要"坚持社会主义办园方向，积极研究制订幼儿园发展规划和年度工作计划"；《幼儿园工作规程》第六十条提出"幼儿园应当制订年度工作计划，定期部署、总结和报告工作。每学年年末应当向教育等行政主管部门报告工作，必要时随时报告"。在走向更高水平、更高质量的教育现代化过程中，幼儿园的高质量发展需要提升科学规划能力和治理能力，为教育发展谋篇布局，形成教育发展蓝图。而幼儿园发展规划和年度计划是愿景蓝图与行动路径的有机统一，必须解决"期待是什么样"和"应该怎么做到"两个问题。

（一）用发展规划指引幼儿园发展方向

幼儿园发展规划是幼儿园未来发展的行动方案，它基于幼儿园的发展实际和目标愿景，融合幼儿园发展多要素、多群体意见，对幼儿园未来进行整体性、长期性、基本性的设计。幼儿园发展规划内容包含分析发展现状、优势与劣势，梳理办园目标、育人目标，思索课程建设、园本研修、队伍建设、教育科研、家长工作、后勤保障等。好的发展规划可以帮助幼儿园全面、深入地进行园情分析，理性地研判当前所处的阶段，挖掘优势，发现不足，统一思想认识，厘清发展思路和阶段性任务，明确共同奋斗目标，实现幼儿园健康、持续、快速发展。

幼儿园发展规划的制订考验着园长的办园能力，要处理好局部与全局、眼前与长远的关系，才能协调发展、持续发展。于园长而言，制订高品质幼儿园发展规划，要具备"千里眼"，看得更全面、更长远，以科学、系统、协调、务实的发展规划来绘就愿景、凝聚人心、激发动力和导正行为。制订幼儿园发展规划，一方面要紧跟国家改革和发展大势，应时而动，顺势而为；一方面要立足幼儿园实际，如园所历史、文化、师资、生源、环境等现实条件，守正创新，删繁就简。于幼儿园整体而言，制订发展规划的过程，就是统一思想、提升能力、锻炼队伍的过程，需要集众人之力，群策群力，对幼儿园工作在未来一段时间如何发展、向什么方向发展、怎样发展等问题进行思考和谋划。

（二）用年度工作计划落实幼儿园发展行动

年度计划是发展规划的子集和落实方案，比规划更具体、详细，更具有操作性、灵活性。在发展规划的统领下，幼儿园各个职能部门在统筹兼顾、分步实施、各司其职的基础上，紧紧抓住高品质幼儿园建设的理念、课程、管理、教学、评价、教研、队伍建设等要素，制订自己部门的年度工作计划，实现美好愿景的实践落地。

幼儿园年度工作计划在幼儿园的运行中扮演着至关重要的角色，确保了幼儿园能够持续改进和提升教育质量。一是办园方向与目标明确化。年度工作计划设定了长期和短期的目标，明确了发展方向，确保所有决策和行动都朝着既定的目标前进。二是资源整合与优化。计划过程促使幼儿园审视其资源，并有效地分配和使用这些资源以达到最佳效果。三是提升教育质量。年度工作计划通常包含对教育方法、课程设计、教师培训等方面的考虑，有助于持续改进教学质量和幼儿的学习体验。四是促进内部协调与沟通。在计划过程中，所有的利益相关者（包括教师、家长和社区成员）被邀请参与讨论和决策，增强了团队合作和内部沟通，促进了共同的责任感和归属感。

四、建好干部队伍，为学前教育可持续发展积蓄关键力量

干部队伍是践行党的教育方针的核心力量、关键力量，是培养社会主义建设者与接班人的生力军。对于一所幼儿园来讲，干部队伍更多在于教师层面，让每一位教师都能肩负民族担当，积极践行教育家精神，发挥每一位教师至诚报国、潜心育人的终极价值。

（一）培养高素质教师干部队伍是全面提升教育质量的有力支撑

党的二十大报告明确指出要"加快建设高质量教育体系""培养高素质教师队伍"。2019年1月，《求是》杂志发表习近平总书记重要文章《努力造就一支忠诚干净担当的高素质干部队伍》，指出我们党之所以能够始终保持强大的创造力、凝聚力、战斗力，团结带领人民战胜各种艰难险阻、取得一个又一个胜利，一个十分重要的原因就在于高度重视培养造就能够担当重任的干部队伍。新时代，我们党要团结带领人民实现中华民族伟大复兴的中国梦，必须努力造就一支忠诚干净担当的高素质干部队伍。教师干部队伍建设是一项基础性工作，需要大力弘扬教育家精神，努力培养造就一支

师德高尚、业务精湛、结构合理、充满活力的高素质专业化教师队伍。

"国有贤良之士众，则国家之治厚；贤良之士寡，则国家之治薄。"教师干部作为幼儿园的领导者和管理者，其专业素养和领导力直接影响学校教育的质量。通过培养优秀的教师干部，可以促进教育政策的有效实施和教学实践的创新，高素质的教师干部队伍可以带动整体教师队伍的专业成长，进而提升教学质量和教育效果。同时，教师干部作为学校管理层与教师之间的桥梁，他们可以代表一线教师群体发声，使决策更加贴近实际，有效沟通双方信息，促进团队协作，更有利于教育实践。

（二）以教育家精神为引领是建设高素质教师干部队伍的有力行动

教师是幼儿园发展的第一生产力和第一资源，一支高品质的教师干部队伍是建设一所高品质幼儿园的核心力量。在推进教育现代化的进程中，教师既是落实中国特色社会主义教育政策的关键主体，也是变革高品质、可持续发展教育的创造性推动者。习近平总书记在中央政治局第五次集体学习时指出，"强教必先强师。要把加强教师队伍建设作为建设教育强国最重要的基础工作来抓，健全中国特色教师教育体系"。2023年9月，在给全国优秀教师代表的致信中，习近平总书记指出，希望全国广大教师以教育家为榜样，大力弘扬教育家精神，牢记为党育人、为国育才的初心使命，树立"躬耕教坛、强国有我"的志向和抱负，自信自强、踔厉奋发，为强国建设、民族复兴伟业做出新的更大贡献。教育家精神是教师群体所特有的精神品质和优良作风。我们应从服从和服务中国式现代化建设、实现中华民族伟大复兴的宏伟目标出发，建设教育强国。《评估指南》的第二个考查要点指出要"加强教师思想政治工作，落实党风廉政建设责任制和意识形态工作责任制，坚持党建带团建，充分发挥工会、共青团等群团组织的作用"，就是要抓住教师这个关键群体，深入汲取党的思想、理论、政策营养，发挥党员教师的模范带头作用，厚植立德树人的力量基础。

新时代新征程，建设高品质幼儿园，必须大力弘扬和传承教育家精神，扎实推进教师队伍建设工作。同时要以面向未来的视野，培养具有可持续发展力的教师队伍。联合国教科文组织明确指出，教师是"可持续发展未来所需知识的专业构筑者与传播者"，是"引导学习者完成变革的促进者"以及"推进学习者可持续生活方式转变的关键主体"。可以说，教师的态度、能力与行动决定了幼儿园可持续发展教育的变革实效。释放教师参与变革可持续发展教育体系的创造潜能，一方面要根植终身学习理念，多渠道扩大终身教育资源，更好满足不同教师群体多元化学习需求；另一方面要让教师参与课程、教育改革政策制订，做深观察反思，让教师在自身转型的基础上促进教育变革，推动知识生产并积极引导儿童的全面发展。

为建立一支正确贯彻落实党的教育方针，忠诚于人民的教育事业，素质优、业务精、管理强、敢担当的教师干部队伍，绵阳市花园实验幼儿园始终把党建工作作为建一所高品质幼儿园的基本功，积极发挥党建在把握方向、引领思想、激发动力、督导落实等方面的核心作用，紧紧围绕立德树人根本任务，建立以党建为引领的"四度"教师培养机制，着力打造有师德温度、有专业深度、有格局宽度、有智慧高度的教师队伍。实践中，通过"三步走"教师培养路径，锤炼高品质教师团队。第一步，强化教职工师德素养。认真落实《新时代幼儿园教师职业行为准则》，以"四有"好老师为目标，建立师德督查、师德承诺、师德举报等机制，选树师德典型，弘扬社会主义核心价值观与教育家精神，营造风清气正的育人环境。第二步，深化队伍梯队建设。重建管理体系，规范定岗、定责、定员管理，细化园级领导、中层干部、教师的职责与分工，科学制订各岗位专业成长三年发展规划，选优配强师资队伍。第三步，提升教师团队专业化水平。通过"倡导研修文化自觉、构建教师研修共同体、实施教师专业素养提升计划、共享快乐研修成果"路径，引导教师主动认识自身的传统优势和发展优势，追求更大范围的拓展与创新。

党建引领队伍建设探索高质量育人之路

北京市大兴区第七幼儿园

加强党对教育工作的全面领导，是新时期推动教育高质量发展、落实立德树人根本任务的有力保证。教师队伍是立教之本、兴教之源，是教育高质量发展的关键，我园在开展"党组织领导的校长负责制"试点工作中，通过党建引领赋能队伍发展，充分发挥党员教师的先锋模范作用，确保立德树人根本任务的落实。

一、变革组织结构，凝聚队伍合力

构建融合式的组织结构，强化幼儿园党支部的领导核心和战斗堡垒作用，突出党政协调运行机制。在党支部领导下，书记和园长实现双向沟通，做到同心同向同行，基于幼儿园发展的共同愿景和方向清晰权责；支委和副园长组织实施、整体协调，实现信息畅通、步调一致；确立四个系统，即执行系统、服务系统、延伸系统、决策系统，各系统职责明确、相互支持、相互监督，实现党组织在幼儿园各项工作中的全面、全程领导，促进幼儿园更好发展。执行系统、服务系统、延伸系统分别对应保教管理部门、后勤服务部门和社会保障部门，有效推动部门思想、业务双提升，各部门相互协调与配合，使意识形态、思政教育、德育工作等真正落实到幼儿园的中心工作中，实现党的领导"横向到边、纵向到底"，确保党组织履行好把方向、管大局、做决策、抓班子、带队伍、保落实的领导职责，实现党建和育人工作的深度融合。

通过组织结构的变革，党员干部进一步厘清了工作职责和工作思路，工作协调度和配合度增强，集体参与和决策得到促进，团队更加友爱、民主、开放。

二、加强思想引领，落实立德树人

思想是行动的先导，思想引领是教师队伍建设的核心，是推动高质量发展的重要力量，影响着教师理解和践行"培养什么人、怎样培养人、为谁培养人"这一根本问题。

开设"五个一"微讲堂，强化党员思想教育。在落实党员组织生活常态化的基础上，为进一步加强党员的思想政治教育，发挥示范引领作用，开展党员"五个一"微讲堂活动，即"红色主题宣讲""我的初心故事""幼儿园文化我来讲""党史学习交流""党员微党课"。

开展"五个一"主题活动，强化师德师风建设，即"一次专题学习""一次师德大讨论""一次主题宣讲""一份师德承诺""一次师德考核"。

探索"双培养"机制，实现双向成长。为进一步探索完善组织体系的保障机制，一方面，建立党员与骨干"1＋1"深度拉手关系。骨干教师展示、带教、共研，提升党员的业务能力和组织能力；党员教师示范、指导，帮助业务骨干更好地理解政策要求，激发政治热情。另一方面，进一步明确"一岗双责"，党员干部在关键管理岗任职，起到表率和引领作用，通过谈心谈话、业务学习、现场指导、日常检查等，推动部门思想、业务的"双提升"。"双向成长"的工作机制，激发党员更加自觉学习、积极调研、主动研究；促进教师以饱满的工作热情，积极思考、主动实践，凝聚一支心中有信仰、眼中有孩子、行动有力量的教师队伍。

三、打造研究文化，助力专业发展

以"党建＋研究"推动中心工作，关注幼儿园发展需要和教师成长需求，通过研学共进的机制为教师队伍赋能，助推新教师、青年教师、骨干教师的梯队建设，塑造研究型教师团队。

开展聚焦梯队培养的诊断式教研。按照"面向全体，尊重差异，岗位练兵，形成梯队"的队伍发展思路，通过"研"引导教师为儿童发展而教、为理解而教。其中，组织新教师采取"模仿分析、个性实践"的方式互听互评，帮助新教师在借鉴优秀案例的基础上融入自身思考，获得专业自信。对发展期教师采取"骨干指导、伙伴互助"的方式，基于领域关键经验通过"一课三研"的形式，在"理论学习、设计说课、实践观摩、反思提问、修正改进"的循环式研讨中，帮助发展期教师由理论走向实践，打磨优质活动。对骨干教师采取"示范研究、以优带优"的方式，设计源于生活、聚焦核心经验、延伸问题解决的活动内容，并通过展示、说课等形式实现师徒帮带的效果。

开展聚焦日常改进的评价式教研。评价式教研聚焦教师实践改进和经验分享，通过"说实践—谈亮点—提建议—议关键"的步骤，研讨解决共性问题。在评价式教研中，教师积极学习并思考改进策略，主动反思和表达，进一步回归到自身的教育实践，思考提升与调整；同时，便于业务干部发现教师在活动实践、教育反思、表达交流中存在的共性问题，从理念转变、策略方法等方面给予支持和引导。

开展聚焦实践赋能的项目式团队研修。结合园所中心发展和教师实践需求组建教师项目研修团队，赋能青年教师创新实践，项目组教师共同制订项目方案、目标、策略，并组织项目研修的推进落实。幼儿园为每个项目邀请指导专家、委派一名业务干部作为指导教师，并通过"请进来、走出去"等方式拓宽项目研修视野，助推青年教师将项目研修做深走实，形成研修成果。

开展聚焦问题解决的网格化课题研究。通过主课题引领，探索教师专业发展、课程建设和研究文化培育之间形成相互支撑并有机协调的机制，以此重构科研场景，形成全员参与式课题研究，在课程实践与反思中不断提高教育能力。同时，基于主课题引领，形成网格化的课题管理系统，提高教师从实践中挖掘问题的能力，找到研究的探索点和生长点，生成新的实践研究方向。

聚焦自主成长的自主式研学机制。"自主、自觉、自信"是我园教师队伍成长的理念，为了激发教师的主动成长，开展了"十个一"研学行动，即"建立一份成长档案""建立一份个人成长规划""展示一次教育教学活动""撰写一篇优秀论文""深读一本教育书刊""组织一次微培训""主持一次微教研""完成一次微研究""讲述一个教育故事""参与一个学习项目"。

四、坚持五育并举，提升育人能力

党支部通过加强文化建设，打造"七彩筑梦 文化育人"党建品牌，通过党建引领育人方向和课程实践，落实五育并举，围绕"自我认同、自然探索、社会关爱、家国情怀"四个方面的内容，建构自然生活课程体系，发挥环境育人、生活育人、游戏育人、活动育人的功能，不断提升教师的育人能力。

环境育人。定期以"光盘行动""我爱祖国"等主题创设园所环境，营造家园共同参与的环境氛围。

生活育人。生活即教育，幼儿一日生活中渗透着丰富的行为习惯和规则。与幼儿共同讨论班级公约和社会规则，基于"情感在先，认知相随，行为在后"的学习线索，达到育人目的。

　　游戏育人。将幼儿兴趣和传统文化、社会主义核心价值观相结合，拓展幼儿游戏内容，融入和渗透家国情怀、社会关爱的教育。幼儿在各种主题游戏中，感悟自然与人类生活的关系，了解中国药食同源的文化，感受家人之间的关爱与温暖。

　　活动育人。结合节日、节气等活动，在活动中深化幼儿的爱国情怀和品格培养。如借开展寻找身边的英雄、参观红色基地、长卷绘画等活动，将红色基因根植于幼儿内心，感受自强不息、勇于拼搏的精神。

　　党的二十大提出"加快建设高质量教育体系"的要求，我园通过"建立领导小组、建立学习机制、建立运行体系、建构党建品牌，边研究、边实践、边反思、边总结"的"四建四边"工作法，逐步建立"科学完备、系统有效"的制度体系和工作机制，把党的全面领导落实到办学治园、教书育人全过程。同时我们将进一步发挥党建核心引领作用，把党的政治优势、思想优势、组织优势转化为立德树人、铸魂育人的内在动力，为实现高质量教育不断实践，在教育之路上探索前行。

（撰稿人：赵旭莹　王艳玲）

党建引领 筑牢育人之基

成都市第十六幼儿园

随着新时代的发展，学前教育从过去要解决"有没有""够不够"的问题过渡到解决"好不好""优不优"的问题。幼儿园如何将"为党育人，为国育才"的要求在三至六岁幼儿的教育中有效落地，坚持以筑牢理想信念、教育初心、以德施教、教书育人为发展基石，向高品质保教不断迈进？基于对以上问题的思考与实践，我园以党建为引领，以教育基石为抓手，探索出一条切实有效促进幼儿园向高品质教育迈进的发展路径。

一、方向指引，筑牢理想信念之基

2022年4月26日，我园党支部书记、园长余琳作为全国唯一的基层代表在教育部"教育这十年""1＋1"系列发布会上，以"品德启迪童心 游戏点亮童年"为题，做了幼儿园保教工作成效介绍，发出"学前教育好声音"。2024年5月16日，教育部举行新闻通气会，介绍学前教育改革发展的进展成效和典型经验，园长余琳又以"办好公办幼儿园 充分发挥辐射带动作用"为题在会上做分享，以一线园长的视角，介绍近些年所感知到的国家政策对学前教育的支持，以及政府在促进学前教育普及普惠发展方面的举措。

余琳园长的系列发言激励、引领、助力着全体我园职工更加笃定地扎根一线，努力办好高品质的"石榴教育"。她常常讲，教育就是生命影响生命、感动影响感动的事业，我们自身的生命样态才是最好的教育资源。在她的带领下，我园的每一位职工都将热爱融入工作。我们有句常说的话，叫"带着热爱去奔赴"。在我园每年举办的"我们身边那些微而不小的人和事"演讲活动中，平凡的我们得以窥见自己在宏伟事业中所扮演的不可或缺的角色。这一发现赋予我们能量，激励我们坚定筑牢教育的理想信念。

图 1　余琳在教育部"教育这十年""1＋1"系列发布会上做幼儿园保教工作成效介绍

二、坚守初心，搭建专业成长之基

我园以强化党性修养、坚定理想信念、提高综合素质为重点，坚持把理论武装作为第一要务，宣讲培训、学思践悟。对于幼儿教师而言，强党性践初心是保持自身政治坚定和职业操守的关键。

小刘老师是一位年轻的党员教师，她在初入职场时便遭遇了职业的"滑铁卢"。面对新入园的三岁幼儿，调动他们的情绪对新手教师而言本就非易事，加之每日须无缝衔接游戏活动与生活护理，还要随时保持与家长细致沟通，这使得再多的理论知识似乎都无从施展。新教师的成长绝非一蹴而就，它不单是知识经验的累积，更要求教师在践行教育初心的征途中，坚定扎根奋斗的理想信念，并积极内化革新，学会在日常工作与自我反思中寻找成长的支点。此时，幼儿园以党建引领高质量发展的背景下所开展的一系列实践学习活动，切实为小刘老师提供了巨大的帮助。我园通过以赛促研、以研促培、以培促培等方式，为教师的成长搭建平台，在环境创设评赛、角色游戏评赛、早操评赛中，激发教师们研究环境、研究游戏、研究早操的热情，提升教师的专业能力。

三、铸魂强师，夯实以德施教之基

2022 年 4 月 2 日印发的《新时代基础教育强师计划》明确提出坚持师德为先。师德是教师的灵魂，有良好师德赋能的教师，才会真正领悟育人的要义，时刻保持师者的仁爱，这正是强师的根基。我园党支部高度重视树立师德榜样，致力于在团队中营造一种仁爱德行氛围。

几年前，大徐老师迎来了她职业生涯中的第三批孩子。开学仅一个月，在幼儿园的建议下，班上确诊了一个自闭症幼儿、一个多动症幼儿、一个有攻击性行为的幼儿和一个语言发育迟缓的幼儿。可以想象，在一个有二十五个三岁多幼儿的班级中，有四个需要特别关注的幼儿，工作难度该有多大。而作为单身姑娘的大徐老师表现出了超出我们预想的勇气和坚定。她一次又一次地用爱心与那些因幼儿问题而情绪激动的家长沟通，全天候在班，实现一对一的耐心教育。小班结束时，扛不住压力的同班老师辞职了，但她找到了一位和自己一样热爱幼儿的同伴，继续前行。三年间，他们家访的次数是其他班级的三倍。不仅没有一位家长投诉，家长们还和老师们一道，将这些挑战都视为幼儿成长学习的机会。在家长的大力支持下，大徐老师和幼儿们共同构建的班本课程"我想和蛇在一起"得到了广泛关注和专业认可，大徐老师在中国学前教育研究会学术年会上进行了分享。《中国教育报》学前周刊微信公众号也推送了大徐老师撰写的课程故事，目前阅读量已达到一万五千人次。

发展儿童是教师专业的体现。大徐老师以实际行动深刻地诠释了"铸魂强师，夯实以德施教"的重要意义。面对那些更加需要关爱的幼儿，她不仅展现出了无尽的耐心与爱心，更将师德践行于每一个细微之处，从不放过任何一个促进幼儿发展的机会。她的坚守与付出，为幼儿们铸就了温暖的成长之魂。这种以德施教的力量，不仅深刻

图2 大徐老师与孩子们

影响着幼儿的当下生活，更将为他们的未来奠定坚实的基础，让他们深切感受到来自教师的真诚与善意，激励他们勇敢前行，成长为有温度、有品德的人。

四、立德树人，巩固教书育人之基

我园坚持培育具有中国情怀、世界眼光的中国儿童，以游戏承载幼儿的学习和发展为基调，基于幼儿在亲身感知、实际操作中学习的特点开展教育。通过幼儿园的中秋主题大课、国庆游园活动、元旦迎新活动等，将中国元素融入可操作、可互动的活动中，让幼儿用双手去与中国文化对话，感知中国力量，获得愉悦而深刻的原体验，萌生对祖国的无限热爱。

我们以食育活动为切入点，顺应时节，因食而育，精心策划并开展了清明做青团、端午食粽子、中秋做月饼、冬至做饺子等一系列丰富多彩的活动。这些活动用食物串起了一条了解周围世界、感知时节变化的线索，让幼儿在品味美食的同时，深入了解中国人的智慧与传统习俗，并通过味蕾的体验，感受劳动的获得感、幸福感和满足感，从而成长为温暖而有爱心的中国人。

我们始终坚持让孩子们参与力所能及的劳动，如轮流担任值日生，负责擦桌子、摆餐具、整理物品等，以培养他们"自己的事情自己做"的良好习惯。这样的实践推动着孩子们成为自主又友善、自信又文明的中国儿童。同时，我们注重将社会上的新鲜事及时引入幼儿的世界，在潜移默化中播撒爱家乡、爱祖国的种子，滋养幼儿的爱国情怀。例如，在成都大运会期间，我们组织幼儿统计五星红旗升起的次数，引导他们寻找心中的大运会英雄。通过这些活动，幼儿在感受成都大运会"了不起"的过程中萌发出作为中国人的自豪感。

图 3　快乐游戏中的老师和幼儿

党的二十大报告明确提出到 2035 年建成教育强国的目标，并对教育、科技、人才进行统筹安排、一体部署，吹响了加快建设教育强国的号角。国家富强之基在于教育，而教育优质之基在于教师。近年来，学前教育经历了从"学有所教"到"学有优教"、从追求"有园上"到追求"上好园"的转变，这充分反映了老百姓对美好教育生活的向往和需求，也推动着学前教育事业不断向更高水平、更高层次发展。在高品质幼儿园建设的道路上，我们在党的坚强引领下，筑牢党建堡垒，持续打造一支争做模范、乐于奉献、勇于创新，尚趣、博艺、善学、乐导的新时代教育筑梦队伍。我园致力于实现温润而饱满的教育，营造接纳友善的环境，培养友好向上的儿童，并着力让团队像石榴籽一般紧紧抱在一起，共同落实好立德树人的根本任务，培养好中国特色社会主义的建设者和接班人。

（撰稿人：赵三苏 谢幸希）

党建品牌赋能幼儿园高品质建设

绵阳市安州区沙汀实验幼儿园

坚持党对教育事业的全面领导，是办好我国教育事业的根本保证。以高质量党建引领学校高品质建设，不仅确保了正确的办学方向，更明确了教师队伍建设的价值方向。我园于 2020 年开园，是一所开办四年的新园所。如何做好做实新建幼儿园的党建工作、强化党组织战斗堡垒作用，如何让社会主义核心价值观在新建幼儿园具体化、生动化，如何让党建引领新建幼儿园正确发展方向，是我们一直以来不断探索实践的重要问题。

一、培育党建品牌，激发高品质建设活力

2020 年 12 月，我园党支部成立。作为撤县建区后的第一所新建公办园，我园肩负着带动发展的光荣使命。我园始终坚持以习近平新时代中国特色社会主义思想为引领，将党的领导、党的建设贯穿办学治校、立德树人的全过程，坚持初心原点，以问题为导向，不断探索"党建＋"模式。从儿童发展、教师发展、园所发展三个维度，积极探寻园所党建的核心基因，构建起"一校一品"党建特色工作格局，凝练出"沙幼·红"党建品牌，全力推动党建工作与园所中心工作有机整合与提炼升华，助力我园高质量创新发展。

二、凝练品牌内涵，夯实高品质建设基础

"沙幼·红"党建品牌，其核心在于践行"必须把它办好"的办学宗旨，其中，"红"作为深厚的底色，而"沙幼"则是这一理念的重要载体。

党建品牌是一种精神象征。在习近平新时代中国特色社会主义思想的引领下，它将"红色种子"播撒于教师、幼儿及社会各个群体心中。在此过程中，"红色"成了沙幼立德树人的鲜明底色，引领着沙幼向高质量发展的道路迈进。同时，"沙幼·红"党

建品牌也是一个榜样。它倡导广大党员要树先锋、学先锋、争做先锋，以此激励全体干部员工亮出身份、做出表率、树立良好形象。更进一步，"沙幼·红"党建品牌还是一个明确的目标。它以高质量党建为统领，实现党建与教育的深度融合，将党建工作转化为学校发展的活力和竞争实力。

三、抓实三大主线，推动幼儿园高品质发展

高品质学校建设的成效体现为育人效果的高品质。我们将"沙幼·红"党建品牌建设与"以爱为光，探索无限"的办园理念相融合，围绕"红心照初心""红心映童心""红心领航行"三大主线，赓续红色基因，将"沙幼·红"教育作为推动立德树人工作的有效载体，助力园所高品质发展。

（一）红心照初心，涵养教师师德匠心，点亮立德树人之灯

2023年9月，习近平总书记从六个方面对中国特有的教育家精神作出深刻阐述，为新时代教师队伍建设指明了前进方向、提供了根本遵循。

1. 加强理论学习，增强教师素养

我们引领教师以立德树人作为自身成长的宗旨，通过开展思想政治学习，坚定政治方向，从理论高度提升自身的思想政治素质，奠定教师的职业底色。

2. 提升队伍素质，强化职业幸福

我们构建共荣共进的团队文化，让教师在爱与探索的氛围中快乐工作、快乐生活。搭建互帮互助的团队平台，通过思想交流、教学研讨、经验分享等形式建立集体成长发展共同体。营造友好共建的团队氛围，用仪式感激发教师的工作热情与对教育价值的追求。

图1 红心照初心，重走红军路

3. 强化党建引领，争做先锋模范

党员教师发挥先锋模范作用。一是党员领航。我园在学校管理、师德建设等六个方面创设党员领航岗，实现"幼儿乐学、教师乐业、家长满意、社会公认"的教育目标。二是畅通渠道。通过"青蓝工程""党员展示课"等多种形式，给青年教师提供学习范本，搭建展示舞台，通过交流互助，引领教师专业成长。

（二）红心映童心，培根铸魂启智润心，筑牢立德树人之本

我们通过不断丰富幼儿园的教育活动体系，把品德启蒙作为首要任务，关注幼儿的道德品质、良好行为习惯的发展，为幼儿扣好人生的第一粒扣子。

1. 挖掘红色资源，用红色文化立德树人

幼儿园以"沙汀"命名。"沙汀"是安县（今安州区）第一个共产党员，建立了安县第一个党组织——中共安县特支，是以笔为枪投身革命的文化战士。我们深入挖掘"沙汀"背后的红色事迹，积极开展本土红色资源的开发与应用，着力探索红色文化教育实践，形成具有地域特性的红色教育，在潜移默化中，增强儿童对祖国和家乡的热爱之情，在他们幼小的心灵中播下红色基因的种子。

2. 打造红色课程，用红色基因立德树人

紧扣幼儿年龄特点创设"探·红色"儿童党史学习实践课程。以品格教育为主线，月月定主题，从四个板块、十八个类别开展"探寻红色的秘密"系列活动，结合时代环境、节日节气、日常生活培养幼儿爱集体、爱家乡、爱祖国的良好品质，实现品德启蒙，构建起红色教育的长效机制和基础支撑，在幼儿立德树人和革命传统教育上做出新尝试。

3. 家校社联动，用红色力量立德树人

我们通过构建学校、家庭、社区红色资源联动体，拓宽红色教育的主场地，通过"家长进课堂""亲子红色游""社区红基地"等途径引导家长积极参与红色教育活动，使得红色教育更具感召力，有效助推幼儿树立爱国主义情怀，传承发扬民族精神与时代精神。

（三）红心领航行，发动育人红色引擎，造好立德树人之船

《关于幼儿教育改革与发展的指导意见》明确提出，要充分发挥示范性幼儿园在贯彻幼儿教育法规、传播科学教育理念、开展教育科学研究、培训师资、指导家庭和社区早期教育等方面的示范、辐射作用。我园作为四川省示范性幼儿园，从两个方面着

手，助推高品质学校的联动建设。

1. 阵地领航作示范，立足本职促提升

图 2　走进社区"儿童之家"开展活动

安州区学校首个"妇女之家"在我园成立。我们深入推进"六有五亮"，引领全体女职工发挥巾帼建功精神，积极打造一支品德高尚、素质优良、充满活力的当代幼教队伍，为立德树人工作高效推动提供坚实人才保障。同时，作为教育部"双名计划"何云竹名园长工作室成员单位，我园充分发挥阵地作用，积极整合资源，以"名园长＋名师"方式全力推进园园结对、师徒结对合作，构建发展共同体，最终实现培养一批、带动一片、辐射全区的共同体模式，为高质量发展赋能加速度。

2. 园所领航聚合力，深耕幼教笃前行

集团化办学是加快教育体制机制变革、推进基础教育优质均衡发展的重要举措。我园积极推进集团化办园模式，勇担安州区文胜路幼儿园领办园任务，探索出"统一管理、延展理念、融合课程、整合资源"的名园引领新园的高起点办学新路径，实现优势资源共享、基础制度共建、管理模式同步，为高质量发展聚力。2021 年起又对口领办两所民办园、两所小学附设园，成立沙幼教育质量协作体，最大化发挥园所领航作用，全力推动区域学前教育均衡发展。

四、持续趁势发力，构建高品质发展长效机制

"沙幼·红"党建品牌创建以来，我园党支部建设质量显著提升，组织力不断增强，构建出良好的师幼互动关系。教师把抽象的红色精神、蕴含的教育价值转化为幼

儿教育活动，将红色文化融入幼儿环境，通过红色课程实施开展，努力培养出永葆真心、探寻真知、传递真爱的"三真"儿童，让爱国的种子在孩子们幼小的心灵里生根、生长，切实发挥出"沙幼·红"的示范、引领、激励效应，有效推进幼儿园朝向高品质幼儿园发展。未来，我园将继续探索高质量党建途径，构建并深入实施"党建＋"联动机制，在大党建的背景下聚焦红色教育，努力探索在红色教育园本化实践过程中的教育价值，让红色教育以润物无声的方式感染幼儿，让高质量党建赋能幼儿园高品质发展。

（撰稿人：张小帆 刘云燕 郝红梅）

三大机制赋能乡镇教师专业成长

北川羌族自治县安昌幼儿园

北川，一个镌刻着特殊记忆的地方。北川教育，担当着让未来生命更美好的重建使命；北川教育人，推动着北川教育走出阴霾，涅槃重生。如今，北川教育已经进入以教育优质均衡发展为主题的"后普及时代"，享受优质均衡的学前教育成为北川人民的期盼。要达成人民的期盼、振兴乡村教育，关键在于教师队伍建设。幼儿园教师的发展是教育改革发展的重点与难点，而北川地处山区，乡镇学前教师的培养与发展困境更是教师队伍建设的短板。在长期探索中，北川羌族自治县安昌幼儿园针对乡镇学前教师队伍建设所存在的"数量不足、质量不高、结构不合理"三大突出问题，通过构建三大机制，赋能乡镇教师专业成长。

一、实施"三三制"堡垒工程，建立"党性引擎"制度

留住人是基础，培养人是关键。"理想教师"应该是德艺双馨的高品质"大国工匠"。我园充分发挥党组织的战斗堡垒作用，在政治素养、示范引领、作风建设三方面发力，切实解决教师队伍党性修养不过硬、示范引领不见效、规则约束不落地问题。

一是实施政治学习"三结合"制度。坚持广度与深度结合，常态化学习习近平新时代中国特色社会主义思想和党的二十大精神，持续拓展政治学习的广度；专题式重点研学中共中央、国务院《关于学前教育深化改革规范发展的若干意见》等文件，理解国家学前教育方针，拓展政治学习的深度。坚持研习与运用结合，明确专题学习和主题教育的实效导向，实施"学习—研讨—问题—整改—检视"闭环制度，于教师体系、师德师风、教学技能等多领域持续发力。坚持书记带头与轮流领学结合，以定周期、定专题、定课表的机制实现支部党员讲党课全覆盖，营造浓厚的政治学习氛围。

二是实施示范引领"三条线"制度。设立"安幼先锋岗"，以党带群，开展先进党员职工"安幼先锋岗"年度评选活动，严格实施逐环节评定等级，推动良性竞争和创优争先入脑入心。创建"研修工作坊"，以老带新，推动党员职工提升专业能力和教学

质量。开展"党章结对日"活动，以线带面，与优秀教育同行结对，实现多校优秀党员教师联合教研新局面。

三是实施作风建设"三规范"制度。聚焦制度体系规范化，制定《党支部集中决策办法》，修订园所《财务管理制度》《教职工违反廉洁从业和师德师范处理意见》等制度，推动日常管理纳入制度化管理体系。聚焦制度执行规范化，对标"阳光三化"管理目标，实现管理信息透明化、执纪监督常态化、事务办理程序化。聚焦制度底线，实施风险事项清单制度，按照规范程序要点逐一明确党支部集体决策事项，确保支部党员和教师队伍廉洁从业、心有所戒。

图 1 "红色学堂"党建室

二、完善"三协同"润禾机制，健全打造联动引擎机制

聚焦幼儿教育核心职责，通过实施"一核五带"制度，强化领导班子成员在教育教学方面的示范与引领作用；依托"四个一"培养制度，锤炼教师队伍，打造过硬的教学实力；借助"三大行动"，整合家校共育资源，共同增强促进幼儿成长合力。

一是把好班子成员带头的"方向舵"。建立"一核五带"管理制度，推动支部领导、班子成员分组认领并带头推进重点工作，不仅积极参与"红色园丁"讲堂的开办，还亲自参与课堂大比武、送教下乡等活动，并带头承担省市课题研究、开设专题讲座，从而让支部领导、班子成员在带头推动重点工作中切实引领教研教学质量提升。

二是培育骨干教师攻坚的"主力军"。成立新教师中心，并形成了由教务处、电教室、党工团三部门全面参与的"一中心三部门"新教师管理格局。通过实施每周一宝典、半月一沙龙、学期一录像、学年一承担的培训制度，科学研判新教师的成长周期，激发他们成为骨干教师的内在动力，实现信任与压力并重的提升机制。

三是打造联动家校共育协作的"同心桥"。实施家校共育的"三大行动"，旨在将家校共育融入幼儿教育的全过程。

图 2 幼儿在图书角阅读绘本

三、深耕"三特色"教育品牌，聚焦"成长引擎"实效

围绕"爱生命、善生活、尚友善、乐探索"培养目标，我园将红色教育、生命教育、民族文化教育三种元素融入幼儿教育各环节。

一是以红色基因塑造童心。以四种路径实施"红色教育"，旨在将爱国爱党的情怀融入幼儿的成长过程。引导幼儿探访红色足迹，挖掘本地的红色资源，并结合建党节等重要节日，亲身体验并感受革命精神。精选红色经典绘本，鼓励幼儿自主阅读、交流分享，以增强他们阅读红色经典的积极性。同时，我们利用每周的升旗仪式和每天的餐前故事时间开展师幼对红色故事的共同学习，让红色基因在幼儿心中生根发芽。

二是以生命教育启迪童智。构建"生命教育"三大体系。首先，打造了充满生命之园的文化系统，将生命教育的文化标识融入园徽、园刊、园歌中，形成了独特且充满人文关怀的文化底蕴。其次，建立了生命教育的园本课程体系，将生命教育融入生活、运动、游戏、学习四大核心板块，以保持幼儿对生活学习的探索欲。最后，构建生命教育的保障体系，建立领导班子成员、青年教师、家长、教育专家等广泛参与的评价机制，常态化开展对幼儿发展、课程实施、教学能力的全方位评价，以确保生命教育的可持续开展。

三是以民族文化凝聚童趣。打造"民族文化教育"三块样板，以增强幼儿对羌族文化传承的价值认同。塑造充满民族文化的校园环境，为幼儿营造了"处处可玩"的小乐园，并建设系列功能室和羌文化主题连廊。同时，打造民族文化特色课程，通过挖掘相关文献资料、实地考察、走访羌文化传承人等途径，科学谋划"运动竞技型""羌语品读型""认知探索型""艺术体验型"四类羌族游戏教学模式，将羌族语言、手工、音乐文化全方位融入教学，培养幼儿热爱羌文化、热爱家乡的情感，并增强他们身为羌族人的自豪感。

图 3　以民族文化凝聚童趣

尽管在 2008 年汶川地震中历经磨难，我园始终坚守"以幼儿发展为本"的初心，矢志不渝。近年来，在县教育主管部门的深切关怀与社会各界的大力支持下，我园勇于担当责任，以更加完善的设施设备、更加优美的校园环境以及更加自信的办学实力，全力促进幼儿的全面发展，以饱满的热情投身于生命教育特色品牌的教学研究与实践之中。园所构建了涵盖生命教育理念、园本课程体系和教学保障机制在内的特色教育体系，为众多幼儿塑造了爱生命、善生活、尚友善、乐探索的人格底色。我园办学成绩得到了主管部门、教育同行以及社会各界的广泛认可。目前，我园正朝着打造四川省具有较强影响力的"生命教育"学前教育示范幼儿园的目标阔步前行。

（撰稿人：梁　娟　刘红梅　王月兰）

科学规划建设影响幼儿一生的乐园

绵阳市花园实验幼儿园

幼儿园的发展规划是园所建设的战略蓝图和施工图，它将办园的理念外显化、具体化，其研制过程是一个充满创意的、从无到有的探索过程。2021年，在国家"十四五"规划出台的大背景下，我园积极响应，立足园本实际，明确发展方向，进行了系统而科学的规划，精心研制了我园《"十四五"发展规划纲要（2021—2025年）》，为"十四五"期间我园的高质量发展描绘了宏伟愿景。

一、现状分析

（一）发展优势与成效

1. 形成了以党建为引领的"三步走"教师培养路径

坚持党建引领。"十三五"期间，我园积极发挥党建的核心作用，紧紧围绕立德树人根本任务，建立以党建为引领的教师培养机制，通过"三步走"教师培养路径，锤炼高品质教师团队。

01

02

03

提升教师团队专业化水平

深化队伍梯队建设

倡导研修文化自觉、构建教师研修共同体、实施教师专业素养提升计划、共享快乐研修成果，引导教师主动认识自我，追求更大范围的拓展与创新

强化教职工师德素养

重建管理体系，规范定岗、定责、定员管理，细化园级领导、中层干部、教师的职责与分工，科学制订各岗位专业成长三年发展规划，选优配强师资队伍

以"四有好老师"为目标，建立师德督查、师德承诺机制，选树师德典型，弘扬社会主义核心价值观与教育情怀，营造风清气正的育人环境

图1 "三步走"教师培养路径

2. 建立了以科研为抓手的"三动"团队研修模式

坚持科研兴园。立足"真问题",开展十五项原创性研究,形成"真实动""人人动""动真格"的研修模式,让研修成为教师的生命状态,教师越来越有专业敏感度、专业责任、专业自信和实践智慧。

3. 构建了以幼儿为中心的"两全"游戏活动体系

坚持以人为本。遵循幼儿身心发展规律,珍视游戏和生活的独特价值,运用一体化思想和策略构建幼儿园课程,深化幼儿自主游戏,构建了"全人、全纳"的游戏体系。

4. 构筑了以开放为驱动的"两共"幼儿园新格局

坚持专业引领。秉持"共生、共赢"理念,与多方联动,打破了园所间、区域间、理论与实践间的资源壁垒,实现了吸纳优势、推广特色、资源共享、互助共创、改变提升等多种成效,促进我园办学品质提升。

(二)面临的挑战

1. 面临学习、理解、执行国家政策要求的挑战

我园在政策学习、理解、把握及执行方法上存在明显不足,具体表现为学习不够深入、理解不够透彻、把握不够精准以及方法不得当等问题。因此,如何更有效地落实国家政策要求,成了我园当前面临的重要挑战。

2. 面临幼儿园事业发展需求的挑战

在实施"80·50"攻坚计划的过程中,我们领办了两所分园,但这也导致了优质师资力量的分散以及保障体制的不完善。因此,如何形成集团化的办学合力并进一步提升教师的专业水平,成了我园当前发展所面临的重要挑战。

3. 面临人民群众教育需求的变化挑战

随着社会的发展进步,人民群众的教育需求已从"有学上"转变为"上好学"。在此背景下,如何进一步提升我园的办学质量,以满足人民群众对优质学前教育的殷切期待,成了我园内涵发展的重要挑战。

二、目标定位

科学、系统地论证办学思想,形成"快乐教育"办学思想,擘画高质量发展蓝图。

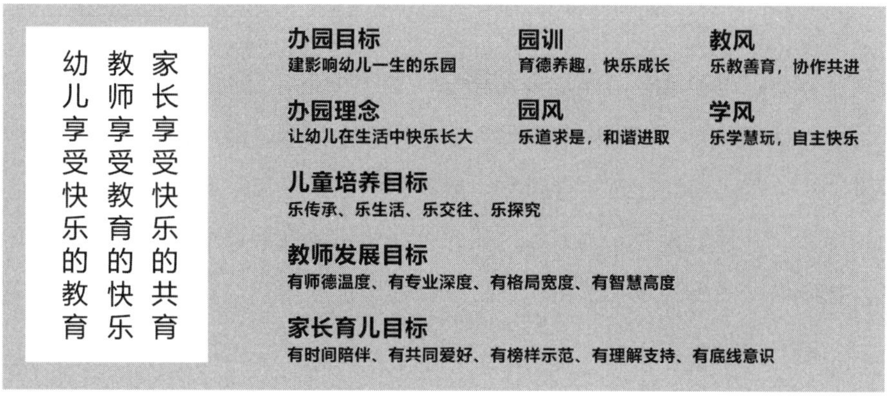

图 2　绵阳市花园实验幼儿园"快乐教育"办学思想

三、实施纲要

（一）实施四大战略

1. 党建引领

用党的创新理论武装头脑、指导实践、推动工作，为建设高品质教育体系奠定坚实基础。一是思想育人。开展党史国史及政策宣传教育，增强教师政治认同和教书育人的责任感。二是政治铸魂。健全党组织议事决策制度，严格落实"三会一课"制度及意识形态工作责任制。三是固本强基。加强领导班子政治思想、作风纪律建设，打造党建品牌，引领园所发展。

2. 文化立园

坚持文化育人，让校园文化成为幼儿园持续发展的核心动力。一是营造动态的行为文化。重视教师文化和儿童文化的塑造，严守行为规范；建设学习型校园，积淀深厚的学习文化；探索多维立体服务机制，凝练独特的服务文化。二是构建科学的制度文化。完善管理制度，实行民主管理，扎实推进考核方案。三是建设进取的精神文化。升级办园思想体系与文化符号系统，注重教师的人文关怀与成长。

3. 保教融合

坚持立德树人，落实五育并举，夯实保教工作，凝练并推广保教成果。一是健全立德树人落实机制，建立以德育德长效机制，构建系统化德育课程体系，深挖德育内涵。二是夯实精细化保育服务。推进保育服务的精细化、星级化管理，提升膳食管理水平。三是多元结合固化成果。进一步探索优秀保教成果的推广共享机制，实现保教特色成果的有效物化与推广。

4. 课程育人

运用一体化思想和策略，构建多元融合的课程体系，全面提升育人质量。一是构建课程目标、课程结构、课程内容、课程发展"四位一体"的课程体系。二是以特色引领推进"一体"实施，打破时空限制，创新园本特色活动，将自创符号作为课程实施的通用媒介。三是实施多元协同的一体评价。规范课程审议机制，研制园本课程评价标准，扎实做好"周—月—学期"三阶段课程评价工作。

（二）做优三大支撑

1. 队伍为基

建设具有专业自觉的教师队伍，实现自我教育、自我实现、自主发展。具体措施包括：一是重塑专业态度，丰富专业知识，夯实专业能力，开拓专业视野，全面助力教师专业成长与发展；二是根植终身学习理念，推行沙龙研修模式，深化观察反思实践，共同打造终身学习型团队；三是通过实施青蓝工程、名师工程、阅读工程，实现团队成长与增值。

2. 科研助力

以科研的"三度"为抓手，形成"三真"科研模式。具体策略包括：一是基于真实问题，通过整体推进、一题多研、多题共研等策略，实现全员参与、全面研究，拓展研究广度；二是立足真教研，目标定位准确、计划任务详细、研修过程求真务实、内容形式切实可行，做实研究深度；三是面向真实成果，推动动态研究，传承特色项目，多渠道推广研究成果，增加研究厚度。

3. 环境浸润

以乐雅为主题，运用自创符号、视觉系统等元素升级幼儿园环境。具体措施：一是统一环境育人理念，全体教师积极落实环境育人行动，站在儿童学习与发展的角度研究环境与游戏的关系；二是多元联动优化环境，进行整体规划设计，整合多方资源，共同打造开放、自主的游戏乐园；三是夯实环境管理样态，树立儿童自主管理环境的意识，鼓励儿童主动研制材料、创制游戏、打理环境，使之成为活动的一种常态。

（三）建设两个平台

1. 丰富资源平台，增强信息服务能力

以教育信息化支撑引领教育现代化，全面促进信息技术与保教工作融合创新发展。一是打造智能办公与学习环境，建立一体化网络管理体系，营造智慧校园环境，建成

"互联网＋教育"管理大平台。二是提升教师教育信息化应用能力，掌握信息技术实操运用。三是做好资源建设与推广，搭建网络资源库，深入推进"三个课堂"应用，建好"四川云教"，输送优质数字教育资源。

2. 搭建交流平台，提升教育教学质量

做实示范引领，塑造学术影响力，促进学前教育均衡优质发展。一是深入推进集团化办学，输出我园教育品牌经验，提升办学内涵。二是建好四川省何云竹名园长鼎兴工作室，实现"培养一个、带动一批、辐射一片"的目标，形成名园长培育"四川经验"。三是建好教育部园长培训中心学员实践基地，构建园际研修共同体，做好结对帮扶，加强家园共育。

四、保障措施

（一）组织保障

1. 强化党建引领，健全制度建设

充分发挥党支部的领导核心作用，成立我园《"十四五"发展规划纲要（2021—2025年）》编制和实施领导小组，确保规划工作的顺利推进。

2. 凝聚群体力量，推动集团品质发展

构建科学的评价体系，成立专门的督导小组，加强对规划执行情况的过程监管与效果评价，确保教育品质持续提升。

（二）制度保障

1. 推进制度建设，提升校园现代化治理能力

全面完善并实施《幼儿园管理制度汇编》，进一步构建科学规范、运行有效的制度体系。通过提升教育管理能力和业务水平，激活内部管理活力，推动校园现代化治理能力的提升。

2. 明确责任分工，依法推进我园《"十四五"发展规划纲要（2021—2025年）》落实

层层落实责任，分阶段、分步骤组织实施和落实我园《"十四五"发展规划纲要（2021—2025年）》。形成党政主导、部门联动的参与和监督机制，确保我园《"十四五"发展规划纲要（2021—2025年）》的依法推进和有效实施。

（三）资源保障

1. 加强经费统筹，确保规划有效实施

积极争取并合理投入经费，建立绩效考核、经费使用监督和责任追究机制，确保规划的有效实施和经费的合理使用。

2. 完善基础建设，建设平安校园

加大基础设施建设力度，健全安全管理制度及风险防控机制，筑牢安全防线，努力打造平安校园。

3. 整合多方资源，推动高品质发展

积极寻求政府、社会的支持，整合社区等各类资源，共同助推园所发展，努力实现高品质教育的目标。

（撰稿人：何云竹 何 苗 焦芙琴）

第二节　注重品德启蒙 站稳发展立场

➤ 理论指引

注重品德启蒙，站稳发展立场，就是在解决"培养什么人"的问题。育人为本，德育为先。习近平总书记多次强调，育人的根本在于立德。教育的根本任务是立德树人，培养德智体美劳全面发展的社会主义建设者和接班人。作为《评估指南》办园方向的第二个关键指标，"品德启蒙"第一次出现在国家性文件当中，针对如何"立德"、怎样"树人"给出了方向性指引，为解决"培养什么人"的问题指明了道路。

表1　《评估指南》品德启蒙考查要点

重点内容	关键指标	考查要点
A1.办园方向	B2.品德启蒙	4. 全面贯彻党的教育方针，落实立德树人根本任务，坚持保育教育结合，将培育和践行社会主义核心价值观融入保育教育全过程，注重从小做起、从点滴做起，为培养德智体美劳全面发展的社会主义建设者和接班人奠基。 5. 注重幼儿良好品德和行为习惯养成，潜移默化贯穿于一日生活和各项活动，创设温暖、关爱、平等的集体生活氛围，建立积极和谐的同伴关系；帮助幼儿学会生活，养成自己的事情自己做的习惯，培育幼儿爱父母长辈、爱老师同伴、爱集体、爱家乡、爱党爱国的情感

一、明确价值内核，培养德智体美劳全面发展的新时代好儿童

教育的根本目的是促进人的发展，人是教育的核心。立什么德、树什么人，不仅关乎个人的终身发展，更是影响未来社会前进的人本力量。《中华人民共和国教育法》第六条规定：教育应当坚持立德树人，对受教育者加强社会主义核心价值观教育，增强受教育者的社会责任感、创新精神和实践能力。2017年10月，党的十九大报告提出"要全面贯彻党的教育方针，落实立德树人根本任务，发展素质教育，推进教育公

平，培养德智体美全面发展的社会主义建设者和接班人"。《评估指南》指出，要"全面贯彻党的教育方针，落实立德树人根本任务，坚持保育教育结合，将培育和践行社会主义核心价值观融入保育教育全过程，注重从小做起、从点滴做起，为培养德智体美劳全面发展的社会主义建设者和接班人奠基"。以上内容明确了我们应培养什么人的内核价值与发展定位。2023年，习近平总书记在二十届中央政治局第五次集体学习时强调，"我们建设教育强国的目的，就是培养一代又一代德智体美劳全面发展的社会主义建设者和接班人，培养一代又一代在社会主义现代化建设中可堪大用、能担重任的栋梁之才，确保党的事业和社会主义现代化强国建设后继有人。要坚持不懈用新时代中国特色社会主义思想铸魂育人，着力加强社会主义核心价值观教育，引导学生树立坚定的理想信念，永远听党话、跟党走，矢志奉献国家和人民"。

（一）以社会主义核心价值观构筑儿童品德启蒙的思想基础

党的十八大从国家、社会、个人三个层面提出了"富强、民主、文明、和谐，自由、平等、公正、法治，爱国、敬业、诚信、友善"二十四字社会主义核心价值观。"富强、民主、文明、和谐"是我国社会主义现代化国家的建设目标；"自由、平等、公正、法治"是对美好社会的生动表述，也是从社会层面对社会主义核心价值观基本理念的凝练；"爱国、敬业、诚信、友善"是公民基本道德规范，是从个人行为层面对社会主义核心价值观基本理念的具体表达。在2018年全国教育大会上，习近平总书记特别强调了培养人的"六个下功夫"，即要在坚定理想信念上下功夫，要在厚植爱国主义情怀上下功夫，要在加强品德修养上下功夫，要在增长知识见识上下功夫，要在培养奋斗精神上下功夫，要在增强综合素质上下功夫。将积极培育和践行社会主义核心价值观融入保教全过程，就是要把功夫下到每一个幼儿园，下到每一个儿童，着眼于儿童的生活经验与未来发展，从小做起，从点滴做起，为培养全面发展的社会主义接班人与建设者厚植思想根基。

（二）以文化自信涵养新时代全面发展的好儿童

文化是人存在的根和魂。习近平总书记在党的十九大报告中明确指出："文化是一个国家、一个民族的灵魂。文化兴国运兴，文化强民族强。没有高度的文化自信，没有文化的繁荣兴盛，就没有中华民族伟大复兴。"中国学生发展核心素养，以科学性、时代性和民族性为基本原则，以培养"全面发展的人"为核心，其首要素养即为文化基础，重在强调能习得人文、科学等各领域的知识和技能，掌握和运用人类优秀智慧成果，涵养内在精神，发展成为有宽厚文化基础、有更高精神追求的人。其中的第一要点人文素养，是指对人的深刻认识和终极关怀，就是要确立做人的基本品德，要遵循社会基本的道德规范，要有审美情趣与艺术精神，追求人生和社会的美好境界。社会主义核心价值观无疑是中国公民人文素养的重要组成部分，同时，中华优秀传统文化也是人文素养的核心体现。从人类历史长远的跨度来看，我们的传统文化中世代传承和发扬的核心思想理念、中华传统美德、中华人文精神将是中国参与国际竞争的重要"软实力"。

早在百年前，素有"中国幼儿教育之父"之称的陈鹤琴先生就提出"做人、做中国人、做现代中国人"的三大纲领。他说，现在的儿童，就是未来的主人。社会的进化，国家的繁荣，要看这些未来主人的品格才智如何而定。培养这些未来主人的品格才智，端赖优良的儿童教育，那么儿童教育的重要，自然不用再说。[①] 2023 年，习近平总书记在北京育英学校考察时指出："中国特色社会主义教育体系是好的，我国的基础教育在世界上是有优势的，要坚定文化自信，把自己好的东西坚持好，把国外好的东西借鉴好，与时俱进、开放发展，让孩子们有更广阔的眼界、更开阔的思路、更开放的观念，努力培养堪当民族复兴重任、勇于创造世界奇迹的国之栋梁。"文化为根，文化铸魂，唤醒儿童天生的好品德，把新时代中国儿童培养成有志向、有梦想，爱学习、爱劳动，懂感恩、懂友善，敢创新、敢奋斗，德智体美劳全面发展的好儿童。

二、扎根生活实践，将品德启蒙融入儿童生命成长的全过程

三至六岁是幼儿良好品德培养的关键时期，要促进儿童社会性情感、适应社会生活能力的发展，养成基本的社会行为规范和良好习惯，为其良好个性的形成和未来健全人格的发展打好基础。十年树木，百年树人，树人之功在日常点滴，在生活的方方面面，在良好习惯的塑造与践行。《评估指南》考查要点五提出，要"注重幼儿良好品德和行为习惯养成，潜移默化贯穿于一日生活和各项活动，创设温暖、关爱、平等的集体生活氛围，建立积极和谐的同伴关系；帮助幼儿学会生活，养成自己的事情自己做的习惯，培育幼儿爱父母长辈、爱老师同伴、爱集体、爱家乡、爱党爱国的情感"。这将品德养成与学会生活提到了新的高度，强调在生活和游戏中养成幼儿良好的品德行为习惯，以身作则、言传身教，创设良好的集体生活氛围，培养幼儿爱自己、爱他人、爱家乡、爱祖国的良好品质，帮助幼儿"扣好人生的第一粒扣子"。凉山彝族自治州冕宁县幼儿园依托悠久的红色文化历史，开展讲红色故事、唱红色歌谣、玩红色游

---

① 陈鹤琴，柯小卫.陈鹤琴"活教育"幼儿园教师实用手册[M].南京：南京师范大学出版社，2016：7.

戏、绘红色美景、演红色剧目的"五红"活动，将红色文化融入幼儿活动中，让幼儿在唱、念、说、玩、画、演中厚植爱国主义情怀，传承红色精神，培养民族地区儿童的"中国心""中国情"。

（一）以品德养成铺垫生命底色

德是什么？中国自古以来用仁、义、礼三个字来表达，仁、义、礼三者兼备之人被称为"有德之人"。2018年，习近平总书记在全国教育大会上指出，要"遵循教育规律，坚持改革创新，以凝聚人心、完善人格、开发人力、培育人才、造福人民为工作目标，培养德智体美劳全面发展的社会主义建设者和接班人"，教育引导学生培育和践行社会主义核心价值观，踏踏实实修好品德，成为有大爱大德大情怀的人。华东师范大学李季湄教授讲到，价值观教育不是灌输概念，而是给孩子的心灵点亮一盏灯。这盏灯不在彼时彼刻，而存在于幼儿园一日生活的所有环节中，存在于教师与儿童的每一个积极互动中。

乔治·福门博士在《儿童经历的寻常时刻》中提出："儿童的大部分时间，是由一个个细微的生活片段联结而成的。最佳的时刻是简单细小的寻常时刻，简单平常的一日生活质量才是幼教的根。"品德教育非一日之功，具有渗透性、渐进性、养成性，抓住一个个寻常时刻一点点涵养美好品德，就抓住了幼儿教育立德树人的根本。华东师范大学朱家雄教授针对幼儿园教育从文化视角指出："因为教育要解决的不仅仅是孩子当下和未来生存问题，这是技能训练（或者是职业教育），教育还要解决的是孩子选择以怎样的态度去生活，给他们思考自己如何成为一个文化人的思维工具，打下他们最初的情感底色。"品德养成就是铺垫文化、情感底色的实践路径。丰富的实践活动、真切的亲身体验、充满力量的对话互动，以及成人的言行举止等，每一个举动都将生活的过程转化为品德修行的旅程，让儿童成长的每一步都成为心灵丰盈的宝贵经历。

（二）以学会生活成就生命成长

人生的价值，归根结底取决于其全部生活回报给自己、他人和社会的意义与质量，个体生命成长的本质是生活素养的不断成熟，即逐渐学会并呈现有意义的品质生活。[①]学会生活是实现生命价值的基础命题，也是从幼儿阶段就在进行着的主旋律。1996年，联合国教科文组织国际21世纪教育委员会发表了报告《学习：财富蕴藏其中》，从新的理论高度和政策视角把"终身学习"作为一切重大教育行动与变革的指导原则，"学会生活"成为四大教育支柱（学会认知、学会做事、学会生活、学会生存）之一。

① 刘涛，崔勇，张文龙.高品质学校建设·理论之思[M].成都：四川教育出版社，2021：59.

"学会生活，其途径是本着尊重多元性、相互了解及和平等价值观的精神，增进对他人的了解和对相互依存问题的认识。"[①] 这意味着要学习和了解自身，发现并尊重他人、他国、他族的文化，学会关心，学会分享，学会平等对话以及用协商的方法解决多种矛盾、冲突的态度，在人的思想中构筑"和平"的理念，学会在参与目标一致的社会活动中获得实际的合作经验。在这样的理念下，儿童能做什么？《评估指南》至少给我们指出了三个方向。一是指向自我服务能力的培养，即"养成自己的事情自己做"的能力，儿童了解自己的需要、练习自己的技能、发展自己的技能，为个体的独立存在建立能力基础；二是指向社会关系力的培养，即人际交往与社会适应，儿童通过对自己与他人的认识、对群体规则的理解与判断等，能够与同伴、教师建立良好人际关系，适应集体生活，为共同生活奠定关系基础；三是指向儿童归属与爱的培养，即"培养幼儿爱父母长辈、爱老师同伴、爱集体、爱家乡、爱党爱祖国"，相应地我们要为此创设温暖、关爱、尊重、鼓励、和谐的集体生活氛围，让儿童感受到来自家庭、幼儿园、社会的善意与正向力量，从而产生对自身、他人与社会的归属感与自豪感。成都市第十四幼儿园就充分利用传统文化构建了民俗节日园本课程，通过实施丰富的课程实践活动，实现了文化传承与品德启蒙的双重价值。

（三）以融入世界走向可持续发展

中国共产党倡导人类命运共同体，提倡文明交流互鉴，提倡守望相助、互利共赢。习近平主席指出："人类生活在同一个地球村里，生活在历史和现实交汇的同一个时空里，越来越成为你中有我、我中有你的命运共同体。"2022年9月召开的联合国教育变革峰会（Transforming Education Summit，TES）将"学会可持续共生"作为变革教育、变革世界的核心愿景，呼吁各国共筑"生命中心"价值取向的可持续发展教育，落实学校赋能所有学习者"学会共同生活"的时代责任。[②]《中国学生核心素养》社会参与素养的基本要点之一就是"国际理解"，即"具有全球意识和开放的心态，了解人类文明进程和世界发展动态；能尊重世界多元文化的多样性和差异性，积极参与跨文化交流；关注人类面临的全球性挑战，理解人类命运共同体的内涵与价值等"。

站在百年未有之大变局中，立德树人既要"抬头看天"——看得清国家、世界的发展趋势，也要"低头看路"——在每一个教育环节里脚踏实地，深入践行。当我们把品德启蒙再往前推一步，着眼于人与地球的和谐共存，"学会共同生活"要求所有的

---

① 刘丰霞.教育四大支柱的内涵及当代教育意义——重读《教育：财富蕴含其中》[J].原理探究，2019（08）：44.

② 岳伟，李文娟.国际可持续发展教育的新理念与新趋势[J].华中师范大学学报，2024（01）：35.

学习者成为积极、负责任且具有能力的世界公民，学会与他人和地球建立更加和谐、美好的相互关系，共同迈向更加公正、可持续且和平的未来社会。在此视角上，品德启蒙被赋予更深远的内涵，要从当下的儿童看到未来的世界公民，从脚下的土地看到人与地球生命休戚与共的命运体。因此，我们要以终为始，如李季湄教授所言："要始终牢记，把育人为本作为教育工作的根本要求，'育'作为'人'的幼儿，'育'幼儿成为'人'。我们要知道，面向未来，基于核心素养的幼儿品格教育应当不是管控是引导，不是压制是赋权，不是训练是唤醒，不是塑造是构建。"从而使儿童学会融入世界，学会可持续地生活和工作，实现"促进全人类幸福、正义与和平，以及与环境的可持续关系"的发展愿景。

民俗节日课程：让品德启蒙走向可持续

成都市第十四幼儿园

中华优秀传统文化是中华民族价值观最生动的表达，积极挖掘运用优秀传统文化构建园本课程，是幼儿园落实立德树人根本任务的重要途径。然而，在实践中，德育课程往往内容零散，尚未形成系统化、可持续推进的一体化实施路径，因而迫切需要构建一个完整的德育课程引领体系。我园挖掘民俗节日的当代文化价值，探究其与品德启蒙的自然融合，为幼儿园品德启蒙教育积累经验。

一、"三维四感"——指向品德启蒙的民俗节日课程目标

民俗节日课程中品德启蒙的教育目标分为品德启蒙和文化浸润两部分。我园设立品德启蒙的"三维"目标，旨在培养幼儿成为"理解自己、理解他人、理解社会"的中国娃。其中，"理解自己"体现"自信"，既是对幼儿自身品德的塑造，也是对传统文化的认同和尊崇；"理解他人"体现"共情"，这包括认知共情和情感共情两个方面；

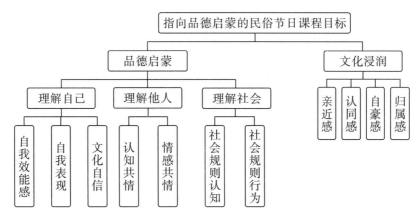

图1 指向品德启蒙的民俗节日课程目标体系

"理解社会"体现对社会规则的认识，旨在让幼儿建立规则意识，从而在日常生活中自觉遵守规则。在文化浸润方面，我们致力于培养具有中国味的"四感"儿童，即对国家和民族传统文化具有亲近感、认同感、自豪感和归属感。

二、"三层共构"——指向品德启蒙教育的民俗节日课程内容

（一）课程内容建构取向

不同年龄段的民俗节日活动课程在渗透品德启蒙内容时各有侧重。

由于小班幼儿对传统民间文化的感知相对较少，且品德发展正处于萌发阶段，因此课程重点突出"萌趣"。这一阶段旨在培养幼儿对民俗节日文化的兴趣、基本需要和品德认知，通过环境的浸润以及哥哥姐姐的带动作用，激发幼儿对传统民间文化的兴趣，引导他们尝试体验，从而形成对品德的初步感知。

中班幼儿已经对民俗节日活动有了一定的参与经验，但尚未建立起丰富的思想品德情感，因此课程重点突出"悦情"。这一阶段旨在丰富幼儿对民俗节日文化的认识和发现，通过让幼儿与环境、他人、活动的互动，使他们在活动中悦纳自己、他人和社会，以情感催化道德行为。

大班幼儿在幼儿园经历了两年的民俗文化浸润，并且在典型习俗中有了更多的自我表达，因此课程重点突出"生发"。这一阶段旨在充分激发幼儿主动参与的热情，鼓励他们用行动外化道德行为。同时，师幼共同构建逐步深化、持续拓展的活动网络与内容，以进一步提升幼儿的品德素养。

（二）课程内容

民俗节日课程内容在把握传统文化核心价值的基础上融入品德启蒙要素，结合幼儿的年龄特点、兴趣需要开展主题活动，在课程构建中不断生发课程内容。表1呈现了指向品德启蒙的传统节日主题活动内容。

表 1　指向品德启蒙的传统节日主题活动内容

传统节日	核心文化价值	品德启蒙要素	小班主题活动	中班主题活动	大班主题活动
中秋节	团圆、共享	友善、关爱、文化自信	甜甜的中秋	月儿圆圆饼儿甜甜	团团圆圆的中秋节
重阳节	敬老、感恩	敬老、感恩、文化自信	亲亲爷爷和奶奶	重阳节里的祝福	爷爷奶奶的秘密
春节	迎新、团圆	关爱、文化自信	过年啦	欢欢喜喜迎新年	红红火火过年啦

续表

传统节日	核心文化价值	品德启蒙要素	小班主题活动	中班主题活动	大班主题活动
清明节	祭祀、思念	感恩、乐观、文化自信	找春天	春天里的清明节	生命的图画
放水节	珍惜、感恩	感恩、文化自信	—	—	爱水惜水家乡美
端午节	合作、安康	合作、坚持、诚实、文化自信	香香的端午香香的我	防病小能手	一起划龙舟

三、"三段六步"——指向品德启蒙的民俗节日课程实施

（一）"三融合"构建品德启蒙民俗节日课程

文化传承与品德启蒙融合。中华传统文化中的仁、义、礼、智、信是中国人秉承的价值观，也是品德启蒙的目标。在民俗节日课程中浸润品德启蒙，既要在充分了解民俗节日文化资源与幼儿品德启蒙要素基础上找到融合点，也要支持幼儿在活动中涵养良好品德，萌生对家乡、祖国的亲近感、认同感、自豪感和归属感，实现文化传承与幼儿品德启蒙的双重价值。

图 2 "了不起的中国龙"舞龙活动

节日内涵与日常生活融合。幼儿品德启蒙的目标不是通过一两次活动达成的，亦不是一年过几个传统节日就能实现的。我们将节日教育融合日常教育，将其视为幼儿品德启蒙的重要契机，如重阳节仅有一天，便将其融入"感恩""关爱"品格落实行动于一日生活。民俗节日课程中进行品德启蒙的关键在于，用日常活动的铺垫积累使得幼儿品德情感和认知在节日这天到达顶点，之后继续开展后续活动，让节日文化的内涵与意义伴随幼儿每一天。

图 3　幼儿在游戏中互帮互助

　　情感浸润与习俗体验融合。道德认知与道德情感共同构成了道德行为的坚实基石，而脱离了情感浸润的习俗体验则容易流于形式化与表面化。团圆、感恩、敬老等传统节日所蕴含的情感基调，不仅是幼儿品德教育中的重要元素，更是培养关爱、责任、感恩、友善等品质的基础。在民俗节日课程中开展品德启蒙教育时，不仅要创设富有情境化、生活化的习俗体验环境，更要致力于支持幼儿进行环境互动、师幼互动以及亲子互动，促进幼儿产生全方位、多层次的情感交流、情感扩散和情感交融，最终将这些深刻的情感体验落实到具体的道德行为之中。

图 4　幼儿用爱心义卖礼物看望社区老人

　　（二）"三段六步"范式实施品德启蒙教育

　　在民俗节日课程中实施品德启蒙教育，我园遵循"三段六步"的范式流程。"三段"指课程建构和实施的三个阶段，即前置段、中置段和后置段，"六步"指每个阶段中紧密相连的两个步骤。

前置段，即准备阶段，主要关注民俗节日课程中品德启蒙教育资源的收集、整理与深度挖掘，并将其转化为富有教育意义的课程内容。第一步是广泛收集资源，精心整理素材，深入查阅民俗节日文化中蕴含的品德启蒙价值素材和资源，并重点筛选出适宜幼儿探索的民俗文化资源。第二步是深入分析资源，结合幼儿的兴趣与发展现状，精心构建品德主题活动网络图，确保活动内容既生活化又充满游戏化、情境性。

中置段，即实施阶段，注重预设与生成的平衡，避免品德教育陷入说教和形式主义。在这一阶段，通过"讲传说、玩习俗、送祝福、齐过节、享传统"五个步骤开展丰富多彩的主题活动。同时，密切关注幼儿的兴趣点，积极鼓励幼儿探索新的想法，并特别关注幼儿品德的外化表现，即是否真正萌生了道德情感和相应的行为。

后置段，即回顾阶段，强调智慧共享和及时反馈的重要性。这一阶段，一是关注幼儿的情感表达，从中发现新的品德启蒙教育的生长点；二是形成全面的反馈机制，对课程活动、教师支持和幼儿品德进行过程性和整体性的评价，以推动民俗节日课程中品德启蒙教育的持续探索和完善。

民俗节日课程是我园品德启蒙教育的重要载体，而品德启蒙则是我园课程实施的核心价值取向。我们致力于践行传统文化育人的理念，将良好品德的种子播撒在幼儿心中，支持他们成长为"自信、共情、明理"的中国娃。同时，我们也致力于滋养教师成为塑造幼儿品德的"大先生"，共同构建一个以民俗节日课程为载体的品德启蒙教育生态。这是我园走出的一条"有实效、具有中国特色"的品德教育之路，也是我园高质量内涵式发展的坚实基石。

（撰稿人：何世红　王亚丽　周　虹）

"五红"活动开启品德启蒙实践之路

凉山彝族自治州冕宁县幼儿园

冕宁拥有悠久的红色文化历史，为幼儿品德启蒙提供了丰富的资源。然而，民族地区师资力量薄弱，保教质量不高，普遍忽视幼儿品德和学习品质的培养。针对此挑战，我园开创了民族地区品德启蒙实践之路，将红色文化融入幼儿活动，通过讲红色故事、唱红色歌谣、玩红色游戏、绘红色美景、演红色剧目的"五红"活动，让幼儿在说、唱、念、玩、画、演中厚植爱国主义情怀，传承红色精神，成长为德智体美劳全面发展的社会主义建设者和接班人。

一、以培养优秀品德为主旨开展"五红"活动

"五红"活动围绕培养幼儿"爱家乡、会表达、好习惯"的优秀能力展开，旨在让红色基因、革命薪火代代相传。

爱家乡。为了让幼儿未来成为巩固脱贫攻坚成果、推进民族地区乡村振兴的建设者，我园从小培养幼儿热爱家乡和学成归来建设家乡的情感，通过开展寻找家乡的味道、家乡的美景、家乡的民俗、家乡的印记等主题活动，并在活动过程中融入"五爱"教育，即培育幼儿爱父母长辈、爱老师同伴、爱集体、爱家乡、爱党爱国的深厚情感，在幼儿心灵深处埋下爱家乡的种子。

会表达。民族地区幼儿受母语影响，入园前多数听不懂、不会说普通话。因此，我园充分利用"学前学会普通话行动"这一契机，让幼儿会听、会说、会用普通话，引导他们同说普通话、同怀中国心，感党恩、听党话、跟党走，共同铸牢中华民族共同体意识。

好习惯。一个人的习惯往往决定了其成就的高低。基于民族地区幼儿的特点，我园着重帮助幼儿养成良好的作息习惯、饮食习惯、卫生习惯、锻炼习惯和学习习惯，同时培养幼儿自我规划、自我管理、自我服务的能力。

二、以传承红色基因为主线开展"五红"活动

讲红色故事，感幸福生活。结合"学前学会普通话行动"中的"学普娃游家乡"活动，我园开展了"学普小喇叭""学普小导游""红色故事大家讲""童语广播站"等一系列活动。鼓励家长和幼儿在节假日时前往彝海结盟地、长征纪念馆、陈家大院以及各乡镇社区，一同了解红色故事，分享家乡的变化和美食美景。让幼儿在看、听、说的过程中传承革命精神，深切感受幸福生活的来之不易。

图1 红军树下讲红色故事

唱红色歌谣，诵红色经典。利用"国旗下的表演""学普小舞台""学普娃唱红歌""亲子同唱红歌"等活动形式，精心挑选了《童心向党》《国旗，国旗多美丽》《我爱北京天安门》《娃哈哈》等作为幼儿园的必唱红歌。通过孩子们喜爱的唱、念等方式，开展唱红歌、念红色童谣等活动，让幼儿在欢快的歌声和童谣中激发爱党、爱国热情，传承红色基因，赓续红色血脉。

玩红色游戏，忆革命精神。我园将冕宁的红色文化资源与体育游戏相结合，创新了幼儿游戏的内容及形式。通过开展"家乡保卫战""巧渡金沙江""飞夺泸定桥""鸡毛信"等红色游戏，让幼儿在游戏情境中磨炼意志，体验革命前辈的艰辛，从而弘扬革命精神，潜移默化地在他们心中播下红色种子。

图 2　红色游戏"飞夺泸定桥"

绘红色童心，展家乡美景。我园引导幼儿用童真的想象和灵巧的双手绘制家乡的美景，以此表达对祖国大好河山的赞美之情。同时开展折叠五角星、制作驳壳枪、编制腰带草鞋等与红色教育有关的手工活动，让幼儿们在活动中了解革命历史，感受革命传统，进一步弘扬红色文化。

演红色剧本，润红色童心。我园利用红色绘本、红色故事视频等引导幼儿梳理故事情节，共同编写红色情景剧。幼儿们自主挑选、制作表演道具，并排练了《彝海情深》《飞夺泸定桥》《董存瑞炸碉堡》等红色情景剧。在表演过程中，幼儿深刻感受到了红色故事中蕴含的英雄精神和品质。

图 3　红色情景剧《彝海情深》

三、以促进多元主体融合发展为主责开展"五红"活动

"五红"活动让幼儿收获了丰硕的"五项红色成果"——能够讲述五个红色故事，

演唱五首红色歌曲，玩转五个红色游戏，创作五个精美的红色美工作品，表演五个生动的红色情景剧。在学好普通话的同时，幼儿们逐渐培养起了爱家乡、爱祖国的深厚情感，树立了有志于建设家乡、助力乡村振兴的远大志向。

"五红"活动也极大地促进了教师的专业发展。教师们积极参与，通过革命先辈们的奋斗经历激发自身发展的内生动力，同时借助浸润式的红色文化教育来加强师德建设，不断引领自己实现专业成长。

"五红"活动还成功地促进了家园协同育人。家庭是幼儿园的重要合作伙伴，而家园协同育人是教育的基础。我园通过精心组织"五红"亲子活动，包括亲子共读红色书籍、亲子共唱红色歌曲、亲子共同制作红色主题手工书、亲子一起玩红色主题游戏以及亲子共同游览红色景点，让家长主动参与"五红"活动，实现了家园之间的紧密合作与协同育人。

四、反思启示

品德教育是关乎下一代拥有何种价值观的教育。民族地区幼儿园必须坚持社会主义办园方向，切实落实立德树人的根本任务，传承红色基因，努力培育符合时代要求的新人。我园通过开展"五红"活动，让孩子们在游戏、生活、学习等活动中收获了丰硕的五项红色成果，将红色基因深深根植于他们心底，为幼儿逐步树立正确的世界观、人生观、价值观奠定了坚实的基础。

民族地区幼儿园的品德启蒙关键在于应充分发挥红色文化资源的优势，明确"一个主旨"以厘清活动目标，沿着"一条主线"有序实施各项活动。通过活动的开展，促进幼儿、教师、家长和幼儿园等多元主体的融合发展，共同承担起"一个主责"。

（撰稿人：赵　颖　陈　燕　付俊梅）

第三节　坚持科学理念 站稳儿童立场

➤ 理论指引

坚持科学理念，站稳儿童立场，就是遵循儿童发展需要，解决怎样培养人的问题。中国幼儿教育走过的百年发展历程，正是探寻学前教育是什么、学前教育为什么和学前教育怎么做的历程，始终在解决"培养什么人、怎样培养人、为谁培养人"的教育根本问题。时至今日，我们在党的领导下，富有成效地走出了一条富有中国特色的学前教育发展道路，从"学有所教"到"学有优教"，在量的基础上有了质的飞跃。面对人民群众对优质教育的新期待，如何用更科学的方式落实立德树人根本任务，需要我们继续回归本源，聚焦"人"这一核心要素，遵循教育规律、彰显教育理性，深入理解与践行"以儿童为本""遵循规律""以游戏为基本活动"等科学育人理念。

表1　《评估指南》科学理念考查要点

重点内容	关键指标	考查要点
A1.办园方向	B3.科学理念	1. 遵循幼儿身心发展规律和学前教育规律，尊重幼儿个体差异，坚持以游戏为基本活动，珍视生活和游戏的独特教育价值。 2. 充分尊重和保护幼儿的好奇心和探究兴趣，相信每一个幼儿都是积极主动、有能力的学习者，最大限度地支持和满足幼儿通过直接感知、实际操作和亲身体验获取经验的需要。不提前教授小学阶段的课程内容，不搞不切实际的特色课程

一、以人为本，遵循规律

（一）儿童观：以人为本，尊重儿童

儿童是起点，是中心，而且是目的。儿童的发展、儿童的生长，就是教育的理想所在。① 《评估指南》科学理念指标强调"遵循幼儿身心发展规律和学前教育规律，尊重幼儿个体差异"。在"坚持儿童为本"的原则里，同样表明要"尊重幼儿年龄特点和成长规律，注重幼儿发展的整体性和连续性"。这就是回归对儿童的理解，把儿童看作儿童。《纲要（试行）》总则指出："幼儿园应尊重幼儿的人格和权利，尊重幼儿身心发展规律和学习特点，以游戏为基本活动，保教并重，关注个别差异，促进每个幼儿富有个性的发展。"《发展指南》《幼儿园工作规程》与《中共中央 国务院关于学前教育深化改革规范发展的若干意见》等一系列政策文件，多次强调尊重规律、尊重幼儿发展特点，《评估指南》更是将"坚持儿童立场"的理念融入了指标体系，确立了儿童的主体地位。

（二）教育观：遵循规律，科学育人

作为个体生命发展的重要时期，儿童期有不可替代的价值，它是人生各方面能力发展的奠基时期，教育要关注儿童当下的生活世界，看到童年的价值。卢梭认为儿童是具有尊严和权利的独立的个体，教育者不应该剥夺他们快乐和自由，而应该爱护儿童，帮助他们做游戏，使他们快乐。虞永平教授呼吁教师有爱护儿童的心肠，要真正去了解每一个不同的孩子，注重他们的生活背景和个别差异，注重孩子的兴趣和爱好，并因势利导加以积极引导。同时，教师要发挥积极性和主动性，关注儿童的现实，从儿童出发决定教什么和如何教。在成尚荣先生看来，构建教师的儿童学，要从建构儿童观、坚守儿童立场、维护儿童法权与提升儿童哲学四个方面着力。首先要观察儿童、了解儿童、发现儿童，其次要坚守儿童立场，儿童立场是国家立场，有什么样的儿童，就有什么样的民族，就有什么样的国家未来。我们提儿童立场，就要提完整的儿童立场。《评估指南》将我们的关注点转移到教育本质和育人过程上，指引我们踏踏实实地走以儿童为本、遵循规律的质量提升之路。

（三）学习观：主体赋能，自主学习

《发展指南》对幼儿学习观有如下表述：学习是每一个幼儿的权利，保障每一个幼儿的学习权利，是政府、社会以及每一个儿童家庭不可推卸的责任；早期的学习是奠基性的，其质量对人一生的学习和发展都有重要影响；渴望学习是人与生俱来的倾向，激发、保持并发展幼儿的学习兴趣与动力是早期教育最重要的任务之一；幼儿的学习是有其规律与特点的，尊重幼儿的学习方式，创造一个充满爱和尊重的、富于理解和激励的、宽松而安全的、积极互动的环境，引导幼儿在生活与游戏中快乐地动手动脑、

---

① 刘黎明.西方自然注意教育思想的当代价值[M].上海：华东师范大学出版社，2017：73.

感知体验、交往合作、探索创造，是保证幼儿学习的最好条件。[①]《评估指南》也再次强调要"充分尊重和保护幼儿的好奇心和探究兴趣，相信每一个幼儿都是积极主动、有能力的学习者，最大限度地支持和满足幼儿通过直接感知、实际操作和亲身体验获取经验的需要"。

儿童是"自主的建构者"，建构的过程就是学习的过程，就是通过自己特有的方式与周围环境互动的过程。儿童的主要学习方式不是通过书本、记忆大量抽象的符号，而是通过实际操作、亲身体验，去模仿、感知、探究，在"做中学""玩中学""生活中学"，不断积累经验，逐步构建自己的理解与认识。美国国家研究院的报告《人是如何学习的》第三章"学习与迁移"中，一开始就强调学习的最终目标是为了获取广泛的经验而提取信息——学习以某种形式向其他环境迁移。在这个意义上，学校教育的最终目标是帮助学生把从学校学到的知识迁移到家庭、社区和工作场所等日常场景。无疑，让儿童成为"自主的建构者"就是要培养儿童学会学习，增强学以致用的主体行动能力。所以，以儿童的立场来理解学习，我们必须以儿童的生活、经验为基础，引导儿童关注大自然、大社会，努力挖掘活教材，让儿童在与丰富多彩的环境的相互作用中获得直接经验。

二、以游戏为基本活动

（一）"以游戏为基本活动"的历史进程

游戏是儿童的天性，是儿童的权利，是儿童获得经验、感受快乐的重要途径和方式，也是儿童生命成长过程中最重要的活动。游戏也是幼儿最好的学习方式，是促进幼儿学习与发展的重要途径。

1989 年，《幼儿园工作规程（试行）》的颁布，对幼儿园保教工作做了全面而系统的规定，明确提出"以游戏为基本活动，寓教育于各项活动之中"。

2001 年，《纲要（试行）》重申"以游戏为基本活动"的教育理念和准则，明确"幼儿园教育应该尊重幼儿的人格和权利，尊重幼儿身心发展的规律和学习特点，以游戏为基本活动，保教并重，关注个别差异，促进每个幼儿富有个性的发展"。

2010 年，国务院印发的《关于当前发展学前教育的若干意见》第八条提到，要坚持科学保教，促进幼儿身心健康发展。遵循幼儿身心发展规律，面向全体幼儿，关注

---

① 李季湄，冯晓霞.《3—6岁儿童学习与发展指南》解读[M].北京：人民教育出版社，2013，24.

个体差异，坚持以游戏为基本活动，保教结合，寓教于乐，促进幼儿健康成长。

2012 年，教育部颁布的《发展指南》进一步强调了幼儿学习与发展的重要意义，第一次革命性地提出了幼儿的学习是"在游戏和日常生活中进行的"，所以"要珍视游戏和生活的独特价值"，明确强调游戏就是三至六岁幼儿的学习和生活，需要成人给予足够的关注和重视。

2016 年新出台的《幼儿园工作规程》提出要"以游戏为基本活动，寓教育于各项活动之中"，"保证幼儿愉快的、有益的自由活动"。

2018 年，《中共中央　国务院关于学前教育深化改革规范发展的若干意见》提出，要"坚持以游戏为基本活动，珍视幼儿游戏活动的独特价值，保护幼儿的好奇心和学习兴趣，尊重个体差异，鼓励支持幼儿通过亲近自然、直接感知、实际操作、亲身体验等方式学习探索，促进幼儿快乐健康成长"。

2022 年，《评估指南》要求坚持儿童为本，尊重幼儿年龄特点和成长规律，注重幼儿发展的整体性和连续性，保教结合，以游戏为基本活动，有效促进幼儿身心健康发展。

今天，"以游戏为基本活动"已经成为我们的共识，游戏在幼儿园从生根发芽到枝繁叶茂，已走过了百年的历史，反映的正是对儿童主体地位的认可和对儿童游戏价值的高度重视。儿童是一切教育的基础，"幼儿园教育应该以幼儿生命活力的不断增强、生命内涵的不断充实为最终目标，从而实现人类发展的最终目标，使人日臻完善，使其人格丰富多彩"。[①] 游戏就是最好的方式，有游戏的参与才有真正有效的儿童学习，才有自主、快乐的成长。

（二）游戏是儿童学习与成长的独特方式

游戏对于幼儿来说，其价值是多方面的。游戏是幼儿的天性之一。幼儿天生就喜欢玩耍、探索和创造，这些活动都是游戏的重要组成部分。游戏为幼儿提供了一个自由、开放和多元的精神世界。在这个世界中，他们可以表达自己的愿望、情感和想法，体验成功和失败，发展出独特的个性和价值观。通过游戏，幼儿可以建立与他人的联系和共鸣，增强自己的归属感和认同感。游戏是幼儿身心发展的自然方式。通过游戏，幼儿能够探索自己的身体能力、感知世界、理解因果关系。游戏有助于幼儿建立自我认知，理解自己的情绪和感受，并学会表达和管理这些情绪。遵循幼儿的身心发展规律，提供适合的游戏环境和机会是必要的。幼儿拥有游戏的权利，这是国际法和各国

---

① 幸福新童年编写组.《幼儿园保育教育质量评估指南》解读[M].北京：开明出版社，2022：17.

法律所保障的。游戏是幼儿学习的重要途径。通过游戏，幼儿可以学习新知识、掌握新技能，并发展出解决问题的能力。游戏还有助于培养幼儿的想象力、创造力和批判性思维，游戏中的互动和合作也有助于培养幼儿的社交技能和团队合作精神，为他们未来的学习和生活打下基础。因此，游戏对幼儿成长和发展的重要性不言而喻。为了促进幼儿的全面发展，我们应该尊重和维护幼儿的游戏权，为他们提供丰富多样的游戏机会和环境。

（三）以自主游戏涵养儿童综合素养

提供丰富多样的游戏机会和环境支持是幼儿自主游戏的必要前提。自主游戏是面向未来幼儿教育的重要特征之一。自主游戏强调创造性教育，鼓励幼儿在游戏中通过自由探索、试错和发现，发挥想象力和创造力，培养幼儿的创新思维和解决问题的能力，这是未来社会所需的重要素质。自主游戏注重个体化教育，每个幼儿都有自己独特的兴趣、能力和发展节奏，自主游戏强调尊重幼儿的个体差异，让幼儿在自由、自主的环境中发展自己的潜能。个体化的幼儿教育有助于培养幼儿的自信心和自主性，使他们能够在未来社会中更好地适应和发展。自主游戏倡导开放性教育，自主游戏的环境和过程具有开放性，允许幼儿自由探索、交流和合作。这种开放性的教育环境，打破了传统教育的封闭性，让幼儿在游戏中接触更广阔的世界，有助于幼儿的社交技能和团队协作能力的发展。总之，自主游戏有助于培养幼儿的综合素质和适应未来社会的能力，使他们能够在不断变化的环境中保持竞争力和创造力。因此，我们应该重视自主游戏在幼儿教育中的作用，为幼儿提供更多的自主游戏机会和资源。

华东师范大学李季湄教授认为，幼儿园是否落实"以游戏为基本活动"至少应看三个方面：全园是否建立了共同的信念与尊重游戏的幼儿园文化；是否充分满足了幼儿游戏的需要，特别是自由自发游戏的需要；是否把游戏精神渗透到了幼儿园教育的所有环节。因此，"以游戏为基本活动"应该落实在幼儿园的办园理念、幼儿园的制度与文化建设、幼儿园的环境创设、幼儿园的一日活动安排中，落实在教师的一言一行中。年龄越小的幼儿，越需要更多自由自主的时间，按照自身的发展节奏和特点进行自我建构，通过游戏进行学习和生活应该是幼儿园的常态。要将自由、自主、愉悦、创造的游戏精神融入所有的活动，让高质量游戏促进儿童全面发展。

游戏的重要性已经不言而喻，尽管如此，仍有部分幼儿园未能坚持以"游戏为基本活动"，"去小学化"和"去学科化"依然是我们竭力奋进的方向。

"一米教育"与户外游戏活动

成都市温江区光华实验幼儿园教育集团

我集团坚持科学的教育理念，通过实践探索，提炼出"一米教育"的办学理念，其核心在于从儿童的视角（一米的高度）出发，观察儿童、理解世界、展望未来。我们坚守儿童本位原则，全面关注儿童的权益、经验、发展、社群以及未来这五个关键维度，致力于实现儿童的全面友好发展；强调与儿童进行平等交流，倡导从儿童视角去理解世界，并以欣赏的眼光看待每一个儿童；尊重儿童权利，注重发挥他们的主体性，关注个体差异，并积极倡导互动学习。这种科学教育理念在幼儿园中的生动实践，为儿童的健康全面发展以及幼儿园课程建设提供了坚实的保障。

一、户外游戏的实施策略

在"一米教育"办学理念的指引下，我集团园基于儿童立场，从原则梳理、策略探索、机制构建出发，激活教师游戏观，赋能户外游戏活动革新。

（一）"五不"游戏原则，激发儿童活力

《评估指南》提出要"遵循幼儿身心发展规律和学前教育规律，尊重幼儿个体差异，坚持以游戏为基本活动，珍视生活和游戏的独特教育价值"。我们通过户外游戏"五不"原则，将游戏权利还给儿童，即不规定游戏主题内容、不固定游戏操作流程、不限制游戏材料玩法、不定义游戏场域、不设定游戏规则，打造"全场域、全龄段、全生活、全收获、全关注"的"一米小玩国"，致力于培育具有规划能力、决策能力、自主能力、表征能力和共情能力的"五力小玩家"，让儿童成为游戏的高手。

在落实"不定义游戏场域"的实践中，教师去掉环境中的标识标牌，取消区域间的隔断，支持儿童在游戏环境中自在地穿梭、自主地玩耍、自由地生长。

图1 "五力小玩家"

(二)"一二三五"材料投放策略，提升儿童经验

《评估指南》提出要"充分尊重和保护幼儿的好奇心和探究兴趣，相信每一个幼儿都是积极主动、有能力的学习者，最大限度地支持和满足幼儿通过直接感知、实际操作和亲身体验获取经验的需要"。"一米教育"强调教育者要把握儿童发展的关键期，关注儿童对外的表达，不错过儿童的每一个行为与表现，支持儿童得到适宜发展。

针对科学投放材料以激活儿童户外游戏进行探究，促进其核心经验的发展，我们提出了"一低、两多、三能、五化"的材料投放策略。"一低"即材料低结构。提供无规定玩法且具有可变性和可塑性的材料，以激发儿童无限的想象和探索。"两多"指多元化、多层次。提供类别多元、数量丰富的材料，以满足不同年龄、不同游戏水平的儿童的游戏需要，进而激发他们的游戏潜能。"三能"即能看见、能拿到、能放回。将材料分类陈列在儿童视线范围内，确保他们随时可取用与归还。"五化"即安全化、目标化、自然化、生活化、动态化。以保障安全为基点，投放质量上乘、外形安全的材料；以促进儿童发展为目标，投放具有层次性和指向性的材料；以活动开展为线索，投放多样化的自然材料；以生活经验为出发点，投放生活中常见的材料；以儿童需求为落脚点，及时动态地调整材料。

在落实"三能"原则的过程中，我们精心设计"彩虹基地"材料陈列区。首先取消材料柜的遮挡帘，增加通透架，确保所有材料都在儿童的视线范围内，实现材料的可视化。同时，降低材料柜的高度，将幼儿常用的材料调整至最显眼的位置，与幼儿商议如何分类放置、如何设置标签等。满足儿童随时随地看到、拿到和放回材料的需求，不仅方便儿童游戏和学习，也培养其自主性和责任感。

图2 "彩虹基地"材料陈列区

（三）"一一二三"游戏实施机制，助力儿童生长

理念的落地生根，离不开机制的助推。我集团园通过构建"一一二三"户外游戏活动实施机制，确保"一米教育"理念能够从理论走向实践，推动户外游戏走向高质量。具体而言，第一个"一"指一个小时的户外游戏时间。将每次游戏的时间延长至一个小时，确保儿童拥有充足的户外游戏时间。第二个"一"指每月一次的全园户外自主混龄游戏。在每月的最后一周的星期五，全园各年龄段的儿童可以根据自己的意愿进行混龄游戏，自主选择游戏场地和玩伴，自主设定游戏内容和玩法。"二"指两周一次的场域转换。每个班级都会在一个固定的游戏场域进行深入探索，然后每两周进行一次场域轮换。"三"指三种评价方式。一是教师评，通过教师的循证评价，进一步形成"学习内化、循证诊断、激励改进"的实践策略；二是儿童评，通过各类表征记录，让儿童进行活动体验的反思性评价和同伴分享式评价；三是家长评，通过"线上调研＋线下体验"的互访方式，让家长参与游戏实施的效果评价。这三种评价方式共同推动了儿童自我成长的认知体系的构建。

在循证评价的过程中，主要遵循五个步骤，特别关注儿童的主体性和差异性，旨在通过实证研究推动科学评价的发展。第一，游戏数据的收集。教师通过现场观察、倾听儿童对话等方式，细致地收集儿童的表情、动作、言语等各种信息，进而形成包含数据、文本、作品在内的个性化档案，全面记录儿童的游戏表现。第二，提出数据背后的问题。基于大量数据的深入研究，分析儿童发展的优势和不足，明确需要进一步探究的问题。第三，数据的再搜集。以问题为导向，扩大信息采集的范围，再次搜集和记录儿童的真实行为，为评价提供更充分、更具体的依据。第四，专业评估分析。结合理论研究与互助研讨的方法，深入解读儿童行为，研判其活动状态与发展水平，确保评价的准确性和科学性。第五，生长性的自我反思。将原有的决策和行为与基于数据取证后的儿童行为进行对比，开展发展评估，优化实践方法策略，最终形成儿童个人成长的完整案例，为儿童的进一步发展提供有力的支持。

图3　"一米教育"办学下的户外游戏活动

二、游戏实践的成效彰显

（一）儿童的游戏活力提升

儿童对游戏的兴趣愈发浓厚，积极参与其中，乐于与同伴互动、分享游戏的快乐。游戏极大地激发了儿童的创造力和想象力，让他们在自由尝试和探索中不断成长。我们见证了儿童焕发出的游戏活力，他们成了充满活力、勇于坚持的"一米儿童"，"五力"尽显。

（二）教师的游戏活性激发

教师通过多样化策略将儿童融入游戏，倾听并回应儿童的兴趣需求，支持他们在深入游戏中追寻"完整的发展"，发现个体生命的独特性。教师在游戏中展现了高度的活性，他们成了有追求的"一米教师"——专业、敏锐且富有游戏精神。

（三）场域的游戏活态展现

我集团园通过丰富游戏类型及资源，给予儿童"空间再生产"的最大权利，师幼共同重塑多元、开放且富有创造性的游戏场域。场域得以展现出游戏活态，形成了我们追求的"一米场域"——让户外游戏持续生发活力和吸引力，让幼儿尽享游戏乐趣，为幼儿的全面发展提供最佳支持。

"一米教育"办学理念深植于科学保教的沃土中，为教育发展注入源源不断的动力。我集团园将这一理念深入贯彻到园所工作的方方面面，体现在实际行动中，为实现儿童走向高素养、教师走向高水平、幼儿园走向高品质而不懈努力。

（撰稿人：何　煦　唐　蜜　何　珩）

我们这里很好玩

重庆市万州区麻柳林幼儿园教育集团

理念是行动的先导，文化是力量的凝聚。重庆市万州区麻柳林幼儿园教育集团（以下简称"集团"）基于园所实际，以问题为导向，以科学理念为引领，以师幼发展为核心，抓管理，强科研，在融合发展进程中，不断精进、凝练了"我们这里很好玩"的办学思想。

一、以问题为突破点，打破固有思维

集团于 2022 年成立，下辖五所各具特色的幼儿园。集团成立之初面临三大挑战：一是同质化思维阻碍创新，需要在保持园区特色的同时实现集团的统一管理；二是理念多样导致管理混乱，需要整合并形成共识；三是粗放管理制约发展，需要强化精细治理与流程规范。针对以上问题，我们坚持传承与创新、坚守与发展的原则，重构了办园目标——致力于打造一所充满乐趣的幼儿园，主张营造"好玩的环境"、开展"好玩的活动"、培养"好玩的我们"，并以"好玩的教研"为切入点，打破同质化的集团模式，摒弃"集而不团"的小我思维，改变粗放的管理方式，凝聚教职工的共识，推动集团健康发展。

二、以教研为切入口，实现知行合一

"好玩的我们"催生了"好玩的教研"。集团内有近二十个教研组，存在着部分园所的教研活动教师参与度低、内容缺乏针对性、模式单一以及效果不显著等问题。依托"我们这里很好玩"的园训，我们创新性地引入了游戏体验法，旨在激发教师的参与热情，力求通过在游戏中的启迪、生活中的切实感受以及学习中的转变，增强教研活动的实效。

（一）"好玩的教研"重塑教师教育观

"好玩的教研"包含五个关键词：真实体验、成为儿童、现场发声、自主思考、自信成长。它是一种发生在真实的幼儿教育情境中的教师研修实践活动，具有真实性、生活性和实践性。它与孩子自主游戏的组织与实施有相似之处，能够进一步激发教师从"要我研究"向"我想研究"转变，从"教师主导"向"儿童本位"转变。

图1 "好玩的方墩墩"主题教研活动现场

（二）"好玩的教研"重塑教师儿童观

"好玩的教研"主张在教研活动中组织教师亲身体验儿童的活动，从而感同身受地获得儿童的情感表现、语言表达、动作行为等直观体验，成为儿童的共情者。例如，在常规管理策略研究组对晨间签到环节的运用研究中，教师们交叉走访每个班级，进行观察分析、交流讨论、体验感知、总结提升，并最终形成共识。在此研究路径中，教师进一步站在儿童的角度去理解并解决签到环境中的实际问题，并通过提供适宜的材料、调控时间段、进行现场指导以及主题思考等方式，优化晨间签到活动。最终使得儿童得以在愉快的氛围中感受到被尊重和重视，同时培养他们的时间观念、秩序感和社会交往能力，为他们未来的学习和生活奠定坚实的基础。

图2 幼儿在"好玩的梯田"玩耍

（三）"好玩的教研"深化教师观

"研学后教"是教师不断更新教育观念，重塑自身角色和职责的过程。而"好玩的教研"则促使教师、幼儿和幼儿园形成共同体，在这个共同体中，教师不再是孤立的学习者，而是在对话、交流和协商中共同成长，促使教师从旁观者转变为参与者，关注个体真实的实践经验，发现和总结教育现场的问题，形成问题驱动、协同研究的成长形态。这种教研方式打破了僵化、单一的成长形式，满足了不同水平教师的发展需求，既尊重每个个体的原有水平，又彰显了团队的力量，实现了共同成长。

三、以文化为聚力源，回归朴素教育

"好玩的教研"孕育了"好玩的文化"。在不断的实践探索中，集团逐渐形成了"玩童教育"的办园体系。该体系不仅体现了对生命天性的尊重和对人天生具有自我教育能力的强调，而且彰显了对奠基幼儿一生的学前教育阶段的重视。此外，还融入了儿童和教师以及家长最朴素、最本真的表达。

（一）办园理念：玩·向世界

"玩·向世界"是幼儿园的核心教育追求。我们关注儿童的学习品质，以过程为导向，让儿童在"经过设计的游戏与活动"中探索世界、理解世界，并走向未来的世界。

（二）园训：我们这里很好玩

"我们这里很好玩"是儿童对环境、对教育最纯真的评价，它涵盖了儿童对幼儿园的教师素养、课程实施、环境设置、伙伴关系等方面的正向评价；是教师对教育工作的热爱与自豪的体现，包含了教师对孩子们全面发展的关注、对活动的精心设计以及对幼儿园整体环境的运用与维护；是家长对幼儿园教育的肯定与信任，表达了家长对幼儿园教育环境、活动安排以及教师付出的认可。

（三）办园目标：办一所好玩的幼儿园

好玩的园长会带出好玩的老师，好玩的老师会创设好玩的环境，好玩的环境会滋生好玩的课程，而好玩的课程又会进一步营造出好玩的环境。它们彼此互相作用、互相推动、互相成就。办一所好玩的幼儿园，就是要把好玩的课程、好玩的活动、好玩的生活归还给儿童，让儿童在游戏中学习，成为自己的主人。

（四）培养目标：让顽童变"玩童"，让"玩童"变"完童"

我们努力做到尊重"顽童"，保护天性；塑造"玩童"，玩物开智；成就"完童"，追求全面发展。"让顽童变'玩童'，让'玩童'变'完童'"以全面发展为目标，以"玩"为学习方式，尊重儿童身心发展的规律，循序渐进，让儿童的成长路径清晰，实现玩出奇妙、玩出品质、玩出艺术、玩出认知的目标，最终实现为儿童的终身发展奠基。

（五）教师发展目标：和孩子一起玩起来

有什么样的教育就会有什么样的孩子。"和孩子一起玩起来"是教育观的表达，它强调的是教师角色的转变——从传统的教导者转变为与儿童共同玩耍的伙伴。我们倡导儿童视角、亲身感知、有效互动，实现教与学的融合，致力于培养一支能和孩子玩起来的教师队伍，他们以更加平等、开放、尊重的姿态与儿童互动，能更好地理解孩子，满足孩子的个性化需求，激发孩子的学习兴趣，促进孩子的全面发展。

在"我们这里很好玩"的理念下，集团发展目标明确，形成了各园区各美其美、美美与共的态势。好玩的环境、好玩的课程助力孩子自信生长；好玩的教研、好玩的教师让我们立足儿童，让学习自然发生，让教师乐教爱学；此模式亦获得了家长和社会高度评价，树立了良好的品牌形象。未来，我们将深化此理念，让家园社共育更有趣有效，让日常管理工作更有声有色，共同促进幼儿的健康成长。

（撰稿人：熊　壮　范春芳　陈金华）

反思展望

　　《评估指南》在办园方向中，用党建工作、品德启蒙与科学理念回答了"怎样培养人、培养什么人、为谁培养人"这一教育核心问题，为"实现中华民族伟大复兴中国梦的基石"的中国学前教育迈向新征程更加明晰了前进方向、更加明确了实施路径，为实现育人过程的全面优质均衡发展奠定了坚实的思想基础。

　　从"走向高品质幼儿园"到"走近高品质幼儿园"，我们应该有什么样的时代追问？还可以做什么？当我们以战略思想、可持续发展眼光来看待幼儿园发展时，或许能得到一些启示。

　　第一，要把局部的东西放到全局中考虑。高品质幼儿园建设既要着眼于自身的文化、课程、组织、制度等建设，又要把自己放进中国教育发展的历史蓝图，从办园方向到保教活动，与国家发展同呼吸共命运；进一步聚焦到幼儿园的各项工作时，需要将课程建设、教育科研、队伍建设等各个局部项目放到幼儿园整体发展中规划思考，实现文化理念引领与实践共进的叠加价值。第二，要把个体的事情放到全体中考虑。于每个具体的幼儿园而言，任何一个孩子、一名老师的状况，都或多或少折射着幼儿园的整体发展状况，要把个体问题放到全体孩子、全体教师中思考。第三，要把当下的事情放在历史和未来中考虑。任何一个幼儿园都需要把自己的过去、现在和未来联系起来，在历史进程脉络里，把准方向，不断继承发展、创新突破。第四，幼儿园园长要把个人志趣、本园发展与民族文化振兴、教育强国连接起来。园长作为幼儿园发展的领头雁和总舵手，一方面要融精神，即要带头践行教育家精神，把理想信念、道德情操、育人智慧、躬耕态度、仁爱之心、弘道追求融入高品质幼儿园建设的方方面面；另一方面要出思想，以"培养什么人、怎么培养人、为谁培养人"为前提，深度思考幼儿园的育人目标、育人过程、育人文化等全面内容，育好儿童、办好幼儿园、做好教育。

第二章

保育与安全：
筑牢育人过程的生命底线

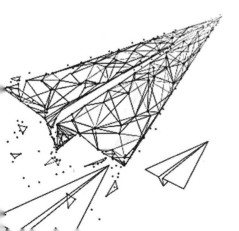

本章导读

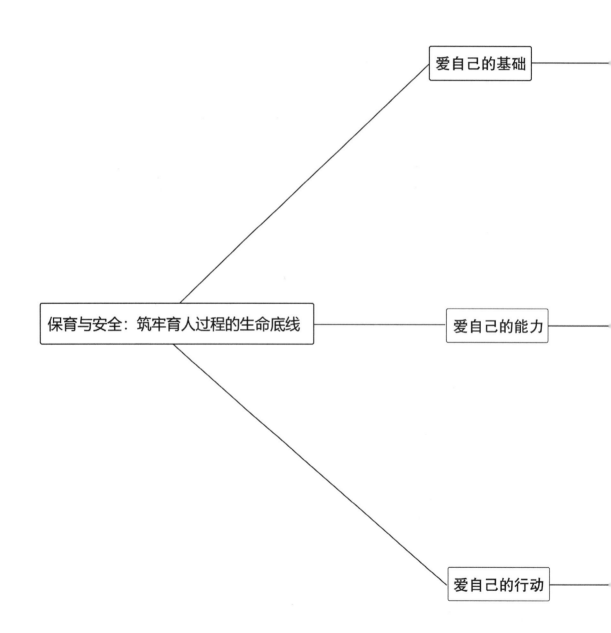

保育与安全：筑牢育人过程的生命底线

爱自己的基础

爱自己的能力

爱自己的行动

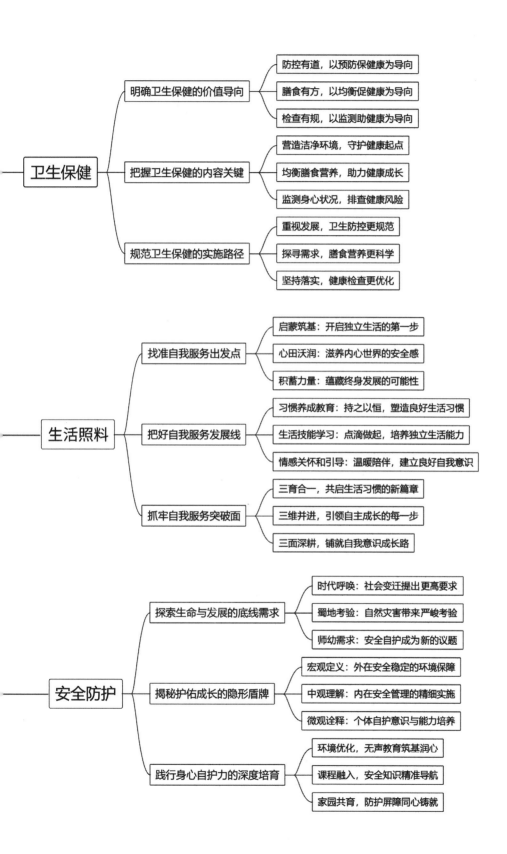

卫生保健
- 明确卫生保健的价值导向
  - 防控有道，以预防保健康为导向
  - 膳食有方，以均衡促健康为导向
  - 检查有规，以监测助健康为导向
- 把握卫生保健的内容关键
  - 营造洁净环境，守护健康起点
  - 均衡膳食营养，助力健康成长
  - 监测身心状况，排查健康风险
- 规范卫生保健的实施路径
  - 重视发展，卫生防控更规范
  - 探寻需求，膳食营养更科学
  - 坚持落实，健康检查更优化

生活照料
- 找准自我服务出发点
  - 启蒙筑基：开启独立生活的第一步
  - 心田沃润：滋养内心世界的安全感
  - 积蓄力量：蕴藏终身发展的可能性
- 把好自我服务发展线
  - 习惯养成教育：持之以恒，塑造良好生活习惯
  - 生活技能学习：点滴做起，培养独立生活能力
  - 情感关怀和引导：温暖陪伴，建立良好自我意识
- 抓牢自我服务突破面
  - 三育合一，共启生活习惯的新篇章
  - 三维并进，引领自主成长的每一步
  - 三面深耕，铺就自我意识成长路

安全防护
- 探索生命与发展的底线需求
  - 时代呼唤：社会变迁提出更高要求
  - 蜀地考验：自然灾害带来严峻考验
  - 师幼需求：安全自护成为新的议题
- 揭秘护佑成长的隐形盾牌
  - 宏观定义：外在安全稳定的环境保障
  - 中观理解：内在安全管理的精细实施
  - 微观诠释：个体自护意识与能力培养
- 践行身心自护力的深度培育
  - 环境优化，无声教育筑基润心
  - 课程融入，安全知识精准导航
  - 家园共育，防护屏障同心铸就

本章概述

　　《评估指南》的第二部分"保育与安全"涵盖卫生保健、生活照料、安全防护三项关键指标十一个考查要点，旨在促进幼儿园加强膳食营养、疾病预防、健康检查等工作，建立合理的生活常规，做好安全保障，确保幼儿生命安全与身心健康。这不仅是幼儿身心健康的基础保障，更是培养其自我关爱、自我服务、自我守护意识与能力的重要起点，帮助幼儿在面对未来生活中能够具备更加健康的身心状态和应对能力。

　　在详细探讨《评估指南》的保育与安全细则后，我们不禁深思：建立一个全面且精细的儿童照护架构，是否足以构建起儿童健康成长的稳固基石？进一步探讨，我们不禁质疑：在教育环境中竭尽全力保障幼儿的安全与健康，是否足以推动他们身心健康和全面发展？此外，当他们步入更广阔的社会，是否具备了应对未来不确定性挑战的自信与能力？这些疑问引导我们认识到，既要悉心呵护，也要注重自我保护。外部的保护措施固然重要，但培养儿童自我保护的意识与能力更为根本且具有长远影响，确保他们目前的安全与舒适只是基础，真正强化儿童生命安全的关键在于培养他们内在的坚韧力量，这种自我防护的内在坚韧力量即"爱自己"的能力，使他们能坚定自信地面对未来。

　　本章聚焦于"爱自己"的理念，旨在引导幼儿主动学习关爱自我，感受身心需求，进而激发其主动照顾自我、规避潜在危险的意识。通过培养幼儿的自我关爱与自我服务能力，我们致力于与教师携手，共同为幼儿的生命安全筑起坚实的防线。具体而言，本章将从以下三个维度进行深入探讨：一是如何为幼儿的自我关爱奠定基础，二是教师如何有效引导幼儿掌握自我服务能力，三是师幼双方如何协同合作，共同构建安全防护的体系。

难点攻坚

在幼儿园育人过程中，教师作为幼儿的支持者、合作者与引导者，不仅要为幼儿健康、舒适、安全的成长环境提供支持，还应在日常生活学习中融入自我关爱教育，通过生动有趣的活动，由外向内引导幼儿学习"如何爱自己"。将这一观点切实贯穿于卫生保健、生活照料及安全防护的每一个环节，其关键在于如何有效实施，这构成了我们当前面临的一大挑战。

卫生保健是保障幼儿身心健康的硬指标，为"爱自己"奠定基础。构建高品质幼儿园，需要我们在"如何确保卫生保健更加科学、规范、精细""如何更加持续有效地执行""如何满足幼儿的个性健康需求"等方面下功夫。

生活照料是提升幼儿生活品质的软素质，为"爱自己"提效能。实践中，在"如何逐步培养幼儿自我服务、自我关爱的能力""如何让幼儿逐步养成冷暖自知的自我决策与自我调节的习惯""如何真正实现生活能自理"等方面更需要下功夫。

安全防护是构筑幼儿安全防线的强实力，为"爱自己"筑防线。现实工作中，在"如何不断优化安全环境""如何根据川渝特点落实个性化安全教育""如何逐步提升幼儿安全防护意识和自我防护能力"等方面，更要下足功夫研究实践。

在高品质幼儿园建设中，保育与安全是底线，引领幼儿学习"如何爱自己"是深化。我们围绕这一主线，深入探讨"守住健康底线，奠定自我关爱之基""培养自理能力，滋养自我服务之力""筑牢安全防线，成就自我守护之行"的具体实践策略。这不仅是一份具有指导意义的手册，更是我们共同守护幼儿健康成长、筑牢其生命底线的行动指南。

第一节　卫生保健：守住健康底线，奠定自我关爱之基

➤ 理论指引

党的二十大报告指出："人民健康是民族昌盛和国家强盛的重要标志。把保障人民健康放在优先发展的战略位置。"《托儿所幼儿园卫生保健管理办法》也明确指出："卫生保健工作的主要任务是贯彻预防为主，保教结合的工作方针，为集体儿童创造良好的生活环境，预防控制传染病，降低常见病的发病率，培养健康的生活习惯，保障儿童的身心健康。"可见，卫生保健最终目的是保障幼儿身心健康，营造健康生活环境是基础，激发幼儿自我关爱意识与情感，养成健康的生活习惯是重点。那么，在实践过程中，幼儿园如何确保卫生保健更加科学、规范、精细，持续满足不同幼儿的健康需求？

本节结合《评估指南》中卫生保健考查要点，从卫生保健的核心价值出发，甄别并掌握卫生保健中的关键内容，全方位落实并规范具体路径与措施，为儿童的身心健康成长保驾护航。

表1　《评估指南》卫生保健考查要点

重点内容	关键指标	考查要点
A2. 保育与安全	B5. 卫生保健	08. 膳食营养、卫生消毒、疾病预防、健康检查等工作制度和岗位职责健全，并认真抓好落实。 09. 科学制定带量食谱，确保幼儿膳食营养均衡，引导幼儿养成良好饮食习惯。 10. 教职工具有传染病防控常识，认真落实传染病报告制度，具备快速应对和防控处置能力。 11. 按资质要求配备专（兼）职卫生保健人员，认真做好幼儿膳食指导、晨午检和健康观察、疾病预防、幼儿生长发育监测等工作

一、深层次剖析，明确卫生保健的价值导向

幼儿园作为儿童生活学习的场所，卫生保健工作至关重要且紧迫。怎样为儿童的健康奠基？带着问题，我们聚焦卫生防控、膳食营养、健康监测三方面重点剖析，找准卫生保健的价值。

（一）防控有道，以预防保健康为导向

国务院办公厅印发的《"十四五"国民健康规划》要求"预防为主"，把预防摆在更加突出的位置，强化防治结合。要保障儿童身心健康，应本着"预防为主，防治结合"原则，做好卫生消毒与疾病防控工作，把影响儿童健康的因素扼杀在萌芽中，采取有效预防措施消除防控盲区，筑牢儿童健康的第一道防线。

（二）膳食有方，以均衡促健康为导向

提供均衡膳食营养，养成良好饮食习惯对生长期儿童来说至关重要。《中国居民膳食指南（2022）》强调平衡膳食，合理营养是学龄前儿童正常发育和健康的物质基础，同时提出"2～5岁是儿童健康饮食行为养成的关键期"，身心发育关键期的儿童更需营养均衡，教师既要精心呵护实现营养均衡，又要引导儿童养成健康习惯。

（三）检查有规，以监测助健康为导向

健康检查的关键在于定期与不定期监测，及时发现儿童身心异常，随即进行调整干预。《托儿所幼儿园卫生保健管理办法》强调须建立健康检查制度，开展儿童定期健康检查工作，建立健康档案。同时《幼儿园工作规程》指出幼儿园要定期分析、评价幼儿健康发展状况，并及时向家长反馈结果。健康检查是实施疾病早期预防和开展健康管理的基本途径及有效手段之一。

二、多维度关注，把握卫生保健的内容关键

《评估指南》提到要从膳食营养、卫生消毒、疾病预防、健康检查等方面做好卫生保健工作。在此基础上，我们应细化每一环节，做到知行合一。

（一）营造洁净环境，守护健康起点

卫生防控是指为了预防和控制传染病在幼儿园内的传播而采取的一系列措施，目的在为儿童营造清洁、舒适的环境，保护儿童身心健康。首先要规范日常消毒工作。要做到合理配比、规范操作方法与流程，包括对教室、寝室、食堂、玩具等儿童活动

区域的定期清洁消毒，以及对儿童个人卫生的指导和监督，减少疾病的发生。其次贯彻预防为主的疾病防控。要做到早发现、早隔离，防止传染病蔓延，降低儿童园内病原体的传播风险，为儿童创造安全、健康的成长环境。

（二）均衡膳食营养，助力健康成长

均衡膳食营养有利于促进儿童体格生长和智力发育。人体每天所需的营养素主要有 7 大类，包括蛋白质、脂肪、碳水化合物、矿物质、维生素、膳食纤维、水。儿童每天需要的微量元素包括钙 800 毫克、铁 12 毫克、碘 50 毫克、锌 12 毫克及其他，这些营养素须从食物中获得。首先要保障膳食营养均衡。《中国居民膳食指南（2022）》针对学龄前儿童的合理膳食及餐次安排提出了建议：每日食物种类应达到 12 种以上，每周应达到 25 种以上。按照餐次建议，早餐应包含 4～5 种食物，午餐 5～6 种食物，晚餐 4～5 种食物，加餐 1～2 种食物。其次要培养良好的饮食习惯。先定时：学龄前儿童应每天安排早、中、晚三次正餐和两次加餐，即"三餐两点"。两次正餐之间应间隔 4～5 小时，加餐应在上午和下午各安排 1 次，加餐与正餐之间应间隔 1～1.5 小时。再定量：提倡每顿少吃一口，不能完全吃饱，更不能吃撑；应多吃蔬菜、奶类、全谷类与豆类。

（三）监测身心状况，排查健康风险

定期健康检查能有效检测儿童各阶段成长发育情况，通过早发现、早干预、早诊断、早治疗，提高儿童健康水平。注意关注健康体检时间。3 岁以上儿童每年健康检查 1 次，每半年测量身高、视力 1 次，每季度测量体重 1 次等。还应关注健康检查的内容。包括近视、龋齿、缺铁性贫血等筛查，要注意营养、心理及行为变化的情况。重点关注健康检查的方法及流程。首先把好入园关，体检无异常健康儿童方可入园；其次落实好晨午检制度，可通过一看、二摸、三问、四查、五记的方式进行检查和登记[①]，发现异常及时反馈；最后关注健康检测的评价。

三、全方位落实，规范卫生保健的实施路径

卫生保健工作是保证儿童健康成长的重要基础，是园所正常运转的重要保障。我

---

① 看：看幼儿精神是否活泼，面色是否正常，有无流泪、流鼻涕及皮肤是否有伤痕等情况；摸：摸幼儿额头、脖颈，筛查是否发热，疑似发热幼儿及时进行体温的测量；问：询问家长，幼儿在家是否有异常情况，如是否咳嗽、睡眠情况、大小便情况等；查：检查幼儿的手、口腔，了解口腔、咽喉等情况，及时排查手足口等疾病；记：对检查情况及时做好记录，特别备注清楚异常情况。

们应基于时代变化、理念引领，结合实践经验，规范卫生保健实施路径。

（一）重视发展，卫生防控更规范

1. 理念引领：预防为主，全面守护

重视理念引领，让管理更科学。后疫情时期的卫生保健理念高度重视预防为主，实时关注。首先，要做到日常防控常态化，落实每日三检，包括晨检、午检、晚检以及全日健康观察；其次，要做到疾病防控规范化，减少疾病发生，防止疾病蔓延；再次，要做到人员培训专业化，通过培训等活动提升保教人员的卫生防控意识，使其掌握专业知识；最后，要做到健康教育生活化，将健康教育贯穿于一日流程之中，帮助建立正确的健康观念，养成良好的健康习惯。

2. 技术创新：科技赋能，精准防控

重视科技力量，让防控更精准。将科学技术与科技创新相融合，以提高工作效率。首先，合理应用设备，例如紫外线杀菌灯、纳米银离子抗菌材料等，实现消毒过程的自动化、智能化、精准化和安全性；其次，合理利用大数据，例如通过录入儿童身高数据，并对数据进行采集、对比、分析，或绘制柱状图等，以呈现儿童身高情况，提升健康监测的科学性和准确性；最后，巧用人工智能，例如晨检机器人，它配备有摄像头、体温检测仪等设备，能进行自动化晨检，并自动生成晨检报告，从而优化卫生保健工作方式和提升工作效率。

3. 流程优化：标准操作，高效执行

重视流程优化，让操作更标准高效。标准化操作能确保卫生保健工作的每个细节都按照标准流程进行，从而提升效率和质量，保障儿童健康。应先明确操作要领，知道操作标准。将理念与实践相结合，形成园本操作手册与经验集，内容包括操作项目、流程、标准与具体工作职责等，为工作提供明确方向。然后明确操作流程，做到规范操作。保教人员在明确保教目标、理解儿童年龄特点的基础上，将标准应用于实践，不断熟悉和完善操作流程，确保每项工作都能按照科学化、规范化、精细化的要求进行。再建立监督机制，不断迭代更新。此外，成立监督小组，对卫生保健工作进行定期检查、不定期抽查与评估，不断迭代、更新标准与方法。

（二）探寻需求，膳食营养更科学

1. 食谱制定：带量食谱，吃得科学

幼儿园编制带量食谱，通过确定食物种类、数量、用餐时间及烹调方法等来保证儿童每日所需营养素。带量食谱的编制首先应结合权威性文件，以确保营养均衡。如结合《中国学龄前儿童膳食指南（2022）》来编制食谱，每周提前规划下一周每天的食谱，以满足儿童每天的营养需求。其次，应结合季节时令来编制食谱，选择应季的食材。可以结合中国的传统二十四节气来编制食谱（见表1），让儿童在吃到应时应季食物的同时，也能了解中国传统文化。以大暑为例，大暑是夏季最热的时候，编制食谱时可适当选择具有清热解暑、健脾祛湿功效的食物。最后，应结合个体需求来制定特殊食谱，关注到每个儿童的个体差异。例如，对于肥胖儿童，应在保证基本需要与膳食营养平衡的基础上，控制其对脂肪、甜食和零食的摄入。肥胖儿童的家长可参照表2进行选择。对于营养性缺铁性贫血的儿童，饮食应尽量多采用优质蛋白和含铁丰富且吸收率高的食物，如鱼、瘦肉、大豆及其制品等，同时增加富含维生素C的新鲜蔬菜和水果的摄入。

表2　二十四节气特色食谱（节选）

时段	序号	节气	特点	推荐食谱
春生 （2月～4月）	1	立春	清热养肝	梨香排骨煲　苹果咕噜肉
	2	雨水	调养脾胃	春笋黄牛肉　韭菜炒鸡蛋
	3	惊蛰	全面排毒	蔬菜鱼泥粥　百合梨儿饮
	4	春分	平衡阴阳	淮山煲老鸭　芦笋炒香干
	5	清明	疏肝柔肝	菠菜肝片汤　银耳炖大枣
	6	谷雨	平肝祛湿	芹菜炒木耳　薏米红豆粥
夏长 （5月～7月）	7	立夏	调心养胃	丝瓜蒸牛肉　五谷丰登饭
	8	小满	补血祛湿	苦瓜炒蛋　黄瓜滑肉
	9	芒种	调养脏腑	咖喱虾仁玉米　清炒南瓜
	10	夏至	养心安神	肉丝面　红枣煮鸡蛋
	11	小暑	消暑清热	杨枝甘露　冰糖绿豆沙
	12	大暑	除湿排浊	凤梨鸡块　酸梅汤
秋收 （8月～10月）	13	立秋	敛阴润燥	鱼香茄子　葱花饼
	14	处暑	滋阴润肺	魔芋烧鸭　糖醋莲藕
	15	白露	益气化痰	红薯粉蒸肉　炖乌鸡
	16	秋分	益发肺气	芋头丸子　秋梨银耳羹
	17	寒露	养阴祛燥	荸荠山药汤　鸡蛋黑芝麻发糕
	18	霜降	暖胃补血	萝卜炖牛腩　山楂苹果汤

续表

时段	序号	节气	特点	推荐食谱
冬藏 （11月～次年1月）	19	立冬	敛阴固阳	鲜肉饺子　虫草花鸭煲
	20	小雪	助阳益肾	蒸糍粑　小米桂圆粥
	21	大雪	温肾祛寒	莲藕墨鱼煲鸡　白菜炖豆腐
	22	冬至	固阴健脾	炖羊肉　打卤面
	23	小寒	温养阳气	乌鱼丸子汤　腊八粥
	24	大寒	祛寒益胃	白菜猪肉卷　五红汤

表 3　肥胖儿"绿灯、黄灯及红灯食品"（举例）

"绿灯食品"	瘦肉、鱼肉、鸡肉、鸡蛋、虾、低脂牛奶、水、豆腐、豆浆、白菜、芹菜、萝卜、菠菜、黄瓜、冬瓜、番茄、豆芽、菇、草莓、苹果、樱桃
"黄灯食品"	精白米面、粉丝、莲藕、大饼、玉米、馅类食品、豆类、香蕉、甘蔗、龙眼、葡萄、西瓜
"红灯食品"	火锅、烧烤、炸鸡、薯片、糖果、巧克力、碳酸饮料、甜点、膨化食品、果仁、肥肉、黄油

2. 食材管理：规范操作，吃得放心

优质的食材是获得营养均衡的前提，而规范的操作则是做好膳食工作的重要保障。为了规范食材管理，我们首先要确保食材的安全。选择符合资质的供货商是关键，《学校食品安全与营养健康管理规定》明确提出，"学校食堂采购食品及原料应当遵循安全、健康、符合营养需要的原则"。其次，合理烹饪。这包括两个方面：第一是合理洗切。在洗方面，应先洗后切，以减少营养素的流失。尽量用流水冲洗蔬菜，不要在水中长时间浸泡。在切方面，遵循生熟分开、荤素分开的原则，合理切配，使食物易于咀嚼和吞咽。第二是科学烹饪。不同的烹饪方法对营养素的保护作用不同。应根据食材的特点选择适当的烹饪方法。对于学龄前儿童，多采用蒸、煮、炒等烹饪方式，并注意少油少盐，保持食物清淡。同时，还要特别注意食物中隐藏盐的摄入量。[1] 最后进行规范操作。《学校食品安全与营养健康管理规定》提出学校要围绕采购、贮存、加工、配送、供餐等关键环节，健全学校食品安全防控系统，保障食品安全，促进营养健康。川渝幼儿园贯彻文件精神，结合自身实践过程梳理出食材管理九大关，即"检查关、人员关、采购关、验收关、存储关、加工关、配送关、留样关、卫生关"，保证食物健康营养。

---

[1] 《中国居民膳食营养（2022）》中记载，"隐形盐"指酱油、酱类、咸菜以及高盐食品等中看不见的盐。

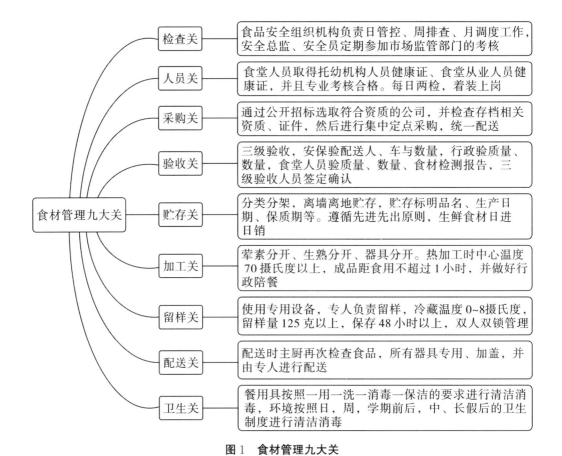

图 1 食材管理九大关

3. 饮食习惯：健康行为，吃得营养

3～6 岁是儿童形成良好饮食行为习惯的最佳时期，这一时期将为儿童形成终身健康生活方式打下良好的基础。

第一，自主进食与健康。学龄前儿童注意力容易分散，易受环境干扰，因此应鼓励儿童自主进食，学会使用匙、筷等工具。用餐时不应玩耍，尽量做到定位进餐、细嚼慢咽。3～5 岁时，儿童应能熟练地使用勺子吃饭；5～6 岁时，应能逐步熟练使用筷子。进餐应尽量控制在 30 分钟内，同时要注重培养儿童的饮食行为和就餐礼仪。

第二，均衡营养与健康。不同儿童会对食物表现出不同的兴趣与爱好，因此应避免挑食、偏食与过量进食。应鼓励儿童选择多种多样的食物，对于不喜欢的食物，可以通过鼓励儿童反复尝试、及时表扬、变换烹饪方式、改变食物形状与质地、调整食物分量，以及更新盛放食物的容器等方法来加以改善。

第三，规律进餐与健康。要吃好一日三餐，应做到三餐规律，定时定量。尤其要重视早餐的营养质量，保证每天吃早餐，而且要吃好早餐。早餐应在 6：30～8：30 之间进行，品种要多样，合理搭配，薯类、蔬菜、水果、肉类、奶类、豆类、坚果等食物应至少有 3 类。早餐的食物量要充足，提供的能量与营养素应占全天的 25％～30％，午餐占 30％～40％，晚餐占 30％～35％。

（三）坚持落实，健康检查更优化

1. 关注条件：明晰标准，落实检查

首先，把好入园健康检查关。儿童在入托幼机构前须经过健康检查，合格后方可入园；疑似传染病者应暂缓入园。其次，把好定期健康检查的内容关。儿童定期健康检查项目包括测量身高、体重，检查口腔、皮肤、心肺、肝脾、脊柱、四肢等，测查视力、听力，检测血红蛋白或血常规。最后，把好定期健康检查的时间关。1～3 岁儿童每年须检查 2 次，间隔 6 个月；3 岁以上儿童每年须检查 1 次。所有儿童每年须进行 1 次血红蛋白或血常规的检测。1～3 岁儿童每年须进行 1 次听力筛查，4 岁以上儿童每年须检查 1 次视力，体检后须及时向家长反馈结果。儿童离园 3 个月以上须重新进行健康检查，转园儿童须持原机构 3 个月内有效的健康证明。

2. 落实流程：精细观察，注重细节

先做好一日三检的健康观察。包括了解儿童在家有无异常情况，观察其精神状况、有无发热和皮肤异常，检查其是否携带有不安全物品等，发现问题须及时处理。再进行全日的健康观察，内容包括饮食、睡眠、大小便、精神状况、情绪、行为等，并做好观察及处理记录。最后须深入进行巡视健康观察。卫生保健人员每日须深入班级巡视 2 次，一旦发现患病或疑似传染病的儿童，应尽快隔离并与家长联系，及时送医诊治，并追访诊治结果。

3. 精准管理：深度筛查，追踪成长

在儿童生长过程的不同阶段，需要做特定的筛查检查。筛查的重点主要有肥胖、营养不良、屈光不正、发育迟缓、性早熟、贫血等常见健康问题及各类儿童重大疾病。首先须做好保健卡的登记。每次健康体检后，应将个体儿童的体格检查结果详细记录在保健卡中，并对每位接受检查的儿童进行健康状况的评价，包括体格生长、神经精神心理发育、营养状况等方面，同时须评估其有无营养性疾病、遗传病或先天性畸形、其他儿童常见疾病及重大疾病风险等。其次须做好专案的管理。对检查出来的营养性疾病和发育异常的儿童要分别进行登记，建立专案管理记录，积极治疗，并转至高危儿门诊进行随访观察。然后须将体格测量和检查的结果反馈给家长，并指导家长进行科学的喂养。

总之，幼儿园卫生保健工作是一项长期而艰巨的任务。我们需要以创新的思维、科学的态度和务实的行动，从卫生防控、膳食营养、健康检查等多个方面不断提升认知水平，为幼儿提供坚实的健康基础。

保育精细化管理：从园本实践走向经验共享

绵阳市花园实验幼儿园

近年来，我园瞄准保育精细化管理这一核心目标，坚持以科研促发展的理念，积极实施保育工作的常态化、规范化、标准化建设。从保育物质环境的改善到教育和谐氛围的营造，从教师应知应会的基本技能到观察调整的教学实践，从幼儿的养成教育到自我服务能力的培养，从整体关注到个性化需求的满足，我园将保育工作的实践智慧进行了归纳整理，并编著出版了《保育操作实用手册》。此举为建设高素质、专业化的保育队伍，以及推动幼儿园的高品质发展找到了改革的突破点。

一、分析问题症结，瞄准突破方向

保育工作在学前教育实践中存在不同程度的差异与问题。一些幼儿园并未很好地落实《幼儿园工作规程》《发展指南》等文件精神；部分幼儿园，特别是民族地区和农村幼儿园，仍然存在"重教轻保"的现象，对保育工作的关注少、研究少，而包办多。保育教师普遍存在年龄偏大的情况，容易因保育工作的琐碎繁杂、重复劳作而出现职业倦怠，对新时代保育工作的形势及要求认识不够。有些新入职的保育教师没有经过专业培训就直接上岗，对保育工作的标准、规范把握不够；入职后，各级主管部门、培训机构组织的保育专业培训也较少，缺乏对相关知识的深入学习和提升能力的机会。此外，目前国内关于科学保育方面的专著虽然多，但适合一线教师具体操作、具有实用性的并不多，且内容品质不高，还需要进一步提升。

我们发现这些问题对我园也有着或多或少的影响。我们深知保育工作对于幼儿的快乐成长有着重要作用。只有保育工作规范、务实，才能给幼儿提供安全的环境、健康的生活，才能帮助幼儿养成良好的习惯，形成基本的生活能力。因此，我园以此为突破口，坚持保育工作的精细化管理研究，根据时代背景的变化，凝练经验，努力做好保育工作的组织与实施。

二、打破思维壁垒，构建共识认知

走出思维误区。在保育工作中，我们主要需要走出三个方面的误区。一是要克服重教轻保的错误倾向，全力做好保育工作；二是要扭转代管包办的落后观念，加强幼儿自主能力的培养；三是要改变封闭管理的片面思想，加强与家长的沟通交流。我们要科学规范地做好保育工作，为幼儿园教育质量和办园品质的提升奠定坚实的基础。

形成思想共识。保育工作在幼儿园教育实践中并不是一个独立的个体，"保教结合"才是幼儿园工作最基本的原则。保育和教育是幼儿园工作的一体两面，不可分割。保育工作是幼儿园工作的重要组成部分，它应融入幼儿园的一日活动之中，贯穿于幼儿的游戏、学习、运动和生活之中，和幼儿园其他方面工作共同担负起促进幼儿身心健康、和谐发展的重要责任。保育是教育的基础，只有做好保育，才有可能做好教育。同时，在保育的过程中也要加强教育的渗透，给幼儿全面的关怀和持续的培养。保育员和教师的工作是一个整体，我们通过保教轮换、保教互评、成长沙龙、共育教研等形式，让教师和保育教师在研讨与学习中拓宽和盘活资源，让彼此的优势互补，形成保教双轮同驱的局面，从而达到共同提升的目的。

三、追寻去繁就简，理论迈向实践

根据《幼儿园工作规程》《发展指南》等文件相关要求，我们认为，幼儿园保育工作应坚持完整性、系统性、科学性、规范性和生活性的特点，着力强化幼儿的安全意识、健康意识，促进幼儿养成良好习惯和自理能力。提升保育工作质量，应以提高保教人员的保育能力为基本路径，以指导保育工作实践为目的，给保教人员提供切实可行的示范引领和实施工具。

基于以上思考，结合我园保育工作精细化管理实践，我们从幼儿在园一日生活各环节入手，经梳理归纳、总结经验，于 2017 年完成了《保育操作实用手册（内部版）》的编写，作为我园保育教师、新手教师的内部培训教材。同时，我们主动将《保育操作实用手册（内部版）》赠送给民族地区、农村地区幼儿园和其他各级各类幼儿园，期望他们能从使用的角度，和我们一起探究该手册的适宜性、实用性和规范性。

2020 年，结合各级各类幼儿园在保育实操中存在的问题及收集到的《保育操作实用手册（内部版）》使用后的意见和建议，我们组建了由二十五人组成的编写团队，分成七个小组，再次对"入园、洗手、饮水、进餐、如厕、午休、离园"这七个章节进行优化、补充和完善，并于 2020 年 8 月正式出版了《保育操作实用手册》。

书中分为"培养目标与建议""保育要点与流程""典型问题与解决策略"三个模块。"培养目标与建议"部分从幼儿发展的安全意识、健康意识、良好习惯、自理能力四个方面，由总到分地说明了该环节的教育价值，明确了保育的目标指向。"保育要点与流程"部分重在介绍常规做法和常用工具，图文并茂地说明了教师开展保育工作的基本要求和操作标准。在一些重要的环节，书中的二维码可以直接链接到相关的图文和视频资料，以便读者借鉴。"典型问题与解决策略"部分精选了实践中常见的特殊情况与突发情况，用我园"形象大使"乐乐的漫画配图进行解读，给教师们预备了应对难题的解决方案。简洁的文字、形象的图片、可爱的卡通手绘插图、直观可操作的案例，详细具体的一日保育工作要点，明确的应知应会流程和要求，让一线保教人员一读就懂、一看就会，进而能更加科学、规范地开展保育工作。

四、沉淀专业经验，园本走向共享

多年来，我园通过科研提质保育精细化管理，不断凝练保育工作园本经验，夯实了"以幼儿为本"的现代保育观。

2017 年，通过四川省何云竹名园长鼎兴工作室、四川省学前教育教学改革研究共同体等学术平台，《保育操作实用手册（内部版）》受到同行的关注并获得认可，为我们增强了信心和动力，促进了我们对其深入研究。

2017～2019 年，在参与民族地区幼儿园的交流和教育扶贫工作中，我们主动为凉山彝族自治州普格县和冕宁县、阿坝藏族羌族自治州金川县和壤塘县等民族地区、农村地区幼儿园赠送《保育操作实用手册（内部版）》，建立研修互助机制，收集、整理保育实践中的问题与困难，提出相应对策，更好地满足更多幼儿园尤其是民族地区幼儿园的实际需求，共同提升保育质量。

2020 年，在国家教育扶贫战略指导下，在新冠病毒疫情防控的背景下，我们对手册进一步优化、补充，正式出版《保育操作实用手册》，为全国更多幼儿园及其教师提供工作参考，争取更广泛的交流互鉴。

2024 年，结合民族地区保育工作实际，由教育部"双名计划"何云竹名园长工作室牵头，四川省刘朝霞名园长鼎兴工作室、四川省赵颖名园长鼎兴工作室共同参与，再度开启了《"一村一幼"保育操作实用手册》民族版的研讨与编制。

图 1　为阿坝藏族羌族自治州壤塘县党政代表团捐赠图书

　　越来越多的幼儿园携手参与保育工作的实践探索，我们用思考创造与教育智慧纵深推进保育实践不断走深走实，为幼儿园保教质量和幼儿健康、快乐成长保驾护航。

（撰稿人：何云竹　江琳琳　刘　懿）

"血色"重生 从挑食贫血到健康饮食的转变

乐山市机关幼儿园

我园小三班的小杰是一个严重挑食的孩子，由于长期拒绝食用富含铁质的食物，如红肉、绿叶蔬菜等，小杰逐渐出现了面色苍白、精神不振等贫血症状，并在一次健康检查中被查出贫血。这不仅影响了他的日常学习和活动，也引起了老师和家长的关注。为此，我们通过系列措施来解决小杰因挑食引起的贫血问题，帮助他养成良好的饮食习惯。

一、幼儿园：全面评估与个性化方案制订

长期以来，幼儿园与医院一直建立了友好合作关系，为了更加全面而科学地帮助小杰，医院营养科对小杰的健康情况进行了全面评估，与幼儿园共同为小杰制订个性化饮食方案。

（一）健康检查

我园联合营养科医生安排小杰进行了一次全面的健康检查，特别是针对贫血症状进行了详细评估。小杰的血常规检查显示血红蛋白浓度只有 95g/L，低于正常值 110g/L，是缺铁性贫血，伴随有面色苍白、精神不振等临床表现。营养科医生建议家长应加强小杰营养摄入的均衡性，尤其注意摄入含铁丰富的食物，养成良好饮食习惯。随后，我园保健医生增加对小杰的关注度，提高了对他的健康检查频率，持续监测和反馈小杰的健康情况。

（二）膳食分析

保健老师根据小杰的饮食习惯和检查结果，分析了他的膳食情况。膳食分析显示，小杰需要增加富含铁的食物，还要注重营养均衡，以促进铁的吸收。比如多吃鱼、肉，增加蛋白质的摄入；多吃柑橘、草莓等富含维生素 C 的水果，促进铁的吸收；多吃动物肝脏、豆类等富含维生素 B12 和叶酸的食物。

（三）制订个性化膳食计划

因为小杰只有周一到周五的午餐在幼儿园进餐，其他时间都在家里进餐，所以我园与家庭合作，为小杰制订了一套富含铁及其他必需营养素的膳食食谱。比如，幼儿园午餐已经有瘦肉、绿色蔬菜、豆类、糙米的摄入，那小杰的早餐可以搭配全麦面包、煮鸡蛋、新鲜水果沙拉；晚餐准备鱼类、蒸蔬菜、紫米饭和坚果；加餐或零食以酸奶、新鲜水果、坚果为主。

二、班级：教育引导与习惯培养

对于小杰挑食的问题，班级教师深刻认识到，这不仅关乎他的健康成长，还会对其未来的饮食习惯和身心发展产生深远影响。因此，班级教师积极抓住这个契机，通过一系列精心设计的班级活动来有效地促进这一问题的解决，并引导所有幼儿养成健康的饮食习惯。

（一）故事与游戏教学

教师利用故事、儿歌、游戏等多种形式，向小杰和其他幼儿普及营养均衡对身体的重要性，以及不同食物所含的营养成分。小三班的老师精心设计了语言活动"爱吃水果的牛"，通过生动有趣的故事情节，展现了爱吃水果的牛因为饮食均衡而身体健壮，并拥有了帮助他人的能力。活动中还巧妙地加入了猜水果游戏，使得整个活动趣味盎然。小杰回家后兴奋地告诉妈妈，他要做一头"爱吃水果的牛"，并希望以后每天都能尝试一种新的水果。这让他妈妈乐开了花。

（二）角色扮演与运动

班级组织了"小小营养师"角色扮演活动，让小杰参与制订自己的食谱，从而增强他对健康饮食的兴趣和责任感。同时，教师还适度增加了小杰的运动量，以帮助他更好地吸收营养。为了配合这一活动，班级特别设置了"小小营养师"区角，并投放了白大褂、白帽子、各种食物模型、餐具以及记录工具，鼓励孩子们积极参与这一角色扮演游戏。一天早晨，小杰兴奋地扮演起了小小营养师。他说他给爱吃水果的牛配了新鲜的蔬菜和鸡蛋，要让这只牛的饮食更加营养均衡，身体越来越棒！小杰的游戏吸引了好几个小朋友的兴趣，他们纷纷加入，一起享受起了这一角色扮演的乐趣。

（三）餐桌教育

餐前，班级会明确进餐的要求与规范。用餐时，老师会播放舒缓的音乐，营造愉悦的氛围，耐心引导小杰尝试新食物，从不催促，鼓励他细嚼慢咽，细细感受食物的美味和营养。小杰感受到了班级就餐的温馨氛围，甚至回家后也要求家里吃饭时播放音乐、讲究礼仪。班级的这些贴心措施逐渐增加了小杰对于丰富食物摄入的接受程度，对于合理膳食计划的执行起到了有力的支持和促进作用。同时，这些做法对其他幼儿进行不挑食的教育引导与健康饮食习惯培养也都具有极其重要的意义。

三、家园合作：持续沟通与跟进

家庭与幼儿园有了共同的教育目标，有效的沟通和合作可以帮助小杰更好地形成良好的饮食习惯，解决小杰贫血的问题。

（一）家庭沟通

幼儿园与家长保持密切的沟通，共同分析小杰挑食的原因，并分享幼儿园的教育策略和膳食计划。经过了解，得知小杰主要由爷爷奶奶照顾，由于老人的溺爱，小杰喜欢吃什么就经常做什么，不喜欢的食物则从不给他尝试。这种长期的饮食习惯导致小杰养成了挑食的毛病，摄入的食物种类非常单一。为此，保健老师和班主任组织小杰的妈妈、奶奶进行深入的沟通，达成共识，决定所有家庭成员共同努力，解决小杰挑食的问题，确保在孩子的饮食要求上保持一致。

（二）家庭膳食指导

幼儿园向家长提供了家庭膳食建议，详细指导家长在家中如何为小杰准备营养均衡的餐食，特别是如何巧妙地将富含铁质的食物融入日常饮食中。在与家庭成员的沟通中，老师了解到小杰平时喜欢吃丸子形状的食物，于是建议家长将猪肝等含铁量高的食物与猪肉搅碎混合做成丸子，这样小杰会更容易接受。同时，对于菠菜等蔬菜，也可以做成菠菜面进行食用，既美味又营养。

（三）定期反馈

建立定期反馈机制，幼儿园和家长共同监测小杰的饮食变化和健康状况，以便及时调整教育策略和膳食计划。班级老师每天详细记录小杰的饮食情况，特别是对他不爱吃的营养菜品进行着重引导和观察，并记录下他食量的变化。在家里，家庭成员也共同合作，多样化制作餐食，并将小杰能接受的新食物记录下来，及时与班上的老师进行沟通反馈。此外，定期带小杰到营养科进行健康检查，随时了解他的身体状况。良好的家园合作为小杰良好饮食习惯的养成和健康成长奠定了坚实的基础。

四、成效与反思

经过一段时间的努力，小杰的面色逐渐恢复红润，精神状态和体力也有了显著提升。再次进行健康检查时，他的血液指标已经趋于正常。更重要的是，他逐渐改掉了挑食的坏习惯，这一转变大大改善了小杰的身体健康状况。

我们总结此案例，得到以下启示。

个性化教育的重要性：小杰的饮食习惯和营养需求是独特的。在制订膳食计划和教育策略时，我们充分考虑了他的个体差异。幼儿园应根据幼儿的年龄特点，完善食谱，并对有特别需求的孩子制订个性化教育方案。

家园合作的关键作用：在这个案例中，家园的紧密合作对于帮助小杰养成良好饮食习惯起了至关重要的作用。养成良好饮食习惯的关键是沟通，幼儿园应与所有家庭成员达成一致意见，共同为孩子的健康成长努力。

持续跟进的必要性：幼儿饮食习惯的养成是一个长期的过程。小杰饮食习惯问题的解决，离不开老师的每日记录，离不开家庭的定期检测，更离不开家庭和幼儿园的持续努力。

小杰的"血色"重生，从挑食贫血到健康饮食的转变，给我们带来了深刻的启示。在幼儿园营养膳食方面，教师需要具备专业的知识和技能，同时注重个性化教育和家园合作，才能有效帮助幼儿养成良好的饮食习惯，促进他们健康成长。

（撰稿人：王炜娟 郑晓红 余 婷）

四重守护解锁幼儿出勤密码

绵阳市游仙区小岛幼稚园

研究表明，幼儿出勤率与其长远学业成就紧密相关。幼儿园阶段的稳定出勤与儿童日后学习表现和智力发展呈正相关，这一发现深刻揭示了出勤率对于幼儿成长的重要性。然而，季节性疾病高发、幼儿免疫系统不成熟等因素，使幼儿园易成传染病传播场所。幼儿生病易引发班级连锁反应，导致出勤率骤降。因此，卫生保健工作至关重要。如何打造一个环境整洁的幼儿园，有效预防和控制传染病的传播，为幼儿提供安全、健康、愉快的学习和生活环境，是幼儿园共同的追求。我园以《评估指南》为引领，强化卫生保健工作，不断探索和创新提高出勤率的举措，努力为孩子们打造一个高品质的成长乐园。

一、制度守护：系统管理 压实出勤责任人

我们不断审视和优化卫生保健管理制度，积极构建全面、细致的出勤率管理细则，确保每位教职工都能深入理解并遵循这些要求。首先，我们特别设计了《幼儿健康观察手册》，这本小册子就像是幼儿在园生活的"健康小秘书"，详细记录下他们每天的在园的健康状况：从清晨的体温测量，到午餐时的用餐状况，再到午后的睡眠质量和每天的排便情况，确保家长能够获取到幼儿最全面、最准确的健康信息。其次，为了让每位教职工都成为幼儿健康的守护者，我们把出勤率管理融入日常工作的方方面面。在绩效考核中，出勤率不再只是数字，而是与班级、部门乃至整个年级组的荣誉紧密相连。这种捆绑考核的方式，让卫生保健不再是保育员和保健室的专属任务，它成为每位教职工共同的责任。这一制度的实施，还激发了教师们的积极性和创造力。他们开始根据不同季节和班级实际情况，提前制订个性化的卫生消毒计划，主动升级和细化了幼儿园及保健室的卫生保健要求，确保每一个细节都不放过。同时，教师们也更加注重培养幼儿的卫生习惯，通过耐心指导和示范，帮助幼儿养成良好的卫生习惯，为健康成长打下坚实的基础。

二、环境守护：精细消毒 营造洁净校园环境

日常消毒细致入微。我们坚持每天对整个幼儿园进行彻底且细致的消毒，确保每一个角落都干净卫生。我们详细列出了环境卫生、个人卫生和饮食卫生3个方面的24项具体消毒措施。保育员们严格按照这些规范，从活动室到午睡室，从盥洗室到走廊，每一个区域、每一件物品都进行精细的消毒处理。另外，我们对毛巾的使用和消毒也有严格的规定。每位幼儿都有自己专属的擦手巾、擦嘴巾以及隔汗毛巾，保育员们会确保这些毛巾在使用后及时进行消毒，实现"一用一消"。而对于班级卫生消毒用的毛巾，我们则根据消毒区域和功能的不同，分为清洁巾、餐前巾、消毒巾、清水巾等，每种毛巾都定点定位、专物专用，确保消毒工作的有序进行。这样的精细化管理，旨在为幼儿营造一个安全、健康的成长环境，让他们在一天的生活中都能远离病菌的侵扰。

专项消毒精准应对。除了日常的全面消毒，我们还会根据特殊时期或情况，开展针对性的专项消毒工作。比如，在学期初和学期末，保健室会制定详细的《开班（收班）卫生消毒工作检查标准》，对幼儿园内的32项环境物品进行专门的消毒处理，确保幼儿在新学期开始时能在一个干净、卫生的环境中学习生活，在学期结束时也能留下整洁的环境。此外，在传染病高发季节，我们还会进行"班级传染病期间专项消毒"，增加对活动室、午睡室等密闭空间的空气消毒频次，使用紫外线灯进行深度杀菌。同时，对患儿的餐具、床上用品等个人物品进行更为严格的消毒处理，从源头上切断病毒的传播途径，为幼儿的健康筑起一道坚实的防线。

三、美食守护：精心烹饪 保障幼儿身体健康

科学合理的膳食对幼儿的健康成长至关重要。我园为幼儿提供了搭配合理、种类多样、营养均衡的三餐两点，幼儿全天的营养摄入基本在园内完成，因此食谱的制订和食材的搭配显得格外重要。

我们注重应季食材的选择，确保食材的新鲜和营养价值。一方面根据幼儿成长需求，精心制订食谱，确保每餐都能为幼儿提供均衡的营养。在关键成长时段，选择有助于幼儿生长发育的食材，如瘦肉、鱼类、西瓜、黄瓜、冬瓜等；酸味食物可助健胃消食、增强食欲，如番茄、柠檬、葡萄、山楂等；保健功能的食材可增强幼儿的抵抗力，如母鸡、蘑菇、胡萝卜、菠菜、山药、酸奶等。另一方面特别关注过敏幼儿的饮

食需求，为他们提供安全、健康的替餐选择。如将肉末蒸鸡蛋替换成肉末蒸豆腐，鱼肉丸替换成猪肉丸，面食类替换成蒸玉米棒、蒸紫薯、蒸山药等。

四、科技守护：精准统计　提升出勤管理效率

科技应用在卫生保健中大显身手，我们引入智能机器人助力晨午检的智能化管理。机器人凭借内置的红外测温传感器，能够快速、准确地测量幼儿的体温、身高、体重；手口检测仪能够及时发现幼儿手部和口腔的异常情况，如疱疹、溃疡等，并将检测数据实时传输至系统。通过对数据的统计分析，我们可以更加精准地掌握幼儿的健康状况，及时发现潜在的健康问题，并采取相应的预防措施。此外，机器人还能够准确高效地对全园幼儿出勤情况进行统计，为园所跟踪管理提供有效支持，实现了出勤率的智能化管理。

同时，机器人还能与幼儿进行互动游戏，缓解幼儿的紧张情绪，使晨间检查更加愉快。这种智慧化的科技运用不仅提高了健康检查的效率和准确性，帮助家长及时了解幼儿健康状况，还能为幼儿园提供全面的健康数据支持。

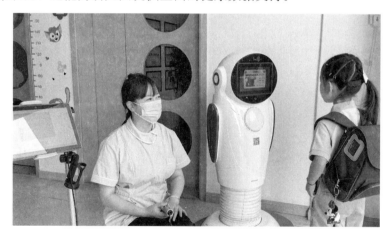

图 1　智能机器人让晨午检更加精准高效

经过一系列努力，我园的出勤率有了显著提高。2024 年，全园 18 个教学班，在园幼儿 549 人，在传染病高发的春季，3 月和 4 月的出勤率分别达到了 97.29％和 97.46％，5 月和 6 月的出勤率均在 98％以上，大班出勤率更超过 99％。

我园以《评估指南》为引领，通过制度守护、环境守护、美食守护与科技守护 4 大维度，编织出一张全方位、多层次的健康保障网。在制度守护方面，通过创新性的捆绑考核机制和细致入微的《幼儿健康观察手册》，将出勤率管理融入日常工作的每个角落，让每一位教职工都成为孩子健康的守护者。在环境守护方面，我园坚持每日的

精细消毒与特殊时期的专项消毒相结合，确保了幼儿园环境的洁净与安全。通过详细的消毒措施和严格的毛巾管理制度，为幼儿营造了远离病菌侵扰的成长环境。美食守护则是从另一个角度保障了幼儿的身体健康。科学合理的膳食搭配与应季食材的选择，为幼儿提供了全面、均衡的营养支持。同时，对过敏幼儿的特别关注与替餐安排，更是彰显了人性化关怀与细致入微的服务。科技守护的引入，则为幼儿园的卫生保健工作注入了新的活力。智能机器人的应用不仅提高了健康检查的效率和准确性，还为幼儿园提供了全面的健康数据支持，为后续的跟踪管理与优化调整提供了有力依据。

今后，我们将继续加强教职工的培训与沟通，关注新型消毒技术的应用，丰富幼儿的饮食体验以及探索更多智能化手段在卫生保健中的应用，确保幼儿在更加安全、健康、快乐的环境中茁壮成长。

（撰稿人：王　莉　杨　帆　马　聃）

第二节　生活照料:培养自理能力,滋养自我服务之力

➤ 理论指引

　　幼儿的身心发育尚未成熟,需要成人精心呵护和照顾。良好的生活照料是学前儿童健康发展的基石,它主要包括生活卫生习惯(如自主饮水、盥洗、如厕、根据天气增减衣物等)和自我服务技能(如餐前准备、餐后清洁、整理图画书和玩具等)的培养、劳动习惯的养成、环保意识的提升以及集体责任感的培养等具体内容。幼儿阶段是儿童身体发育和机能发展极为迅速的时期,也是形成安全感和乐观态度的重要阶段。发育良好的身体、愉快的情绪、强健的体质、协调的动作、良好的生活习惯和基本生活能力是幼儿身心健康的重要标志,也是其他领域学习与发展的基础。

　　日常生活照料不仅是为幼儿提供基本的饮食起居保障,更着重于逐步提升幼儿"冷暖自知"的自我意识,形成自我服务、自我关爱的能力,养成良好的生活习惯,为他们适应未来社会、独立生活打下坚实基础。如何在生活中提升幼儿自我服务能力?本节内容从价值挖掘、内容梳理、策略构建三个维度明确生活照料的核心价值,解构具体内容,落实具体行动,全面探讨生活照料在幼儿教育中的重要意义与实践路径。

表1　《评估指南》生活照料考查要点

重点内容	关键指标	考查要点
A2.保育与安全	B5.生活照料	12. 帮助幼儿建立合理生活常规,引导幼儿根据需要自主饮水、盥洗、如厕、增减衣物等,养成良好的生活卫生习惯。 13. 指导幼儿进行餐前准备、餐后清洁、图画书与玩具整理等自我服务,引导幼儿养成劳动习惯,增强环保意识、集体责任感。 14. 制定并实施与幼儿身体发展相适应的体格锻炼计划,保证每天户外活动时间不少于2小时,体育活动时间不少于1小时。 15. 重视有特殊需要的幼儿,尽可能创造条件让幼儿参与班级的各项活动,同时给予必要的照料。根据需要及时与家长沟通,帮助幼儿获得专业的康复指导与治疗

一、挖深度，找准自我服务出发点

生活照料的重要性在于培养幼儿的独立性与自信心。通过自我服务，学会管理日常生活，如穿衣、吃饭、清洁等，不仅可以促进幼儿身体协调性和动手能力的发展，还能增强他们的自我意识和责任感。早期培养这些能力，能助力幼儿更自信地面对未来的学习、生活和挑战。

（一）启蒙筑基：开启独立生活的第一步

三至六岁是幼儿生活自理能力形成的关键期，《纲要（试行）》明确指出，幼儿园要培养幼儿基本的生活自理能力，幼儿通过学习穿脱衣服、整理玩具、独立吃饭、上厕所等基本生活技能，既是学习建立合理的生活常规，实现自我生活照料的过程，也是迈出适应未来生活的第一步。

（二）心田沃润：滋养内心世界的安全感

《儿童心理之研究》[①] 阐述了幼儿心理发展的特点和规律，包括自我认知、情绪情感、社会性发展等方面，而自我生活照料能帮助幼儿养成良好的卫生习惯，有利于他们的身体和心理健康、情绪稳定，从而感受到安全感和独立性，滋养他们的内心成长力量。

（三）积蓄力量：蕴藏终身发展的可能性

《发展指南》指出，"健康是指身体、心理和社会适应方面的完好状态"。换言之，健康包含身体、心理、社会适应能力三大要素。生活照料的主要目的是确保幼儿的健康发展，其中不仅要关注幼儿吃好睡好，更重要的是在教师的支持下，使幼儿在日常的生活学习中逐步养成良好的生活习惯和自理能力，同时提升生活适应能力和终身发展能力。

二、拓宽度，把好自我服务发展线

生活照料的具体内容是什么？是生活中良好习惯的养成，学习欣赏生活中的每一个瞬间，热爱生活；是生活中自主能力的提升，看见自己的成长与进步，拥有能够面对各种挑战的自信心；是在温暖的陪伴中学习接纳生活中的各种情感，建立良好的自

---

① 《儿童心理之研究》由陈鹤琴先生著，是我国首部关于儿童心理个案研究专著，它为理解和指导儿童的心理健康发展提供了指导建议。

我意识。在生活照料中要重视培养幼儿的自我服务能力，使其逐步由"他律"走向"自律"，引导幼儿在自我管理中获得独立、自主、健康的发展。

（一）习惯养成教育：持之以恒，塑造良好生活习惯

建立合理的生活常规是保障幼儿安全、健康和良好生活秩序的基础，需要找准正确方向并不断坚持，主要内容包括三条：首先设定明确的生活常规，如定时进餐、如厕、午睡和饮水，幼儿逐步适应并内化规则；其次帮助幼儿理解并实践良好的行为习惯，如餐前洗手、餐后整理、如厕后清洁等；最后进行正面反馈和鼓励，强化幼儿的良好行为，让幼儿在过程中感受生活之美、生活之趣。

（二）生活技能学习：点滴做起，培养独立生活能力

培养自我服务能力需要鼓励幼儿做力所能及的事情，对幼儿的尝试与努力给予肯定，不因幼儿做不好或做得慢而包办代替。这需要我们关注点滴，逐步培养幼儿独立生活的能力，其中包括了三条：第一条生活技能培养，幼儿进行餐前准备、餐后清洁、整理图画书与玩具等自我服务；第二条劳动习惯培养，幼儿参与班级劳动、帮助打扫清洁、做力所能及的劳动活动；第三条社会意识增强，特别是环保意识和集体责任感，幼儿可以参与垃圾分类、废旧物品回收等环保活动，用实际行动表达自己爱家乡爱祖国的情感。

（三）情感关怀和引导：温暖陪伴，建立良好自我意识

温暖陪伴是构建幼儿良好自我意识不可或缺的基石，它通过情感支持促进幼儿自我认知与成长。积极的自我意识包括三个方面：首先是积极恰当的自我评价，如"我吃饭有进步""我很勇敢""我画画很漂亮"。其次是积极的自我体验，要点是"我能行"，如"我能自己穿衣、吃饭、睡觉""我能坚持每天锻炼"等。最后是初步的自我控制能力，即当幼儿意识到自己的行为不当时，会尝试调整行为和态度，如幼儿发现饭菜掉在桌上会停下筷子将之捡起放入渣盘，并把桌子整理干净。

三、植厚度，抓牢自我服务突破面

我们以"一日生活皆教育"的原则进行生活照料，关注幼儿的发展性和差异性，让科学的照护为培养幼儿自我服务能力奠定基础。

（一）三育合一，共启生活习惯的新思路

幼儿养成良好的生活习惯需要老师、家长和幼儿三方面的共同努力，通过引导支

持、示范和陪伴，帮助幼儿逐渐建立起良好的生活习惯，为其未来的发展奠定坚实的基础。

1. 育老师，做幼儿习惯养成的支持者

首先，老师可以为幼儿创设良好的无声教育环境，在"袜子对对碰""我能扣扣子"等区角墙面展示中，让幼儿通过环境、材料感知生活技能；其次，老师以游戏的方式组织幼儿开展主题活动，用一把椅子、两个气球让幼儿亲身体验、实际操作、直接感知，掌握如厕后自我清洁等生活技能；最后，老师还可以通过"班杜拉四途径"①培养幼儿的自我效能感，让幼儿不断积累习惯养成的经验，在一步一脚印中，养成良好的生活习惯。

2. 育家长，做幼儿习惯养成的陪伴者

在家庭里，家长首先要赋予幼儿获得幸福的能力，可以从设计一个家庭技能小挑战开始，通过"我是得分王""每天一颗星"等挑战项目，激励幼儿自主参与家务劳动，如帮忙摆放碗筷、整理玩具、穿衣等；其次，家长需要营造一个良好的家庭氛围，欣赏幼儿的小小成功，每周为儿童记录三件好事，以此留下美好的回忆和幸福的感受，用鼓励等积极的态度陪伴幼儿成长；最后，家长要重视与老师的沟通，如在"你来比划我来猜"的家庭小游戏中呼应幼儿园教育，家园共育助力幼儿良好习惯养成。

3. 育幼儿，做自我习惯养成的受益者

作为老师，首先要激发幼儿兴趣，可以通过"我的好习惯清单""捕捉小幸福"等有趣的活动和体验让幼儿观察自己干净的小手和整洁的房间，感受良好习惯带来的快乐；其次，可以引导幼儿学会自我观察和自我评价，鼓励幼儿设计自己的"自我管理小日历"，在努力实现"我今天要吃光一碗饭"的小目标过程中收获满满的营养和健康的身体；最后，还可以鼓励幼儿与小伙伴分享自己养成生活习惯的经验和感受，如在"我是小记者""趣谈八卦"活动中，幼儿可以互相分享穿脱衣服、餐后清洁等经验，于互动中学习和进步。

（二）三维并进，引领自主成长的每一步

认知筑基、技能拓展、情感润心，三维并进引领幼儿自主成长，让幼儿拓宽知识边界，培养实践能力，同时滋养情感世界，在探索中自我驱动、全面发展，从而更加

---

① 1977 年，班杜拉提出了"自我效能感"这个概念，并谈到培养自我效能感的四种途径，分别是积累成功经验、学习榜样的作用、做出积极的行动、保持健康的身心状态。

自信地迈向未来。

1. 认知筑基，启蒙自我服务意识

幼儿可以通过"能干的我""我的小手最最棒"等故事讲述、实例分析，认识到自主能力的重要性，理解自主服务的意义，在思考"我能做什么""我应该怎么做"等问题的同时，也有助于激发幼儿的自主服务意识。

2. 技能拓展，精进生活学习技能

幼儿在学前阶段，不仅要习得生活和学习技能，还要敢于突破技能挑战，可以积极参与"我是自理小能手""又快又好我能行"等活动，通过游戏、儿歌等形式进行生活技能学习。

擦嘴儿歌	漱口儿歌
小小纸巾双手托，	手拿小水杯，
对准嘴巴轻轻合，	半杯清清水。
变成一块方手绢。	喝口水，抬起头，
擦擦折，擦擦折。	闭上嘴，咕噜噜。
照照镜子看一看。	咕噜噜，撅屁股，
擦净嘴巴笑呵呵。	伸下巴，吐出水。

图1　自理儿歌示例

3. 情感润心，共享自我服务经验

幼儿在老师和家长的正面激励和情感支持下，可以在"我是生活小达人""我能做什么"等主题交流中，与同伴交流分享经验，在共享成就感中逐步建立自信，塑造坚韧不拔的品质，丰盈内心世界，滋养成长之路。

（三）三面深耕，铺就自我意识成长路

引领幼儿走向良好自我意识的过程包括心理环境的温馨营造、实践活动的丰富开展、个性化评价的积极引导。三者相辅相成，逐步滋养其积极的自我意识。

1. 陪伴：打造安全、温馨的心理环境

持续、积极的陪伴不仅是情感的交流，更是心理安全感的构建过程。每日倾听，每天与幼儿进行至少一次深度对话，可以通过"一日趣谈""秘密交换""心情打卡"等活动了解幼儿的情绪和需求并给予支持，让幼儿感受到安全和被理解；每周会议，设置集体会议时间，幼儿可以在"发现优势行动"中讲述自己的成长和收获，了解自己及明确如何更好地发挥自己的优势；幼儿可以在"我有话说"的讨论中感受自己是集体的一分子，增强归属感和责任感。每期记录，共同通过照片、视频、手绘作品等形式制作成长记录，共同回顾成长中的点滴进步，增强自信心和成就感。

2. 支持：开展多样、好玩的体验活动

多样、有趣的体验活动不仅为幼儿的生活增添了无限色彩，更在无形之中激发了他们自我意识的觉醒与成长。在体格锻炼中，以促进幼儿身心健康为主要目的，具体目标有三。第一，帮助幼儿掌握和运用体能及运动技巧，提高走、跑、跳、攀爬、翻越等基本的运动能力。第二，帮助幼儿运用健康的知识和技能，逐步形成体格锻炼的意识和热爱锻炼的生活方式。第三，帮助幼儿在运动中养成克服困难、坚持到底、顽强拼搏等良好的个人品格。为此，须从以下四个方面进行落实：首先，制订针对培养幼儿核心素养的课程实施计划。如通过开展"平衡过轮胎""跳山羊""测滚小鳄鱼"等游戏活动，将走、跑、跳、攀爬、翻越等运动技能培养落实到学年、月、周、日计划中。其次，合理制订锻炼目标和内容，增强幼儿体格锻炼的针对性和有效性，如小班幼儿侧重走跑跳等基础动作练习，中班侧重耐力和身体灵活性等练习，大班侧重运动技能提升、品格培养等内容。再次，优化锻炼方式，引导幼儿主动锻炼，培养幼儿锻炼意识。如利用敏捷梯、标志桶开展"闪电跳""闪电绕桩"等游戏，锻炼幼儿身体灵活性。最后，川渝地区多阴雨天气，年平均日照时数较少，因此更需注重在一日生活中安排足够的户外活动时间，如在晨间活动中进行户外体能大运动、餐后散步、户外游戏等，在一日生活中穿插体格锻炼，落实每天户外至少两小时、体育锻炼一小时的要求。此外，教师要积极观察和评估幼儿在锻炼中的表现，了解锻炼时间的适宜性和个别幼儿体能的差异性，及时调整和优化锻炼时间和内容，将身心锻炼相结合，促进幼儿身心健康。

3. 启迪：认识独特、多元的生命个体

习近平总书记强调要"努力让每个孩子都能享有公平而有质量的教育"。公平并非"完全一样"，而是通过个性化支持精准满足每个幼儿的独特需求，同时引导幼儿认识自己及他人的独特性，学会尊重和欣赏。满足特殊儿童的特殊需求，是实现公平而有质量教育的重要内容。首先，为特殊儿童创设充满爱和支持的环境。如通过"爱的抱抱""找个好朋友""特别的我"等活动，引导每个幼儿感受到自己是独一无二的存在，学会喜爱自己。其次，积极关注、耐心倾听。如在"爱的悄悄话""我的日记故事"等活动中了解幼儿的需求，让每个幼儿都体验到被重视，学会重视自己。再次，因材施

教、给予支持。如用"自我管理小日历"支持幼儿学习自我管理，用"步骤提示图"帮助幼儿掌握自我服务技巧，用"抓住幸福小尾巴"让幼儿在成功的喜悦中建立自信，学会欣赏自己。最后，紧密家园合作，提供科学支持，强化双向沟通，定期反馈幼儿成长点滴以增强家长教育信心，共同推动幼儿全面发展。

生活照料从"他爱"到"自爱"、从"他律"到"自律"逐步过渡，以慢慢滋养幼儿的自我服务意识，实现对幼儿能力的培养。从生活常规、体格锻炼、劳动习惯、特殊情形等方面培养幼儿自理能力，提升其自我服务之力，不仅满足了幼儿的日常需求，更提升了幼儿的责任感与自信心，为他们的未来生活奠定了坚实基础。

助力幼儿"三自"生活能力养成的探索

成都市第三十三幼儿园

早上八点半，大班保育员周老师急匆匆地往操场跑去，园长急忙问她："你那么着急干什么去？"周老师头也不回地说："来不及了，来不及了！"大约十点钟的时候，园长又看到这个班的孩子从户外匆匆往教室走，老师不断催促着："快点，快点，不然来不及了。"其中一个孩子还学着老师的话，催着前面的孩子："快点，快点，来不及了。"

"来不及？什么事儿来不及呢？"园长决定组织保教管理人员和骨干教师进行讨论。一位老师提出："幼儿园的一日作息时间本是固定的，但在遇到特殊情况时，老师是否可以灵活调整呢？"另一位老师接着说："大班的孩子已经有了一定的生活能力，什么时候饮水、如厕，能否让他们自己决定呢？"还有老师抱怨说："日常活动一会儿在室内，一会儿在室外，组织幼儿进进出出都很费时间。"针对这些问题，我园开始实施助力幼儿自主、自助、自理生活能力养成的课程微改革（以下简称"微改"）。

一、"微改"一日作息时间，实行板块化管理

幼儿园的一日活动通常包括生活活动、集体教学活动、游戏活动、室内外体育活动、餐食午睡活动以及入园离园活动等，共计 21 项。在相关文件的指导下，改革前，我园中大班幼儿的一日生活作息环节多达 16 个。为了完成这些环节，老师和孩子们都在赶时间，生活节奏较快。在这种快节奏的作息安排下，老师们不敢放手，生怕一放手就"收不回来"。这种情况下，幼儿的自主意识和自我服务能力难以得到培养。

《评估指南》要求"一日活动安排相对稳定合理，并能根据幼儿的年龄特点、个体差异和活动需要做出灵活调整，避免活动安排频繁转换、幼儿消极等待"。据此，我园采用了"延长""整合"与"弹性管理"策略，对幼儿的一日生活作息时间进行微调，

将中大班的一日活动环节从 16 个整合为 10 个。整合后的环节变少，赋予了幼儿更多的主动权，他们可以自己安排和管理时间，可以参与一日活动中与自己有关的决策，还能实现美食与游戏的"两不误"。同时，教师减少了工作量，只需进行适当的引导，为幼儿自主、自助、自理生活能力的养成提供时间和空间的支持。

表 1　中班一日生活作息时间表

时段	时间	内容	中班
上午	8:20～9:40	户外晨间活动 （区域活动、早餐、早操）	户外种植区、体能区、 沙水区、操场
	9:40～11:00	室内活动 （主题活动、自主游戏）	各班活动室
	11:00～11:30	餐前准备活动	各班活动室
	11:30～12:10	午餐及散步	各班活动室
			各活动区（详见餐后散步地点安排表）
下午	12:10～14:30	午睡	各班活动室
	14:30～15:00	午间活动	各班活动室
	15:00～16:15	室内活动（雨天或者雾霾天）	各班活动室
	16:15～16:45	户外活动	户外场地（骑行区、积木建构区、 平衡运动区、梯子木板搭建区、 种植沙水区、涂鸦区、投掷区）
		餐前活动	各班活动室
	16:45～17:10	晚餐	各班活动室
	17:10～17:30	离园活动	各班活动室

以往，我园的早餐是在固定的时间和地点集体进行的，食物的种类和数量基本统一。然而，由于部分孩子用餐速度较慢，先吃完的孩子就只能原地等待。为了改善这一状况，我们对板块化的作息时间进行了调整，将统一的早餐改为自主式、自助式的用餐模式。幼儿入园后可以根据自己的计划选择先用餐或先进行游戏，如果他发现用餐的人较多，可以先自主安排其他活动，等待有空位时再进行早餐。

为了促进幼儿的自主性和保证他们的安全，幼儿园采取了丰富点心品种、规划早餐生活区、设定早餐时间等措施。教师则进行随机观察、适时引导，确保早餐与游戏两者能够和谐共存。这种等待的过程不仅锻炼了幼儿的耐心和自制力，还让他们学会了理解和尊重他人的选择。同时，幼儿可以根据自己的胃口和需要适量取用食物，避免了浪费，促进了幼儿自主洗手、自主整理餐具等自主、自助能力的发展。

二、"微改"班级管理模式，建立值日生机制

在幼儿园课程"微改"讨论会上，老师们提出，中大班的幼儿不仅已经具备了一定的自理能力，而且非常乐意帮助老师做事。《评估指南》要求"指导幼儿进行餐前准备、餐后清洁、图画书与玩具整理等自我服务，引导幼儿养成劳动习惯"。著名教育家陈鹤琴先生也说过："凡是孩子自己能够做的，应当让他自己做。"尊重幼儿的年龄特点，放手让幼儿自主、自助、自理，这已经成为中大班教师的共识。而值日生活动正是实现这　愿景的有效途径。为此，我园提出了"人人有事做，事事有人管；班级你我他，服务靠大家"的班级治理理念，并确立了"服务自己、服务他人、服务集体"的值日生服务方式。经过多年的实践，我们为不同年龄段的幼儿制订了具体的值日生活动目标和内容，并研发了一套包含表格、墙展、标识、模式、过程、评价、成果在内的"七有"值日生教育工作机制。

孩子是家长的宝贝，有些家长因为觉得孩子年龄小，常常会代替包办，导致不少孩子养成了衣来伸手、饭来张口的习惯，缺乏动手能力。而值日生活动作为幼儿在园进行劳动教育的重要组成部分，可以培养幼儿的自理能力、劳动观念和技能。幼儿在为自己服务、为他人服务、为集体服务的过程中，可以养成同伴合作、吃苦耐劳的品质；在承担值日生岗位的过程中，可以培养起对自己负责、对他人负责、对集体负责的责任感，为树立"好好学习，强国有我"的使命感打下坚实的基础。

图1　大班值日生文化墙

三、成效与反思

在通过课程"微改"推动幼儿自理、自助、自主"三自"生活能力养成的过程中，我园深刻反思并意识到需要妥善处理两对关键关系。

一是要处理好建立生活常规与灵活调整之间的关系。《评估指南》提出，要"帮助幼儿建立合理生活常规"，为此，我园制订了相对稳定的一日生活作息安排，旨在培养幼儿的秩序感和安全感，帮助他们建立良好的生活卫生习惯。同时，教师可根据幼儿的年龄特点、个性差异、班级区域特色、活动需求以及季节变换等实际情况对作息时间进行灵活调整。实践证明，"相对稳定"与"灵活调整"并不矛盾，而是相辅相成的。

二是要处理好培养幼儿自理能力与服务他人之间的关系。《评估指南》指出，"既要指导幼儿开展自我服务，又要增强他们的集体责任感"。幼儿从家庭生活迈入集体生活，学会自理是幼儿园教育的首要目标。但幼儿该如何进一步建立与他人的良好关系并融入集体呢？我园在值日生教育中倡导"服务自己、服务他人、服务集体"的理念，旨在培养幼儿服务社会的意识，做到心中有他人、心中有集体。增强幼儿的集体责任感，这不仅是幼儿园立德树人的重要任务，也是为党育人、为国育才的必然要求。

幼儿园课程改革的每一个微小进步，都是幼儿发展的一大步。我园致力于让幼儿的每一天都充满快乐，给予幼儿们一个幸福的童年。

（撰稿人：王亚莉 符君雨 张家敏）

特殊儿童生活小确幸

剑阁县鼓楼幼儿园

特殊儿童的生活一直是社会关注的焦点，然而在特殊儿童的照料与教育方面，仍存在诸多问题。具体而言，幼儿园在特殊教育资源方面显得捉襟见肘，师资短缺，教学策略匮乏，难以满足特殊儿童个别化的教育需求；家庭成员则往往缺乏相关的知识技能和康复指导策略，长期照顾特殊儿童导致他们身心疲惫、焦虑不安，亲子关系也受到影响；此外，社会大众对特殊儿童的了解和认知相对较少，存在误解甚至歧视，同时缺乏完善的康复支持体系和服务网络。如何更好地支持幼儿园中特殊儿童的发展？结合我园孤独症幼儿的实际情况，我们进行了一系列有益的探索与实践。

一、遇见你，师幼共行动

我园的轩轩（化名）是一名七岁的孤独症儿童，身体瘦小，对运动不太感兴趣；口齿不清，语言表达能力有限；日常生活中独来独往，不愿与同伴交流；饮食口味独特，遇到不喜欢的食物时就会哭闹不止。针对轩轩的特殊需求，我们紧密结合《评估指南》要求，为他量身定制并实施了一套与身体发展相适应的体格锻炼计划。同时，我们尽可能创造条件让他参与班级的各项活动，以促进他的全面发展。此外，我们还携手家庭与社区，共同为轩轩提供专业的康复指导与治疗，助力他更好地成长。下面是老师照料他时的心路历程。

（一）靠近你，一起倾听

刚入园时，老师向你问好，你却东张西望，默不作声。在妈妈的多次催促下，你才发出"啊呀呀"的声音。到了教室，你趴在桌子上睡觉，敲桌子发出各种噪声，还不时大哭大叫："我要回家，我要吃饭！"老师的耐心引导和小朋友的规劝似乎都无法安抚你。在与家长的沟通与讨论后，我们决定用激励的言语引导你，以缓解你的情绪。你的种种特殊反应让我们意识到，老师的理解和同伴的同情心都应化作爱的接纳与包容。因此，在一日活动中，我们尽量不过度关注你，在安全可控的前提下，支持你自由活动与游戏。

（二）陪着你，共享美食

幼儿园的牛奶、鸡蛋、粥等早点你都不吃，只偏爱小笼包、米粉。每到早餐时间，你不愿吃，等用餐结束了，你却哭闹着要吃饭。午饭前你会去洗手，但不会耐心排队等待，稍有提醒，就会大声喊叫："我讨厌你，我要回家！"挑食的你，只吃汤泡白米饭，如果饭里有一粒杂粮，你也会大吼大叫。对此，我们共同商议，用简洁的语言、可视化提示和明确的期望来帮助你更好地理解和遵守规则。在饭菜自取约定、餐桌礼仪图卡等辅助下，你的挑食现象逐渐减少。老师和同伴坐在你身旁一起吃午餐，渐渐地，我们之间的信任和理解越来越深。

（三）带着你，共享欢乐

玩玩具时，只要同伴一靠近你，你就会大声呵斥："走开，走开！"如果有小朋友执意靠近，你就会哭闹不止、躺地不起，甚至摔玩具。为了帮助你与他人友好交往，老师化身为你的同伴。在你玩玩具时，老师轻轻靠近你，问你："轩轩，你拼的是什么？"夸你："轩轩真厉害！"我们一起拼搭玩具，在一次次的靠近中，你邀请老师一起搭建的次数越来越多。老师也会邀请其他小朋友参与你的游戏，并在游戏前悄悄委托同伴在你需要时提供帮助，以增进你们的友谊。渐渐地，你会将自己拧不开的玩具递给同伴寻求帮助，也会以"我可以和你玩吗""来坐我的车"等语句成功融入同伴的游戏中。

（四）拉着你，一起运动

早操时你总在教室待着，体育课上你只远远观看，户外活动时你却独自在走廊玩耍，不喜欢运动的你走路总会跌跌撞撞。对于不愿运动的你，我们三位老师共同商量对策。早操时，我们邀请你站在老师身边充当早操监督员，说说谁的动作没力、谁的动作最标准、谁做早操最认真，在看看说说活动中提高你对语言交流和运动的兴趣。在户外自主游戏前的"抢区"活动中，我们邀请你表达意愿，自主选择游戏区域和同伴。体育课上，老师鼓励你在垫子、梯子等器械上滚滚、爬爬、走走，并及时给予表扬。户外混龄活动时，我们请小朋友拉着你肆意奔跑，一起骑自行车、搬运垫子、爬树梯……渐渐地，你上下楼梯不摔跤了，力气也大了，跑步也快了。

二、读懂你，家、园、社共聚力

特殊需求儿童需要幼儿园、家长、社区协作形成教育合力，助力他们形成良好生活习惯，适应社会生活。

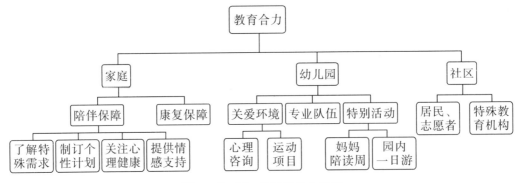

图 1　家、园、社教育合力框架

（一）家园合作，播种生活小确幸

1. 陪伴保障，情感链接

（1）了解特殊需求，制订个性计划。我们通过每周四的"家长访谈日"活动，引导家长与医生、心理教师等专业人员进行深入交流，并开展上门送教等活动。同时，鼓励家长与我们共读《与你同行》《爸妈治好了我的自闭症》等书籍，以便更全面地了解特殊儿童的需求，共同为孩子制订一日活动、康复学习等个性化计划。

（2）关注身心健康，提供情感支持。家长利用假期等时间增加与孩子相处的机会，通过聚会、亲子运动、购物等活动经常与孩子进行沟通交流，不间断地观察孩子的行为和情绪，了解其想法和感受。同时，家长也及时调整自己的焦虑情绪，给予孩子关爱和鼓励，营造温馨和谐的家庭氛围。

2. 康复保障，幸福守望

家长积极参与医疗机构对孩子的康复训练过程，深入了解训练内容和方法，并在家中延续训练效果，以助力孩子的康复。

（二）园所投入，见证生活小确幸

1. 关爱的环境，打开幸福之门

（1）心理咨询，关爱满满。创建温馨的心理健康咨询室，增加轩轩与心理咨询师交流的机会。根据轩轩喜欢的颜色和光线对咨询室的室内环境进行精心布置，以营造出一个适合深入交流的氛围。在咨询室内，我们观察了轩轩与特定玩教具及其他物品之间的互动，并及时进行了替换和更新。心理咨询师还及时提供画笔，支持他自由作画，并就他的绘画作品进行解读与分析。后期，心理咨询师还与班级老师和家长及时交流了康复要点，合力持续为轩轩提供支持。

（2）运动项目，快乐多多。提供适宜的运动内容与器械，设计一些简单的、不需要太多跑动和跳跃的活动，如平衡练习、钻爬游戏、拍球等，让轩轩在锻炼身体的同时又不感到吃力。鼓励其他幼儿与轩轩互动，一起踢球，满足他参加篮球队拍球训练的愿望，享受运动的乐趣。创造运动机会，将体育器械带到教室、室内大厅等，确保轩轩在雨天也能有足够的运动量。

2. 专业的队伍，凝聚幸福之力

我园的心理咨询师根据轩轩的心理特点和需求等，每周为他开展一次心理疏导。同时，我们每月与剑阁县特殊教育学校进行对接，学习教育策略并形成适合轩轩的教育课程。通过智慧平台的心理健康专题培训以及相关的书刊、视频等资料学习，拓宽视野并更新教育理念。

3. 特别的活动，感受幸福之乐

入园初期，我们特别邀请轩轩的妈妈来园陪读一周，以缓解他对新环境的不适应。由于轩轩对某些声音或光线极为敏感，教师在环境布置、小组活动等方面尽量避免干扰和刺激。当轩轩哭闹想回家时，师幼会带他进行园内一日游，熟悉游戏场地并观摩班级活动，以增强他对园所的归属感。

（三）社区支持，丰盈生活小确幸

社区居民、志愿者与轩轩一起参与亲子活动、文体娱乐活动等，社区的儿童也与轩轩一起玩耍和交流，这使得他的社交能力和融入感得到了增强。社区与特殊教育机构、医疗机构等合作，协助轩轩的家庭申请教育资助、康复补助等，并提供必要的医疗和康复服务。

三、看见你，收获成长与幸福

经过近一年的照料，轩轩的进步明显。现在，他能用简单的语言表达自己的需求和想法，有困难时会主动找老师，有礼貌地说"我要喝水"；能主动与同伴交流合作；能独立完成一些任务；每周一的升旗仪式上，他会站在旗杆下等待；在运动场上也能看见他与同伴快乐骑行的身影。那快乐的笑脸，见证了他的蜕变，也给予了我们幸福。

未来，我园将进一步优化照料策略，加强与家长的沟通和合作，提高照料人员的专业素养，共同为特殊儿童提供更好的照料和教育服务，助力他们收获成长与幸福。

（撰稿人：刘建容　杨　超）

体弱儿童成长记

北川羌族自治县永昌幼儿园

每年幼儿入园体检，我们总会发现大量体弱幼儿。他们受父母孕育过程、养育态度、生活习惯的影响，生长发育迟缓，动作发展不协调，生活自理能力较差。

根据对我园幼儿的跟踪调查、体质监测结果，发现有高达 45％的幼儿存在个头矮小、体重超标、挑食偏食、平衡能力差、耐力不够、体弱多病等现象。针对这些现象，依据《发展指南》在健康领域中对幼儿提出的"具有健康的体态"的期望，我园采取系列干预措施，帮助体弱幼儿改善身体状况，促进其健康成长。

一、膳养善教，保障体弱幼儿营养均衡

调查发现，72％的体弱幼儿家庭膳食结构以肉类为主，蔬菜、水果的摄入量较少。因此，我园从食谱制订、用餐指导入手，支持体弱幼儿"吃饱、吃好、吃健康"。

（一）食谱制订，美化餐点

遵循"荤素搭配、粗细多元、时令为主"的原则，首先将牛羊肉、荞面、玉米面等具有地域特色的食材融入食谱；其次确定营养摄入量目标，科学制订营养均衡的带量食谱；最后结合季节特点，选择新鲜优质食材，采用蒸、煮、炖的烹饪方式制作清淡、易消化的餐点，从色彩搭配、形状塑造、餐具选择、环境布置、创意命名多方面美化餐点，让体弱幼儿有兴趣进餐。

（二）用餐指导，健康饮食

餐前，利用区角游戏让体弱幼儿练习舀、夹、喂等动作技能，提升体弱幼儿自主进餐能力；师幼共同制订"进餐公约"，促进体弱幼儿自觉遵守进餐规则；采用美食播报、自主选择座位等方式提高体弱幼儿用餐兴趣；通过唱儿歌、讲故事等方式营造轻松愉快的氛围，激发体弱幼儿的食欲。餐中，教师通过语言、动作、眼神鼓励体弱幼儿用餐；采用少盛多添的方式渐进式增加幼儿食量。餐后，采用"每餐记录、每日分

享、每周兑换、每月评比"的方式，对体弱幼儿的进餐情况进行及时、持续的激励，调动其用餐积极性。

二、体格锻炼，改善体弱幼儿身体素质

据调查，68%的体弱幼儿家庭忽略幼儿的体格锻炼，大多数体弱幼儿缺乏持续性、针对性的运动，导致其运动能力弱、身体机能差。我园结合羌族民间特色游戏活动，带领体弱幼儿进行体格锻炼，改善其身体素质。

（一）科学设计，因地制宜实施锻炼方案

结合羌族地域特色及园所宽敞的环境，我们因地制宜地开展体格锻炼，以确保体弱幼儿的身体素质得到有效改善。通过实施"一早操、一自由运动、一体育锻炼、一户外活动"方案，保证幼儿每天至少进行两小时的户外活动。其中，"一早操"包含皮鼓操、竹竿操、布垫球操等多种操；"一自由运动"则融入各类羌族民间游戏，让体弱幼儿根据自身身体状况自由选择参与；"一体育锻炼"除开展走、跑、跳、爬等常规运动游戏外，还特别引入了押枷、推杆、走高跷、打四方等羌族民间游戏，以促进幼儿力量、耐力、协调性的全面发展；"一户外活动"则充分利用我园地理环境，打造了以攀爬为主的"攀高峰"、平衡为主的"闯险关"、钻爬为主的"洞洞坡"等多样化的锻炼项目，为体弱幼儿提供丰富的锻炼方式。

（二）密切观察，确保运动前后保育工作充分

教师通过"一看、二摸、三问"的方式，密切关注体弱幼儿的身体状况。根据幼儿的运动量和出汗量，及时提醒他们做好自我护理，从而提升幼儿的生活自理能力。在运动前，体弱幼儿能自主或相互垫汗巾，并根据自身体质选择着装；运动中，他们能根据自身情况及时穿脱衣服或休息；运动后，则能自主擦汗、换衣服，并做好运动器械的收拾整理工作。在适当放松后，能适量饮水。

（三）过程指导，确保运动强度与频率合理

我们为体弱幼儿选择了适合他们的运动方式，并注重在锻炼过程中的观察与指导，以激发他们参与体育锻炼的积极性。例如，对于肥胖幼儿，我们推荐他们参加跳背篓、抱蛋等跳跃、攀爬运动；对于动作不协调的幼儿，引导他们参加舞麻龙、爬杆等平衡运动；而对于力量较差的幼儿，鼓励他们参加"打竹筒""丢窝窝"等投掷、跑跳运动。在运动过程中，我们遵循循序渐进、由简到难的原则，根据体弱幼儿的最近发展区及时给予相应的指导，包括纠正不良姿势、对标正常幼儿降低运动难度、调整动作

等。同时，我们还及时记录体弱幼儿参与运动的时间、强度、次数等情况，以便更好地调整和优化锻炼方案。

图1　幼儿在"羌族大畅游"中锻炼四肢力量

三、家园配合，助力体弱幼儿长远发展

要想体弱幼儿能实现长远发展，需要家长转变教养观念，树立科学育儿观。因此，家园必须同步配合。我园以沟通交流、宣传培训、一对一指导等方式，构建有利于体弱幼儿健康成长的大环境。

（一）一人一卡，建立体弱幼儿数据库

入园初，以班级为单位，根据入园体检表、身体情况调查表、日常观察等确定体弱幼儿；保健医生根据体弱幼儿身高、体重、动作发展等不同情况分类建立数据库；进行"一月一检测""一期一评估"，密切掌握其生长发育状况，并根据实际情况进行干预。

图2　定期监测幼儿生长发育情况

（二）观察记录，做好常态健康监测

在日常活动中，教师、保育员、家长密切关注体弱幼儿的精神、饮食、睡眠、动作发展等情况，在晨午晚检表、病假追踪表等"六表三册"中，详细记录体弱幼儿的异常表现，如频繁咳嗽、面色异常、呼吸急促等，为改善体弱幼儿的体质提供日常数据。

（三）积极引导，关注体弱幼儿心理健康

个别体弱幼儿由于体质原因，会出现自卑、焦虑、胆小等心理问题，我园采取"几多"策略，为体弱幼儿建立安全、温暖的成长环境：通过多交流、多拥抱、多关注的方式积极回应体弱幼儿的需求和情感表达；通过多鼓励、多表扬、多展示的方式，帮助他们树立自信心；通过"手拉手"的结对方式，让班级其他幼儿与体弱幼儿建立"一对一"的友爱小团体，帮助体弱幼儿融入集体。

（四）专题培训，增强健康教育合力

通过专题培训、家访等形式，定期对教师与家长进行膳食、运动等相关培训，提高他们对体弱幼儿的识别和照顾能力，优化观察、指导策略，通过定期沟通与反馈，用持续化、个性化的措施改善体弱幼儿的身体健康状况。

四、科学实践，体质改善初见成效

针对体弱儿童，我们紧密结合我园的地域特点，通过不断的实践、总结、反思与调整，实施了一系列有效的措施。体弱儿童在健康饮食、身体发育、运动能力以及心理发展等方面均展现出了明显的改善。

（一）健康饮食

通过科学膳食有效指导，大部分体弱儿童能够均衡地摄入各类营养物质，不再挑食、偏食，自主进食能力显著提高。

（二）身体发育

通过合理的饮食调整和营养补充，体弱儿童的体重逐渐达到正常范围。在进行有计划、有针对性的体能锻炼后，体弱儿童的患病频率降低，抵抗疾病的能力提高，因生病缺勤的情况逐渐减少。

（三）运动能力

经过针对性的体能训练，体弱儿童在跑、跳、爬等动作上的协调性有所提升并能够参与更长时间的户外活动，而不感到过度疲劳。

（四）心理发展方面

通过对体弱儿童实施干预措施，他们的身体状况得到了显著改善，情绪波动减少，性格更加开朗活泼。在参与集体活动时，他们表现得更加自信、更加积极主动。

体弱儿童的管理是一项需要持之以恒、循序渐进的工作，其转化过程涉及教育与保育、营养与锻炼、保健与护理等多个方面。未来，我园将继续坚持并不断创新体弱幼儿的健康管理工作，为他们的健康成长筑牢生命底线，为其未来健康美好的生活奠定坚实的基石。

（撰稿人：杜　杨　范潇文　陈丝丝）

第三节 安全防护:筑牢安全防线,成就自我守护之行

➤ 理论指引

在日益变化的环境中,安全已成为一堂必修课,我们不禁深思,如何提升幼儿安全生活能力,让自我守护成为最坚实的行动保障? 幼儿的安全生活能力是保证自身生命安全、维护自身健康必备的能力。为了筑牢安全防线,提升幼儿安全意识与能力,我们采取一系列措施,主动预防风险、应对潜在挑战,让幼儿在确保自身安全与稳定的同时,获得自我保护、自我照顾、自我疗愈的内在力量。这不仅是对外界威胁的抵御,也是对自我内心安全感的增强,促进了师幼自我守护意识的觉醒与强化。

本节立足幼儿园对安全防护实践的探索,结合《评估指南》中"安全防护"关键指标,从"防护何为""防护何解""防护何行"的逻辑框架,深度剖析安全防护实践中的问题点,提出切实可行的解决策略,构建安全港湾,培育师幼自护意识与能力。

表 1　《评估指南》安全防护考查要点

重点内容	关键指标	考查要点
A2.保育与安全	B6.安全防护	16. 认真落实幼儿园各项安全管理制度和措施,每学期开学前分析研判潜在的安全风险,有针对性地完善安全管理措施。 17. 保教人员具有安全保护意识,做好环境、设施设备、玩具材料等方面的日常检查维护,及时消除安全隐患。发生意外时,优先保护幼儿的安全。 18. 幼儿园切实把安全教育融入幼儿一日生活,帮助幼儿学习判断环境、设施设备和玩具材料可能出现的安全风险,增强安全防范意识,提高自我保护能力

一、防护何为,探索生命与发展的底线需求

为什么要做安全防护? 做好安全防护是人类生命与发展的底线需求。随着社会变

迁、环境变化、自身发展，国家对安全稳定越发重视，人们对生命安全愈发关注，提升幼儿自护意识与能力，使其能够安全生活尤为重要。

（一）时代呼唤：社会变迁提出了更高要求

随着社会的快速发展，食品安全、网络安全等问题日益凸显，对幼儿园的安全防护工作提出了更高的要求。2022 年我国正式实施的《中小学、幼儿园安全防范要求》，明确了校园安全防范的重点部位与区域，强调了校园要加强人防、物防、技防，"三防"相结合，营造安全稳定环境，更要教会学生在复杂多变环境中保护自己。

（二）蜀地考验：自然灾害带来了严峻考验

四川省地质条件复杂，山多水多，地震、洪水、泥石流等频发，自然灾害的威胁时刻存在。2021 年四川省人民政府出台了《四川省地质灾害全域综合整治三年行动计划（2021—2023 年）》，全力保障人民生命财产安全，在这样的背景下，做好安全防护，让幼儿从小树立自护意识，提升师幼自护能力迫在眉睫。

（三）师幼需求：安全自护成为新的议题

幼儿的自我保护意识和能力较弱，易成安全事故的受害者。教师作为幼儿成长的重要引领者，必须具备强大的安全防护意识与能力，守护幼儿安全。2022 年教育部办公厅印发了《关于进一步加强中小学幼儿园安全工作的通知》，明确要求各地教育行政部门要将学校安全工作和安全教育开展情况纳入教育质量评价与考评范围，努力提升广大师生的安全防范意识与自救自护能力。

可见，从以上三方面来看，安全防护都是师幼生存与发展的迫切需要，加强安全防护，营造安全、健康、稳定的环境，提升师幼自护意识与能力，师幼将终身受益，这不仅是对师幼生命安全的保障，更是对幼儿健康成长的负责。

二、防护何解，揭秘护佑成长的隐形盾牌

安全防护是一个多层次、多维度的概念。它从宏观层面的外在环境构建，到中观层面的内在管理实施，再到微观层面的个体意识与行为自护，共同为师生构建起一张护佑成长的隐形盾牌。

（一）宏观定义：外在安全稳定的环境保障

安全防护的宏观定义，主要体现在外部环境的安全构建上。包括国家及地方政府

制定的法律法规、政策文件，采取的一系列措施[1]，旨在通过立法保障、监管执行、资源配置等手段，为全社会构建稳定的安全框架，为个体与群体构筑外在安全环境屏障。

（二）中观理解：内在安全管理的精细实施

从中观的理解来看，安全防护聚焦具体场所、组织或系统的内部管理。主要是幼儿园在遵守宏观政策法规的基础上，结合自身特点，制订并执行精细的安全管理制度和措施。如 2020 年四川施行《四川省中小学校食品安全管理办法》，规范学校食品卫生管理，确保入口安全，进一步增强安全防线牢固性。

（三）微观诠释：个体自护意识与能力培养

微观层面的安全防护则由群体深入到个体，关注每个人的安全意识、知识及行为。个人安全意识是个人安全的第一道防线，也是减少意外伤害和事故发生的关键因素。《评估指南》强调将安全教育融入一日生活，帮助幼儿判断安全风险，增强安全防范意识，提升自我保护能力。可见，安全防护不仅需要外部物质环境的稳固无虞，更需要师幼掌握安全知识与技能，建立内心安全感，这种安全感的根基，正是个人自护力[2]的坚实体现，是安全防护的最终目标。

三、防护何行，践行身心自护力的深度培育

如何做好安全防护工作？首要任务是解决自我防护中存在的三大核心问题。

问题一：教育环境局限，重外在轻内在。我们是否应该只将"安全"视为硬件问题？过分依赖安全设施等外部环境，而忽视了内心的安全稳定，会使得我们难以有效识别并规避潜在的风险。

问题二：应急能力不足，重理论轻实践。面对突发情况，幼儿园是否真正准备好了？应急演练、危机处理等安全知识的欠缺，以及自护能力的薄弱，都使得安防效能大打折扣。

问题三：家园协同不足，重校育轻共育。在隐患面前，家园是否形成了真正的合

---

[1] 2006 年教育部出台《中小学幼儿园安全管理办法》，这是我国第一个专门针对中小学幼儿园安全管理的政策文件；2018 年，国务院教育督导委员会办公室发布了《关于进一步加强中小学（幼儿园）安全工作的紧急通知》，要求积极做好校园安全督导，努力提高学生的安全防范意识；2021 年国务院印发了《中国儿童发展纲要（2021−2030 年）》，明确将"儿童与安全"作为战略主题列入总体战略规划中，并提出了一系列策略来保障儿童安全。

[2] 自护力：为个体在面对潜在危险时，能够自我保护、自救互救的意识与能力，强调其是安全防护的核心要素。

力？幼儿园与家长在安全教育的理念、方法上的不一致，导致难以形成合力，进而使得安全教育效果不佳。

这些问题的出现，归根结底源于师幼安全意识的淡薄以及自护能力的薄弱。为解决问题，我们问安全之源、探育人之本，以"环境到行动、行动到合作"的逻辑线索，从环境优化、课程融入、家园共育三方面，培养并提升师幼身心自护意识与能力。

（一）环境优化，无声教育筑基润心

1. 创设基于儿童生命安全的物质环境

安全的物质环境，要求聚焦园所内外环境安全的营造，结合四川盆地特殊的地理、气候等情况，幼儿园既要关注环境安全保障，也要关注外部环境带来的教育意义及价值。

（1）园内设施设备的安全

园内设施设备的安全主要包括两个部分。第一部分是基础性设施设备安全。要求幼儿园园舍、监控、消防设施等按照《托儿所、幼儿园建筑设计规范》《中小学、幼儿园消防安全十项规定》配备，营造符合幼儿身心安全健康发展的物质条件和育人环境。第二部分是个性化设施设备安全。主要针对四川地区的特殊性，结合《四川省幼儿园基本办园标准（试行）》《四川省幼儿园装备规范》要求，提出幼儿园环境改造的建议，如园舍选址应在场地平整、地势较高、交通便利、排水通畅等地质条件好且环境适宜的区域；除基本室外设施外，幼儿园须具备种植园和饲养园，增设防滑、防内涝排水设施等。

（2）园外周边环境的安全

园外周边环境安全主要有交通安全、治安安全、自然灾害防范等，我们聚焦两个方面保障环境安全。一方面健全机制加强管理。携手家长、社区及公安交警等力量，成立校园安防队，组织家长护航志愿者，在入园、离园、大型活动期间等人口聚集时段，维护校园周边的安全秩序。另一方面提升实践活动能力。幼儿园与社区、交警、消防、医院等建立合作关系，开展"家园共育'蜀'光行"活动，组织幼儿实地参观体验，了解交通、防火防暴等安全知识，增强师幼安全意识与实践能力，促进幼儿由"他护"到"自护"意识的转变，提升自护能力。

2. 建设滋养儿童生命安全的精神环境

安全的精神环境，着重于幼儿心理环境的建设。在关注外部环境是否安全的同时，同等重要的是要关注幼儿的内心想法和情绪情感的变化，从情感层面给予幼儿内心的安全保障。《评估指南》要求发生意外时优先保护幼儿的安全。意外常因不安全环境而生。外在环境变化可及时应对，但幼儿的内心变化难察，需细致观察与引导、支持呵护，以防为主，以育为辅。日常中，应引导幼儿识别不当合作、不友好习惯、不当语言、不正确行为等不安全因素，树立自护意识，提升自护能力。如利用四川饮食文化中的"辣"元素，开展情绪管理"辣"活动，引导幼儿进行"辣"的认识与调控、"辣"的勇气与界限活动①，从中学会辨别、正视自身的情感与心理危险并寻求帮助，在面对问题与挑战时，如防骗、防欺凌等，树立克服困难的勇气和信心。因此，安全防护不仅是外在驻防，还是内在防御，幼儿能理解与辨别不安全因素，学会自我服务、自我防护的能力，内心便能充满安全感、价值感。

（二）课程融入，安全知识精准导航

在为幼儿创造安全的学习生活环境基础上，更需要引导幼儿掌握必要的安全知识与自护技能，秉承陶行知"生活即教育"的观点②，将安全教育与幼儿生活深度融合，把理念转化为实践，让幼儿习得知识技能、学会安全生存。

1. 以川渝特色为基础，让幼儿习得知识技能

结合川渝特点，将川渝文化元素融入安全教育之中，增强活动趣味性与价值感，幼儿参与实践学习，让安全教育更接地气。

（1）利用川渝红色资源，组织现场参观与学习

利用川渝地区的博物馆、纪念馆、红色教育基地等红色资源，组织幼儿参观学习，在了解川渝文化的同时接受安全教育。例如参观抗战遗址博物馆，了解历史背景的同时学习防灾减灾知识。

（2）结合川渝地质特征，创新安全教育活动设计

针对川渝地区多山多水的地理环境，设计山地安全和水上安全等专题课程。例如，在防溺水安全教育方面，结合当地水域的特点，讲述川渝地区发生的真实溺水案例，以此提高幼儿的安全意识。同时，巧妙引入川江号子等具有地域特色的音乐元素，引导幼儿在欣赏音乐的同时，学会识别危险水域并掌握自救技能，从而深刻感受到水域壮美与危险并存的特质。

---

① "辣"的认识与调控：以川渝火锅为例，品尝不同"辣"带来的感受变化，类比情绪从平静到激动的过程，引导幼儿识别并接纳情绪，给予调整与控制平复情绪的技巧。"辣"的勇气与界限：设置具有挑战性的情境，引导幼儿应对冲突、失败等，体验不同情绪下的反应和行为，增进对他人的理解和同理心，明确自己的情绪管理界限，保持冷静，及时寻求帮助。

② 1928 年 4 月，陶行知创作的教育学著作《中国教育改造》出版，提出了"生活教育"理论。

另外，考虑到川渝地区人员结构的复杂性，特别设计防拐、防骗、防暴等专题活动。在防暴演练中，我们充分利用自然生态地貌，组织幼儿和家长一起排查周边可能存在的安全隐患，进行实地情况搜集、防暴宣传以及成果分享等活动，旨在全面提升幼儿和家长的安全防范意识和应对能力。

（3）融入川渝地域文化，深化教育内容与方式

以川渝文化为背景，以情景模拟的方式，组织安全教育情景剧表演，让幼儿在角色扮演中体验和学习安全知识。例如模拟茶馆中的火灾逃生、模拟古镇中的防走失教育等。选取与安全相关的川渝民间故事或传说，如通过讲述"大禹治水"的故事，引导幼儿知晓并理解防洪防汛的重要性。

2. 以一日生活为依托，让幼儿学会安全生存

幼儿自我保护意识与能力的培养是一个长期且复杂的过程，需要在生活中加以持续的教育和引导。《评估指南》明确要求幼儿园切实把安全教育融入幼儿一日生活。通过深度融合，关注日常生活的每一个细微环节，潜移默化地引导幼儿学会安全生存的自护意识与能力，构建全方位、多层次的安全防护网。

（1）在一日生活中贯彻安全教育

从幼儿踏入幼儿园的那一刻起，安全教育便悄然融入他们的日常。在入园环节，严格落实晨检制度，关注幼儿的健康与精神状态，通过"唤醒晨光—趣味打卡""物品小管家"等活动，及时做好幼儿情绪疏导和危险物品的排查。进餐环节，开展餐食播报、用餐安全学习等活动，利用表演讲述、绘本阅读等方式，引导幼儿学会正确的用餐礼仪与方法，预防烫伤与窒息风险。午睡环节，规范收纳幼儿的随身物品，注重观察他们的睡姿与情绪，引导幼儿在休息的同时做好自我保护。在盥洗、如厕、饮水等环节，时刻关注幼儿的安全，及时提醒并纠正不安全行为，确保安全教育贯穿一日生活的始终。

（2）在游戏中强化安全实践，寓教于乐

游戏是幼儿的天性，也是安全教育的最佳载体。在游戏和互动中，通过角色扮演、模拟演练等形式，引导幼儿学习安全规则，如排队靠右行、不做危险动作等。进行各种安全演练，让幼儿体验并学习应对各种突发情况的方法，如模拟火灾逃生、地震避险等场景，使他们在实战演练中掌握自护自救技能。

（3）在离园过程中延展安全引导，持续守护

一日生活的结束并不意味着安全教育的终止。在离园环节，严格遵守晚检及交接

制度，做好离园前的安全提示，如要求与家长手拉手过马路、不随意与陌生人交谈等，确保幼儿安全离园。我们致力于将安全教育延伸至幼儿的每一个生活环节，为他们营造安全、健康的成长环境。

图1　安全演练主要内容

（三）家园共育，防护屏障同心铸就

守护幼儿安全成长，家园共育是重要途径之一，我们需要与家长密切合作，构建幼儿园、家庭、社区"三位一体"的家园共同体，筑牢生命安全底线，提升幼儿自护意识与能力。

1. 构建家园共育平台，制订安全规范措施

建立家园共育的安全沟通及培训机制，通过家访、家长会、家长学校等多种形式，向家长传授安全教育知识及方法。同时，邀请家长参与管理，共同制订安全规范，涵盖日常行为规范、游戏安全规范及交通安全规范等，以增强家长的安全教育意识和能力，确保家园在安全教育上的一致性。

2. 强化生活安全检查，营造身心安全环境

幼儿园与家庭应定期对幼儿生活环境中可能接触到的设施设备、物品、食品等进行安全排查与整改，以消除家、校内外的安全隐患与风险。同时，家长与教师须注意自身的行为举止及情绪变化，做好情绪管理，以身作则，引导幼儿形成正确的安全行为意识与习惯。对于存在或可能存在心理问题或隐患的幼儿，应共同制订干预计划，提供必要的心理支持和帮助，协助幼儿建立积极的自我认知和情感管理能力。

3. 开展安全系列教育，推进数字化体验学习

家长应主动与幼儿进行亲子安全手工、安全知识竞赛等活动，积极参与幼儿园的安全主题教育，包括消防演习、地震逃生演练、交通安全知识讲座等。同时，利用数字化教育工具（如安全教育 APP、动画视频、教育论坛、VR/AR 技术等）进行安全教育，以更加生动形象的方式吸引幼儿的注意力。在实际操作中，家长与幼儿共学安全知识，提升幼儿的安全防护意识和能力。

做好家园共育，需要家庭和幼儿园统一育人理念、重视育人过程。在构建联系平台、制订安全规范，排查安全隐患、营造安全环境，以及开展安全教育、参与体验学习等方面，双方应共同努力，合力构建坚实的防护屏障，以提升幼儿的自护意识与能力。

"四个一"赋能幼儿园防暴应急工作

重庆市江津区双福双庆幼儿园

近年来,幼儿园遭受暴力袭击的事件时有发生。施暴者往往选择将防范能力相对较弱的三至六岁幼儿以及女教师作为攻击目标。因此,幼儿园在切实加强防暴安全工作、提升教职工应对能力的同时,更应注重开展幼儿安全认知与安全防护的教育,为幼儿提供切实有效的防暴安全教育。

一、解决的主要问题

在开学初进行的安全隐患排查与风险分析评估过程中,我们发现我园在防暴安全方面存在较大隐患。首先,我园紧邻西南地区规模最大的农贸市场,周边人员流动性强、构成复杂,增加了安全摸排的难度。其次,幼儿园与辖区派出所之间存在一定的距离,这意味着在紧急情况下,警方响应并到达现场所需的时间较长。而幼儿园自身的安保力量相对薄弱,难以有效应对突发状况。再者,幼儿园在防暴安全教育方面存在明显不足,相关教育培训缺失,幼儿对于如何防范暴力事件缺乏必要的认识和应对能力。因此,我园迫切需要开展一系列有针对性的活动,旨在加强幼儿的防暴安全意识,提升他们的防暴安全技能,以确保幼儿在园内的安全。

二、解决问题的过程与防范措施

根据《评估指南》提出的"幼儿园切实把安全教育融入一日生活……增强安全防护意识,提高自我防护能力"的要求,我们精心策划了大班安全主题活动"我们的防暴安全演习"。活动通过融合采访交流、手册制作、宣传推广以及实战演习等多种互动形式,为幼儿构建具体的任务情境,激发他们主动、积极地参与,将安全知识与自我保护技能内化为个人经验，从而提升安全意识，掌握防暴应急的方法与策略，提高自救自护能力，最终达到对自我生命存在的关注、敬畏与保护。

（一）一轮信息采集

幼儿通过采访交流、实地考察等多种方式，深入了解幼儿园当前已实施的防暴应急措施，为后续编制全面的防暴安全手册积累了宝贵的实践经验。在信息收集的整个过程中，我们注重并体现了三个方面的多样化。第一，学习形式的多样化。通过采访和自主讨论相结合的方式，为不同水平和兴趣的幼儿提供了更多样化的学习选择。幼儿以任务为驱动，自主结伴成立多个小组，独立完成各自承担的任务，这种形式极大地激发了他们的学习积极性和主动性。第二，信息采集对象的多样化。我们引导幼儿向不同岗位、不同职业的人员采集信息，这有助于他们全面了解在暴力事件发生时，各岗位、各职业人员应承担的职责和作用。第三，记录方式的多样化。为了满足不同记录需求，幼儿灵活运用现代信息技术、前书写等多种方式进行有针对性的记录，锻炼其信息素养和综合能力。

图1　采访保安阿姨

1. 现场信息收集

幼儿首先围绕采访对象的选择、采访问题的设计以及采访所需工具进行讨论，并最终确定了采访记录表的格式和内容。在老师的悉心指导下，幼儿根据小组的采访记录，对收集到的信息进行了细致的分享、梳理和归类，熟悉保安室配备的防暴应急设施设备的具体功能和使用方法，明确保安人员的职责分工；同时，掌握幼儿园内各区域的疏散路径和逃生通道。此外，幼儿还了解了校医在紧急情况下的救治方案等重要信息，从而对幼儿园现有的防暴应急措施有了全面而初步的认识。

2. 视频信息采集

在有了初步的认知基础后，老师精心挑选公安机关制作的防暴安全视频进行播放。通过观看这些专业、科学且内容全面的视频，幼儿得以从更权威、更立体的角度了解防暴安全知识。

（二）一本手册制作

1. 制作初稿

针对收集到的信息，幼儿着手开始制作防暴安全手册。在这个过程中，他们历经了从材料收集、内容筛选、画面绘制到装订成册等一系列流程。期间，幼儿逐一克服了呈现形式上的分歧、多人分工合作中的协调配合问题，以及打孔时缺乏专业设备等困难，最终成功完成了防暴安全手册的初稿。

2. 专业人士指导

为了验证防暴安全手册的科学性和实用性，幼儿在老师的带领下前往派出所寻求警察的专业指导。在警察的悉心指导下，幼儿对防暴安全手册进行了调整和完善。

图2　到派出所向警察请教防暴知识

制作防暴安全手册为幼儿提供了一个多角度实践的机会，使他们学会了收集信息、梳理知识并加以巩固，幼儿得以真正地将这些经验内化于心，显著增强了他们面对应急事件时的安全意识和自我救护能力。

（三）一次全面推广宣传

幼儿分组合作，结合已完成的防暴安全手册，针对不同对象展开了宣传活动。宣传活动主要包括两个方面：一是对保安、各班老师等关键岗位人员进行"培训"，以提升他们的防暴应急能力；二是深入各班级，向其他幼儿宣传，扩大防暴知识的普及范围。通过此次宣传推广活动，幼儿不仅进一步熟悉了防暴应急策略，还将所学知识付诸实践，同时，幼儿的计划执行能力、任务意识以及语言表达能力都得到了显著提升。

（四）一场实战化演习

在宣传推广之后，一场防暴演习如期举行。幼儿与老师共同制订了演习方案，并在演习中扮演了总指挥、通信联络、校内引导、现场处置、医疗救护等重要角色。首次演习在热闹而有序的氛围中圆满结束。演习结束后，大家针对演习中发现的通信联络不畅、个别人员任务意识薄弱、现场应急处置能力不足等问题进行了深入梳理和讨论，提出了相应的改进措施，并再次对演习方案和防暴手册进行了调整和完善。此次活动中，幼儿真正成了活动的主人。从计划的制订和执行，到各岗位工作的推进，再到后续的回顾与反思，幼儿的能力在其中获得了全面的发展。

三、问题解决成效与深刻反思

（一）显著成效

1. 幼儿防暴安全意识的强化

从单一班级的防暴安全手册编制，到全园范围的防暴安全演习，这一系列活动不仅极大地增强了参与班级幼儿的防暴安全意识和能力，更推动了全园的安全隐患排查与全员防暴演练工作的开展，全面提升了师幼的防暴意识和应急反应能力。

2. 幼儿主体性的彰显与综合能力的飞跃

在采访交流、手册编制、宣传推广、演习实践四个环环相扣、层层深入的实际情境中，幼儿通过亲身参与和体验，在明确的活动策划、管理、反思等任务驱动下，实现了语言表达、信息收集整理、动手实践、任务意识、协调统筹、团结协作以及反思回顾等多方面能力的全面发展。

（二）深刻反思

1. 对教育契机的敏锐捕捉与经验生长的创造性运用

活动中的教育契机，即"势"，源于幼儿的兴趣。确定活动主题时，我们顺势而为，既紧密结合时事热点，又贴近幼儿生活。在活动推进过程中，我们造势而起，让幼儿在具体任务情境中主动、积极地将安全教育内化为个人经验。最终，我们乘势而上，以防暴安全手册制作为契机，带动全园教职工和幼儿参与防暴演习，全面提升全园的防暴安全意识和能力。

2. 行为导向教育与儿童伤害预防 KAP 的创新性融合

教师视幼儿为有能力的学习者与沟通者，充分激发他们的主动性和积极性。在准确判断和分析幼儿安全防范意识和能力的基础上，鼓励幼儿开展采访交流、防暴安全手册制作等活动，实现学做合一，让幼儿主动对学习内容进行重构。同时，教师转变为学习过程中的支持者，与幼儿共同对学习过程和结果进行评估，这种创新性的结合方式极大地提升了教育的实效性和幼儿的参与度。

（撰稿人：魏　霞　胡卓毅　刘文英）

以"三妙招"助推幼儿心灵安全建设

德阳经济技术开发区第一幼儿园

在当前幼儿园教育环境中，幼儿交往方式多样化，但因年龄尚幼，社交技能与情绪管理能力尚未成熟，往往表现出过度竞争、缺乏合作等不当行为，这不仅扰乱了和谐的人际关系，还给幼儿带来了挫败感及潜在的安全隐患，对其心理健康和社交能力的长远发展构成了不利影响。

同时，在成长的道路上，每个人的生长规律都是独特的，而这些生长规律有时会成为个体在社会交往中的标签……

一、孩子间的交往小障碍怎么破除

我园大班小朋友小高，身高远超同龄人，这本应是自豪的优势，却成为他在幼儿园社交生活中的一道难题。孩子们常常因为他的高，不自觉地安排给一些看似"不适合"或"不好玩"的游戏角色，这种现象引发了教师的深思：在追求多元与包容的社会里，为何个体的独特性有时会成为被误解或偏见的源头？如何才能在尊重差异的同时，破除孩子间的交往小障碍？

二、以"三妙招"助力幼儿心灵成长

有一天，小朋友们正在幼儿园里玩追逐游戏。小高一直追着其他小朋友跑，孩子们大声地喊着："快跑快跑，别被小高抓住啦！"然而，在这欢声笑语中，李老师却注意到一个细节：小高总是在不停地追呀追，经常累得气喘吁吁，而其他小朋友则似乎乐在其中，享受着被追逐的乐趣。李老师觉得有些不对劲，她走到小高身边，关切地问道："小高，你怎么啦？看起来好像不太开心呢。"小高嘟着嘴，没有说话。李老师知道，孩子心里可能有什么事情，于是她悉心地引导小高："老师是你的好朋友，有什么不开心的事情都可以告诉我，我可以帮你解决哟！"在李老师的鼓励下，小高终于说

图1 追逐游戏中，小高总是在不停地追逐

出了心中的烦恼："最近大家都因为我最高，就一直让我去追他们，也不听我想改变游戏玩法的想法。可是我一点也不喜欢这样，每次都是我去追他们，感觉好累呀，心里也很不开心，不想再玩这个游戏了。"

图2 老师发现小高的情况后，亲切地和小高交流

听到这里，李老师心里一阵酸楚。她意识到，孩子们虽然天真可爱，但他们的行为也可能无意中伤害到别人。她决定帮助小高解决这个问题，陪伴他度过这段不愉快的时期。

妙招一，用心倾听，情感共鸣。李老师细心观察小高的情绪变化，主动接近他，尝试与他沟通。通过友好对话和耐心倾听幼儿的想法，设计出个性化、有针对性的《童心倾听录》，进行一对一的记录，这一过程首先让小高感受到了关注和关爱，达成情感上的共鸣。李老师告诉小高："老师知道你不开心，因为大家都让你去追他们。如果让老师一直去追，也会特别不开心的。但是，老师相信你是个聪明的孩子，我们一定能找到解决这个问题的方法。"同时，李老师表达了自己希望和小高做朋友的愿望，尊重他在游戏中的想法，进一步拉近了师生之间的距离。

妙招二，正向引导，破除烦恼。当小高面对眼下困境仍然显得退缩时，李老师以温柔而坚定的语言给予他鼓励，耐心地与他一同探寻问题的根源。帮助小高建立自信的关键，在于引导小朋友改变对他的看法。为此，老师在班级里开展了一系列富有创意的安全教育活动。通过表演情景剧《快乐的一天》、讲述绘本《我们都是一样的》《我有友情要出租》和合作游戏"我要和你抱一抱"等丰富多彩的形式，向小朋友们传达了接纳、尊重他人以及友好相处的重要性，使幼儿学会正向感知每个人的成长速度和特点，不以外貌或身高作为评价的标准，学会欣赏每个人的独特之处，将之前可能存在的"不好"观念转化为"好"的意识。李老师还开展了混龄游戏，邀请不同班级、不同年龄的小朋友一起互动游戏。这些活动帮助小高以及班级里的其他小朋友更深刻地理解和接受彼此的差异。他们发现，无论年龄大小、身体高矮、活动类型如何，大家都可以在一起开心地玩耍和生活，这也让孩子们在幼儿园交往了许多不同年龄段的好朋友。

通过从对小高自身的引导和对其他幼儿的教育两方面入手，老师成功地转变了孩子们的意识，帮助他们树立了正确的价值观。在这个过程中，小高也越来越自信，学会了如何面对和解决生活中的困难。

妙招三，幸福同育，赢得友谊。基于以上两个妙招，李老师还与家长保持了密切的沟通与联系。她告诉了小高家长其在幼儿园里遇到的困扰，共同制订针对性的教育计划。家长们在生活中利用"感恩日记"记录每天幸福的两件事，利用"难题小侦探"游戏，家长和老师扮演侦探，通过提问、观察和讨论，引导孩子像侦探一样去探索和理解他们面临的问题的根源，想象可能的解决方案。这种游戏化的方式不仅让孩子积极主动参与，还培养了他们的批判性思维、问题解决能力和自我反思能力。正是在游戏中，小高找到了与同学交往中遇到的障碍的根源，并学会了如何更有效地表达自己的感受和想法，社交技能和自信心得到发展。

经过一段时间的努力和实践，小高和小朋友们之间的关系变得更加友好和谐。他们开始欣赏小高的优势之处，并经常邀请他一起参与各种有趣的活动。小高也因为自己的个子高而经常被小朋友们所需要着，这让他感到非常开心和自豪。

三、破除烦恼，助力幼儿心灵成长的思考与复盘

本案例的显著成效充分展现了《评估指南》A2 保育与安全的核心要求，即保教人

员须具备强烈的安全保护意识，细致做好环境、设施设备、玩具材料的日常检查与维护，及时消除安全隐患，并将安全教育深度融入幼儿一日生活，帮助幼儿学会判断潜在风险，增强安全防范意识，提升自我保护能力。老师通过情感共鸣、正向引导、幸福同育这三个妙招，有效解决了小高因身高问题在同伴交往中遇到的困扰，避免了潜在的心理安全隐患。

（一）关注个性需求

老师针对小高因身体过高在同伴交往中遇到的困扰，尊重幼儿感受与想法，运用多元策略助其解决问题、实现成长；注重培养社交与情感表达能力，教育幼儿友好相处、尊重差异，共创和谐、友爱的成长环境，促进幼儿全面成长，为其未来发展奠定坚实基础。

（二）建立情感链接

在面对潜在的精神安全隐患时，老师与个体、集体、外界建立了深厚情感共鸣：对个体展示倾听关怀，及时发现问题并采取措施；通过班级活动，传达尊重与接纳，减少问题发生，提升幼儿安全感和自我保护能力；通过混龄游戏和家长助力，延伸安全防护，形成和谐共育局面。

（三）做好活动保障

在有效解决问题过程中，开展心理健康教育活动是心理安全防护的重要保障。老师教育目标明确，内容具体，过程科学全面，通过趣味性活动，让孩子亲身体验，感知并树立尊重、接纳、勇敢、合作等价值观，提升幼儿安全感和自我保护能力，形成积极向上、和谐友爱的班级氛围。

未来，我们将进一步强化师幼安全防护意识，创新安全教育方法，营造更安全、健康、和谐的成长环境。同时，关注每个孩子个体差异与特殊需求，确保其在安全环境中健康成长。

（撰稿人：袁　丽　李会兰　王　濛）

反思展望

　　本章围绕"保育与安全"这一核心板块，以筑牢育人过程的生命底线为宗旨，从培养幼儿爱自己的基础、能力和行动三个维度进行深入探讨。在教育实践中，我们应始终坚持以幼儿为中心，通过实施精细管理、创新方式方法来筑牢育人过程的生命底线。具体而言，应着重从三个方面进行实践。第一，聚焦幼儿需求价值点。始终将幼儿的需求和发展放在首位，不仅为他们提供安全、温暖的环境，还注重培养幼儿爱自己的意识和能力，为他们的终身成长奠定坚实基础。第二，落实精细管理内容点。在保育与安全工作中，找准出发点，把好发展线，抓牢突破面，对每个环节都追求精细化管理，确保每项工作都能扎实推进并取得实效。第三，探索保教创新实践点。不断探索新的方法，将保育与安全教育融入幼儿的一日生活之中，将理念与实践相结合，让幼儿在习得知识技能的同时，学会生存。例如，将川渝文化元素融入安全教育之中，创新安全教育活动设计，增强活动的趣味性和价值感，让幼儿在实践中学习，让教育更加贴近实际。

　　进一步反思，我们还需要关注两个方面的持续落实。一方面是如何保持对价值点的持续关注。在保育与安全工作中，需要不断审视与深化对价值点的理解，确保始终以幼儿需求为本，避免价值点关注的偏差或时有时无。另一方面是如何确保精细化管理的持续落实。由于各类园所在系统规划、逻辑思维等能力上存在差异，导致精细化执行效果不一，持续性不足。因此，需要不断提升教师队伍的专业素养，建立系统科学的长效机制，确保保育与安全工作的可持续发展。

　　总之，在幼儿园育人过程中，我们要秉承以儿童为中心的理念，聚焦价值点，找准落实面，持续精进行动，致力于培养幼儿自我关爱、自我服务、自我防护的意识和能力，为他们创造更加安全、健康、快乐的成长环境，用实际行动为每一名幼儿筑牢生命安全的底线。

第三章

遵循规律：
实现育人过程的最优发展

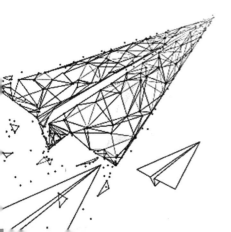

本章导读

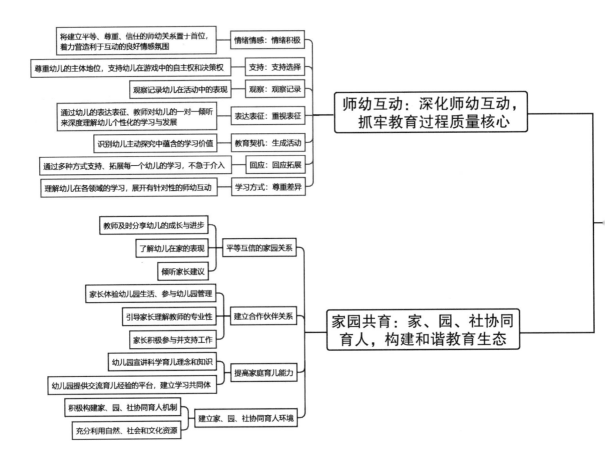

将建立平等、尊重、信任的师幼关系置于首位，着力营造利于互动的良好情感氛围 —— 情绪情感：情绪积极

尊重幼儿的主体地位，支持幼儿在游戏中的自主权和决策权 —— 支持：支持选择

观察记录幼儿在活动中的表现 —— 观察：观察记录

通过幼儿的表达表征、教师对幼儿的一对一倾听来深度理解幼儿个性化的学习与发展 —— 表达表征：重视表征

识别幼儿主动探究中蕴含的学习价值 —— 教育契机：生成活动

通过多种方式支持、拓展每一个幼儿的学习，不急于介入 —— 回应：回应拓展

理解幼儿在各领域的学习，展开有针对性的师幼互动 —— 学习方式：尊重差异

师幼互动：深化师幼互动，抓牢教育过程质量核心

教师及时分享幼儿的成长与进步
了解幼儿在家的表现
倾听家长建议
—— 平等互信的家园关系

家长体验幼儿园生活、参与幼儿园管理
引导家长理解教师的专业性
家长积极参与并支持工作
—— 建立合作伙伴关系

幼儿园宣讲科学育儿理念和知识
幼儿园提供交流育儿经验的平台，建立学习共同体
—— 提高家庭育儿能力

积极构建家、园、社协同育人机制
充分利用自然、社会和文化资源
—— 建立家、园、社协同育人环境

家园共育：家、园、社协同育人，构建和谐教育生态

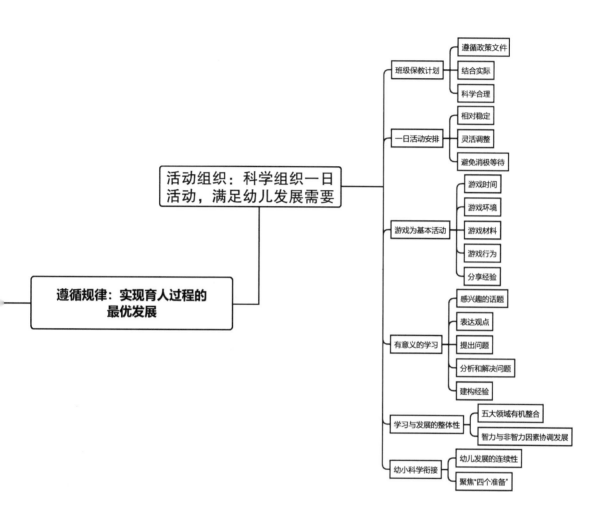

遵循规律：实现育人过程的
最优发展

活动组织：科学组织一日
活动，满足幼儿发展需要

班级保教计划
- 遵循政策文件
- 结合实际
- 科学合理

一日活动安排
- 相对稳定
- 灵活调整
- 避免消极等待

游戏为基本活动
- 游戏时间
- 游戏环境
- 游戏材料
- 游戏行为
- 分享经验

有意义的学习
- 感兴趣的话题
- 表达观点
- 提出问题
- 分析和解决问题
- 建构经验

学习与发展的整体性
- 五大领域有机整合
- 智力与非智力因素协调发展

幼小科学衔接
- 幼儿发展的连续性
- 聚焦"四个准备"

本章概述

　　《评估指南》特别强调教育过程质量，通过"活动组织、师幼互动、家园共育"三个关键指标及包含的十七项考查要点，清晰地描绘了高质量教育过程的样态。教育过程质量是幼儿园保教质量评估的核心，需要教育者对幼儿发展规律有科学、充分的认识。我们一方面需要仔细阅读原文，学习并熟知关于"三个关键指标"的内涵与边界；另一方面，还应展开进一步的理论学习和实践反思，深入理解其背后倡导的教育理念和改革方向。本章节从三个关键指标对各个考查要点进行了有侧重且详尽的解读，通过理论解释、举例说明让读者更容易理解要点背后的关注重点。

　　如何理解并遵循幼儿发展的规律，如何支持每一名幼儿的发展，如何营造良好的育人生态，是本章探讨的重点话题。幼儿园应重视《评估指南》等重要文件之间的关联性，深度理解教育过程对实现育人的重要价值；应注重回应《发展指南》提出的育人目标，进一步认识幼儿发展规律与教师支持性行为的关系；应关注幼儿的个性发展，辩证认识幼儿发展的整体性与个体差异、需求的关系，以实现多方协同育人的环境营造。

　　高质量的教育是促进每一个人全面发展的关键，这自然也包括教师和家长。只有当教育者不断逼近对教育规律的科学认知，持续调整教育观念和行为，深入理解并共同支持幼儿的发展需求时，幼儿所处的教育环境才能得到持续的优化，进而实现未来教育的可持续发展。

难点攻坚

《评估指南》格外注重过程质量，特别将"教育过程"单独列为一个评估内容，并将"师幼互动"作为评估的关键指标，这充分显示了国家层面对于扭转"重结果轻过程"的教育功利化倾向的高度重视和顶层设计。应逐渐达成共识的是，师幼互动是过程质量的核心，活动组织和家园共育则是过程质量的重要组成部分。互动并非发生在"真空"之中，而发生在活动和家园场景之中。《评估指南》聚焦幼儿园保教过程质量，"教育过程"则专注于过程质量，着力解决以下三个难点。

一是如何理解幼儿园一日活动安排的"相对稳定合理"。

"相对稳定合理"体现在对幼儿不同发展水平的接纳和观照上，确保每个孩子都能在适合自己的节奏中学习和成长。同时，它还表现在对幼儿日常活动的不断评估与优化上，即根据观察和反馈，适时调整活动顺序、时间分配以及所需资源，以实现教育效果的最大化。《评估指南》强调"结合本园、班实际，每学期、每周制订科学合理的班级保教计划"，但并未将要求细致到制订日计划之上。这是因为幼儿园的一日生活中充满着各种偶发的学习机会，不宜预先做太过细致的安排。因此，"相对稳定合理"的一日活动安排要求教师在月计划和周计划的基础上灵活地安排幼儿的每日生活，同时保证幼儿的一日生活相对稳定，让他们在相对稳定和连贯的安排中养成规律的生活作息习惯以及获得丰富的学习机会。如何认识并处理好"预设"与"生成"之间的关系，成为教师面临的一大考验。

二是如何识别幼儿主动探究中蕴含的学习价值和教育契机。

教育契机是偶发的，它可能发生在幼儿园一日生活的各个方面。对教育契机的把握极其考验教师的专业素养，其偶发性和不可控性对教师的应变能力提出了极高的要求。成为一名敏锐的教师，不仅需要发现各种偶发的教育契机，更重要的是要能够利用现有的与幼儿生活息息相关的机会和资源，判断何为对当前幼儿的学习和发展有意义、有价值的教育契机，并在此基础上开展随机教育、生成活动等。

三是如何定位家长与教师之间的关系。

当前，幼儿园面临的家长群体较为多元，监护人参与家庭教育的程度区别也很大。缺乏经验的教师不知道如何跟家长沟通，而经验丰富的教师则可能过于强求家长"照做"。家长与教师对彼此的角色认知模糊不清，导致家园之间的沟通和配合存在较大的阻力。在家园共育的考查要点中提到家、园、社协同育人，但要实现家、园、社协同一致的育人模式和生态，还需要建立相关的保障机制，以明确具体的职责、任务等，以推动社区与幼儿园之间的主动联动和长期联动，同时发挥社区在宣传育儿知识、提供育儿服务方面的公共价值。

第一节　科学组织一日活动　满足幼儿发展需要

➤ 理论指引

"活动组织"作为"教育过程"的三项关键指标之首，具有举足轻重的地位，涵盖了"班级保教计划""一日活动安排""以游戏为基本活动""有意义学习""整体性"以及"连续性"六条核心考查要点，强调通过整合各类资源，确保幼儿能够通过直接感知、动手操作和亲身体验来获取经验，从而满足他们在情感、技能和知识等多维度上的全面发展需求。"活动组织"不仅关注内容的选择，还对具体活动的安排提出了明确要求：需要保持相对稳定，同时又能灵活调整，确保活动的连贯性和有序性，避免一日时间和内容的碎片化。此外，"活动组织"还清晰地揭示了幼儿学习的方式和发展的规律，为活动组织者提供了具体的方法论和实践路径，这要求教育工作者必须认真践行，并将其落实到每一天的活动中。

《评估指南》对"活动组织"的高度重视，不仅体现了国家对学前教育过程质量的持续关注与提升意愿，也进一步明确了高质量的学前教育需要通过更为科学、合理的活动安排，来真正促进幼儿的全面和谐发展。

表1　《评估指南》活动组织考查要点

重点内容	关键指标	考查要点
A3.教育过程	B7.活动组织	1. 认真按照《幼儿园教育指导纲要》《3-6岁儿童学习与发展指南》要求，结合本园、班实际，每学期、每周制订科学合理的班级保教计划。 2. 一日活动安排相对稳定合理，并能根据幼儿的年龄特点、个体差异和活动需要做出灵活调整，避免活动安排频繁转换、幼儿消极等待。 3. 以游戏为基本活动，确保幼儿每天有充分的自主游戏时间，因地制宜为幼儿创设游戏环境，提供丰富适宜的游戏材料，支持幼儿探究、试错、重复等行为，与幼儿一起分享游戏经验。

续表

重点内容	关键指标	考查要点
A3.教育过程	B7.活动组织	4. 发现和支持幼儿有意义的学习，采用小组或集体的形式讨论幼儿感兴趣的话题，鼓励幼儿表达自己的观点，提出问题、分析解决问题，拓展提升幼儿日常生活和游戏中的经验。 5. 关注幼儿学习与发展的整体性，注重健康、语言、社会、科学、艺术等各领域有机整合，促进幼儿智力和非智力因素协调发展，寓教育于生活和游戏中。 6. 关注幼儿发展的连续性，注重幼小科学衔接。大班下学期采取多种形式，有针对性地帮助幼儿做好身心、生活、社会和学习等多方面的准备，建立对小学的积极期待和向往，促进幼儿顺利过渡

一、制订科学适宜、切实可行的班级保教计划

（一）班级保教计划的科学性与适切性

当前，尚无学者对班级保教计划的概念进行直接的界定，但有学者对幼儿园教育计划进行了界定，认为是指幼儿教师依据幼儿教育的目标和幼儿园课程标准，有目的、有计划、系统地设计、组织和安排各类活动和时间的过程，主要包括学期计划、月计划、周计划和日计划，其中日计划主要通过一日生活安排体现。[①] 学者刘霞认为，课程计划是课程设计和编排的统一规划，幼儿园班级课程计划也称为幼儿园班级保教工作计划。[②]

由于幼儿园教育工作的性质是保教相结合，故班级保教计划又可称为班级教育计划，或班级保教工作计划，具体是指幼儿园班级教师依据《纲要（试行）》和《发展指南》等文件的要求，结合本园课程实施方案要求及本班幼儿的身心实际发展水平，有目的、有计划地对班级课程和保教活动的有关目标、内容、时间、途径、方式等做出全面而详细的安排。从班级保教计划的种类来看，幼儿园的班级保教计划主要包括班级学期保教计划、班级月保教计划、班级周保教计划。

1. 班级学期保教计划

以学期为进程的教育计划，由于时间维度较长，因此更重视幼儿在这段长时间内的纵向变化、目标的预设与达成。这需要教育者准确把握该班幼儿的年龄特点，并结合班级实际情况展开幼儿群体和个体的分析。通过分析，制订出本班本学期的保教目

---

① 朱萌. 乡镇幼儿园教育计划制订与实施的调查研究 [D]. 桂林：广西师范大学，2017.
② 刘霞. 幼儿园班级课程计划存在的问题与对策研究 [J]. 河南教育（幼教），2020（01）：6—11.

标，为本学期的保教工作勾画出基本框架。

2. 班级月保教计划

相比于学期保教计划，月计划更重视活动内容和活动形式的选择。需要将学期教育目标做分解，围绕目标预设当月可能开展的活动，包括体育活动、学习活动、自主游戏、生活活动及其他（包括散步、节日活动、班级大活动、亲子活动等）。特别需要说明的是，应考虑活动内容的丰富性与整体性、活动形式的多样性，以及上一个月与下一个月之间的衔接和递进，以及对学期教育目标的回应。

3. 班级周保教计划

以周为进程的计划更重视活动的安排，不仅要注重一周内容的合理安排，还须考虑适宜的活动形式和组织方式，体现整体性和科学性，注意丰富性和动静交替等；还应根据目标和内容涵盖每个活动，包括活动的形式、应遵循的流程、活动的重点难点、材料的准备和结构等。特别要关注的是每一天都应为幼儿留有自由自主活动的时间，释放集体生活的紧张感。

（二）班级保教计划的预设性与灵活性

在实际的教育过程中，所预设的班级保教计划不应循规蹈矩、按部就班地执行，教师需要根据实际情况进行灵活调整，在过程中充分把握教育契机，满足幼儿发展的多样性和个性化需求，确保幼儿得到最大程度的发展。教师还需要进行经常且有深度的家园合作，通过指导和调动家庭的参与积极性，让教育活动延伸到家庭日常生活和社会生活中，让活动能够更贴近幼儿的真实生活。

另外，灵活实施班级保教计划也需要教师具备一定的教育敏感性和反思能力。在班级保教计划实施之后教师应有意识地及时总结，反思计划与具体实施之间的差异，厘清保教计划的预设与灵活调整之间的辩证关系，帮助教师正确辨析并科学实施教育活动。将班级保教计划与实际进行结合对比时，教师应注意以下几点。

1. 建立反思意识，主动形成自评

日复一日的教学活动容易使教师陷入惯例化的教育模式，导致对自我教育行为反思的主动性缺失。反思意识的直接理论来源是"反思性实践"理念，该理念要求将"反思"与"行动"相结合。在行动研究框架内，规范的反思模式有助于教师提升自我评价的效能和反思能力。因此，教师应当确立自我反思的意识，通过积极的反思来及时调整教育行为，从而提高保育与教育的整体质量。

2. 树立合作意识，注重班级的整体性

开展班级保教计划实施的互评是有效提高班级保教计划质量的途径之一。教师可通过结对合作的形式进行评估，通过积极的讨论、分析，对被评者提出可行的优化建议，促进其积极调整，从而优化质量评估效果，提高班级保教计划质量。

二、建立科学合理、相对稳定的一日活动安排

（一）形成集体生活的秩序，留有弹性调整的空间

"幼儿园一日活动"这个概念在不同学者的研究中有着不同的提法，有的称其为"幼儿日常生活活动"[1]，有的称其为"幼儿一日生活"[2]，有的称之为"一日活动"[3]。张春炬在《幼儿园一日活动指导》一书中使用了"一日活动"一词，认为一日活动是幼儿园工作的重心，是培养幼儿各种能力，促进幼儿全面和谐发展的基本途径。[4] 以此来看，幼儿园一日活动大致可分为学习活动、生活活动、体育活动和游戏活动四部分，从时间安排上指幼儿从早上入园到下午离园，在幼儿园一天内经历的来园、晨间活动、游戏与户外活动、学习、盥洗与如厕、餐点、午睡、饮水、离园等整个过程。[5]

一日活动安排与组织应具有科学性与合理性。幼儿园教师应从幼儿视角出发，在班级一日活动计划的制订上关注时间安排、内容安排与幼儿生活学习质量之间的潜在联系，在实施过程中根据实际情况灵活调整，尽量避免活动中幼儿的消极等待。

在幼儿早期发展阶段，有秩序的一日活动对其成长起着至关重要的作用。这种秩序不仅体现为日常生活的规律性，还表现为环境的有序安排以及行为规范的建立。首先，规律的一日活动安排有助于幼儿建立有序时间观。例如，固定的作息时间、有规律的饮食和睡眠习惯，可以让幼儿在有序的环境中感受到安全感和归属感。其次，有序的环境布置有助于幼儿建立空间方位感。一个有序的空间，不仅能让幼儿在探索时感到舒适，还能培养他们的审美能力和空间认知能力。此外，规范的行为建立也是有序的一日活动形成的重要组成部分。教育者应与幼儿共同商讨，制订出明确的集体生活行为准则，引导幼儿学会遵守规则、尊重他人。

一日活动时间安排应避免繁琐。若班级一日活动安排活动过多，时间衔接过于紧

① 人民教育出版社幼儿教育室. 幼儿教育学 [M]. 北京：人民教育出版社，1987：272.
② 唐淑，虞永平. 幼儿园班级管理 [M]. 南京：南京师范大学出版社，2004：17.
③ 倪敏. 幼儿园课程与教育活动设计 [M]. 北京：中国劳动社会保障出版社，2000：347.
④ 张春炬. 幼儿园一日活动指导 [M]. 南京：江苏出版社，2012：35.
⑤ 徐佳丽. 广东省幼儿园一日活动现状调查研究 [D]. 广州：广州大学，2016.

密，那么幼儿的一日生活就会被过于紧凑的节奏所困扰，导致活动时间变得支离破碎。活动计划过于细致，活动之间的切换频率过高，很容易让幼儿感到紧张、混乱、拥挤，从而造成负面情绪；在安排一日活动时，应适度提高自由玩耍及户外活动的时长占比，以此优化一日活动的构成。

一日活动安排应具有均衡性。幼儿园教师应当意识到每个活动环节都有其存在的独特价值，在一日活动中应包括不同类型的活动，确保教育内容、教育形式的均衡性，例如审视五大领域的相对均衡、各方面能力发展上的均衡、活动环境的相对均衡（室内与户外活动的转换）等。

一日活动的实施应具有灵活性与随机性。幼儿的一日活动可结合活动的类型、节日节气、天气变化、幼儿的发展需要等进行调整。比如，在幼儿积极参与美术创作时，教师可能会因为要遵守预设的作息时刻表，而不得不中断他们的创作活动，转向后续的教学环节。从教育哲学的角度来看，教学活动应当与幼儿的生理和心理节律相协调。因此，一日活动计划与作息时间安排，仅为教师构建了一个基本的操作与实施框架，而非限制性的规则。

（二）强调自主自由的氛围，引导幼儿自我管理

一日活动安排中自主自由氛围的营造有助于幼儿在活动中充分发挥自己的潜能，让幼儿在活动中感到轻松、愉快，促进其全面发展，具体措施包括：提供充足的玩具和游戏材料，保证幼儿在活动中能够自由选择；尊重幼儿的个性差异，给予每个幼儿关注和支持；鼓励幼儿表达自己的想法和感受，培养其沟通能力。然而一日活动中若忽视对自主氛围的营造，频繁转换活动、统一步调的组织，都会导致消极等待，从而降低学习体验和幼儿的生活质量。比如，生活活动时采用集体统一行动的方式，造成排队等待时间长，存在着时间上的隐性浪费。消极等待的过程不仅会造成幼儿时间的浪费，甚至还存在一定的安全隐患。[①]

如何帮助幼儿避免消极等待？其解决策略便是引导幼儿学习自我管理。首先，教师应当关注生活环节的趣味性，譬如在饮水、洗手、如厕等生活环节，教师可引入音乐游戏、益智游戏、手指游戏等，帮助幼儿掌握基本方法，也让等待中的幼儿充满乐趣。其次，应关注幼儿对集体生活规则的参与意识。例如，组织讨论"怎样分工收拾整理玩具，先完成任务的幼儿可以做哪些事，以便等待还在完成中的幼儿"等。通过讨论和及时反馈，一步步引导幼儿管理好自己，也与大家协调同步，避免无所事事的

① 杨静逸. 幼儿一日活动中消极等待现象初探［J］. 山西教育（幼教），2021（02）：66－67.

等待。

　　一日活动安排还应注意归还幼儿的决策权，满足其个体需要。因此，为了优化一日活动的组织，有必要让幼儿真正参与到一日活动的决策中来，以实现更自主、更有效的活动和学习，让幼儿自身的能力得以展现。例如，在幼儿园的公共功能室可创设"功能室使用预约表"，通过可移动图标对应时间的方式，让幼儿清晰了解该活动场地的安排，也让幼儿有真正使用场地的权利。

三、理解游戏对幼儿身心发展的重要意义

（一）剖析幼儿游戏中蕴藏的丰富学习机会

　　幼儿园"以游戏为基本活动"是我国幼儿园教育的一个基本原则。[①]《评估指南》从如何保障自主游戏时间、因地制宜创设环境、投放丰富适宜的材料到幼儿如何在游戏中实现自主，从如何将主动学习这一游戏精神渗透于幼儿园一日生活到如何将教育寓于生活和游戏中等方面提出了具体指引。[②]

　　游戏作为一种学习方式，与幼儿的身心特点相吻合，他们通过亲身体验和实际操作来学习和理解世界。游戏中的情境性、直观性和操作性特点，使幼儿能够在轻松愉快的探索中获得知识和技能。游戏还能够培养幼儿的社会交往能力，在与同伴共同游戏的过程中，幼儿学会了分享、合作、遵守规则等社会行为，这些能力对于他们未来的社会适应和人际交往至关重要。游戏中的学习是隐性的、潜在的，游戏中获得的学习品质，如好奇心、专注力、坚持性和创造性，对于幼儿的后期学习和终身发展具有重要意义。

（二）注重幼儿游戏的组织与经验分享

　　教师要注重对游戏活动的设计与组织，分析不同游戏活动中蕴含的学习机会，让幼儿在参与中不断尝试、持续发展。例如，在游戏开始前，幼儿通过前期规划锻炼其主动思考的能力，使他们能够有目的地进行活动。此外，还应有意识地关注游戏后的总结活动，让幼儿在回忆、分享中提炼经验与做法，习得良好的学习习惯和品质。幼儿在游戏中能积累多种宝贵经验。社交技能方面，幼儿通过与同伴互动得到锻炼，例如学习分享、轮流和合作；认知发展方面，游戏促进幼儿语言能力、记忆力和注意力

① 刘焱. 儿童游戏通论［M］. 福州：福建人民出版社. 2015：35.
② 梁慧娟. 过程导向的幼儿园教育质量评价改革——《幼儿园保育教育质量评估指南》的主旨定位与实践指引［J］. 江苏教育研究，2023（09）：26.

的提升；运动技能方面，幼儿通过攀爬、跳跃等活动得到加强，提高身体协调性和平衡感，等等。

例如，甘孜州稻城县香格里拉镇幼儿园的实践案例中，幼儿在制作空心螺形时，有的选用刮刀、刻刀、锥条、铁丝，有的选用生活中常见的物品如树枝、石头、雪花片、木板等来进行尝试。教师支持幼儿自主选择游戏材料、同伴和玩法，鼓励幼儿勇敢尝试，在直接感知、实际操作、亲身体验中，获得经验的积累，激发内在的学习动力。

（三）强化幼儿游戏过程中的表达表征

幼儿园应对幼儿游戏中经验的"表征表达"给予重视，同时注重发挥幼儿表征的积极效应，而非片面出于教育结果"可视化"的功利性考量。[①] 在游戏组织过程中，我们应激励幼儿使用各种表达形式来分享他们在游戏过程中的感受和体验。同时，教师需要仔细倾听每个幼儿的表达，了解他们的思维过程和体验方式。教师在引导幼儿分享游戏经历时，应营造平等、友好和接纳的氛围，用鼓励性的话语激发幼儿的表达欲望，通过启发性的提问，帮助幼儿回顾梳理经验。

四、探索幼儿有意义学习的内涵和实践路径

（一）善于发现幼儿有意义学习：兴趣、思维模式与经验整合

幼儿的有意义学习需要经历记忆、理解、应用、分析、评价和创造等环节。在日常教育教学中为幼儿有意义学习创造机会、提供条件，须关注发现和支持两方面的实践，发现有意义学习是幼儿园教师首先要思考的问题。

幼儿的有意义学习通常发生在他们感兴趣的活动中，这一过程常常体现为三个不同的阶段。当幼儿对学习活动产生兴趣时，他们的好奇心被激发，这标志着兴趣学习的第一个阶段。一旦这个阶段被激活，幼儿就会开始运用他们的经验，随着兴趣点的延伸而建立起连续的学习路径，这代表着第二个阶段。而当这条路径中出现问题时，通过探索，幼儿会产生持续的热情并逐步深化他们的学习兴趣。简言之，符合幼儿兴趣的学习需要具备生活实践性、经验传承性和问题引导性，只有层层展开，才能引导幼儿开展真正的兴趣学习。[②]

① 郭书窈，彭茜，刘媛. 论游戏在我国学前教育课程中的地位演进及其启示 [J]. 广东第二师范学院学报，2024，44（01）：70—84.
② 巩贤花. 支持幼儿有意义的学习 [J]. 山东教育，2023（30）：1.

有意义学习的过程应符合幼儿的思维行动方式。教师通过活动导入与推进的巧妙设计，可充分挖掘并利用幼儿现有的经验与能力，以激发其学习的想象力和创造性。当学习活动与幼儿的思维模式相匹配时，幼儿便能够全身心地沉浸于学习情境之中，有意义学习自然发生。

有意义学习是整合幼儿发展的学习。幼儿的学习应当是持续学习、深度学习和系统学习相融合的过程，并且要符合幼儿学习发展的整体性和全面性原则。因此，幼儿的有意义学习在于是否具备了主动专注、深入学习的可能，是否有同伴合作、真实建构的契机，是否有运用已有经验从而建构新经验的契机。[①]

（二）有效支持幼儿有意义学习：过程化、适时性与问题发生

有意义学习产生的关键在于充分发挥幼儿的学习潜能，教师要高度重视其对世界的独特认识及其已有经验，以幼儿的认知结构和生活世界为出发点，帮助他们探索和构建新经验。

幼儿园教师应该有意识地重视幼儿学习的过程，了解并支持幼儿有意义的学习。教师需要更关注幼儿学习的过程，通过全面观察和深入理解学习中蕴含的丰富机会，关注幼儿的兴趣、好奇心、批判思维、主动探索能力、独立思考能力、主体性和社会性，以及学习质量的培养，使幼儿具有终身受益的素养和能力，成为具备学习能力的终身学习者。

问题生发推动幼儿深入探索。在师幼互动中，教师提出高质量的问题是至关重要的。幼儿在真实情境中会产生有意义的学习体验。困难与挑战往往是促进幼儿产生学习动力的契机。通过精心设计的问题来启迪思考，幼儿的学习活动将获得更深的含义。为了提炼出具有启发性的情景化问题，必须深入观察幼儿的互动学习进程。此类问题应具备开放性、创新性、综合性以及与现实发展紧密相关的特性，以确保它们能够真正满足幼儿的兴趣与成长需求。这样做可以为幼儿提供最大限度的探究空间和想象力，并促使他们运用已有经验来探索和解决问题，从而充分体验成功的快乐。[②]

例如，宜宾市青年街幼儿园的做法便是源于幼儿身边的真实情景，教师有机整合了各领域内容，为幼儿提供了可探究的环境，鼓励其小组合作分享，支持用多种可视化的方式表征表达，引导幼儿在自主发现问题、解决问题中学会利用资源、使用工具、大胆试错、验证推理，从而实现经验、认知的自我建构，实现学习品质的养成和习得。

① 喻霓，杨婷. 发现幼儿有意义学习的路径探究 [J]. 文理导航（下旬），2023（10）：58—60.
② 赵兰会，高翠萍. 幼儿有意义的学习在游戏中随时发生——对《评估指南》中幼儿有意义学习的理解 [J]. 今日教育（幼教金刊），2022（06）：17—19.

五、关注幼儿学习与发展整体性的渗透与落地

（一）关注五大领域之间的内在联系和有机渗透

《纲要（试行）》第三部分"组织与实施"明确指出，"教育活动内容的组织应充分考虑幼儿的学习特点和认识规律，各领域的内容要有机联系，相互渗透，注重综合性、趣味性、活动性，寓教育于生活、游戏之中"。《评估指南》在要求"各领域的内容相互渗透"的基础上，进一步明确提出"注重各领域有机整合"，即不同领域之间并非各自分立，而是相互交流、相互融通的。幼儿园教育旨在通过将不同教育内容有机结合起来，促进幼儿情感、态度、能力、知识、技能等各方面全面而均衡的发展。在幼儿园的五大教育领域中，每个领域都构成了一个完整的教育体系，它们相互独立又相互联系。在每个领域内部，教育内容可以进一步细分，但这些细分内容仍然保持内在的联系和一致性。

幼儿日常生活的各个环节本身具有一种天然的整体性，融合了不同领域的知识，这是健康、语言、社会、科学和艺术等各个教育领域在幼儿身上的综合体现。[①] 教师应当从幼儿的整体学习和发展视角出发，密切注意幼儿在日常生活中的每一次经历和参与的活动，敏锐地发现并利用每一个可能的教育机会，通过指导或激励来推进幼儿的学习进程和个人成长。教师只有深刻理解了这一点，才能在与幼儿共同生活和游戏的过程中，全面培养幼儿的各方面能力，促进其全面发展。

例如，绵阳市开元实验幼儿园的做法就保护和满足幼儿的前识字兴趣，对家长对前识字的理解偏差进行引导和纠正，通过"乐学""乐玩""乐用""乐衔接"，帮助幼儿深入理解符号的意义，提高幼儿的文字识别能力、书写能力和阅读能力，培养幼儿对汉字的情感，促进幼儿前识字核心经验的形成，提升幼儿入学准备能力。

（二）关注一日生活的整体性和相互渗透性

于幼儿而言，与同伴分享自己的玩具、不取他人之物、饭前洗手、细致观察自然界的奥秘等，这些在幼儿园学到的基本生活原则和习惯，构成了幼儿一生中最重要的学习内容，满足了其身心的整体发展，是幼儿未来成就的基石和起点。幼儿在游戏互动中体验快乐和满足，逐渐培养出愿意与他人建立联系并维持友好关系的社交能力。

以成都市区的幼儿园为实例，园所在室外功能区精心打造了"鹤鸣茶社"的环境，

---

① 侯莉敏. 关注幼儿学习与发展的整体性［J］. 教育导刊（下半月），2013（12）：51—53.

为幼儿配备了茶社中实际可见的竹椅、竹桌、蒲扇、尖嘴壶等物品以及手工制作的玩具。幼儿园以班级为单位，定期举办功能区活动。在活动筹备阶段，教师会先向孩子们介绍"鹤鸣茶社"的历史文化背景，随后邀请家长陪同幼儿实地探访"鹤鸣茶社"，让孩子们亲身体验并观察茶社真实场景中的人物角色、行为动作以及语言特色。探访结束后，孩子们回到幼儿园，在功能区开展"鹤鸣茶社"的运营游戏。在游戏中，教师扮演引导者和支持者的角色，通过提出引导性问题，如"你好，我是一名游客，请问你能介绍一下这里有哪些茶吗"，以及"除了茶社，成都还有哪些值得一游的地方呢"，以此激发幼儿在真实情景中的认知发展、情感培养和人际交往能力的提升，从而实现幼儿全方位的成长。

尊重幼儿身心发展的整体性，使其在成长不同阶段得到相对应的教育支持。幼儿园的同伴、教师，甚至是园内的自然环境，都在塑造着他们的价值观和人生观，无论是情感的丰富，还是经验的积累，都将成为他们人生旅途中宝贵的财富。以社交技能为例，在幼儿园小班阶段，幼儿的交往主要以独立游戏为主，这意味着他们更多在各自玩耍，互动较少。然而，随着幼儿进入中班和大班，他们的社交技能开始向平行游戏、联合游戏和合作游戏转变，这表明他们开始学会考虑他人的感受，以及如何与他人更好地互动和合作。教师只有充分了解并掌握幼儿身心发展规律，才能因材施教，组织开展相关教育教学活动，确保幼儿在不同成长阶段获得教育价值的优化。

六、注重发展的连续性和科学衔接，帮助幼儿顺利入学

"幼小衔接"这一概念约在 20 世纪 80 年代在我国出现。在这之前，幼儿园被认为是社会服务的组成部分，主要是为了解决家长工作的后顾之忧。80 年代后期，对幼儿教育重视的呼声日渐高涨，有学者提出这一问题，是希望社会重视幼儿园教育的作用，强调幼儿园由服务功能转向教育功能。20 世纪 90 年代，当时国家教委基础教育司与联合国儿童基金会在我国又进行了为期五年的"幼儿园与小学衔接"的合作研究，这是国家层面在本土开展的第一次幼小衔接的探索研究。2017 年，世界经济合作与发展组织（OECD）发布了《强势开端 V：幼小衔接》的报告，进一步推动了我国幼小衔接的研究。2021 年 3 月，教育部发布了《关于大力推进幼儿园与小学科学衔接的指导意见》，首次对幼儿园入学准备与小学入学适应的教育指导从国家层面给出了明确要求，进而引发了新一轮关于幼小衔接的探讨，对幼小衔接的关注成为社会热点问题。

（一）注重入学准备教育的连续性

无论是 1989 年发布的《幼儿园工作规程（试行）》还是 2001 年颁布的《纲要

（试行）》，无论是 2018 年的《关于学前教育深化改革规范发展的若干意见》还是 2019 年的《关于深化教育教学改革全面提高义务教育质量的意见》，或是 2022 年出台的《义务教育课程设置方案》，纵观国内政策文件的革新，不难发现对幼小衔接的概念界定正在随着时代的进步和科学的发展而不断清晰化。

幼小衔接不是只有在大班才开展，真实的幼小衔接是具备连续性的，从幼儿园生活开始时便已自然衔接。从根本上来说，以小班为起点贯穿整个学前三年教育的全程幼小衔接，与高质量学前教育视域下幼儿高质量发展的关系是相辅相成的。[①] 虞永平教授也曾说过："幼儿园到小学，不是翻山越岭，不是跳跃大沟深壑，也不是进入天壤之别的生活，而是童年生活的一种自然延伸和过渡。"

作为教育者，我们应当深刻认识到幼小衔接阶段的重要性，主动营造积极、健康、富有启发性的教学和学习环境，为幼儿的全面发展提供坚实的基础和有力的支持。例如，成都市第三十幼儿园的做法便基于大班幼儿对"时间"的关注，在幼小衔接的背景下，关注其整体性和连续性，支持幼儿形成时间观念，养成良好作息规律，师幼共构以"时间"为脉络的主题框架，开展"时间滴滴答"系列活动。活动开展以幼儿生活经验与问题为导向，三条线索并进实施，丰富幼儿对时间与小学的认知，建立积极的入学期待。

幼小衔接是幼儿园教育的重要内容，是幼儿园保教质量的主要载体。因此，幼儿园有必要让家长意识到"衔接"不是"揠苗助长"，而是如春雨般浸润在幼儿在园一日生活的方方面面。作为专业人士，教师也须时刻利用好沟通资源为家长阐明"寓教于游戏"的教学形式和组织方法，让家长成为积极的教育力量，主动审视自己对孩子的教育行为，主动了解幼儿教育，理解幼儿的学习方式和特点，积极学习掌握衔接教育的理念与方法，参与幼儿入学准备能力培养，实现家园"各美其美，美美与共，双轮同驱""1＋1＞2"的教育格局。

（二）探索科学衔接的有效路径

入学适应的关键是具有入学意愿，建立积极的心态，建立对小学的向往，以充满期待的心态进入一个好的学习环境。

应让幼小衔接成为常态。首先，"科学做好幼小衔接"应成为每一位教师的追求。教师以"尊重幼儿的特点、满足幼儿的需求、追随幼儿的兴趣、支持幼儿的发展"为准则，始终把幼儿是否会得到快乐的体验放在首位，从关注活动形式到重视活动内在

---

① 居丽. 科学的幼小衔接从小班开始［J］. 儿童与健康，2023（08）：50—51.

价值，从注重体验趋向理性追求。其次，教师要将幼儿视为"主导自己成长发展的主角"，相信其是有能力的学习者，欣然接受幼儿活动中出现的可能性，努力追随幼儿的兴趣和活动进程，做出呼应性改变。

应让幼儿园教育与小学教育形成互补。"幼小衔接教育共同体"的建立，给幼儿园和小学的教育、幼儿园和小学的老师提供了相互增进了解、协同合作育人的机会，促进彼此的理解、支持与合作，明确各自的教育责任和教育内容。幼儿园与小学教育趋向一致，幼儿不再左右为难，家长不再焦虑，初步实现了幼儿园教育和小学教育的有效对接、相互促进。

应让幼儿对未来充满向往。教给幼儿关于生活的完整概念，让他们乐于生活、学习、交往，使自信、独立的个性充分张扬。让幼儿学习兴趣越来越浓厚，乐于自我管理，成长的自信不断激发，初步具备小学学习与生活的关键品质与能力。

应让家庭成为幼儿早期发展的重要基地。父母扮演着幼儿启蒙教育的关键角色。家长的价值观和行为模式对幼儿的成长具有深远的影响。在幼儿从幼儿园过渡到小学的关键时期，家长应该形成积极的教育意识，与幼儿园的教育工作形成合力，为幼儿创造充满爱和支持的家庭氛围，让幼儿在其中感受到温暖和鼓励。家长还应通过参与家长会、亲子活动等形式，与教师保持良好的沟通，共同关注幼儿的成长需求和特点。

总之，科学幼小衔接是一项系统工程，需要多方协同，才能真正促进幼儿的全面发展，为他们的未来打下坚实的基础。这不仅是教育部门的责任，更是整个社会共同的使命。

探索时间奥秘 支持幼儿持续学习

成都市第三十幼儿园

2021年3月，教育部出台《关于大力推进幼儿园与小学科学衔接的指导意见》，指出要坚持以儿童为本、双向衔接、系统推进，确保幼小衔接工作沿着科学方向推进，切实减缓衔接坡度，帮助幼儿顺利实现从幼儿园到小学的过渡。为了科学地实现幼小衔接，基于我园大班幼儿对"时间"这一抽象概念的强烈好奇心与持续探索的愿望，我们共同构建了以时间为核心、以"时间滴滴答"为名的系列主题活动。活动紧密围绕幼儿的生活经验与实际问题，旨在拓展一个贴近幼儿实际需求、与他们生活紧密相连的衔接空间，从而让幼儿形成积极的入学期待，更加平稳、顺利地过渡到小学阶段。

一、滴答滴答 开启时间探索之旅

（一）立足生活与经验，开启时间探索之旅

通过对幼儿及家长的深入访谈和质性分析，我们发现幼儿对时间的感知尚处于直观而模糊的阶段，主要依赖日常的生活作息、日夜更替以及季节变换来感知时间的流逝；同时，对时间的概念与规划尚缺乏清晰的认识。

（二）关注整体与连续，三条线索支持活动深入

1. 线索一：时间的脚步

通过"时间在哪里""认识时间（时钟）"等一系列活动，我们将幼儿的生活与经验紧密相连，从具体的现象中引导幼儿初步感受时间的存在，并学会认识时钟。在晨间入园时，我们设置了"时间滴滴答"打卡墙，鼓励幼儿按时入园并自主完成签到；在一日活动中，我们渗透了钟表报时的元素，帮助幼儿明确时间节点与对应活动的关系，从而初步形成时间观念，为顺利过渡到小学并准时入校做好充分的准备。

2. 线索二：时间的秘密

我们以驱动性问题为引导，推动主题活动的深入开展。幼儿们大胆猜想并验证了一系列关于时间的问题，如"一分钟有多长""课间十分钟能做什么""我的一天是如何度过的"以及"我在幼儿园的三年时光"等。通过游戏、谈话、运动、绘画等多种形式，幼儿感知了从短程到长程时间的连续性与变化性。同时，我们与小学进行了对接，让幼儿们走进小学，亲身体验课间十分钟与大课间的氛围，并设计出了适合幼儿园的课间十分钟活动方案。

在活动初期，幼儿更注重玩耍，导致课间十分钟结束时常常出现喝水、解便等常规作息延误的情况。针对这一问题，我们开展了"红黄绿事件"的谈话活动，帮助幼儿学会辨别事情的轻重缓急，并合理安排时间。此外，我们还与家长一起收集了幼儿三年成长的照片，共同回顾这三年时间的成长与变化，让幼儿在时间的律动中感受成长的喜悦，为即将成为小学生奠定坚实的情感基础。

图 1　一分钟比赛

3. 线索三：小小时间管理员

为了有效培养幼儿自主管理的能力，我们开展了"晚间生活计划""我的一天""时间小任务"以及"毕业倒计时"等活动。幼儿扮演时间管理员的角色，尝试着对半日乃至一天的活动进行规划。教师从幼儿经验发展的连续性角度出发，巧妙地设计了从"十分钟"到"一小时"，再到"半日"和"一天"的计划序列，帮助幼儿实现从小时间板块到大时间板块的平稳过渡。通过"计划—活动—反思—再计划"的循环模式，教师循序渐进地引导幼儿学会安排与管理自己的时间。同时，为了更好地为幼儿入学后的适应做准备，教师还对比了幼儿园与小学的一日生活作息安排，帮助幼儿提前了解并适应未来小学生活。

图2　课间十分钟

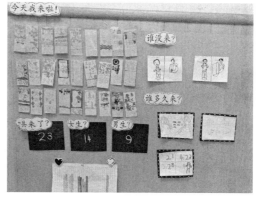

图3　"时间滴滴答"打卡墙

（三）回归整体与连续，指向衔接与过渡

做好身心准备的核心在于"怀有期待"。幼儿通过感知时间的流逝，逐渐过渡到对小学课间与一日生活的感知，从而逐步熟悉小学生活作息安排，有效减轻了对未知环境的陌生感与焦虑情绪。

做好生活准备着重于"学会自理"。在"时间的秘密"与"小小时间管理员"等活动中，幼儿通过自我计划与管理时间，借助游戏、辩论、参观、任务打卡等多种形式，在日常生活中感知时间的宝贵，了解并适应小学的时间安排，从而学会按时作息，培养自理能力。

做好社会准备的关键在于"增强意识"。幼儿通过自主管理不同的时间段，逐渐能够自觉、独立地完成各项任务，如每日整理小书包、坚持按时打卡等。这些活动显著增强了他们的任务意识，为顺利适应小学生活奠定了坚实基础。

做好学习准备则体现在"善于学习"。从对时间的初步认识到深入感知，再到自我管理时间，幼儿在这一连续的实践过程中始终保持着旺盛的好奇心与主动性。这一系列活动都蕴含着"良好学习习惯""浓厚学习兴趣"以及"强大学习能力"等多方面的发展价值。

二、滴答滴答　探索时间教育之策

（一）主题活动的设计策略——精细目标，丰富内涵，全局规划

1. 主题活动目标的设定——深度细化，广度拓展

我们坚持以培养幼儿"持续学习经验，终身发展潜能"为宏观导向，全面关注幼

儿学习与发展的整体性，同时兼顾身心、生活、社会、学习四方面的入学准备。在此基础上，将宏观目标进一步细化为具体、可操作的微观目标，旨在促进幼儿智力与非智力因素的和谐共生与全面发展。

2. 主题活动内容的选择——紧扣目标，源于生活，基于经验，整体构建

重点聚焦四个方面：活动内容须紧密围绕既定目标；内容应源自幼儿当前及未来的生活实际；内容须基于幼儿现有的经验及潜在可获得的经验；内容的选择须考虑各活动之间的内在联系与整体性。

（二）主题活动的实施策略——注重路径的整合与互补效应

1. 基于儿童经验连续发展的主题实施

遵循"基于经验—丰富经验—提升经验"的实施逻辑，鼓励幼儿勇敢提出关于"时间""上小学"等话题的问题，并充分表达自己的想法。以幼儿已有的经验为起点，在积极的探索与体验中，借助教师的指导与支持，进一步丰富与提升幼儿的经验，实现经验的连续性与成长性。

2. 基于儿童完整生活体验的路径整合

整合集体活动、日常活动、环境创设、区域游戏、家园联系五大路径，并围绕核心线索对路径与内容进行整合，以支持幼儿获得全面而整体的经验。提炼出了实施路径的"思维五步法"：一是把握活动的整体性与完整性；二是有效利用幼儿的零散时间；三是关注个别化学习活动的需求；四是注重与主题相关的环境创设；五是深入挖掘家长、小学、社区等外部资源。

3. 基于儿童经验连接的三方协同合作

积极联动家长、小学等关键主体，形成了"三联样态"的协同机制。组织幼儿走进小学、亲身体验、直接感知小学的课堂与课间安排，激发幼儿对小学生活的向往与期待。充分挖掘并利用家长资源，积极调动家长的参与热情。通过"五个一"活动（一次活动动员、一次家长座谈、一次小学参观、一次沙龙分享、一次单独交流）搭建家长参与主题活动的桥梁。

三、滴答滴答 总结时间探索之思

1. 目标设定与整体发展的契合

要确保活动目标满足幼儿当前的发展需求，通过深入了解他们的想法与兴趣，使

目标设定及活动实施根植于幼儿的实际状况；要兼顾入学准备的全面要求，系统性整合入学准备四方面的目标与内容，为幼儿实现科学有效的学习过渡提供支持；要着眼于幼儿的终身发展与核心素养，培养其适应未来生活所需的能力。

2. 内容的游戏化与回归生活

以游戏化主动学习为核心，围绕核心教育经验，精心设计问题链，紧密关联幼儿已有的生活经验，通过引导与支持，促进幼儿进行深度探索，从而获得全面且连续的学习体验。

3. 形式与幼儿身心发展特性的匹配

在主题推进过程中，教师应灵活而恰当地选用多样化的教学手段与方法，将抽象的时间概念具化为可观察、可触摸、可感知的实体，鼓励幼儿通过多渠道收集信息，以实现幼儿学习的主动性、整体性与连续性。

（撰稿人：冀　娜　郭鹏宇　谭丽娟）

"四乐"前识字幼小衔接策略

绵阳市开元实验幼儿园

前识字是指幼儿在正式接受学校教育之前，逐渐形成关于符号和文字在功能、形式及规则方面的认知，以及在具有目的性和意义的情境中初步学习和运用符号与文字的过程。《幼儿园入学准备教育指导要点》提出，"幼儿应对生活中的文字符号感兴趣，愿意用图画、符号等方式记录自己的想法和发现"。幼儿通过符号、涂鸦展现他们对世界的纯真认知与表达。激发并培养幼儿对文字符号的兴趣及表征能力，须依赖持续且全面的引导与培育。为了有效推进这一工作，我园采取"四乐"策略助力幼儿前识字活动，为日后的入学准备打下坚实基础。

一、在"乐学"中循序渐进做好前识字经验积累

（一）借助儿歌与故事，增强幼儿对文字符号的感知力

教师精选韵律优美、易于诵记的儿歌及引人入胜的故事，对小班幼儿进行讲述，巧妙融入指读文字，引导幼儿关注文字的存在。与幼儿交流时，注重发音的准确与表达的清晰，同时结合图示或符号，助力幼儿有效倾听与深入理解。

（二）在阅读实践中丰富幼儿文字符号的经验积累

针对中班幼儿，提供与故事内容紧密相关的资料，鼓励幼儿尝试运用简单的符号记录要点，加深对故事情节的理解记忆，丰富其文字符号的实践经验。

（三）实施主题教学，强化幼儿的前识字经验构建

在大班中开展以"我的符号世界"为主题的教育活动，包括"汉字的奇妙起源""探索象形字的乐趣""我的符号有话说""每日一诗"等活动。"每日一诗"活动鼓励幼儿将古诗以符号或文字的形式进行创意表达，配以生动的画面，促进同伴交流，共同提升前识字能力。"一片两片三四片，五片六片七八片，九片十片十一片，飞进梅花都不见。"这首《咏雪》在幼儿笔下呈现出美丽的画面。

图 1　符号诗《咏雪》

二、在"乐玩"中持续激发幼儿主体性参与

（一）在自然环境中沉浸式体验前识字

引领小班幼儿深入自然，细致观察各类物体的特征。通过模仿学习、创意绘画及趣味游戏，幼儿在轻松愉悦的氛围中倾听、体验并描述所见所闻，进而深化对文字符号的理解，实现潜移默化的知识浸润。

（二）在故事表征中实践前识字技能

为中班幼儿营造自主开放的活动环境，鼓励其主动学习，促进同伴间的交往互动。通过绘画创作、故事讲述等表达方式，将抽象符号与具体事物、场景紧密相连，帮助幼儿积累丰富的符号表达经验，提升前识字能力。

（三）在区域活动中拓展前识字学习

为大班幼儿精心准备多样化的前识字游戏，如"放大镜探字""小棍拼字""名字寻宝"等，充分满足幼儿对文字探索的好奇心。同时，创设"人体字形秀""你画我猜字谜"等互动游戏，让幼儿在玩乐中体验文字和符号带来的无限乐趣。

三、在"乐用"中巧妙融合前识字于幼儿日常生活

（一）环境创设中融入文字与符号教育

在班级环境中，为各类物品贴上汉字标签，如"门""窗""电视机"等，通过字

物对应的方式，帮助幼儿直观理解文字。同时，在区域游戏规则、生活常规、安全标识等方面，采用规范汉字与符号相结合的方式呈现，让幼儿深刻理解文字符号的实际作用。

（二）生活情境中初步运用文字符号

结合幼儿的实际生活，开展符号记录活动。小班阶段，教师以图谱形式进行生活提示，如"穿衣步骤图""洗手流程图"等；中班则鼓励幼儿用符号自制"食谱播报单"进行食谱播报；大班则引导幼儿用符号表达"一日生活流程""值日生职责"等，让符号和文字成为幼儿生活的一部分。

（三）趣味点名中的前识字体验

每日利用名片卡（印有幼儿姓名的卡片）或幻灯片点名册进行可视化趣味点名，让前识字活动在自然而然中发生，且充满趣味性和互动性。

（四）以"小小记事本"为平台深化符号运用

为大班幼儿提供"小小记事本"，引导他们学习图画符号、口语符号与书面语言符号之间的转换。每周发布记事小任务，如经验准备、材料收集、任务完成情况等，幼儿根据自己的理解，用符号以思维导图、气泡图等形式进行记录。回家后，再将符号转化为语言向家长述说。

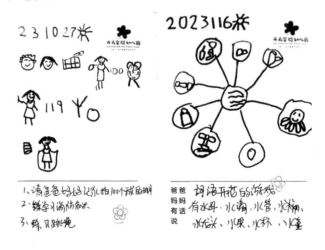

图 2 小小记事本

四、在"乐联"中拓宽前识字活动路径

（一）专项活动中体验前识字活动的乐趣

开展主题晨会、亲子共读、诗词大会等多元化的亲子活动，引导家长和孩子一起通过说、唱、演、记等，感受中国语言文字的魅力。

（二）交流沟通中转变家长前识字观念

定期开展前识字主题亲子游戏，让家长体验游戏化的前识字活动，帮助树立正确的前识字理念。同时，举办关于前识字的主题沙龙，邀请家长听学习故事分享、看教学活动展示、说前识字科学经验等，转变家长观念，传递科学方法。

（三）主动联系小学统一前识字做法

持续开展"幼小联合"研讨活动，形成长效机制。幼小双方明确各自的目标任务，统一理念、协同行动。在观摩沟通中帮助小学教师知晓前识字具体做法，体验前识字游戏乐趣，了解幼儿前识字的经验，为后续识字学习提供经验支持。

在实施和探索中，我们对前识字有了新的认识和启示。

一是多样化的前识字活动是做好入学准备的重点。以多样化的前识字活动为载体，幼儿入学的准备能力可以得到全面提升。他们对汉字产生了浓厚的兴趣，在"汉字拼一拼""汉字对对碰""有趣的偏旁部首"等游戏中获得了关于文字的经验，对文字有了一定的迁移和再识别能力；在阅读时关注书中的文字，喜欢指读文字，开始出现"假装阅读文字"的表现；喜欢在作品展示、晨间签到、游戏故事等记录活动中使用符号或文字进行记录，愿意去探究文字与符号的意义。

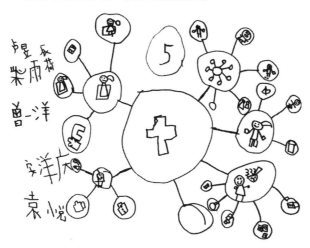

图3 "预防感冒好办法"图画

二是顺应发展规律的前识字是幼小衔接的关键。幼儿阶段的前识字不是以大量识字、机械认字为目的的，而是在生活环境中自然萌发对汉字的兴趣，获得文字概念的过程，是幼儿从不识字到识字的必经之路，也是幼儿园与小学顺利衔接的纽带。教师通过学习前识字理论知识，形成了科学的前识字策略，从教学、环境、生活等多维度考虑以游戏为主要路径，帮助幼儿做好前识字准备。前识字与识字虽然只有一字之差，但若把握不好二者之间的界限，就会使前识字活动变成枯燥无味、机械化的识字教育，出现"小学化"倾向。

三是整体实施是推进前识字活动的保障。基于教师、家长等多方的协作问题和孩子的发展需要，前识字要从幼儿、教师、家长多维度整体推进实施幼儿园、家庭、小学应在交流中树立科学的前识字理念，携手营造出前识字游戏氛围，共同开展前识字活动，理念一致、行为一致、措施一致，才能让前识字活动得到保障。

四是坚持持续追踪反馈，不断优化调整策略。坚持对上小学的孩子进行追踪调查，不断优化前识字策略。主动与小学进行交流分享，让游戏化的方式走进小学，帮助小学做好入学衔接。

总之，在前识字活动中，我们要从幼儿的发展水平、兴趣和需求出发，关注幼儿的个体差异，关注幼小衔接的持续性和整体性，关注前识字和其他领域活动的相容性，帮助幼儿科学、全面地掌握前识字核心经验，为其后续学习与发展奠定坚实的基础。

（撰稿人：刘朝霞 李晓凤 贺利莎）

雨污分流问题驱动式学习

宜宾市青年街幼儿园

新学期伊始，在我园"不一样的你"自主探究活动中，幼儿注意到改造后的井盖，对井下世界充满好奇。加之当时宜宾街道及部分老旧小区很多地方打围进行雨污分流改造，幼儿对此兴趣特别浓厚。抓住这一教育契机，我们引导幼儿探究雨污分流的奥秘，伴随着幼儿对"什么是雨污分流""为什么要进行雨污分流""雨水、污水如何实现分流"等问题的追问和探索，一场自主学习随之深入展开。

一、问题聚焦

（一）于真实情景中聚焦核心问题

针对"什么要进行雨污分流"这一疑问，幼儿们通过实地考察、网络搜索及信息共享等途径，认识到将雨水与污水分开排放处理，既能有效提升污水处理效率，又能促进雨水的自然循环与利用。

（二）探究雨污分流的工作原理

那么，雨水和污水究竟是如何实现分流的呢？通过观看雨污分流原理的动画视频，幼儿找到了答案：雨水和污水分别通过不同的管道进行排放，其中雨水直接排入江河，而污水则需经过污水处理厂处理后才能排放。基于这一原理，他们尝试绘制了小区雨污分流的示意图。

二、自主探究

（一）重返雨污分流改造现场，深化实地调研

幼儿们对亲手制作雨污分流模型满怀期待，但首要难题是选定设计区域。街道、小区、公园，还是朝夕相处的幼儿园？"我们对幼儿园最为熟悉，操作起来也最为便捷。"这个提议一语中的，赢得了大家的赞同。于是，幼儿们从后勤部门获取了幼儿园

图1 幼儿绘制的小区雨污分流示意图

的平面设计图，青幼雨污分流模型制作项目正式启航。

那么，管道是如何排布的，排布时有什么要求？幼儿再次实地调研，他们发现雨水、污水是两条不同颜色的排水管道，所有的管道都是并行排布，主管比侧管的直径大，井盖的设计距离需要根据楼栋实际的地形排布。

（二）携手合作，绘制青幼雨污分流管网图

1. 细分任务，明确操作流程

调研结束后，幼儿们迅速对任务进行了细致划分。第一，深入了解幼儿园雨污管道当前的合流状况；第二，根据实际情况，复原幼儿园雨水与污水管道的平面布局图；第三，定位合流点，着手设计雨污分流图；第四，依据分流图纸，动手搭建雨污分流模型；第四，进行流通验证实验，确保模型的有效性。

2. "万事通"陈爷爷助力，复原雨污合流实况

在"万事通"陈爷爷的悉心指导下，幼儿们携带幼儿园平面设计图，成功定位了各雨水井盖、污水井盖的位置以及雨污合流的交汇点。为便于区分，幼儿们分别用绿色、红色标记了雨水井盖与污水井盖，并进行了连接，从而得到了幼儿园实际的雨污合流布局图。

3. 精心规划，绘制雨污分流管网图

进入设计雨污分流图的关键阶段，幼儿们遵循安然爸爸提出的"改动最小、成本

最低"原则，决定从合流点入手进行分流，并使用与井盖颜色相对应的线条进行标注，最终设计出了一张既实用又经济的幼儿园雨污分流管网图。

（三）动手实践：打造青幼雨污分流模型

1. 创设探究性学习环境

设计图已成，如何制作模型以便幼儿们更好地进行验证操作呢？我们采用透明亚克力板制作了幼儿园的沙盘，并依据幼儿们的设计，在井盖位置进行了挖空处理。同时提供各种规格的透明管道、接头、堵头以及透明软管等材料，鼓励幼儿们自主探索，亲手打造属于他们的雨污分流模型。

图 2　幼儿园户外沙盘

2. 动手实践，直面挑战

（1）初次尝试：管道支撑与连接头脱落难题

幼儿们初次尝试搭建模型时，随着管道长度的增加，重量也随之加大，导致管道出现断裂，井盖与管道的连接头也频繁脱落。幼儿们绞尽脑汁，尝试用积木、早操凳支撑管道，甚至一起用手托举，但管道仍然歪歪扭扭，难以固定。

观察到幼儿的困境，教师组织大家回顾搭建过程，鼓励幼儿们自由表达发现的问题。刘刘指出问题在于缺乏支撑点；雨欣认为缺乏合作是失败的关键；芃芃则觉得管道离地面太高，接头容易脱落；瑾言补充说，井盖与管道的连接不紧密也是问题所在。经过深入的交流与讨论，幼儿们找到了失败的根本原因。他们决定分工合作，将管道贴近地面进行拼搭连接，利用地面的支撑有效解决了管道脱落的难题。

（2）第二次尝试：管道混淆与位置对标问题

随着大家的努力，模型的雏形初现，正当大家欣喜之际，沐沐发现 A、B、C 栋的管道超出了沙盘地面的位置，鸣泽也指出下操场的管道存在同样的问题；子翔则抱怨不知道哪根是雨水管、哪根是污水管，管道一长就容易接错。

为了解决这些问题，幼儿们参照设计图，用红、绿两种颜色明确标识两类水管，使工作变得井然有序。他们梳理出搭建管道的顺序：先找到污水口搭建竖直的污水侧管，再在地面搭建污水主管并进行连通；雨水管同理。同时，增加了一名观察员负责对照沙盘和图纸，预判地面管道与沙盘井盖连接的位置是否正确。经过无数次的尝试，管道逐渐一条条搭建完成。

（3）第三次尝试：优化管道布局与美观度

模型初步建成，但管道布局歪七扭八，既不美观又影响排水效率。幼儿们决定进行多组同路线搭建试验，并对各组作品进行测量、统计。最终，他们选择出既能满足流通性能又最节省材料的作品进行最后的安装。

（4）流通验证实验

为了验证模型的流通性能，幼儿们根据雨污分流管道的颜色标识，分别用绿色和红色的颜料调制出雨水和污水进行流通验证实验。实验结果显示，雨水和污水分别顺利流进了"江河"和"处理厂"中，流通实验取得成功。

图 3　流通验证实验现场

三、成果发布

成果发布会分为"为什么要进行雨污分流""雨污分流是如何实现的""青幼雨污分流模型制作过程""保护长江，人人有责"四个环节，幼儿通过有奖竞答、流通验证、发放环保手册等形式介绍了班级的学习故事。

四、经验总结

纵观此案例中幼儿解决问题的全过程，教师应时刻保持敏锐，审视我们所提供的环境与文化是否足够丰富多彩，是否能帮助幼儿更好地与他们的过往经验建立联系。我们特别强调问题解决过程中的多元表征方式。在青幼雨污分流模型的制作环节，幼儿们巧妙地运用了符号、双气泡图、流程图等多种可视化工具，详细记录了他们的新发现及解决问题的策略。这一过程不仅促进了幼儿自主梳理经验，还极大地提升了他们的表达能力，同时，也为教师后续支持幼儿进行反思、整合与问题解决提供了真实且客观的参考依据。

此外，我们密切关注问题解决过程中智力与非智力因素的相互作用与补充。幼儿的学习活动是一个智力因素与非智力因素共同参与的过程。在此案例中，我们可以清晰地看到，幼儿的注意力、记忆力、逻辑推理能力、信息加工能力等认知能力均得到了显著的发展，乐学精神、好学态度、认真品质、坚持不懈的毅力以及协作能力也都得到了良好的培养与提升。

回顾整个学习历程，我们深刻认识到，有意义的学习往往发生在发现问题与解决问题的交互过程中。我们与幼儿们共同经历的雨污分流探索之旅，始终紧密围绕着问题场域展开。在解决一个又一个问题的过程中，我们不仅实现了各领域知识的有机融合，还全面关注了幼儿身心发展的整体性。

（撰稿人：刘巧莉 杨兴连 虞晓琴）

陶艺园里的探究故事

甘孜藏族自治州稻城县香格里拉镇双语幼儿园

稻城亚丁隶属于甘孜藏族自治州，而甘孜藏族自治州是康巴涉藏地区的核心区域，其独特的地域环境孕育了丰富的本土文化资源。如何利用好本土文化资源，以构建高品质课程为目标创建高品质的幼儿园，已成为甘孜学前教育在面对未来教育改革时所需解决的关键问题。我园地处香格里拉，以开展陶艺教育活动著称，有"陶艺园"的美称。孩子们与泥为伴，在有趣且富有挑战性的玩泥游戏中，动手操作、动脑思考，践行着"做中教、做中学、做中求进步"的教育理念。

下面是发生在一群六岁孩子中间的真实故事。在手工坊里，幼儿们围着一张纸兴奋地讨论着。老师走近一看，原来是一份订单："请小朋友们制作一件阿西土陶，作为新年礼物，交货时间为2023年11月28日，订货人：园长妈妈。"正当大家不知道做什么土陶的时候，突然，一个声音响起："我们制作小海螺吧，小海螺可以吹响。"于是，一场探究小海螺的奇妙之旅拉开了序幕……

一、制作海螺，遇困难

（一）遇"粘合"挑战

活动开始之前，老师采用观看音像资料、发放调查表，以及让幼儿与父母共同画海螺并探索、记录关于海螺的各种信息的方式进行预热。由于在之前开展的"阿西土陶时装秀"等活动中已经积累了经验，因此在老师的协助下，幼儿们迅速分析出了小海螺的四个结构和五个特征。

在讨论该怎么做时，仁青电珠说："先把泥土拍扁，分成两份，大的做正方形，小的做三角形，然后拼在一起。"老师回应道："用不同形状拼接来做螺形，你的想法真棒。"正当仁青电珠在分享时，他手上的三角形泥土不小心掉落在地上，这引发了一个问题：为什么泥土不能粘在一起？幼儿们纷纷加入讨论，提出各种猜想："泥土太干了，给泥土加点胶水怎么样？"带着这个疑问，老师组织幼儿们观看了艺人制作阿西土陶的过程，并结合他们日常的制作经验，最终得出了解决问题的答案：泥土须揉搓至柔软后再进行拼接；拼接时应适量增加水分；粘贴的部位要确保平整。

（二）遇"空心"挑战

老师说："真想看看这个螺形里面是什么样子啊。""里面全是泥巴。"洛绒次仁回答道。"那如果想看该怎么办呢？"老师问道。"可以把泥巴挖出来，往里面浇水让泥巴流出来，或者用力吹把泥巴吹出来……"孩子们纷纷出主意，你一言我一语。但是，问题一个接一个地出现。"我挖了好久，眼睛都疼了。""我吹了好久都吹不出来。""浇水太费劲了，而且还会产生破洞……""有没有更快更好的办法呢？"老师再次问道。

幼儿面面相觑，制作可以吹响的海螺，空心的结构是首先要考虑的问题。于是，幼儿分成小组开始制作，他们有的选择了刮刀、刻刀、锥条、铁丝，有的则选用了树枝、石头、铁钉、雪花片、木板。

当幼儿使用不同的工具进行探索时，老师应给予他们充分的探索机会，这不仅有助于他们经验的积累，还能激发内在学习动力，培养探究式的学习方式。为了巩固这一经验，幼儿们还在家里尝试制作空心螺形。最终，总结出了一套制作壳身和螺形的方法。

图 1 制作壳身和螺形的方法图示

二、标记海螺，探方法

（一）选择适合的花纹

渐渐地，柜子上摆满了许多相似的海螺，以至于幼儿们都快区分不出自己的海螺了。于是，他们提出给自己的海螺做个记号。但是怎么做记号？用什么做记号？做什么样的记号？幼儿们围绕这些问题展开了热烈的讨论。

（二）制作简单的花纹

"海螺壳上有螺旋形的花纹。"次仁拥忠观察道。"我们手指上的螺纹也是螺旋形的。"李钟宇补充道。之前开展的"手指会说话"活动让幼儿们对螺旋形和指纹有了初步的认识。"可是我看不见海螺上的花纹，怎么办？"老师提出了疑问。"我也看不见！""我也是……"幼儿们纷纷表示赞同。"树叶可以印在纸上（我们之前开展过树叶拓印活动），那么……"老师故意拖长声音，希望引导幼儿们接住这个话题。"手指印在泥上就可以看见了！"小布多激动地喊道。"哇，我看见了，我也看见了……"手工坊里再次沸腾起来。于是，幼儿们开始尝试雕刻指纹、名字、动物、花朵等花纹，并把这些记号分成了四种类型，同时总结出了四种雕刻手法。

图 2　给海螺做记号，印上树叶的花纹

三、制作包装，共研究

（一）海螺大小与礼物盒的匹配问题

园长妈妈提着一个礼物盒走进教室，幼儿们都想把自己的小海螺放进去。但是老师问道："你们的小海螺放进去大小会合适吗？""我们把每个海螺都放进去试试就知道了！""可是盒子被园长妈妈带走了……"于是，幼儿们在老师的带领下浩浩荡荡地向办公室走去，但幼儿们只带回了一张纸条，上面记录着盒子的长宽高尺寸。

（二）如何测量礼物盒

幼儿们对测量活动感到非常兴奋，他们甚至提议把所有的海螺连在一起，量一量有多长。然而，他们发现海螺连在一起后长度惊人，尺子竟然不够长。于是，他们开始采用首尾相连的方式进行测量。庄爱熙说："这里已经测量过了，又去测了一次。"

老师问："哦，你是说刚才重复测量了吗？"布多回答："是的。"老师又问："怎么会这样呢？"庄爱熙解释："因为把尺子往后移的时候，放下来的位置不是刚才结束的位置。"老师问："那该怎么办呢？"普布甲称建议："每次在尺子的尾巴上面做一个标记。"老师进一步引导："是在尺子上面做标记，还是在海螺或者放海螺的地面做标记呢？"庄爱熙说："在海螺上做标记。"仁青电珠补充："也可以在刚好放海螺的地面做标记。"

四、礼物送给谁

在讨论把礼物送给谁的时候，幼儿们纷纷说："送给我们要感恩的人，送给解放军叔叔，送给老师……"一个清脆的声音说道："送给习爷爷。"最终，幼儿们决定把海螺送给习近平总书记。他们说："海螺的声音可以飘到很远很远的地方，可以飘到北京，这样习爷爷就可以听见了。"

这个故事以游戏为基本活动形式，通过观察、讨论、记录、表达、验证等环节，让幼儿直接感知、实际操作、亲身体验。他们在制作过程中感受到了成功的喜悦与失败的难过，体会到了匠人的坚持与专注。通过亲身体验和泥、搓泥等环节，幼儿们进一步感受了土陶的质地，锻炼了手眼协调能力，促进了精细动作的发展；通过拉坯、上色、雕刻、烘烤等环节，幼儿的创造能力、审美情趣和对色彩的感知能力得到提升；制作—失败—再制作的过程，培育了幼儿坚韧不拔的品质；最后赠送礼物的环节，厚植了幼儿们"感恩党、爱祖国"的情怀。

五、反思与启示

（一）活动对幼儿自主探究的支持

阿西土陶制作游戏是一种注重幼儿主动探究和全面学习的游戏方式。在游戏中，幼儿通过主动研究和思考，充分发挥自己的主观能动性，体现了幼儿在活动中的主体地位。他们自发地去探索、发现和解决问题，这有助于培养幼儿的研究能力、思考能力以及动手实践能力，从而促进幼儿的全面发展。

（二）文化传承对幼儿发展的影响

"非遗进校园"可谓功在当代、利在千秋。阿西土陶作为稻城独特的藏族手工艺产品，也是国家级非物质文化遗产。阿西土陶制作游戏不仅让非遗保护工作越来越接地气，更关键的是其在幼儿中间的认同度得到了前所未有的提升。这让校园成为非遗保护与传承体系中不可或缺的重要场域。

（三）活动对幼儿创新能力发展的支持

幼儿对阿西土陶制作游戏保有浓厚的兴趣。在游戏中，老师始终把幼儿放在学习活动的主体地位，鼓励他们独立思考、自觉谋求新方法，并尝试实践自己的设想。通过发现问题、提出方法、实践验证等环节，幼儿们探索出了用不同的记号类型和雕刻方法来区分海螺，这一过程有助于培养幼儿的创新能力。

（撰稿人：泽仁拥初 洛绒志玛）

编程挑战赛中的问题探究

北京市大兴区第七幼儿园

《中国儿童发展纲要》提出要开展学前科学启蒙教育，提升儿童科学素养。我园坐落于新媒体产业园区中，大部分幼儿有参与编程游戏的经验，我园也在进行编程特色活动，"如何在编程活动中支持幼儿理解编程模块的意义"成为师幼共同探索与实践的问题。

我园某班级设置了创意手作馆，并投放了大量低结构手工材料，让幼儿能在其中享受动手的乐趣。在一次游戏中，球球站在作品展示架前徘徊，他提出展示架上的某个作品很漂亮，很想拥有它。针对这个现象，我们组织儿童进行了讨论，并提出了通过编程挑战赛来解决的方案。幼儿们可以通过参加挑战赛来赢得漂亮的手工作品。于是，编程挑战赛火热展开，下面是一位老师的活动记录。

一、挑战开启：制订挑战赛规则

在儿童会议中，幼儿们激烈地讨论了如何通过编程挑战赛赢得漂亮作品，并就需要制订哪些规则来决定胜负展开了深入探讨。最终，他们确定了相应规则：在挑战赛前，由一名幼儿以抽签的形式选择确定起点和终点的幼儿（起点和终点每两天更换一次）。幼儿自主选择是否参加挑战赛，参加的幼儿根据起点和终点自己设计路线，并用模块操控机器人完整走完路线，即为挑战成功。挑战成功的幼儿可以去选取漂亮的奖品或自己动手制作奖品。

二、初探迷途：初次应对转弯难题

在一次挑战赛的过程中，旺旺根据起点和终点设计了一条包含多个转弯的路线。在第一次转弯时，他首先随手选取了一个指示箭头向左的模块放在编程板上，并点击了开始按钮。机器人根据模块的指令开始行进，但他很快发现机器人旋转的方向是错误的。他皱起了眉头，看了看编程板上的模块，又观察了机器人旋转的方向。随后，他在模块盒里翻找，找到了一个指示箭头向右的模块。旺旺将编程板上的左转模块替换为右转模块，然后再次按下了开始按钮。机器人根据新指令开始行进，在转弯时，机器人的眼睛指向了正确的转弯方向。他开心地笑了起来，并自豪地大声说："哈哈，这就是排除法。"

图1　路线图

图2　挑战赛中的旺旺

三、遭遇困惑：多次转弯后的迷茫

随后，旺旺继续开始摆放模块。在路线中的第二个、第三个转弯处，他都使用了排除法。然而，当面对第四个转弯时，他再次皱起了眉头，嘴里嘟囔着："这个方法实在太麻烦了。"他看了看编程板上的模块，然后找到教师说："老师，你知道有什么简便方法吗？""简便方法？你遇到什么问题了？"教师好奇地问道。旺旺指着路线上的转弯回答："路线上有太多转弯的地方了。我刚才用了一个叫排除法的方法，就是先放一个模块，然后按开始，如果转得不对，就换另一个转弯的模块。但是这样效率太低了，转弯太多，我都弄混了。"

四、灵光乍现：发现简便之法

听了他的话，教师反问道："那你是怎么判断这个模块是正确的还是错误的？"他指着机器人的眼睛说道："看它的眼睛就知道了。比如我要往这边转（指着右转的方向），但它的眼睛却看向了另一边（指着左转的方向），那就说明我这个模块放错了。""你观察得很仔细。那你再看看左转和右转的这两个模块有什么不同吗？"教师进一步引导道。"这两个模块的箭头指的方向不一样，一个指着这边，一个指着那边。"说着，他用手指了指左右两边。"没错，它们的箭头指的方向确实不一样。现在，你把刚才确定正确的右转模块拿下来，放在机器人眼睛的位置，再仔细观察一下。"教师建议道。

旺旺照做了，把右转模块放在了机器人小眼睛的前面，让缺口对着眼睛。他仔细观察了一会儿后说道："这个箭头的方向和我画的路线是一样的。""所以，当模块上的小缺口对着机器人眼睛的时候，箭头指着的方向就是你即将要走的方向，对吗？"教师确认道。旺旺点点头表示同意。接着，他又拿起左转的模块以同样的方式放在机器人眼睛前进行比对。他激动地对教师说："老师，我发现这个左转模块是错的。你看这个箭头方向和我要走的方向不一样，得换另一个模块才行。""那你就用这个方法试试看吧。"教师笑着鼓励他。

图 3　发现简便之法

五、分享喜悦：乐于助人的小天使

接下来，旺旺利用新发现的方法，顺利地尝试了剩下的所有转弯，最终让机器人成功地从起点走到终点。他开心地欢呼着："耶，我成功啦！""你太厉害了，你愿不愿意在别的小朋友遇到转弯困难的时候帮助他们呢？"教师问道。"当然愿意，我要告诉他们这个简便方法。"旺旺兴高采烈地回答道，并随即去选择了一条漂亮的手链作为奖励。

六、幼儿行为解读

从试错到探索：旺旺在面对初次转弯错误时，并未气馁，而是不断尝试不同的模块，从最初的随手选择到后来的熟练运用排除法，充分展现了幼儿在解决问题过程中的探索精神和不屈不挠的毅力。在应对机器人转弯错误的问题时，旺旺的持续尝试提升了他分析问题和解决问题的能力。这种能力的培养对他未来的学习和生活无疑具有积极影响。

从困惑到顿悟：旺旺在多次使用排除法后感到困惑，于是积极向老师求助，最终通过细致观察和对比发现了判断正确转弯模块的规律，这标志着幼儿在学习过程中逐渐从盲目的尝试转变为理性的思考。整个过程中，旺旺经历了观察、比较、推理等一系列思维活动，这对他的逻辑思维和空间思维的发展大有裨益，也为他日后学习更复杂的知识打下了坚实基础。

积极的情感体验：旺旺在成功完成任务后流露出的喜悦和自豪，以及他愿意帮助其他小朋友的热情，都表明他在这个过程中收获了积极的情感体验，这正是高品质教育应该赋予幼儿的宝贵财富。

七、教师支持

个性化关注：当旺旺遇到难题时，教师没有直接给出答案，而是通过提问的方式引导他自己发现问题并寻求解决方案。这种个性化的关注和引导方式不仅满足了幼儿的特定需求，也充分体现了高品质教育的特点。

深度探究：在教师的引导下，旺旺对转弯模块的探究没有停留在表面的尝试上，而是深入到对模块方向与机器人眼睛关系的理解上。这种深度探究的学习过程正是高品质教育所追求的目标。

提升学习自主性：在整个游戏过程中，旺旺表现出强烈的主动探索精神和积极思考的态度，他并非完全依赖教师的指导。这充分彰显了他在学习过程中的自主性，有助于培养他终身学习的意识和能力。

八、问题解决成效与反思

幼儿在游戏中面对多次转弯错误时并未放弃，而是坚持不懈地尝试并最终找到了有效的解决方法，这启示我们在幼儿教育中应适当给予孩子面对挫折的机会，让他们在挫折中不断成长并培养出坚韧不拔的精神。同时，有意义的学习应强调知识与实际经验的结合以及知识的实践应用。通过编程游戏这一形式，幼儿能够在一定程度上提升自己的逻辑思维能力，例如更好地理解方向、顺序、循环等概念，并能按照一定的规则进行编程指令的组合。

在引导幼儿的过程中，教师采用了提问和启发的教学方式以激发幼儿自主思考和探索的欲望，这提醒我们在教育实践中应更加注重教学方法的多样性和有效性。同时，教师应鼓励幼儿在游戏中进行自主探索和创新，以培养他们的问题解决能力和创造力。

（撰稿人：赵旭莹　毕维珊　宋　娇）

鸡窝搭建学习探索

北京市房山区房山幼儿园

一、解决的主要问题

近期，铭铭妈妈为幼儿们带来了两只小鸡，随着小鸡渐渐长大，低矮的鸡窝已经不能满足它们的生长需要，两只小鸡时不时地从窝里跑出来，这引起了幼儿对鸡窝空间大小的关注，他们开始思考为两只小鸡搭建一个新家。鸡窝是什么样子的？我们要搭建一个什么样的鸡窝？如何搭建适合两只小鸡居住的鸡窝？这些问题成为幼儿热议的焦点话题。

二、解决问题的过程与方法

（一）鸡窝是什么样子的

（1）开展亲子小调查活动，邀请家长与幼儿通过实地观察、上网查阅资料等方式，一起探索生活中常见鸡窝的结构及外形特征，并完成《鸡窝小调查》调查表。

（2）组织分享交流会，鼓励幼儿们积极分享自己的调查成果。轩轩分享道："我奶奶家的鸡窝是用石头搭建的，而且是露天的，没有房顶。"楠楠说："我在网上看到一种鸡窝，是用稻草做的，它只设有一个门，没有窗户。"涵涵说："在动物园里，我看到的鸡窝是用木头和铁丝搭的，房顶是三角形。"俊俊说："我看到采摘园里的鸡窝是用砖头搭建的，一间一间的小屋，一只鸡住一间。"

从幼儿的分享中，我们可以发现，他们调查的鸡窝主要采用石头、木头、砖头、铁丝等材料建造。这些鸡窝有的带有房顶，有的则没有；房顶的形状也各异，有的是平坦的，有的是尖顶的。另外，有些鸡窝设有窗户，而有些则没有。幼儿在集体分享中丰富了彼此的经验，为后续设计鸡窝打下了基础。

（二）我们要搭建一个什么样的鸡窝

（1）开展"我是小小设计师"活动。教师鼓励幼儿运用绘画、搭建、拼图等多种方式表达自己的设计想法。晨晨说："我想搭一个城堡形状的鸡窝，小鸡一定很喜欢！"大雨说："我要用木头搭鸡窝，房顶是尖尖的，有一个门和一个窗户。"林林说："我设计的鸡窝是蛋糕形状的，它是用铁丝做的，窗户和门是用玻璃做的。"涵涵表示："我想用砖头和水泥搭鸡窝，这样的鸡窝很结实，而且刮风下雨也不怕！"

可以看出，幼儿普遍关注鸡窝的外形，但对鸡窝应该搭多大、鸡窝里面应该有什么以及操作的可行性关注不够。

（2）开展设计讨论会。基于设计过程中存在的问题，教师组织全班幼儿召开了儿童会议，鼓励幼儿对鸡窝设计图的优势与不足展开讨论。在讨论过程中，幼儿为其他同伴提出相应的建议。

（3）确定鸡窝设计图。幼儿们用贴贴画的方式为鸡窝设计图投票。虽然有不同材料、不同结构的鸡窝，但从"材料的收集、产品的实用性以及操作的便捷性"这几个方面考虑后，大家最终确定用砖头搭建鸡窝。

图 1　用贴贴画的方式为鸡窝设计图投票

（三）如何搭建适合两只小鸡居住的鸡窝

（1）鸡窝选址。确定设计图后，浩浩提出疑问："老师，我们应该在哪里搭鸡窝呢？"其他小朋友也都应和道："是呀！我们在哪儿搭呀？"针对此问题，我们召开了一次儿童会议，幼儿表达了自己的想法。轩轩说："我们要找凉快一点的地方！"林林说："要选平整一点、大一点的地方！"涵涵说："我觉得应该找个风景好的地方，这样小鸡才能快快长大！"小马说："我们要找一个角落，不能挡着我们走路。"

交流过后，教师让幼儿在幼儿园中寻找他们认为最合适的地方。经过商讨后，他们认为木头滑梯旁有阴凉地也有花草，而且场地大又平，因此最终确定在木头滑梯旁搭建鸡窝。

（2）确定大小。幼儿们讨论着鸡窝应该搭多大。有的说："我想搭一个像幼儿园围墙那么高，像小朋友两只手臂展开那么宽的。"有的说："要搭两块长方体空心积木摞在一起那么高的鸡窝。"其他幼儿也发表了不同的看法，大家顿时没了主意，不知道听谁的。这时教师问："你们觉得鸡窝的大小应该根据什么定呢？"赛赛若有所思地说："我觉得应该根据鸡的大小。"旁边的幼儿也点点头表示同意。这时教师又追问："那是按照现在小鸡的大小确定还是……"还没等教师说完，佳依抢着说："那不行，小鸡还得长大呢，要是按照现在的大小，等它们长大了鸡窝就住不下了。"教师问："你们同意佳依的说法吗？"璐璐说："我也是这么想的。"这时晓晓嘀咕起来："咱们班的小鸡最大能长多大呢？""不知道呀！""我也不知道！""老师您知道吗？"

为了帮助幼儿较科学地确定鸡窝大小，老师带着幼儿们回到班里上网进行查阅，最后得到的答案是：两只成年鸡需要的鸡窝尺寸一般为长 70 厘米、宽 50 厘米、高 60 厘米。幼儿对这些尺寸具体有多长并不了解，但是他们有自然物测量的经验，于是教师和幼儿们一起准备了长度为 10 厘米的小棍、绳子等物品，进行自然物测量。幼儿自主选择测量物品，与同伴合作测量，确定鸡窝大小，并用自己理解的方式进行记录，鸡窝的大小终于确定下来了。

图 2　幼儿与同伴进行自然物测量

（3）收集材料。在确定完场地和鸡窝大小后，浩浩问："我们搭鸡窝的砖头和水泥去哪儿找呀？"然然说："我们可以向爸爸妈妈求助，问一问谁家里有可以支持我们。"于是教师将幼儿的想法编辑成信息发到家长群，很快，大雨的爸爸回复了，他表示可以帮孩子们找到砖头和水泥。第二天放学后，大雨爸爸就将这些材料送到了幼儿园。幼儿还在幼儿园里找了几辆小推车，帮助搭建组的幼儿运送砖头。他们又找到后勤的教师借来了抹泥刀、铁丝网等工具和材料。在幼儿的共同努力下，搭建鸡窝的准备工作很快就做好了。

（4）小组搭建。材料集齐后，幼儿又遇到了难题，水泥怎么抹？砖头怎么放？幼儿们一致认为他们可以向幼儿园的保洁爷爷求助。保洁爷爷边讲边示范，还手把手地教幼儿怎样使用抹泥刀……幼儿们争先恐后地都要试一试。过程中他们不断生成新的问题，例如"房顶用什么材料""窗户做多大"。幼儿通过与教师、同伴讨论，采用更换材料或改变连接方式、邀请家长协助等策略，逐一解决了问题。

（5）展示作品。鸡窝搭建完成后，幼儿们为两只小鸡搬了家，还邀请其他班级的幼儿来参观鸡窝并为大家做了介绍，幼儿们的喜悦之情溢于言表。

图 3　幼儿介绍并展示搭建好的鸡窝

三、问题解决成效与反思

（一）追随幼儿，捕捉幼儿有意义的学习契机

本次活动来源于幼儿生活中观察到的真问题，教师及时抓住教育契机，与幼儿共同生成了活动。过程中，采用小组和集体讨论的形式，鼓励幼儿表达自己的观点，提出问题、分析解决问题，拓展提升幼儿游戏中的经验。在实地查看、多元表达、收集

材料、小组搭建等多种活动形式中发展了幼儿的学习能力、交往能力、合作意识与创新思维，培养了幼儿良好的学习品质。

（二）问题导向，设计幼儿有意义的学习过程

此次活动围绕核心问题"如何为两只小鸡搭建新家"开展，教师尽可能地为幼儿提供更多操作探索、交流合作、表达思想的机会，鼓励幼儿思考、探索和实施计划。在活动中，当他们遇到测量、选择材料和实际搭建等方面的困难时，教师鼓励孩子们通过儿童会议、幼儿园之旅等方式进行讨论和学习，从而破解问题，推动游戏的深入开展。

（三）多元支持，丰富幼儿有意义的学习体验

活动整合了多种资源，包括家庭、幼儿园以及网络资源，为幼儿提供了丰富的信息和多样的材料。幼儿通过上网查阅及现场察看的方式，了解了多种鸡窝的结构、外形特征以及两只鸡的鸡窝尺寸。在家长和教师的帮助下，幼儿获取所需材料，掌握鸡窝搭建方法等，这些丰富的实践经历极大地拓宽了幼儿的视野，提升了他们综合运用信息的能力和自我效能感，增强了幼儿的自信心。

（撰稿人：张　平　王　欢）

第二节 深化师幼互动 抓牢教育过程质量核心

师幼互动是指发生在幼儿园内部的教师和幼儿之间的相互作用和相互影响的行为与过程。它与师幼关系其实是一种共生关系，师幼互动是师幼关系的动态展示，师幼关系是师幼互动的静态表征。《纲要（试行）》指出，教师要"关注幼儿在活动中的表现和反应，敏感地察觉他们的需要，及时以适当的方式应答，形成合作探究式的师幼互动"。《发展指南》指出，"良好的人际关系和社会适应能力对幼儿身心健康发展以及知识、能力和智慧作用的发挥具有重要影响"。《评估指南》提出，要"鼓励幼儿表达自己的观点"，教师要"通过开放性提问、推测、讨论等方式，支持和拓展每一个幼儿的学习"。如果说教育过程是幼儿园教育的核心，师幼互动就是核心中的核心。最直接影响幼儿行为的是教育过程，而师幼互动是过程中最重要的因素。强调师幼互动，有利于更准确地把握教育过程的内涵。抓住"师幼互动"这一话题进行研究，有利于提升教师的认识和自我价值感，促进教师更自觉地改善教育行为，帮助幼儿园找到提高教育质量的有力抓手，即以师幼互动持续提升教师的专业水平。

表1 《评估指南》师幼互动考查要点

重点内容	关键指标	考查要点
A3.教育过程	B8.师幼互动	1. 教师保持积极乐观愉快的情绪状态，以亲切和蔼、支持性的态度和行为与幼儿互动，平等对待每一名幼儿。幼儿在一日活动中是自信、从容的，能放心大胆地表达真实情绪和不同观点。 2. 支持幼儿自主选择游戏材料、同伴和玩法，支持幼儿参与一日生活中与自己有关的决策。 3. 认真观察幼儿在各类活动中的行为表现并做必要记录，根据一段时间的持续观察，对幼儿的发展情况和需要做出客观全面的分析，提供有针对性的支持。不急于介入或干扰幼儿的活动。

续表

重点内容	关键指标	考查要点
A3. 教育过程	B8. 师幼互动	4. 重视幼儿通过绘画、讲述等方式对自己经历过的游戏、阅读图画书、观察等活动进行表达表征，教师能一对一倾听并真实记录幼儿的想法和体验。 5. 善于发现各种偶发的教育契机，能抓住活动中幼儿感兴趣或有意义的问题和情境，能识别幼儿以新的方式主动学习，及时给予有效支持。 6. 尊重并回应幼儿的想法与问题，通过开放性提问、推测、讨论等方式，支持和拓展每一个幼儿的学习。 7. 理解幼儿在健康、语言、社会、科学、艺术等各领域的学习方式，尊重幼儿发展的个体差异，发现每个幼儿的优势和长处，促进幼儿在原有水平上的发展。不片面追求某一领域、某一方面的学习和发展

一、用饱满情感与幼儿保持积极交流

"师幼互动"指标里第一个考查要点的关键词是"情绪情感"，其核心指向是"师幼关系"，意味着良好的师幼关系是师幼互动的基础。幼儿的发展成效最终取决于师幼关系的良好程度。在一日生活中，我们要看教师的大部分时间关注的是一个抽象的班级整体，还是花了较多时间在关心每一个具体的幼儿。[①] 因此，围绕"教师与幼儿的情绪情感""教师的情感支持"等内容，营造温暖的师幼互动氛围、维系良好的师幼情感联结应该作为持续提升师幼互动质量的出发点。

在"情绪情感"这个考查要点里，第一句提到的是"教师保持积极乐观愉快的情绪状态，以亲切和蔼、支持性的态度和行为与幼儿互动"。"愉快""亲切和蔼"是面对幼儿时教师应有的外显神情，"积极""乐观"反映的是一个人内在的人生观和世界观，"支持性的态度和行为"则是更深层次的要求，三者都将对互动中的幼儿产生持续的影响。作为教师应该做到在面对幼儿时保持一种良好的外显状态，或是面露笑容看着幼儿，或是用温和、平静的声音和幼儿对话。积极乐观的心理状态往往映射出一个人持有追求真善美的世界观和人生观。于教师而言，工作是生活的一部分，生活中的方方面面会影响到自己对教师这份工作以及对师幼互动的看法。能在生活和工作中保持积极乐观的心态，往往也能在处理与幼儿的关系时保持稳定的情绪状态。

教师由内而外地表现出"支持性的态度和行为"是更深层次和可持续的。当教师真正认识到工作的"高情绪劳动"特质，接纳自己和幼儿的不足，才能真正上升到"理解与尊重"，发挥教育者"想要孩子变得更好"的应有作用。这种由内在心理建设

---

① 华爱华.《幼儿园保育教育质量评估指南》的实践要义 [J]. 江苏教育研究，2023（09）：10—14.

映射的外在行为表现不仅仅是微笑，更重要的是用微笑鼓励孩子微笑；不仅仅是看着幼儿，更重要的是通过蹲下身子、平视幼儿以便与他们进行更多的眼神交流，了解他们的想法；不仅仅是使用击掌、拥抱等动作，更重要的是用这些动作来表达赞美和鼓励。

第一个考查要点中还提到了"平等对待每一名幼儿"。"平等"指"相等的地位或待遇"。"平等对待"的反义词是"区别对待"。"平等对待"挂在嘴边容易，但"平等对待"应源于真正发自内心的对幼儿的尊重。当面对幼儿群体时，教师在不同幼儿面前表现出的态度和行为很容易失之偏颇。对于不同幼儿，教师都应在与他们的相处过程中持续输出对他们的关注与关爱，与班级里的每一名幼儿建立亲近、平等和支持的师幼关系，从而让自己成为每一名幼儿的学习、探索和交往的"安全基地"。当然，真正实现这一点并不容易，可以说《评估指南》中提到的"平等对待每一名幼儿"，既是基本要求，也是最高要求。

幼儿作为师幼互动中的双主体之一，在教师良好情绪状态的感染下，同样有着良好的行为和心理表现。一是在活动中表现出自信、从容的状态。这意味着幼儿被教师视为平等的人看待时，他本身的地位和价值得以显现，在幼儿园一日生活中能以一种稳定的情绪状态以及大方、开朗的心情参与众多的活动。二是放心大胆地表达真实情绪和不同观点。当幼儿认为环境和身边的人是安全、友好的时候，他才能放心大胆地表达自己的情绪和想法。幼儿会将教师视为"安全基地"，当教师在场的时候，幼儿会勇敢地去探索身边的一切；当有情感需求的时候，幼儿也会向教师寻求安慰和鼓励。

二、支持幼儿进行自主选择和决策

"支持"一词频繁出现在《评估指南》中。比如，"科学理念"中提出"最大限度地支持与满足幼儿通过直接感知、实际操作和亲身体验获取经验的需要"；"活动组织"中提出"支持幼儿探究、试错、重复等行为"和"发现和支持幼儿有意义的学习"；"师幼互动"中提出"以亲切和蔼、支持性的态度和行为与幼儿互动"和"提供有针对性的支持"等，强调了教师在幼儿学习过程中的重要角色。教师应以支持者的身份出现，而非简单的干预者。

然而，在幼儿园一线教学实际中，部分教师给幼儿提供的往往不是支持，而是干扰。教师应当理解，简单地询问如"你在玩什么"或"你在做什么"可能会打断幼儿的思考和游戏，从而不利于他们的深入探索。相反，教师应采取更为适宜的方式与幼儿互动，如提供丰富的游戏材料、创造有趣的学习情境，以及通过语言引导等方式，支持幼儿的游戏和学习活动。为了进一步提升教育质量，教师还须加强家园联系，与家长形成双向互动，共同为幼儿的成长提供支持。同时，教师还应注重观察和记录幼儿的行为表现，以便更好地了解他们的需求和兴趣，从而为他们提供更加个性化的支持。如在讲解关于时间的数量知识时，教师借助教玩具，为幼儿提供丰富多样的游戏材料，创设有趣的互动情境，让幼儿扮演"时间伯伯"的角色，从自己的生活实际出发，与教师进行交流与互动。当幼儿将自己代入人物角色后，就会产生表达、交流和互动的欲望。借助趣味数学情境的创设，幼儿的好奇心和参与积极性被极大地激发，能充分感受到数学学习的乐趣所在，进而不断增强自主学习意识。①

在细致观察幼儿游戏的基础上，教师应敏锐捕捉介入的时机，运用多样化的策略来助力幼儿的游戏之旅。这包括但不限于运用启发性语言来点燃幼儿的好奇心，使他们在游戏中主动探索未知世界；通过亲身参与游戏，教师能更贴近幼儿的心灵，理解他们的需求，从而提供更加贴心和有效的支持；平行游戏则是一种巧妙的陪伴方式，教师在旁边进行类似的游戏活动，为幼儿树立榜样，同时也为他们提供了模仿和学习的机会；此外，教师还可以巧妙地将游戏内容与更广泛的知识领域相结合，引导幼儿在游戏中发现新知识，拓宽视野。尤为重要的是，为幼儿营造一个既安全又充满自由度的游戏环境，在这样的环境中，幼儿能够放下束缚，尽情展现自己的个性和才华，从而培养出更为积极主动的学习态度和生活方式。此外，加强家园联系，让家园沟通的力量为教师的支持蓄力。比如，教师对幼儿在建构游戏中的表现与家长进行积极交流和反馈，家长积极配合，还可以和教师形成双向互动，反馈幼儿在家里的进一步表现。双方共同发力，为幼儿在建构游戏中的发展提供源源不断的支持。

在幼儿的日常活动中，自主选择和决策扮演着至关重要的角色。这意味着幼儿能够依据个人兴趣和偏好，自由挑选游戏内容、设计游戏玩法、选择游戏地点，并决定与谁一起游戏。当幼儿积极表达自己的想法与感受时，教师便成了他们声音的倾听者。在聆听的过程中，教师需要具备敏锐的洞察力，捕捉幼儿话语中的精髓与亮点，以巧妙的问题为引子，开启与幼儿的深度对话。这样的互动不仅能够激发幼儿更强烈的表达欲望，还能在无形中锻炼他们的逻辑思维与语言表达能力，使他们在每一次交流中都能收获成长，逐渐积累起宝贵的表达经验。

---

① 梁婧.《幼儿园保育教育质量评估指南》引领下的师幼互动指导策略 [J]. 教育界，2024（14）：125—127.

三、在观察中为幼儿提供个别化支持

观察和倾听是幼儿园教师的一种教学行为和能力。对标《纲要（试行）》《发展指南》和《幼儿园工作规程》，我们可以发现，"观察"和"倾听"在《评估指南》中出现的频率较高。幼儿园教师观察能力是幼儿园教师在幼儿学习与发展理论指导下，在日常活动中有目的地观察幼儿的典型行为表现，并采用适宜方法和技术对幼儿行为进行观察、记录与分析的能力。[①] 教师的观察能力是一个综合能力的体现，其中包括不可或缺的记录与分析技能。这意味着教师需要以全方位的视角，敏锐捕捉幼儿在各类活动中的行为细节，通过细致入微的观察与倾听，构建起对幼儿真实状态的全面认知。

对幼儿的观察是高质量师幼互动的基础。观察是早期教育倡导的一种儿童发展的评价方法。通过搜集儿童个体的多种信息，聚焦儿童学习与发展，反思和优化课程设计，促进师幼互动的有效性。"观"即看、注意，并将看到的进行客观记录和描述；"察"即洞察、识别，将记录、描述下的情景进行主观分析和解读。这要求教师多角度关注幼儿在各个环节中的行为表现，有目的、有计划地通过看、听等方式了解幼儿情况。教师应意识到游戏中对幼儿行为观察的重要性，并知道如何观察和观察什么。游戏活动中，幼儿的自言自语、与同伴的交流、与教师之间的回答、有意或看似随意的摆弄、解决问题的方式等，都应是我们的关注点。"师幼互动"为我们描绘了教师与幼儿之间在各种活动中相互作用、相互依托、平等交往、相映成趣的美好景象，而这一切都是建立在教师正确的教育观、儿童观基础之上的。只有正确理解《评估指南》的精神，认真细致地观察幼儿活动，才能真正开展高质量的师幼互动。[②]

持续且深入的观察，是对教师专业洞察力的极大挑战。它要求教师具备敏锐的直觉，能精准锁定观察焦点，并围绕幼儿某一显著且连贯的行为表现，展开坚持不懈的追踪与探索。这一过程既加深了教师与幼儿之间的默契与理解，也考验了教师在幼儿行为捕捉与引导策略制订上的智慧与技巧。为实现观察的连续性与深度，教师应当设定明确的时间框架，采用灵活多变的记录方式，如即时笔记、情境描述、视频片段分析等，持续捕捉并记录幼儿的日常言行。同时，注重记录形式的创新与丰富性，以更贴近幼儿生活与兴趣的方式，展现他们的成长故事与变化轨迹。幼儿的表达表征与教师的倾听记录，既应体现幼儿自主的"专属性"，又应具有个体与整体适宜调整、随机

---

① 高宏钰. 幼儿园教师观察能力结构模型与评价标准.［M］. 北京：中国社会科学出版社，2020.

② 高山. 正确理解《幼儿园保育教育质量评估指南》，提升师幼互动质量［J］. 东方娃娃·保育与教育，2023（10）：41—42.

与计划互为补充等特点，以促进师幼平等对话。

教师的介入行为作为师幼互动中教师面向幼儿发起的一种互动行为，其实并非简单地做出询问或直接参与，而是需要教师在充分观察和理解幼儿的游戏动机与行为的基础上，再进行有意义的介入。教师在实施介入和干预行为时，如果未经慎重思考、未把握恰当的时机，而是过多地从自身角度出发进行控制，就会妨碍甚至中断幼儿的游戏，使得"干预"异化为"干涉"，进而对幼儿的游戏产生"干扰"。[①] 作为教师，只有真正去实现从"我想教你这样玩"到"我想看你怎么玩"的转变，以"最少的干预、最多的欣赏"支持幼儿持续投入在自己感兴趣的活动中，努力保障幼儿拥有"探索—试误—多次尝试—获得经验"的机会，才会进入"放手—看见—支持—相信"的良性循环中。

但是，教师想要改变在游戏现场"说个不停""指指点点"的行为并非易事。一般来说，教师可从以下方面把握干预的恰当时机：幼儿游离于游戏情境之外时；幼儿在与同伴交往中出现了问题时；幼儿一再重复原有的游戏行为而没有改变时；幼儿在游戏中出现了争议或争执时；幼儿在游戏中遇到了困难，并主动寻求帮助时。

四、在倾听中重视幼儿的表达表征

第四个考查要点的关键词或核心指向是"表达表征"。"表征"这个概念依情境不同而有着复杂的内涵。心理学家布鲁纳在皮亚杰认知发展理论的基础上，提出了一套心理表征理论，将表征方式分为动作式、图像式、符号式三种。就对教师的要求而言，支持幼儿进行多元表征，支持不同幼儿以适合自己的方式进行表达，并在幼儿表达表征的基础上进行倾听与记录，收集有关幼儿学习与发展的真实"证据"，是相关考查要点强调的关键。

首先要重视幼儿的表达，支持幼儿的多元、差异表征。支持幼儿用多种"语言"表达自己的所思所想、所感所悟，既是教师对幼儿作为学习主体的尊重，也是在促进幼儿整理经验、梳理思想，提升思维能力。[②] 就形式而言，幼儿的表征方式主要包括视觉表征，以幼儿自主摄影为代表；语言表征，以幼儿口语为代表；文学表征，以儿歌、儿童故事、儿童戏剧为代表；肢体表征，以动作、律动为代表；美术表征，以绘画、手工为代表；符号表征，以符号、文字为代表。

---

① 万中，刘敏. 幼儿游戏中教师的干预与干涉 [J]. 学前教育研究，2013（08）：56—60.
② 冯晓霞. 关注教育过程抓住质量核心——关于《评估指南》若干问题的笔谈 [J]. 幼儿教育（教育教学），2024，32（30）：9—14.

在众多的表征方式中，当前我们最常用、最常见的是绘画表征，甚至有的老师认为绘画是唯一的表征方式。绘画具有直观性、可视化的特点，也便于幼儿操作和老师观看，因此不可避免地成为"表征热潮"之下幼儿表征以及教师解读幼儿表征的主要方式和渠道。然而，最快速、最直观的绘画和环境呈现能吸引领导、专家和评估者的眼球，所以也导致部分老师和幼儿园为了应付检查和评估而让幼儿用绘画表征"搞突击战"，功利化的目的或者漫无目的的表征成为阻碍幼儿成长和教师发展的"绊脚石"，"事事需表征""时时需表征"也会造成表征的枯燥化和教育的同质化。①

不同幼儿有着不同擅长的领域，对应也有着不同实用的表征方式。"差异表征"意味着教师不仅要关注和尊重幼儿的个体差异，还应鼓励和支持幼儿用自己擅长的表征方式去表达自己内心的想法，并且不强求幼儿用自己不擅长的表征方式以及不强求每一名幼儿时时刻刻都要表征。在这样的认识下，教师看到的是每一位拥有完整生命的具体的幼儿，更是反映了教师持有一种平等、尊重、全纳的儿童观和教育观，这是我们想看到的教师的最美样态。成都市温江区启文幼儿园的案例《"伙伴共长式"师幼互动模式实践探索》从"积极情感、表达表征和有效回应"三个维度提出了"伙伴共长式"师幼互动策略，教师抓住幼儿日常告状行为的情感互动信号，引导不同幼儿进行"差异表征"。通过对图画表征精准分析，深度了解幼儿情感需求，并以小组讨论、游戏活动充分尊重支持回应幼儿需求，实现师幼同频、情感共鸣，让日常互动向"高质量互动"迈进。

在幼儿表达表征的基础之上，我们再来看教师的倾听与记录。在《评估指南》出台后，全国不少幼儿园开始轰轰烈烈地开展教师"一对一倾听"幼儿的行动。在短时间内，不少幼儿园缺乏对《评估指南》提出"一对一倾听"的深度理解以及对幼儿园教师关于"一对一倾听"的话语权调度，没有达成全园共识、人云亦云的"一对一倾听"逐渐成了老师们的"心头痛"，偏离了《评估指南》提出"一对一倾听"的教育价值思考和人文关怀取向。在"一对一倾听"中，最重要的是有针对性、有目的地对那些容易被忽略的孩子进行倾听，对那些在某段时间里表现出不同于往常行为的孩子进行倾听，对那些在某一刻表现出令人感到惊讶的"哇时刻"的孩子进行倾听……总之，要让孩子意识到教师对他的关注，即便是一天时间里没有找到他"一对一倾听"，孩子也知道老师一直在他身边，也清楚老师一定会在他有需要的时候给他支持。教师在班级里为每一个气质类型和性格特点各不相同的孩子营造出这样温馨、安全、从容的心

① 马娥，张岩岩. 破立之际：《评估指南》下儿童表征的困境与转向 [J]. 教育导刊，2024（04）：31—36.

理氛围和交往关系，教育本身也在自然而然地流露着温情与美好。

五、在契机中关注幼儿的深度学习

"师幼互动"关键指标中第五个考查要点所围绕的核心是"教育契机"，核心指向了教育的灵活性、教师的敏感性以及幼儿学习和探究的主动性。教育契机生长于教师和幼儿的共同生活之中，甚至可以说幼儿园的一日生活时时刻刻都充满着教育契机。然而作为一名敏锐的教师，除了发现各种偶发的教育契机，更重要的是利用现有的与幼儿生活息息相关的机会和资源，判断何为对当前幼儿的学习和发展有意义、有价值的教育契机，再在此基础上开展随机教育、生成活动等。

首先教师应"善于发现各种偶发的教育契机，能抓住活动中幼儿感兴趣或有意义的问题和情境"。三至六岁幼儿处于身心发展的关键期和快速成长期，他们经历着初步认识世界的过程，对他们影响最大的便是发生在他们自己身边的一切事以及出现在他们身边的一切人。我们强调教育契机，需要进一步意识到开展随机教育的关键是树立问题思维。问题首先是源于幼儿的生活或者说幼儿和教师的共同生活，即"关心彼此关心的事"。在幼儿园中，从一名幼儿到几名幼儿，从班级这个小集体到年级、幼儿园整个大集体，我们都在活动中找寻着共同生活的意义感。在活动中，幼儿除了获得成功的体验，也在过程中不可避免地会遭遇很多问题、困境或者挑战，也正是这些问题以及解决问题的过程，让教师和幼儿都能够体验到促进彼此成长的价值。

这种问题和情境可能是教师意料之外的，是随机的，是伴随着幼儿经验而生成的。幼儿的兴趣点是先导。只有幼儿真正感兴趣的活动或情境，他们才能全身心地投入；只有当幼儿的兴趣持续下去，他们有意义的学习才会发生。从这个意义上说，"幼儿感兴趣"和"幼儿学习有主动性"存在着一定的因果关系。幼儿的需要可能在成人看起来很简单，直到如今，"幼儿园的孩子只要吃饱睡暖就行"等观念依旧存在，忽略幼儿心理需要、学习需要、交往需要、游戏需要等现象依旧显著。简单满足幼儿的需要或者转移幼儿的注意，认为幼儿的兴趣是发散的或不能持久的，诸如此类的做法意味着我们的儿童观和教育观仍然有待改变。当然，教师不可能始终被幼儿的兴趣"牵着鼻子走"，幼儿的兴趣是发散的，这个时候可能对路边的一只蚂蚁感兴趣，那个时候可能对花丛中的蝴蝶感兴趣，教师对幼儿兴趣点与有价值的教育契机的关系的把握，十分考验教师的专业性和敏感性。

其次是教师应"能识别幼儿以新的方式主动学习，及时给予有效支持"。"新的学习方式"是针对具体的幼儿而言的。他们对自己最近发展区之内的新经验进行学习，可能在某一刹那主动生发出一些对他们而言新的东西和体验，教师观察到的幼儿的"哇时刻"又应该如何及时给予有效支持？从"看到"到"记录下来"再到"回应"，这是一个需要耐心的过程。

"主动学习"意味着幼儿的学习具有主动性，这同时也是一条关于"培养幼儿良好学习品质、习惯和态度"的考查要点。幼儿园教育阶段是孩子学习品质发展的关键时期。学习品质是幼儿学习与发展、入学准备的一个重要领域，包含好奇与兴趣、主动性、坚持与注意、创造与发明以及反思与解释五个部分。[①] 鄢超云教授曾指出，当前不少教师和家长对于学习品质存在着一定的误解，要么将学习品质直接等同于知识、技能和能力，要么将前者与后者割裂开来，其都是走向两个极端的认识，并不可取。其实学习品质本身与五大领域的知识、技能和能力相联系，甚至融入和表现于幼儿经验的学习和积累过程之中。因此，看待幼儿学习的主动性、坚持性等学习品质，还应回归到《评估指南》对学习品质和五大领域核心经验的培养要求中去。

六、在回应中拓展幼儿的主动思考

为了激发幼儿的思考能力和探索精神，教师在提问时应注重开放性问题的设计。这些问题应具备广泛的思考空间和灵活的答案范围，要鼓励幼儿从不同角度思考问题，激发他们的想象力和创造力。在提问过程中，教师应努力营造一种宽松、自由的问题情境，让幼儿感受到探索的乐趣和成就感。此外，教师在回应幼儿的问题时也应展现出多样性和有效性。这不仅包括直接回答幼儿的问题，还包括通过提升式回应、归纳式回应、赏识激励回应、追问扩思回应和互动式回应等多种方式，以此与幼儿进行深入的交流和互动。这些回应方式不仅能够帮助幼儿更好地理解问题，还能够促进他们的思维发展和社会交往能力的提升。

教师应致力于构建温馨宽松的学习氛围，以鼓励幼儿勇于提问。通过设立开放性的问题场景，教师可以激发幼儿的好奇心，引导他们提出有深度、有价值的问题。在这一过程中，教师的角色尤为重要，他们须贴近幼儿，运用恰当的语言艺术，积极引导幼儿展开想象的翅膀，对问题进行大胆的推测，并对幼儿的每一点进步给予及时的肯定与鼓励。关于问题讨论的评估策略，其核心在于促进幼儿之间的自由交流以及师幼之间的良性互动。为了实现这一目标，教师可以灵活采用多样化的讨论形式，如双

---

① 鄢超云，张子照. 学习品质：回顾、反思展望［J］. 幼儿教育，2022（34）：12—15.

人对话、小组讨论、集体分享等，以满足不同幼儿的学习需求。在讨论过程中，教师应鼓励幼儿围绕特定问题或现象，积极交换意见，甚至进行友好的辩论，以此培养他们的批判性思维能力和语言表达能力，最终形成循环反馈。教师对幼儿的回应，也在帮助教师不断理清自己在师幼互动中的行为和采取的策略，帮助教师反思、回溯，不断完善幼儿师幼互动的观念和行为，促进高质量师幼互动的持续发生。

教师对幼儿的回应策略和时机，是教师个人专业理念和素质的体现，这也在反向促使教师不断学习相关理论和解读相关政策、不断反思自己的教育教学行为。[①] 在构建积极和谐的师幼互动环境中，教师的有效回应行为有着至关重要的意义。为了确保回应的效能，教师应预先设定多元化的回应目标，秉持鼓励与表扬的正面态度，融合言语与非言语的多种手段，精准定位回应内容，旨在促进幼儿情感态度的正向转变及知识技能的稳步提升，从而全面推动幼儿认知与情感的协同发展。然而，在实际教学观察中，我们不难发现，在游戏分享这一关键环节，部分教师倾向于采用固定化的语言模式来主导整个分享过程。这种模式化的回应方式，虽有其秩序维护之便，却也可能限制了幼儿思维的活跃性，使他们的思考未能实现有效的深化与拓展，依旧徘徊于既有的经验框架之内。

部分教师依然掌握着主导权，幼儿自主思考及探究问题答案的思维能力并没有得到真正提升。表面上教师只是作为引导者推进活动的开展，但在实际活动开展过程中，教师的提问和回应都在暗示着幼儿要回答"正确答案"，并紧紧跟着教师安排好的步骤进行程序化活动，幼儿处于被动地位。

师：小朋友们仔细观察一下这张图片，你们知道这是哪里吗？

幼：这是我们的攀爬网，这是 XXX 小朋友。

师：对了，这是 XXX 小朋友，他在爬网的时候遇到困难了，我们可以想个办法帮助他，找老师或者找小朋友帮助都是很不错的选择哟。

上面的描述中，教师的回应中包含了两个方面的内容，即知识技能的传授与直接的告知，教师在选择回应内容时没有考虑幼儿本身所掌握的经验，更多的是以自己所认为的答案告知幼儿。为了优化与幼儿的互动质量，教师应当积极转变其回应姿态，以正面、乐观的情绪状态回应幼儿的每一个反馈，秉持平等尊重的原则，与幼儿展开深入而富有成效的交流。在回应幼儿时，教师应善于观察和识别幼儿的不同之处，采取差异化的回应策略和方法，以满足每个幼儿个性化的成长需求；最后，教师应当保

---

① 余雅洋，胡丽园，李莹莹. 游戏分享环节中教师有效回应的策略研究 [J]. 黑龙江教师发展学院学报，2023，42（09）：139—142.

持对师幼互动行为的深刻反思，不断审视和调整自己的教育实践，在反思中发现问题、总结经验，在调整中优化策略、提升效果，以期实现与幼儿之间更加和谐、有效的互动关系。

七、理解幼儿的学习方式和差异发展

"学习方式"是师幼互动指标中最后一条考查要点的关键词和核心指向，重点围绕教师理解与尊重幼儿、关注每一位幼儿发展的差异性、在幼儿的最近发展区内提供支架等内容展开，并在最后强调不片面追求幼儿某一领域、某一方面的学习和发展。这条考查要点的内容同时与"活动组织"指标下的第五条考查要点"整体性"挂钩，对当前社会中以幼儿特长或智力培训为傲、以弥补幼儿短板为荣以及不重视幼儿身心全面整体发展等现象作出了高位回应。幼儿的发展兼具规律性和差异性，作为教师，在遵循儿童心理学、教育心理学等儿童成长发展的周期和规律的基础上，还应关注到每一个作为"人"的具体的儿童，看到不同家庭背景下的幼儿成长经历的独特性，认识到每一位幼儿拥有不同的气质类型和性格特点，尊重和接纳生命的完整性，不用二元对立的思维去看待幼儿的优缺点，看到优点与缺点的相互依存，接纳孩子的不完美。

一方面，教师应关注幼儿发展的整体性，关注幼儿完整的生命。"整体"指整个事物的全部，跟"部分"相对。因而整体代表着全面和完整，整体里的部分也相互关联。六岁以前的儿童，发展速度快于其他任何一个阶段，他们在不同领域有着自己的学习方式和学习轨迹，这呈现的是幼儿一般性的发展规律。我们关注整体性，就应该关注儿童发展心理学中这些一般性的发展规律，先看见"一般统一的幼儿"，支持幼儿整体发展[①]，心里有个"度"和参考的东西，才不至于走偏。

另一方面，教师应尊重幼儿发展的差异性，尊重幼儿不完美的生命。教师所面对的每一个孩子，都不是抽象意义的"一般性的幼儿"，而是独特的个体。[②] 尊重生命，便应该尊重每一个完整而不完美的生命。成人的世界尚且没有完美可言，更不应该把类似"追求完美"的观念或行为诉诸幼儿身上。"差异"一词指差别，这里是一个中性词，并非指年龄、地位上的差距，而是指幼儿在不同领域的发展有先有后、有快有慢，但并不影响幼儿按照自己的速度和方式向前进步着、成长着。"不片面追求"要求我们理解和尊重这种差异性，并在此基础上为不同的幼儿寻求适合他自己的成长路径。正

---

① 徐则民. 坚持儿童为本，整体提升幼儿园保育教育质量——关于教育部《幼儿园保育教育质量评估指南》的对话［J］. 上海课程教学研究，2023（01）：61—70.

② 周兢. 学前儿童语言学习与发展核心经验［M］. 南京：南京师范大学出版社，2014：22.

如彭州市实验幼儿园在案例《让每一个生命从"融"生长》中提到的，学前阶段对特殊儿童来说是早期康复的关键时期，幼儿园之前对于融合教育主要停留在理论研究层面，但幼儿飞飞的到来引发了对这一领域的探究。为了帮助飞飞融入班级，教师抓住每一个教育机会，与专注融合教育的高校专家合作，针对飞飞进行了专门的语言强化训练，促进了他与同龄儿童的交流和交往。

尊重幼儿发展的个体差异，即教师应意识到不同幼儿的发展存在着差异性。可能是发展时间的先后，也可能是发展速度的快慢，但并不影响幼儿发展的整体性和连续性。每位幼儿都以自己的节奏成长着，教师在面对不同幼儿的个体差异时应持有一种"农业思维"，即像顺应不同农作物自然生长的规律一般，顺应不同幼儿的成长节奏。在课堂互动评估系统（简称"CLASS"）中，有一条指标便是"尊重"，其具体的行为包括"目光接触""温和及平静的声音""表示尊重的语言""合作和分享"。[①] 尊重作为"个体"的幼儿和尊重作为"整体"的幼儿同样重要。教师面对的是一个班的多名幼儿，充分认识和了解班里的每一名幼儿，尊重每一名幼儿的个性和心声，善于发现每一名幼儿的闪光点，并且不吝辞藻地鼓励每一名幼儿的优势和长处……自内心深处树立这样的观念以及这样发自内心的教育行为，是一位好老师的标准之一。

---

① 胡碧颖. 幼儿园师幼互动观察与评价：如何使用 CLASS 与儿童有效互动［M］. 北京：中国轻工业出版社，2024：25.

在故事教研中提升师幼互动质量

绵阳市花园实验幼儿园

师幼互动贯穿于幼儿一日生活的各个环节，是教师儿童观、教育观以及专业能力的综合性外化表现，是影响教育质量、课程质量的关键性因素。如何提升师幼互动质量？我们瞄准"故事"，形成了"做—写—讲—评"故事教研的基本范式。教师们围绕师幼互动反复地讲故事，从故事中获取信息、发现现象，根据现象不断研讨，探寻活动发展与幼儿学习的价值，不断了解、把握师幼互动的实质与方法，运用师幼互动推动活动，促进幼儿发展。

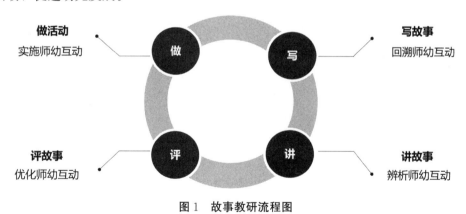

图 1　故事教研流程图

一、做活动，实施师幼互动

故事教研的第一步是积累故事素材，唤起教师对师幼互动的有意关注与积极实践。我们引导教师用适宜的方式，根据幼儿年龄、性格、兴趣等特点，与之充分互动。

（一）参与其中

鼓励教师放下成人的固有假设，全身心且较为持久地投入幼儿的活动中。我园有四棵柚子树，从树枝发芽开始，幼儿就盼着在柚子成熟后，去采摘柚子、评选柚子大王、开柚子运动会……教师尊重他们的想法并参与其中，化身幼儿活动的伙伴，共同生成了"小柚子·大玩伴"主题活动，创造出每年一届的"柚子节"。参与其中，让师幼有了互动，将一个班级活动演变为全园性活动。

（二）满足需求

教师静心倾听幼儿的声音，表达对其想法的尊重，做出有意义的回应与支持。我园大班督察社的幼儿们手握流动红旗评选的权利，负责给各班打分。有一次他们本该给大五班加分，却在分数公布之日没有兑现，遭到了"投诉"。老师就此采用提问、讨论等方式，引导幼儿想出补加分、当面道歉、送糖果的解决办法，鼓励他们一一尝试。满足需求，让师幼互动充满共情，问题迎刃而解。

图2　"课程生成故事中的师幼互动"教研现场

（三）拓展经验

教师帮助幼儿打开思维，促进其生活、学习经验的多样性、丰富性。中四班的孩子想要搭建一个水上乐园，他们先后遇到材料选择、搭建方法等问题，教师先迁移玩水经验，引导幼儿发现材料的特点，再通过集体教学、图画书阅读等和幼儿了解水上滑梯的特点，提出"坡度、光滑、借力"等高级词汇拓展幼儿认知。拓展经验，让有效互动的产生自然而然。

二、写故事，回溯师幼互动

写故事是教师对实践中真实事件以小见大的叙述，其目的在于通过故事体悟、阐述师幼互动中的规律、原理。因此，故事教研的第二步，是教师把活动过程用故事的方式梳理、撰写出来，回顾在各阶段采取的师幼互动策略及其作用。我们提供了几种撰写方式给教师们。

（一）日常随笔

利用简短的文字、录音软件等记录活动中的关键语言、动作，以及教师提问、指导策略等。"柚子节"期间，教师采集到"数不清的柚子""拯救柚子""剥柚子比赛"的七十余条观察记录、二十余个音视频、上百个手机备忘录记事，后整理成一个个随笔片段。

（二）视频梳理

活动视频可以实现情境再现、重复观看、反复研究，有利于深度剖析。在"花园里的小督察""水上乐园"两个活动中，教师们普遍采用视频方式记录活动过程和幼儿活动情况，然后通过反复回看与研究，把关键信息、问题与发现等整理成文字，为后期故事撰写与分析提供了研究素材。

（三）完善故事

在随笔片段和视频梳理的基础上撰写完整故事。它不是简单零散素材的拼凑，需要立足全过程，学习师幼互动的相关理论知识，去梳理分析师幼互动的出发点、价值点、进阶点，让故事中的思考有深度与科学依据。同一个故事可以提炼多个主题与思考角度。

三、讲故事，辨析师幼互动

每学期，我们都会给足时间和空间开展讲故事活动。教师们通过文字记录、影像、课件等方式进行交流分享，达成现场复盘、深度反思、同伴互助。在讲述中，大家特别注重厘清过程中运用了哪些师幼互动的方法，剖析这些策略是怎样在推动活动和支持幼儿发展，目前呈现出三个层次的讲述类型。

（一）感性直觉讲述故事

教师选取自己认为有价值、有意义的内容，以自己喜欢、擅长的方式进行讲述，重在激发教师讲故事的兴趣。在故事教研初期，柚子故事是按柚子生长—采摘—品尝的顺序被讲述的。讲述中教师凭借直觉反思对师幼互动的思考，而后在反复讲中走向理性总结。

（二）理性思考讲清故事

教师在基于实践、在把握故事意义的基础上，学习运用专业知识进行讲述。在讲述"花园里的小督察"故事时，通过对已有素材的梳理、筛选，教师厘清了小督察的故事线索和发展进程，借助 CLASS 等工具总结出及时回应与鼓励的几种师幼互动方法，得到了大家的认可，教师们认识到，讲明白的前提是要有理性思考与行动。

（三）深度反思讲好故事

这需要找出关键情节与问题，着重呈现幼儿行为与师幼对话，多用描述性语言而非概括性语言进行讲述。如讲水上乐园故事的教师没有平铺直叙，而是抓住推动发展的材料、搭建等关键问题与情节，突出当时的想法和过后的思考，提出问题与疑惑点，找出解决路径对比说明，让大家理解如何反思，看到有效的师幼互动对幼儿学习、活动发展的作用。

图 3　水上乐园师幼游戏

四、评故事，优化师幼互动

通过教师自评、同伴互评、幼儿点评等不同形式，评价故事中师幼互动的效果、局限及优化策略，形成师幼互动促进发展的有益经验，再回到实践中去尝试、调整、优化。

（一）个人自评

教师对自己撰写、讲述的故事进行评价。柚子活动故事教研的自评环节，执教老师重点围绕护柚、探柚、玩柚的活动过程，评析突发的问题、制订的策略、活动的成效等，从中总结活动之于师幼成长的具体影响。教研中，我们看到，尽管大多数教师对自己的故事最熟悉，但普遍存在当局者迷的现象，导致评价缺失客观性，需要予以关注和指引。

（二）同伴互评

教师相互评价是很好的学习、提升方式。在讲完水上乐园故事后，我们在年级、全园组织不同群体的教师相互评价。教师们抓住中班幼儿年龄特点，客观地分析了活动中采用的提问、高级词汇等师幼互动策略是否有效、科学，同时给出了下阶段活动开展建议。互评，营造出教师学习交流的良好氛围，增强了教师研究师幼互动的主动性。

（三）幼儿点评

幼儿是故事的主人公，是师幼互动的主体和有效反馈载体。进行"花园里的小督察"故事教研时，我们邀请督察队的孩子们和投诉的大五班幼儿代表来到教研现场，请他们站在不同立场讲出在"投诉事件"中的感受和看法，对其间教师的作为给予直接、直观的评价，引发教师自省、改进。这种方式让大家觉得有意思、有意义，这无疑也是有效的师幼互动。

通过实践我们发现，聚焦师幼互动的故事教研唤醒了教师研究师幼互动的主观能动性，他们从敢讲、想讲到会讲，开始主动亲近理论，通过共读《有力的师幼互动》《幼儿园师幼互动观察与评价》等图书，学习师幼互动的相关理论知识，如 CLASS、早期儿童环境评价量表等，让故事中的思考变得有深度、有科学依据。教师们在"做、写、讲、评"中不断学习总结，对师幼互动的策略从模糊到知道，到了解，再到反哺实践，这种追寻教育观念上的和谐共存、教育方式上的相互包容、教育行为上的和谐相处，伴随的必然是教研质量的改进和师幼成长的快乐。

（撰稿人：李　敏　林　芳　乔晓丽）

让每一个生命从"融"生长

彭州市实验幼儿园

一、因不同，而从"融"

学前阶段是特殊儿童接受教育、早期康复的关键期。随着社会和教育发展的需求与推动，特殊儿童的融合教育受到国家高度重视和逐步普及。2024 年《学前教育法（草案）》二审稿提到，要积极发展学前融合教育，切实保障学龄前特殊儿童接受适宜教育的权利，逐步推进学前融合教育全覆盖。如何做好学前儿童的融合教育，我们之前更多停留在理论的学习上，直到迎来了一位与众不同的孩子——飞飞。

飞飞，讲话慢吞吞，动作却急匆匆。他的妈妈，一名幼儿园保育教师，对儿子的成长格外关注。当飞飞两岁时，她注意到飞飞与其他孩子在语言表达和大动作发展上逐渐拉开差距。入园前飞飞接受了一系列的诊断评估，结果显示为全面发育迟缓。

面对如何与飞飞这位特殊儿童有效互动的教学挑战，教师们通过深入研读《评估指南》寻找到了解决之道。我们意识到，教师应关注每个儿童的个体差异，通过一对一的倾听与指导，为每个孩子量身打造最适合他们的教育支持和发展机会，从而更好地践行全纳教育的理念。飞飞的到来，不仅让教师们深刻体会到了特殊儿童在幼儿园环境中的真实感受，更让我们领悟到，应通过教师和同伴们的具体行动，让融合教育的理念真正在幼儿园这片沃土生根发芽。

二、融合有爱，润育成长

入园后，教师的首要任务是分析飞飞在幼儿园所面临的挑战，尤其是他与同龄儿童之间的交流障碍以及由此导致的社交孤立问题。语言发展迟缓和肢体协调问题使得他难以有效表达自己的想法和需求，交流中的挫败感有时会导致他通过身体动作，如推搡来表达需求。

（一）好心做了一件"坏"事

入园时，一个小女孩在书包柜前哭泣。飞飞见老师正在安慰她，便走过去结结巴巴地说："你，你，你……想妈妈了？不哭哭，不哭哦！"但由于女孩沉浸在自己的情绪中继续大声哭泣，并没有注意到飞飞的话。飞飞在无法通过语言安慰她的情况下，伸出拳头击打了女孩的额头，试图让她停止哭泣。

一旁的教师立刻介入，与飞飞进行了交流。教师说："飞飞，你刚才说让她不哭了，在安慰她吗？"飞飞点点头说："她想妈妈了。"教师说："那你为什么要用手打她一下呢？"飞飞说："让她不哭，不哭了。"

原来他这样做只是想让女孩不要继续哭泣，飞飞虽然出于好意，但由于他的年龄和认知限制，无法正确地理解和表达自己的情感，也无法选择合适的方式来帮助他人。于是教师带着他们到安静的走廊散步，教师对女孩说："你是一个勇敢的孩子，但是现在想妈妈了对吗？"女孩点头，教师蹲下身体，轻柔地抱住她安慰道："别担心，在这里我们都是你的好朋友。"飞飞在一旁学习着教师的话语，跟着说："好朋友，一起玩。"通过这次互动，教师向飞飞展示了关怀他人的方式，并意识到在教育过程中，需要更加注重培养他的情感表达能力。

（二）飞飞是我们的"小弟弟"

开学两周后，班级中有不少幼儿表现出对飞飞的惧怕态度，甚至有家长来电，表达了他们不希望自己的孩子与飞飞过多接触的要求。的确，飞飞的语言发展较慢，这导致他在与同伴交往时产生了一些误解和冲突，但这并不应该成为他被孤立的理由。作为教师，我们有责任和义务帮助孩子们认识到每个人都有自己的独特性，应该用包容和接纳的态度来对待彼此。

面对这一挑战，教师团队迅速行动，首先要解决飞飞在幼儿园中的社交困境。飞飞入园早，教师带着他整理教室，如摆放水杯和挂好毛巾，等其他小朋友来到后，飞飞还会继续帮忙整理书包柜。这些瞬间被教师用相机记录下来，在谈话环节表扬了他为班级所做的服务。教师向其他幼儿解释飞飞为何在行为上有时显得与众不同，因为飞飞是班里的"小弟弟"，语言发展相对较慢，但他非常渴望与大家共同游戏。教师特意将飞飞安排在社交能力强的孩子旁边，帮助飞飞模仿和学习，增加他与其他孩子的正面互动。这样的引导促进了孩子们对差异的接受与尊重，增强了班级的包容性。不久后，其他孩子开始亲切地称呼飞飞为"弟弟"，愿意带着他参与各种游戏，与飞飞之间的信任和友谊也逐渐建立起来。

图1 飞飞和同伴共同搭建积木

（三）厕所里的"黑怪兽"

午休时飞飞进入厕所，突然发出了尖锐的叫喊声，紧接着他急切地从厕所冲了出来。看到这一幕，老师立刻上前询问情况："飞飞，里面发生了什么事？"飞飞面色惊恐地说："有大大的……黑怪物！"教师轻声安抚他，试图了解情况："是不是看到了什么像虫子的东西？"但飞飞坚决摇头："不，是怪兽，要吃我！"这时候教师注意到飞飞显得十分焦急，明显是急需上厕所，便提议说："飞飞，教师陪你一起进去怎么样？我会站在你后面，保护你。"飞飞犹豫了一下，最后紧紧抓住教师的手，一起走向厕所。

刚进门，飞飞又突然尖叫："黑怪兽！"显然还是很害怕。教师迅速观察四周，意识到是厕所内部的灯光没有开启导致光线昏暗，可能在飞飞的想象中变成了"怪兽的藏身之处"。教师打开了灯，温柔地对飞飞说："看，开灯后，怪兽不见了，这里又亮堂堂的了。"飞飞小心翼翼地向前走去，表示他感觉安全了。

这个事件体现了飞飞在语言沟通和环境适应方面的挑战，教师需要保持敏锐的感受力和及时回应。为了更好地支持飞飞，幼儿园邀请了专注于融合教育的高校专家及其团队入园，对飞飞进行了一系列细致的评估。基于专家的建议，我们实施了以下针对性的语言强化训练。

第一，满足需求。经过班级教师的共同商议，我们决定在满足飞飞基本需求的基础上，逐步引导他学会以更为平和的方式来表达自己的想法和感受。

第二，关注兴趣。鉴于飞飞对小汽车和绘本故事表现出的浓厚兴趣，我们将这些兴趣点作为发展他语言能力的切入点。为此，教师每周会安排三次晨间活动，每次抽出十到十五分钟的时间单独与飞飞进行互动。

（1）结合绘本与玩具汽车开展互动。在阅读绘本的过程中，引入相关的玩具汽车，让飞飞参与到故事情节的再现中，激发他的表达欲望。

（2）通过提问和讨论引导飞飞表达。提出一些引导性的问题，如"汽车会开往哪里呢"或"这辆车给你什么样的感觉"等，鼓励飞飞尝试用语言进行表达。

（3）设计词汇扩展游戏活动。制作以汽车为主题的词汇卡片和标志，并利用这些卡片与飞飞一起玩分类游戏，帮助他在游戏中学习和巩固新词汇。

（4）在日常对话中进行语言模仿。在日常与飞飞的互动中，模仿并扩展他的语言输出，以此提升他的语言表达能力。

（5）鼓励描述与故事创作。当飞飞在玩小汽车时，鼓励他描述自己正在进行的动作，或者尝试为他的玩具车编创小故事，从而进一步锻炼他的叙述能力。

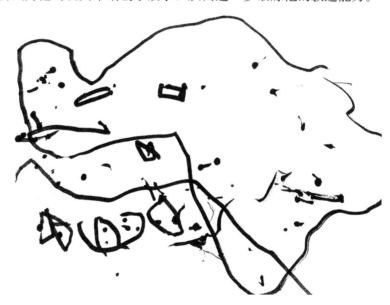

图 2　飞飞绘制的汽车赛道

（四）耐心等待

（1）给予更多时间。给飞飞足够的时间，促进其理解教师的话语并做出反应，不急于得到回答。

（2）鼓励尝试。即使他的回答不完全正确，也鼓励尝试，给予积极的反馈。

随着时间的推移，教师欣喜地观察到飞飞的语言表达能力日益增强，甚至能用图片讲述故事。一天，飞飞带来了一张汽车卡片，他根据卡片上的图画向同伴讲起故事：

"这是一辆小汽车，叫小黄，它有很多的车车朋友，它们每天都会在一起玩，有一天它们去到了一个花园里，小黄要和其他的车车比赛，看谁先开到大树下。"飞飞的用词越来越丰富，语句也更加连贯。当看到其他小朋友流泪时，也会用温柔的语调安慰对方："不要哭了，放学后爸爸妈妈很快就来接你。"这样的话语不仅展示了他在语言上的进步，也彰显了他的同理心。

三、让教师成为一束温暖的光

面对飞飞这样的特殊孩子，教师起初深感困惑与棘手。然而，随着时间的流逝，在这段陪伴成长的旅程中，教师持续汲取知识，不断改进，采用了科学而柔和的策略，细心地引导他成长。这个过程使每位教师都深切体会到为特殊儿童营造包容、个性化且充满支持的教育环境是至关重要的，他们也在期间转变成为更具同理心和创新精神的教育者。真正的耐心和无条件的接纳，能在师幼互动中激发出孩子无限的潜能，他的每一个微小进步，每一次心灵的共鸣，都不断提醒我们教育的力量是深远的——它能够塑造生命，燃起希望的火花。

（撰稿人：周克霞　王　娟　周钰熹）

"伙伴共长式"师幼互动模式实践探索

成都市温江区启文幼儿园

高质量的师幼互动对幼儿全面发展至关重要，同时也有助于提高园所的保教水平。为了进一步优化教育教学工作，我们需要密切关注师幼互动的实际情况，准确识别存在的问题，并采取针对性的措施。根据前期对我园师幼互动现场的评估，我们发现了当前师幼互动面临的三个主要问题：一是教师在师幼互动中缺乏双向情感支持回应的技巧；二是教师未能通过幼儿的表达和表征来准确解读其需求；三是教师在师幼互动中缺乏捕捉偶发教育契机的专业敏感性。

本案例以"同伴冲突"为切入点，结合《评估指南》中关于师幼互动的相关指标，从"积极情感、表达表征和有效回应"三个维度出发，探索实施"伙伴共长式"师幼互动模式。通过采用"渐进式支架、递进式支持、循环式助推"等实践策略，我们旨在为师幼互动提供具有可操作性的实战方法，从而提升师幼互动的质量，并促进教师和幼儿的共同成长。以下为案例。

果果是一个三岁半的小男生。在一次区角游戏中，果果和豆豆选择了桌面建构区。果果坐在豆豆的旁边，只要豆豆选择了某件玩具，果果就将手放在玩具上和豆豆一起摆弄。一来二去，果果的这种行为就引来了豆豆的不满，豆豆将果果的手推开，说："这是我的玩具!"可是，豆豆的警告好像一点用也没有，当豆豆继续摆弄玩具的时候，果果再一次将手放在玩具上，这一次豆豆大声喊着："老师! 果果抢我的玩具!"见豆豆告状，果果便将豆豆推倒在地。

事情发生后，教师及时将发生矛盾的两个小朋友带到一旁，先安抚了豆豆的情绪，然后转向果果，耐心地询问果果："刚才发生什么矛盾了?"果果气鼓鼓地说："我想和豆豆玩，但是他不同意，还说我抢他的玩具。"接下来教师进一步引导果果关注自己的行为，问道："你是怎么做的呢?"果果低着头回答："我推了他。"

三岁的孩子通常对自己的行为还不能完全判断其适宜性。为了让果果思考自己的行为导致的后果，教师问果果："你推了他以后，他和你分享玩具了吗?"果果摇摇头，回答道："没有。"教师进一步追问："所以推人这个做法是好办法吗?"果果再次摇了摇头，开始意识到自己的行为是不妥的。听到果果承认自己的过失，教师轻轻拍了拍他的肩膀，鼓励他勇敢地面对自己的行为。接下来，教师继续引导果果思考解决当下矛盾的对策："那刚才对朋友做了不好的事你应该怎么做呢?"果果低头小声说："向他说对不起。"教师轻轻抱了抱果果，肯定了他的想法："是的，你现在就可以去对豆豆说对不起。"果果走到豆豆面前说："对不起，豆豆。"

经过果果和豆豆的小冲突事件，教师们敏感地察觉到孩子们开始有了和他人交往的心理需求和表达自我情感的愿望，于是教师抓住契机，一场关于"朋友"的对话拉开了帷幕。

一、什么是朋友

在晨间谈话时间，孩子们通过语音、绘画等多种表征方式表达了对于"朋友"的理解。这一次果果也兴致勃勃地加入了大家的讨论，并画出自己朋友的样子。

图1　果果关于"什么是朋友"的绘画

从上面图画可以明显地看出果果会用圆形画出各种玩具，能够简单地说出要画的物体名称，清晰地表达绘画的内容和含义，用图形表达对朋友的理解。

教师解读：幼儿能清楚地讲述对"朋友"的理解，还能复述简短的小故事，用简短句子来描述表征图片上的内容。幼儿在表征的时候，使用简单线条画出好朋友的外形，还融入了和好朋友一起游戏的场景，其表征水平有了显著提高。

二、如何交朋友

接下来孩子们一起讨论如何交朋友的问题时，诺诺跑过来对老师说："老师，果果要拉我。"于是老师来到他们中间，了解具体情况。果果委屈地对老师说："老师，我想抱抱她。"同时老师转过身来问诺诺："你们发生了什么？"诺诺小声跟老师说："果果的力气太大了，把我的手捏痛了。"老师蹲下来对果果说："果果，老师知道你想和诺诺玩，但你突然抱住她，她是不是会被吓到呀？我们可以跟她说句话或对她笑一笑。"于是果果走到诺诺的身旁对她说："我可以和你一起玩吗？"

本次活动中的冲突是因一次身体接触引起的。教师抓住教育契机，引导幼儿换位思考，学习理解别人的感受，通过动作、语言等多种表征方式，引导幼儿思考朋友交往的方式，从而习得交友的技巧。

教师解读：果果见到同伴喜欢跑过去抱他们，是由于婴儿早期父母的抚摸不足，幼儿会通过寻求更多的拥抱保持安全感。教师从父母那里了解到果果父母工作很忙，加之妹妹的出生，对他的关注和拥抱也减少，因此教师建议父母多陪伴果果，并给予他及时鼓励。但是，由于果果体型较壮，拥抱朋友时力度太大，弄痛了朋友。教师了解了行为背后的原因，通过绘本等游戏活动，帮助幼儿学习正确交往技巧。

三、和朋友在一起

一场关于"朋友"的主题活动结束了，孩子们通过自己的方式画出"想和朋友做的一百件事"，每个人都表达了自己想和好朋友一起做的事，果果也表达了自己想和朋友做的事。

在这一阶段的图画表征中，果果从着重记录自己到加入同伴元素，表征内容也逐渐丰富起来，我们感受到果果与同伴游戏的快乐。绘画中除了有共同游戏的小朋友，还出现了大量的游戏材料如蜡笔、饼干、积木等，教师在鼓励幼儿表达游戏中的感受之后，引导幼儿尽可能地完整回顾自己和朋友一起玩的游戏，帮助幼儿建构起自己的认知经验。

教师解读：每个幼儿都有对朋友的理解与解读，都用自己的方式表达了自己的想法。作为教师，我们应该为他们提供适宜的表征材料，及时倾听和回应，了解他们的情感，为他们提供有效的支持。

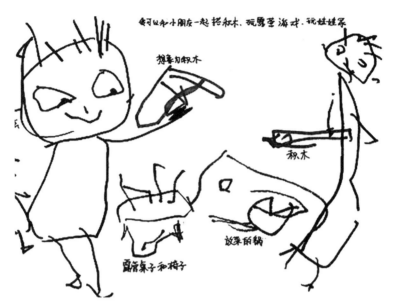

图 2 果果关于"想和朋友做的一百件事"的绘画

四、反思与启示

（一）渐进式支架介入做好情感铺垫

良好的师幼互动需要我们用眼去观察孩子的行为，用情去感受孩子的行为。本案例中的教师本着"渐进式支架介入"的原则，从以观察入手、做好情感铺垫，到个别化适宜介入指导，无论是远望关注、及时介入，还是幕后支持、适时联结，都是在让幼儿按照自己的方式学习和解决问题。

（二）递进式支持做好情感联结

情感联结是师幼互动的基础与动力，也是支持幼儿学习与发展的关键。本案例中的教师首先以递进式分步建立积极情感联结。第一步，尊重幼儿出现的情绪，学会倾听和了解情况，并给予幼儿理解和安慰；第二步，鼓励幼儿主动应对，重建新的认知，看到事情好的方面，得到情绪的疏导，然后通过鹰架式提问，搭建情感回应支架，参与到幼儿解决问题的对话中，逐渐引导幼儿自主解决问题。

（三）循环式助推幼儿的学习

通过本案例，我们形成"倾听—表征—拓展"的循环方式来推进幼儿持续的深度学习，并通过随机事件转换幼儿的思维方式，及时促进幼儿社会交往、语言表达等能力的发展，多角度开发幼儿综合能力。

1. 在积极倾听中了解幼儿想法

教师面对同伴冲突，不是直接主观判定对错，而是通过积极倾听、提问等方式，引导其思考解决冲突的办法，并通过讨论、绘画的方式引导幼儿迁移经验和拓展学习。

2. 在多元表征中分析幼儿需求

结合小班幼儿表征特点，利用涂鸦表征了解幼儿想法，投放多种材料支持幼儿表征，进一步增强幼儿对朋友的认知，使其体验到与同伴交往的乐趣。

3. 在拓展活动中进行情感表达

为进一步为幼儿营造积极的情感表达空间，搭建情感支架，丰富同伴交往经验，我们开展了丰富的情感表达活动。如教师将每年 5 月 20 日作为班级爱的表达日，孩子们在这一天说爱的悄悄话、讲关于爱的一百个小故事等，幼儿在自主的表达中，增强了对爱的认知，学会了爱的表达方式。

（撰稿人：王　倩　杨　敏　李　好）

用温暖回应开启幼儿更好的学习

成都市金牛区机关第二幼儿园

　　垒高（也称"垒房子""四脚井"等）是一种中国传统儿童游戏。该游戏的玩法是利用石头、泥土、竹竿、木棍等材料，在地面上堆砌出一个高高的"房子"，孩子们可以在上面进行各种游戏，如跳跃、掷球等。垒高是小班幼儿最常见的建构游戏之一，每当他们成功搭建出很高的"房子"时，都会感受到强烈的喜悦和成就感。本班孩子作为刚入园的最小班成员，他们的垒高更多是无意识的材料摆弄行为。然而，与其他孩子相比，小栗子已经开始了有目的的建构，他所建构的事物开始呈现出一定的形象。但是当尝试搭建既高又具有明确形象的物体时，他遇到了挑战。

一、了解幼儿已有经验与发展水平

　　《评估指南》第三十条指出，要"尊重并回应幼儿的想法与问题，通过开放性提问、推测、讨论等方式，支持和拓展每一个幼儿的学习"。通过递进式的回应，可以帮助幼儿对复杂问题进行层层分解和简化，使其找到解决问题的办法。对小栗子的垒高进行回应，不仅能进一步提高小栗子的建构技能，也能让他带动其他幼儿建构技能的提升。

　　（一）通过模仿建构引导幼儿分析结构特征

　　小栗子意识到材料大小、形状会影响垒高，但对它们之间的关系并不清楚。为了帮助幼儿识别物体的各部分名称、形状，比较建筑物的不同部分，并掌握各结构物部分之间的空间关系，教师选择了较为简单的积木作品"长颈鹿"来带领幼儿进行分析。我们展开了讨论："积木都有什么形状呢？""长颈鹿是什么样子的？""长颈鹿可以用积木怎么搭呢？"在教师的引导下，幼儿们积极发言，有的说："有三角形、长方形，还有像拱桥一样的形状。"有的说："长颈鹿有腿、有脖子、有尾巴。"还有的说："拱桥的形状应该放在最下面。"

（二）启发幼儿寻找解决问题的办法

小栗子选了一个 Y 字形的积木，然后尝试将一个比 Y 字形积木长且重的长方体放在上面。经过几次尝试，两块积木都倒了下来。但是，当他将两个积木的上下位置交换后，它们就没有再倒下。然而，当他再次选择了一个比 Y 字形积木长且重的积木放在上面时，积木又一次倒塌了，小栗子站在旁边显得有些不知所措。

小班幼儿的空间理解能力还相对薄弱，需要教师运用多种方式帮助他们在物体和几何形体之间建立联系。看到茫然的小栗子，教师轻轻地摸了摸他的头，安慰道："没关系，你刚刚第一次就成功了，你看看第一次和第二次放上去的积木有什么不同？"小栗子把几块积木放在一起进行对比，眉头紧锁。教师建议他到建构区把其他类型的积木搬过来再做对比，他很快就有了新的发现：小的积木应该放在上面。

小栗子再次尝试搭建"长颈鹿"。只见他拿起手里的小积木一一进行比对，仿佛在进行精密的检测。最终，他选择了几块长短一致但大小不一的长方体，其中一块做脖子，一块做尾巴。让教师惊讶的是，他将一块积木横放，而另一块圆柱体则稳稳地立在了上面，头部也选了一块长短相宜的长方体。小栗子边跳边拍手，兴奋地喊道："长颈鹿搭好了！好高呀！"

通过这次经历，小栗子不仅知道了"长颈鹿"各部位的名称和形状，还通过多次的比较和试错，学会了选择相匹配的积木，掌握了平衡的奥秘。他对"长颈鹿"各部分结构物的组合关系也更加明了。

图1 小栗子创造性搭建的"长颈鹿"

二、回应要引入更高水平的挑战以鹰架孩子的学习

（一）激发幼儿的积极探究精神，让幼儿在游戏中发展各种技能

当教师发现小栗子的作品里无意识地体现了一些"几何空间、数量多少、比较与测量、物体整体与局部"的核心经验时，教师知道需要对他的学习给予回应了。

小栗子和妹妹在搭建停车场，但停车场离地面有一定高度。教师问："停车场太高了，小汽车怎么开上来呢？"小栗子找到一块斜面的三角积木，说："可以从这里上来！"随后，妹妹又拿来"小拱门"放在斜坡前面。很快，停车场便搭建好了。可是这个停车场还比较简单，于是教师问道："爸爸妈妈带你们去停车场的时候，去过几层呢？"小栗子用手比了个"二"。我提议道："那我们再搭一层吧。"于是，小栗子找来两块相同长度的圆柱体积木，分别放在两边。"小汽车怎么停呢？"我又接着问道。小栗子指着圆柱体的最上面，说："可以停这里。""可以把二楼的停车位置再搭大一点吗？这样安全一些。"小栗子看着教师，露出疑惑的表情。于是教师指了指两块圆柱体积木，说："上面再搭一块积木，就可以停更多车了。"小栗子恍然大悟，他找来一块长方体积木，放于两块圆柱体积木之上，一个基本的架空层就完成了。妹妹惊喜地说："太棒了！可以停更多小汽车了！""可是车多了，斜坡路要等好久呀！"随着教师的"抱怨"，小栗子又增加了一条斜坡路，边鼓掌边说："不挤啦！"但是迷你的小拱门满足不了两条斜坡路的需求，于是小栗子放弃了小拱门，找来块和两条道路同宽的扇形积木放了上去。

教师的提问不断引发小栗子的探索行为。不一会儿，小栗子在后面修了一条路，又找来四块高度一致的小圆柱体积木，将四块圆柱体积木隔开，竖着摆放，接着又拿起一块三角体，轻轻放在上面当房顶，架空结构再次出现了。

图 2　小栗子搭建的停车场

（二）要对幼儿成果进行评价和展示，也让同伴在互动交流中更好理解和创造玩法

完成后，教师请小栗子向全班幼儿介绍了自己的搭建成果，还把生成的架空技巧进行了分享与讨论。这既能让他对自己的有效学习进行反思与解释，也能让他感受到自己是有能量的个体，感受到自我在集体中的价值感。这次分享后，小栗子在建构区继续探索，停车场越搭越高，主题也越来越丰富，出现了加油站、高架桥、汽车修理厂等多种搭建内容。

三、适时性回应让孩子更好地开启学习

从入园时哭泣不止，到如今每天来到幼儿园的第一件事就是去建构区搭建，并迫不及待地将作品展示给老师或小伙伴们，我们可以清晰地看到，游戏对小栗子的成长起到了巨大的推动作用。它不仅让小栗子学会了生活中最基本、最重要的一课——如何学习，还让他学会了感受不断克服困难所带来的喜悦感和成就感。他逐渐摆脱了对教师的依赖，变得更加愿意独立解决生活中遇到的问题，比如自己穿鞋、自己取用点心等。游戏为他带来了自我效能感，塑造了他的个性精神，对他的长远发展产生了深远的影响。

教师亲眼见证了小栗子的成长，也更加深刻地感受到了教师在幼儿成长过程中的巨大作用。教育者需要用心去发现并利用那些能引起幼儿兴趣的事物，积极回应幼儿所关注的事情。我们应该基于孩子的能力、兴趣、情感和经历，去引导他们达到自己想要达到的能力水平，回应他们的思维与行动过程，让他们始终保持探究的热情与兴趣，从而获得精神上的持续享受。这样的回应不仅传递了认知信息，还伴随着情感的交流，让孩子在这段独特的经历中产生发展的能量，并与教师建立起亲密的关系。

（撰稿人：胡　晓　彭元菊）

"水到渠成"游戏中的师幼互动策略

江油市东方红幼儿园

《发展指南》指出，"要支持幼儿在接触自然、生活事物和现象中积累有益的直接经验和感性认识"。幼儿天生对沙有着浓厚的探究兴趣，为此，幼儿园在有限的条件下开辟出了一个简易的沙池区。然而，由于沙池区条件简陋，幼儿的游戏活动较为单一，主要局限于挖坑、做沙堆等。于是，我们开始思考：如何才能让沙池区的游戏变得更加丰富多彩？又如何能持续性地支持幼儿的玩沙游戏呢？

一、初探玩沙

在游戏过程中，幼儿总是提出许多疑问：为什么做的城堡容易垮掉？为什么沙池区看起来总是灰蒙蒙的？浩浩摸了摸旁边的沙子，回答道："是不是因为沙子太干了？

图1 师幼共同探讨沙池区现状

我之前去明月岛玩沙，那里的沙子都是湿湿的。"其他幼儿纷纷点头，表示赞同浩浩的看法。这时，老师蹲下来与幼儿进行交流："那你们准备怎么做呢？"浩浩提议道："我们可以用水把沙子浇湿！"然而，灿灿马上提出了疑问："可是这里没有水呀！"幼儿们面面相觑，面露难色。这时，浩浩灵机一动，想到了一个办法："我们可以从我们班里的水管接水过来！"但明明却表示不认同，他用手指了指教室的位置，说道："可是你们班在二楼，太远了。"东东提议："可以从一楼会议室接水，那样更近。"浩浩兴奋地附和："对，会议室确实更近！"但东东又略显担忧地说："不过有小朋友正在那里画画，我们去接水可能会打扰到他们。"老师耐心地倾听着幼儿们的讨论，并未直接介入，最终幼儿们一致决定悄悄地用水桶从会议室的洗手池中取水。

有了水的加入，幼儿们开启了他们的首次湿沙游戏。他们利用湿沙制作了火箭、堆砌了城堡。明明也加入了浩浩的挖水坑游戏，两人合作将小水坑扩展成了一条小水沟，这一变化也吸引了其他几个幼儿的陆续加入。幼儿们轮流用小桶从会议室的洗手池中取水，然后倒入沙池中。游戏逐渐从一个人的独乐变成了两人、三人乃至多人的共乐。

在这一阶段，教师并未急于介入，而是选择在幼儿们"发现问题—分析讨论—实践验证"的过程中给予支持。幼儿们结合自己的生活经验，积极寻找解决水源问题的方法，并在游戏中发现湿沙比干沙更容易塑形，从而为玩沙游戏开辟了更多的可能性。

二、灌不满的河沟

水的加入让沙池游戏变得更加有趣。幼儿们共同设计了一张独特的河沟设计图，并依照设计图，你一铲、我一铲地挖出了一条蜿蜒曲折的河沟。然后，他们提着小桶兴高采烈地去提水。然而，不久之后，他们又遇到了新问题：河沟太长了，即使加了好几次水也灌不满。幼儿们累得满头大汗，浩浩更是气喘吁吁地跑到老师面前求助："老师，这条河沟太长了，我们提了好多桶水都没能灌满，您能帮帮我们吗？"左老师于是引导幼儿们思考问题："河沟太长，怎样才能更快地将它灌满水呢？"东东眼珠一转，提出了一个想法："我们可以用一个大盆子来接水呀！""可是哪里有大盆子呢？"浩浩指了指旁边的装沙的大箱子，问："我们可以用这个箱子吗？"老师提醒说："这个玩具箱虽然大，但装满水后你们能搬得动吗？"浩浩想了想，说："那我们就一桶一桶地往里面灌水。"老师肯定地点点头，表示愿意加入他们的行列。最后，幼儿们决定利用沙池区旁边装玩具的箱子作为蓄水箱，提前将箱子中的水装满，这样蓄水问题就得到了圆满解决。

图 2　蓄水箱取水

在这一阶段，教师通过提问，从用什么工具引水，到如何引水、如何储水等，鼓励幼儿说出自己的思路，支持幼儿有针对性地假设验证、自我反思，获取有益的探究经验，并暂时解决了水源远、水量少的问题。

三、水源问题再次出现

随着幼儿们经验的不断积累，他们想要完成的任务也逐渐变得更为复杂。这一次，幼儿们设计了一个大型的水上城堡，并进行了明确的分工，还绘制了清晰的图纸。然而，在游戏过程中，还是出现了一些问题。比如，有两个幼儿合作从两边向中间挖沟渠时，没有按照设计图的规划连接起来；有的沟渠挖得太浅，有的堡垒则做得不够结实。不过，这些问题都在幼儿们的相互协调和沟通中得到了顺利解决。

但是，到了灌水环节，幼儿们发现蓄水箱里的水已经无法满足这样大型的水上城堡的需求了。该怎么办呢？幼儿们开始了激烈的讨论。玥玥提议："我们可以再拿一些玩具箱来，这样就可以蓄更多的水了。"但老师告诉他们："已经没有多余的玩具箱了。"这时，东东想到了一个主意："我们可以用 PVC 管搭建一条水道，这样我们就不用跑来跑去地接水了。"然而，老师这时提出了疑问："这条路时常会有其他小朋友路过，如果不小心撞到了怎么办？"浩浩也表示赞同："是呀，这样会阻碍交通的。"玥玥又指出："而且 PVC 管道没办法转弯，水会从两条管道的中间漏掉。"

浩浩思考了一会儿，本来无奈的小眼睛里突然闪出了光芒，他迫不及待地跟大家分享："我看见过保安叔叔用长长的软水管冲洗幼儿园的大玩具，我们可以用软水管将水引到沙池里。"东东立刻带着小伙伴们行动起来："那我们去找保安叔叔借软水管吧！"于是，老师便和幼儿们一起找保安叔叔借来了软水管，并帮助他们把软水管从会议室的接水口连接到了沙池区。打开水龙头后，水很快灌满了水上城堡，幼儿们欢呼雀跃起来，"水到渠成"游戏也圆满实现了。

图 3 "水到渠成"游戏

这一阶段幼儿们目标一致，团结协作，自主发现问题、探索问题、解决问题，通过团结协作解决困难。

四、支持孩子实施想法

"水到渠成"游戏结束后，幼儿们又提出了新的疑问："难道我们每次都要借保安叔叔的软水管吗？""可不可以请老师给我们在沙池区安装一些水龙头呢？"于是，幼儿们向老师提出了沙池改造的计划。他们决定自己设计一张沙池区水管的设计图，并交给园长妈妈。这一想法得到了幼儿园的支持，工人叔叔按照小朋友们的设计图，完成了沙池区水管的改造，从而彻底解决了水源的问题。

（一）有效提问，灵活支持游戏

针对"沙子太干""没有水源"和"水不够用"等问题，教师并没有立即告诉幼儿们解决方法，而是在倾听幼儿、分析他们所具有的经验的基础上，提出了引导游戏深入开展的辅助性问题。教师适时的有效提问激发了幼儿们的讨论，引导他们想出了"水桶接水—玩具箱蓄水—软水管接水—水管改造"等一系列想法，有效地激活了幼儿们的探索欲望，并与他们产生了积极的互动。

（二）多元材料，激发幼儿创造

在游戏中，教师始终尊重幼儿们的决定，坚信他们"有办法、有能力"的同时，也引导幼儿们就地取材，利用小水桶、玩具箱、PVC管、软水管等一切可行的材料，最大限度地发挥他们的想象力和创造力。

（三）充足时间，保障幼儿探究

当幼儿们在游戏中遇到问题和困难时，教师耐心地等待，给予他们充足的时间去探索、去试错。同时，及时分析幼儿们的活动，调整自己的教育行为。

（四）问题引导，深化游戏学习

幼儿们在沙池中的逐步深入学习，是基于解决问题的探究式学习。教师鼓励他们说出问题解决的思路，让他们自主解决问题。这些经历对幼儿们未来独立自主的发展有着至关重要的意义。

（五）细致观察，发现游戏意义

观察幼儿们的游戏，对其进行解读，并通过分析发现问题，从而进行自我反思，这也是教师的学习和成长过程。在观察中发现幼儿们遇到困难时，切记不要着急冲上去帮助他们，而是要相信幼儿、适时支招，支持他们进行有意义的游戏。

（六）全力支持，打造真游戏

沙池区的游戏为幼儿们提供了科学探究的环境。教师应精心呵护幼儿们在游戏过程中的探知欲，根据他们的需要提供适宜的材料，打造自由探索的平台，从而玩出不一样的真游戏。

游戏是幼儿们快乐的源泉。教师应该观察幼儿、倾听幼儿、追随幼儿，从而支持他们的真游戏、真学习。在探索的过程中，不断提升师幼互动的质量，促进幼儿们的多元发展。

（撰稿人：林　莉　邱　芳　母　倩）

第三节　园、家、社协同育人 构建和谐教育生态

➤ 理论指引

　　家园共育是共同促进幼儿全面发展的关键途径。通过建立平等互信的家园关系，增强家长的参与感和支持度，宣传科学的育儿理念和知识，幼儿园、家庭和社区共同努力，为幼儿创造良好的成长环境。

　　"家园共育"这一关键指标里重点考查四个方面的内容，即家园关系的样态、家园共育的路径、幼儿园与家长的职责分工和良好的教育生态环境，具体指向家园平等互信的关系建立，家长成为幼儿园的合作伙伴，宣传科学育儿理念，提供育儿指导和建立家、园、社协同育人的生态环境。内容既有认知层面的表述，又有操作层面的具体路径；内容间既相互关联，又有层次差异。主要表现为：第一，建立平等互信的家园关系是基础；第二，家长参与活动、参与幼儿园管理是保障的核心；第三，建立科学的育儿观、提高育儿能力是落实的要务；第四，协同育人、创设良好的育人环境是愿景，也是幼儿教育的职能和愿景。

　　家园共育是幼儿园教育工作的重要内容之一，也是幼儿园教师面临的关键课题之一。1996年《幼儿园工作规程》、2001年《纲要（试行）》、2003年《关于幼儿教育改革与发展的指导意见》以及2022年《中华人民共和国家庭教育促进法》等法律法规文件，均强调幼儿园应与家庭、社区合作，共同促进幼儿发展。《评估指南》中的"教育过程"包括活动组织、师幼互动和家园共育三个关键指标。家园共育是幼儿园教育过程的重要内容，通过家园管理和班级管理，确保幼儿在家庭和幼儿园的生活目标一致、方法匹配，从而促进幼儿的全面发展。

表 1 《评估指南》家园共育考查要点

重点内容	关键指标	考查要点
A3.教育过程	B9.家园共育	1. 幼儿园与家长建立平等互信关系，教师及时与家长分享幼儿的成长和进步，了解幼儿在家庭中的表现，认真倾听家长的意见建议 2. 家长有机会体验幼儿园的生活、参与幼儿园管理，引导家长理解教师工作对幼儿成长的价值、尊重教师的专业性、积极参与并支持幼儿园的工作、成为幼儿园的合作伙伴 3. 幼儿园通过家长会、家长开放日等多种途径，向家长宣传科学育儿理念和知识，为家长提供分享交流育儿经验的机会，帮助家长解决育儿困惑 4. 幼儿园与家庭、社区密切合作，积极构建协同育人机制，充分利用自然、社会和文化资源，共同创设良好的育人环境

一、平等互信的关系是实现家园共育的基础

家园共育的第一个考查要点明确表明了家园之间的关系样态及具体做法，即"幼儿园与家长建立平等互信的关系，教师及时与家长分享幼儿的成长与进步，了解幼儿在家庭中的表现，认真倾听家长的意见建议"。该句话包括两个短句，其核心指向"平等互信"的家园关系。萨提亚模式提出，人们在第一次接触的时候，就可以在彼此之间建立某种联系。家园之间的关系取决于教师与家长接触的方式和内容。互动符号理论指出，人与人之间的互动需要依靠符号作为媒介，师幼互动的媒介是能引起教师与幼儿共鸣的具体活动，家园互动的媒介则应该是"幼儿的成长"。因此，要建立平等互信的关系，就需要依靠教师的具体接触内容以及高质量互动。

（一）平等互信的家园关系样态

1. 平等互信的内涵

平等，《辞海》解释为："人们在社会上处于同等的地位，在政治、经济、文化等各方面享有同等的权利"。平等是人最基本的权利，是处理人与人之间关系最基本的准则，是人类社会的理想价值追求。互信，即相互信任。

《评估指南》中的平等是指教师和家长之间在地位、思想、权利等各方面彼此平等和尊重，不因彼此的身份、职业而存在歧视行为，部分家长要转变"幼儿教师就是保姆"等类似的错误思想，教师更要摆脱"彼此井水不犯河水""教师就是专家"的错误观念；互信则是强调家园之间彼此信任，不相互猜忌和质疑，本着一颗真诚的心进行沟通。①

---

① 周雪梅. 从《幼儿园保育教育质量评估指南》中感悟家园共育之道[J]. 新班主任，2023（08）：48—50.

2. 家园关系建立过程中的现实困境及因素

在幼儿园的家园共育中，不平等现象可能表现为家长与教师之间的权力和责任不均。一方面，教师可能拥有更多的专业知识和对教育环境的控制，导致家长感觉缺乏参与孩子教育的机会。另一方面，家长可能对孩子的需求和特性有更深入的理解，如果教师未充分认可这些观点，家长的影响力和参与积极性就会降低。欲改善这一状况，就需要建立更加开放和互惠的沟通机制，确保家长和教师之间的合作是基于相互尊重和平等的基础上进行的。

在幼儿园的家园共育中，不互信的情况可能由几个因素导致：家长对教师的教育方法或专业性存疑，或者对幼儿园的安全和保育标准感到担忧；教师可能觉得家长干预过多，不信任他们的专业判断。这种信任缺失可能源于知识体系上的差异、沟通不足、误解或之前的负面经验。要建立互信，需要加强双方的沟通，明确期望，共同参与决策过程，透明地分享关于孩子发展的信息。

3. 平等互信的家园关系样态

平等互信的家园关系建立在"平等""互信"两个关键点上。平等，强调幼儿园教师和家长两个群体的地位平等、人格平等、权利平等。互信，强调家长和幼儿园是互相信任、认同的，而非谁附庸于谁。因此，平等的家园关系是教师与家长基于共识而做出的方向一致的教育行为，而非某一方主导。教师有权开展教育教学活动，家长也有权参与到孩子的成长过程中；教师有必要认真倾听家长分享孩子在家里的表现，倾听家长关于育儿的困惑。家长也应认真听取教师的建议，支持幼儿园里的活动。良好的家园关系是在家园互动的过程中建立一种彼此信任、彼此认同的社会关系。这样的社会关系不仅有助于良好师幼关系的建立，还有助于提升保教质量、促进儿童发展；良好的家园关系还能提高家长教育素养，对社区居民的整体素养也有一定影响力。

（二）及时分享幼儿活动状态是构建互信关系的重要举措

"及时"是指"正赶上时候""逢时""恰到时机"，即教师需要在恰当的或有利的时机向家长分享、交流幼儿的在园生活情况。既要避免时间间隔太长导致信息时效性受损，也要避免不适宜的时机导致信息被遗漏或引发沟通不畅。

教师分享的"及时性"应体现在以下几个方面：第一，教师对家长的需求迅速回应；第二，教师能主动且敏锐地捕捉到幼儿在各方面的细微进步与变化，并将这些珍贵的成长瞬间准确无误地传达给家长；第三，及时分享班级活动的内容，确保家长能够及时了解幼儿园的活动安排，掌握幼儿的活动状态，让家长在幼儿的成长过程中不缺席。这种及时性要求教师具备高度的专业观察能力和积极主动的沟通意识。因此，好的家园关系样态不仅体现为教师及时回应家长的需求信息，更重要的是，教师要能够主动分享幼儿的每一步成长和进步、分享幼儿在园的活动样态，让家长能多视角了解立体的幼儿，并与家长建立起一种持续、开放和双向的沟通模式。这样的沟通方式有助于构建基于理解和信任的亲师合作关系，共同支持和促进幼儿的全面发展。

（三）了解幼儿在家的具体表现是构建平等关系的重要前提

1. 教师应了解幼儿在家的哪些表现

了解幼儿在家庭中的表现是家园共育中至关重要的一环。从儿童发展的角度看，家庭是幼儿成长的第一个和最主要的环境，家长是幼儿的首任老师。家庭环境、家庭关系、父母的教养方式等因素都对幼儿的身心发展有着深远的影响。了解幼儿在家庭中的行为和表现，可以帮助教师和家长共同理解幼儿的需求和发展特点，从而提供更加个性化、有针对性的支持和指导。

在实践中，尽管家访等措施可以提供一定的信息，但仍可能难以完全反映幼儿在家的真实情况。这种局限可能源于家庭对隐私的保护，家长在介绍幼儿情况时出于各种原因无法完全开放。因此，与家长应沟通哪些内容、为什么要沟通就显得尤为重要。

面对这样的情形，教师可以从以下几个方面来了解幼儿在家庭中的表现。

（1）健康情况。了解幼儿的生长发育情况，在家的生活习惯、饮食习惯、幼儿健康情况等，如幼儿的作息时间、饮食偏好，以及幼儿的生活自理能力情况。

（2）情感和行为表现。了解幼儿在家中的情绪反应、情绪表达方式、行为习惯和生活能力等，以及他们与家庭成员的互动情况。

（3）兴趣和偏好。了解幼儿的兴趣点、偏好以及在家中常进行的活动，这有助于教师在幼儿园提供符合幼儿兴趣的学习方式。

（4）家庭环境和教养方式。了解家庭的教养风格、家庭文化、价值观念以及家庭成员的相互作用，这对于教师在教育实践中考虑幼儿背景信息至关重要。

（5）特殊需求。了解家长及幼儿的特殊需要，如过敏情况以及生活、交往、行为等方面需要特别提醒的内容等。

深化教师对幼儿家庭生活的理解，可以促进更有效的家园共育实践，为幼儿创造一致的成长环境，更好地支持幼儿的全面发展。

2. 教师应如何了解幼儿在家的表现

在日常的家园沟通中，教师既要主动与家长沟通，也需要多渠道与家长沟通。但在实际的家园沟通工作中，我们可能会遇到"家长不愿意主动沟通、家长交流的内容不全面、家长更愿意分享幼儿表现好的一面、家长重点沟通的是生活自理能力方面的内容"等情况。在家园沟通时，当没有办法捕捉和收集更全面的幼儿情况时，教师需要做以下思考。

第一，教师应分析原因、找准问题。教师可以从沟通主体、内容、时间、积极性等方面捕捉原因，这有助于打通与家长交流幼儿在家表现的渠道。例如，分析沟通幼儿情况的家长身份是父母居多还是祖辈居多，他们分别关心的问题和交流的内容是什么，是家长主动分享多还是教师主动沟通多，是来回多次的交流还是单一的倾听或倾诉，家园沟通的频次如何，等等。这样的"自我提问"可以帮助教师厘清已了解到哪些幼儿在家的表现，哪些幼儿的表现还需要通过家园沟通才能获得，为什么需要了解幼儿在家的不同表现，等等。这样的思考过程也是教师自我评估家园工作的过程。

第二，教师须全面思考、找对方法。在日常的教育教学工作中，家园间有许多沟通、交流和参与的方式。有家访、家长会正式的、结构化的了解方式，也有家长接送幼儿时随机的、临时性的交流，还有如"六一"活动、春天歌会、运动会等基于活动的间接性、潜在性了解幼儿在家表现的方式。教师要有意识地去捕捉家长分享的幼儿的信息，结合幼儿在园的情况全面思考，找准"我们想要了解幼儿的哪些情况"，有意识地跟家长进行多形式的沟通。例如，有计划性地面对面沟通或电话沟通幼儿某些方面的能力，在家园活动中有意识地观察亲子间的对话和相处方式，重视幼儿分享的亲子故事和经历，有针对性地跟不同身份的家长沟通，等等。

第三，教师应及时反馈、共话幼儿成长。"了解幼儿在家的表现"是为了更全面地了解鲜活且立体的幼儿，最终目的是帮助幼儿个性化发展。教师一方面需要让家长明白为什么要去了解幼儿在家的表现，树立家园携手共育的正确认识；另一方面更需要让家长看到幼儿的变化和成长，通过幼儿的成长和变化唤醒家长主动沟通、主动分享的意识，让教师变成家长可信赖的朋友。因此，对于幼儿的成长变化需要及时且恰当地反馈给家长，让家园间的对话更有深度，也更有温度。例如，在达州政府机关幼儿园的日常教育中，针对有行为问题的孩子，教师将家庭当作重要的合作伙伴，通过构建良好的家园共育，成功转变了幼儿的行为。教师首先与家长建立了信任关系，通过频繁的沟通，了解孩子在家庭中的表现；接着采用正强化的方法，引导孩子在园内的行为，并定期向家长反馈孩子的进步情况。通过科学的家园共育，孩子逐渐改掉了不良习惯，融入了集体生活。这个事例充分展示了平等互信的家园关系在实际操作中的重要性，依靠教师和家长的紧密合作，成功促进了孩子的健康成长。

二、合作共赢的伙伴关系是家园共育的内核

家长和教师不是博弈的关系，而应是拥有共同利益的合作伙伴。合作是主体间因共同的目的而彼此配合的联动方式。家园之间成为合作伙伴，需要建立在共同的发展目标和发展愿景之上，需要主体间的相互配合，也需要有联动行为。与要点一不同的是，其表述方式是先因后果，即家园要建立"合作的伙伴关系"需要具体的家园活动，需要家长的深入参与，需要家长的认可。只有这样才能真正实现合作，发挥家长的职责，落实家长的责任分工。

目前，仍有部分家长认为自己承担的就是旁观者以及监督者的角色，而将育儿的重任全部推给教师，自己当起了甩手掌柜。家长与教师之间重要的联系和纽带是幼儿，幼儿的全面发展和身心健康是二者的出发点和目标，合作共赢是实现这一目标的必然路径。《评估指南》强调幼儿园应发挥自身的主动性，引导家长理解教师工作对幼儿成长的价值，尊重教师的专业性，积极参与并支持幼儿园的工作，成为幼儿园的合作伙伴。因此，明确双方的角色和责任至关重要，对于家长而言，培养幼儿良好的生活习惯、积极的社会情感不应只是幼儿园的义务与责任，自身也要发挥互补互助的作用。

（一）重视家长体验幼儿园活动的机会和参与的深度

1. 建立对体验幼儿园活动的正确认识

体验幼儿园活动的关键点在于体验，体验需要亲身经历，需要在实践中去认识事物。具身认知理论认为人的心智是大脑、身体与环境互动的结果，身体体验、环境的融合就显得尤为重要。该理论呼吁人们重视身体经验对认知的作用，认为身体与环境的交互能帮助学习者更好地学习。家长体验幼儿园的活动绝对不是简单地参与活动，而是需要通过家长全身心地参与环境之中，实现对幼儿园活动的认识，加深对教育的理解和对幼儿成长的认识。

2. 家长体验幼儿园活动的现状

现实的家园活动中，对于体验的理解往往还存在偏差和片面化认识，导致家园共育的活动开展质量差异大，家园共育的价值被削弱，甚至产生负面效应。家长体验幼儿园活动存在的问题通常表现为：

（1）重形式化的参与，轻实质性的体验。教师或幼儿园管理者对"体验"的认识存在偏差，导致仅关注了活动中是否有家长参与，而忽略了家长参与活动的体验和感受。例如，一些幼儿园教师将家长进课堂的活动变成了要"完成的任务"，导致教师在

组织这样的活动时，更关注是否有家长报名参与，对于家长进课堂的内容、形式以及家长的过程性体验等表现出被动等待。一些教师甚至认为"请家长提供一些废旧材料"就是家园共育，而忽略对家长"为什么要提供废旧材料"的认知引导。

（2）重结果的呈现，轻过程中的家园沟通。有的教师在活动的组织中看重结果的呈现而忽略过程中的交流与沟通，家长变成了被动接受者，教师变成了任务布置方；或者教师变成信息传递者，对于家长的意见和建议表现出"绝对赞同"，忽略家园之间的交流和深度对话。

（3）重单方面的配合，轻共建共享的家园模式。有的教师由于对家园关系、家长和教师双主体的关系还未建立客观、科学的认识，将活动过程变成教师单方面地策划、家长单方面地配合。例如，幼儿园常见的"六一"活动，很多时候都会有家长的参与，但是家长参与的活动内容、活动形式变成了"被告知"，而不是家长与教师共同构建、共同完成。

3. 家长体验幼儿园活动的策略建议

体验注重身体、心智和环境的相互作用，注重在身心的参与中重构自己的认知。要实现家长真正体验幼儿园活动，首先，需要将家长视作共同培育孩子成长的合作人，认识到家长、教师对幼儿的发展价值同等重要，二者都发挥着主体性作用。其次，教师要充分与家长沟通、对话，转变过去单方面布置任务、发通知等角色认知，主动倾听家长的意见、采纳家长的观点，让家长感受到"被需要""被接纳"，感受到自己是班集体建设中的重要一员。再者，教师可以适当地将某些家园活动的组织权交给家长，让家长在策划、组织的过程中理解教育，建构对幼儿的认识、对育儿的认知。

家长体验幼儿园活动的目的是使家长在身心沉浸式地参与中了解幼儿园、认同幼儿园，并积极主动配合幼儿园的活动。家长与幼儿园在共同构建家园活动的过程中，也在转变育儿观。

（二）关注家长参与并支持幼儿园工作的内容与形式

1. 建立对"参与与支持"的正确认识

"参与与支持"在家园共育中的意义重大。"参与"意味着家长不仅仅是观察者，更是积极的参与者，他们直接参与到幼儿园的活动和管理中，扮演着重要的角色。这种参与不限于活动本身，还包括在决策和规划中的贡献。"支持"则指家长在理解和认可幼儿园教育理念和方法的基础上，为幼儿园的各项工作提供帮助和配合。这种支持可以是物质上的（如捐赠活动材料），也可以是精神上的（如积极配合教师的教育计划）。绵阳安州区实验幼儿园就是一个正面例子。针对打造及实施"安实幼生活场馆游戏"这一问题，园所定期邀请家长参加"安实幼生活市集"半日体验活动，分享生活场馆打造的案例，组织家长与老师对"安实幼生活市集"进行联合教研，让家长亲身感受、发现孩子们在活动中的成长和变化，理解打造生活场馆的初衷与意义，意识到家长参与和支持对于场馆建设、幼儿教育的重要性。

2. 家长"参与与支持"幼儿园的现状

在现实中，家长的参与和支持往往存在一些挑战。很多家长由于工作忙碌或者对幼儿教育缺乏了解，欠缺参与幼儿园活动和管理的积极性。有时教师由于缺乏有效的沟通手段，亦无法充分调动家长的积极性。因此，理解"参与"与"支持"的形式和内涵之间的区别是至关重要的。

参与不仅仅是家长出席幼儿园的活动，还包括他们在这些活动中发挥的作用。理想的参与是家长能够主动提出建议、分享资源，并在活动中与孩子和教师互动。而支持不仅有对活动的物质支持，更重要的是对教师工作的理解和配合。

3. 家长"参与和支持"的策略建议

为了实现家长的有效参与和支持，幼儿园可以采取以下具体措施。

（1）建立多渠道沟通平台。幼儿园可以利用家长微信群、电子邮件、家长论坛等多种方式，及时并持续性地与家长沟通孩子的在园表现和需要家长配合的教育计划。

（2）定期组织参与性活动。幼儿园应定期举办亲子活动、家长开放日、家长会等，让家长有机会参与到幼儿园的日常生活中。例如，可以组织家长参与到课堂教学中，让他们了解教师的教学方法和幼儿的学习状态。

（3）设立家长委员会。邀请家长代表参与幼儿园的管理和决策，听取他们的意见和建议。例如，可以定期召开家长委员会会议，讨论幼儿园的教育规划、活动安排等，以提高家长的参与度，增强他们对幼儿园工作的理解和支持。

（4）开展家长培训。幼儿园可以定期举办家长培训班，邀请教育专家讲解科学的育儿知识和方法，提高家长的育儿能力和教育水平，增强他们对幼儿园教育理念的认同。

（5）实现家长资源共享。鼓励家长根据自身的职业背景和特长分享资源和经验。例如，邀请医生家长到幼儿园讲解健康知识，或者让从事艺术工作的家长参与到幼儿园的艺术活动中。这不仅丰富了幼儿园的教育资源，也增强了家长的参与感和支持力度。

通过这些措施，幼儿园可以有效地调动家长的积极性，让他们在孩子的教育过程中发挥更大的作用。家长的参与和支持，不仅有助于提升幼儿园的教育质量，还能为孩子创造一个更加丰富和多元的成长环境。

三、找准科学育儿路径是实现家园共育的关键任务

家园共育第三个考查要点重心指向幼儿园在家园共育中应当发挥的职责之一，即宣讲科学的育儿知识，指导家长树立科学的育儿观，提高家长的家庭教育能力。这一措施不仅彰显了幼儿园在家园共育中的积极职责，更是一种科学育儿观念的推广。

"幼儿园通过家长会、家长开放日等多种途径，向家长宣传科学育儿理念和知识"，强调了幼儿园应如何主动规划和组织各种家庭教育相关的课程和活动，目的是要有意识地向家长传达科学的育儿知识和理念。这不仅可以帮助家长正确地理解孩子的成长需求，还能提升他们的育儿技能。"为家长提供分享交流育儿经验的机会，帮助家长解决育儿困惑"，则更加侧重于提升家长的实际育儿能力，通过建立家庭学习共同体，增强家长间的相互影响和支持。这种共同体不仅能促进家长之间的资源共享，还提高了家庭教育的整体效果，幼儿园在这一过程中扮演着重要的支持和协调角色。

（一）树立科学的育儿理念应成为家园工作的重要内容

科学的育儿理念与知识指的是基于现代心理学、教育学以及儿童发展心理学的研究成果，为父母提供一系列关于如何有效育儿的理论和实践方法。这些理念和知识将帮助家长了解孩子在不同成长阶段的心理和生理需求，以及通过合适的方式支持孩子全面发展。

科学的育儿理念与知识对于家长来说至关重要。首先，这些理念和知识能够提供正确的育儿方向，帮助家长避免使用过时或不当的教育方法，如体罚或言语压迫，从而创造健康、积极的幼儿成长环境。其次，掌握科学的育儿方法能够显著增强家长的教育能力，使他们能够更有效地支持孩子的学习和社会技能的发展。此外，科学的育儿方法强调家长与子女之间的沟通与理解，有助于减少家庭冲突，增进亲子间的情感，促进家庭和谐。

为了帮助家长掌握和应用科学的育儿理念与知识，幼儿园可以采取多种措施。例如，定期举办家长学校、邀请心理学家和教育专家举办讲座等。此外，幼儿园应提供易于理解的育儿资料，手册和视频教程这些资料应包含应对常见育儿挑战的策略，如处理孩子的情绪波动、培养独立性等。幼儿园还应鼓励家长将学到的育儿知识应用于日常生活中，并通过家长会等形式提供反馈，以便幼儿园根据家长的实际需要调整教育策略和内容。

通过这些途径，幼儿园不仅可以帮助家长掌握科学的育儿理念，还能实际提升他们的育儿技能，从而共同促进孩子的健康成长。绵阳市公园路幼儿园在阶梯式亲子共读实践活动中，首先提供丰富的阅读资源和个性化书单，解决家庭"无书可读"的问题；再通过"分阶段分类型阅读打卡"活动，鼓励家长持续陪伴；同时，依托父母课堂，传递科学育儿知识，纠正阅读误区；而后，通过桥梁书、一对一访谈、阅读等身评估等方式引导家长正确评价儿童成长，避免盲目竞争，实现家园深度合作。

（二）给予家长分享交流育儿经验的多元平台和充足机会

分享交流的机会是指幼儿园为家长提供的平台和场合，让家长们能够互相分享育儿经验，交流教育心得，并从中获得启发和支持。这些机会通常通过家长会、家长开放日、育儿沙龙等形式来实现。

提供分享交流的机会对于家长和幼儿园来说都非常重要。一方面，通过这样的机会，家长们可以分享自己的育儿经验和遇到的困难，从其他家长的经验中获得有益的建议和解决方案。这种交流不仅能够帮助家长解决育儿过程中的实际问题，还能增强他们对科学育儿理念的理解和应用。另一方面，良好的分享交流有助于构建互助支持的家长社群。在这样的社群中，家长们可以彼此鼓励和支持，形成积极向上的育儿氛围。

然而，现实中家园共育的成效往往不尽如人意，其中一个重要原因就是缺乏有效的形式和落实措施。许多幼儿园仅仅通过微信、家访等方式来实现家园共育，但这些方式往往难以深度覆盖和持续推进。此外，家长们的参与度和积极性也可能受到时间、精力等多方面因素的限制，导致家园共育的效果有限。

为了提高家园共育的成效，幼儿园可以采取以下策略。

第一，幼儿园定期组织家长会和家长开放日，这不仅为家长们提供了面对面交流的机会，还能让他们更直观地了解孩子在园内的学习和生活情况。通过这些活动，家长们可以分享育儿心得，交流教育经验，从而提升育儿能力。

第二，幼儿园还可以举办育儿沙龙和专题讲座，邀请专业人士和有经验的家长进行分享和讨论，帮助家长们更好地理解和应用科学的育儿知识。这样的活动可以围绕不同的主题展开，如儿童心理健康、亲子沟通技巧、科学育儿方法等，针对性强，效果显著。

第三，幼儿园应借鉴国外优秀的家园共育经验。例如，实施开放办学模式，定期召开双方会议，通过多种方式和平台促进信息流动；充分利用家园联络簿，及时记录和反馈孩子在园内外的表现和变化；成立家长中心和家长社区，为家长提供长期互动的平台，解答育儿疑惑，实现双方信息的流动和资源共享。

借助这些措施，幼儿园不仅可以丰富家园共育的形式，还能增强家长们的参与度和积极性，从而真正实现家园共育的目标。

四、构建园、家、社协同育人机制是良好育人环境的核心保障

从社会生态学角度来看，幼儿的发展是其与所处环境相互作用的过程。影响幼儿发展的社会生态环境可以分为微观系统、中观系统和宏观系统，各系统之间相互联系、彼此制约。微观系统包括幼儿在家庭、幼儿园等生活情境中所经历的活动、扮演的角色及其相互关系，这些早期经验构成了幼儿身心发展的基础。

然而，在现实中，幼儿园单独完成这种协同育人的任务存在很大的困难。受限于资源和管理能力，幼儿园很难独自推动全面的教育生态建设，这需要国家、地方政府、教育行政部门、社区及幼儿园的通力合作。

（一）协同育人机制推动教育资源的有效整合

协同育人机制是指幼儿园、家庭、社区和政府等各方力量共同合作，形成互相支持、资源共享的教育体系。这种机制强调多方参与，综合利用各种资源，为孩子创造一个全方位发展的环境。一个良好的协同育人机制能够有效整合资源，通过家庭、幼儿园和社区的合作，避免资源的浪费和重复建设。此外，各方统一教育理念和方法，能够避免孩子在不同环境中接收到矛盾的信息，有利于孩子的心理健康和行为规范。更重要的是，利用社区的丰富资源和多样化活动，协同育人机制可以补充幼儿园和家庭教育的不足，促进孩子在知识、技能、社会交往等方面的全面发展。

为了实现这种协同育人的理想，幼儿园应积极"走进来"和"走出去"，创造家园社协同育人的良好环境。一方面，幼儿园应建立与家庭和社区的紧密联系，定期邀请家长和社区成员"走进来"，多方参与幼儿园的教育活动，了解幼儿园的教育理念和方法。通过这些活动，可以增强家长和社区对幼儿教育的支持和理解。另一方面，幼儿园也应"走出去"，与社区组织和文化机构合作，开展丰富多彩的教育活动。例如，组织幼儿参观社区博物馆、文化中心，参加社区公益活动，参与户外拓展项目。这些活动不仅能拓宽幼儿的视野，还能让他们在真实的社会环境中学习和成长。成都市第九幼儿园就将"阅以育人"的理念渗透至家园共育实践，逐步形成以阅读为载体的家园协同育人模式，通过构建亲子阅读环境、整合家园教育资源、拓宽育儿指导平台、开

展多元常态的阅读活动等方式，建立了平等互信的家园关系，创设了良好的协同育人环境，实现了幼儿、教师、家长的共成长，助力幼儿园高品质发展。

从国家和地方政府层面而言，需要制定和落实支持协同育人的政策和法规，提供必要的资源和指导。教育行政部门应加强对幼儿园的指导和支持，推动家园共育工作的规范化和系统化。社区组织则需要积极参与到幼儿教育中，为幼儿园提供丰富的社会资源和实践机会。

不仅如此，建立科学的评价机制，对于确保协同育人机制的有效运行和持续改进亦不可或缺。通过家长、教师和社区的反馈，定期评估协同育人机制的实施效果，及时发现问题并进行改进，不断完善和优化协同育人机制。

通过这些措施，幼儿园可以与家庭和社区形成紧密合作，构建起综合、协调、有效的教育生态系统，为孩子提供安全、丰富、具有启发性的成长环境，促进儿童的全面发展。

（二）良好育人环境的营造指明未来可持续发展的方向

良好育人环境是指能够支持和促进幼儿身心健康发展的一系列物质和非物质条件的总和。它不仅包括幼儿园内的设施设备、安全卫生、教育资源等物理条件，还涵盖家庭和社区的教育氛围、人际关系和社会支持系统等心理和社会环境。理想的育人环境应当是安全的、温馨的、具有启发性的，并且能够满足幼儿在认知、情感、社会性等方面的需求。

幼儿家长来自各行各业，社会分工各不相同，可以为幼儿的发展提供丰富多样的资源。幼儿园要充分整合家长和社区的教育资源，协同家长组织各类活动，进行户外参观与调查，体验不同的社会角色。例如，可以邀请身为医生的家长来到幼儿园普及健康知识，这不仅能够消除幼儿对医生的恐惧心理，同时也可帮助幼儿掌握预防生病、保护身体健康的小技巧。

社区具有丰富的教育资源，比如可以利用社区消防站资源，协同家长组织幼儿参加消防演习，普及消防知识，扩大幼儿的知识面，丰富其情感体验。有的大学附属幼儿园可充分利用大学的社会资源，为幼儿提供丰富多样的教育活动和实践机会。例如，参观大学的实验室、博物馆，让幼儿在真实的环境中学习科学知识，培养他们的探索精神和好奇心。

这种良好育人环境的建设不仅能为当前的幼儿教育提供有力支持，也为未来的可持续发展指明了方向，通过多方合作和资源整合，实现更好的家园共育。

以阅读为纽带 创新家园共育新模式

成都市第九幼儿园

一、从传承到创新：开辟家园共育新路径

　　家园共育是幼儿教育工作中不可缺少的一部分。通过"家"和"园"的沟通交流、支持合作、资源共享，促进幼儿、教师、家长三大群体的共同成长，提高幼儿园教育教学质量。我园早在20世纪90年代就开始了幼儿家庭教育的研究，成为最早的"中国家庭教育实验基地"，多年来致力于践行家园共育。近年来，基于"阅以育人，见以养正"的办园主张，在传承中改良，在改良中创新，以亲子阅读活动入手提升亲子陪伴质量，积极探索幼儿园与家庭共同携手的家园共育模式。针对目前家园沟通大多浮于表面、家园合作流于形式、家园配合被动等现象，为了让家园共育更有针对性、有更高的质量、有更好的效果，我园将"阅以育人"的理念渗透至家园共育实践，在不断探索中开辟出一条"以阅读为纽带，创新家园共育新模式"的育人路径，通过开展多元化的阅读活动，促进亲子陪伴质量的提升。

二、从迷茫到热爱：引领亲子阅读蜕变之旅

　　（一）迷茫书海：初探亲子阅读的困惑

　　入园之初，小班家长们普遍存在一个问题：虽然有亲子阅读的意识，但缺乏亲子阅读的技巧和方法，不知道怎么陪孩子读书。秉承从问题和需求出发的理念，我园运用问卷对小班家长亲子陪伴现状进行了调查和分析，发现家长亲子陪伴意识较为薄弱、陪伴时间较少、方法单一，86%的家长期望幼儿园提供科学的亲子陪伴指导。同时，发现家长们的困惑主要集中在如何选择合适的书籍、如何引导幼儿阅读以及如何通过

阅读增进亲子关系等方面。

为了解决家长的实际问题，我园通过建立"故事爸妈社团""父母成长课堂"等活动载体，利用生动有趣的案例和实用的方法，指导家长与孩子一起阅读。同时，还举办了多场"亲子阅读工作坊"活动，邀请专家为家长们提供面对面的指导和答疑。

（二）寻觅书香：构建亲子阅读的环境

在解决了家长"不知道怎么读书"的问题后，我们又面临着另一个新挑战：如何为家长和孩子提供一个良好的阅读环境？

我园巧用方寸之地打造书香校园，设置阅读长廊、阅读角、阅读馆，将幼儿园变成开放的阅读天地，使家长和幼儿随处可阅读，自然地享受阅读的美好和快乐。同时，在家园共育课程开展过程中加强亲子阅读研究与指导，在实践中逐步形成亲子阅读环境指导"三个一"：一个小角落、一个小书架、每天一本书共读。家园阅读环境的协同打造，让幼儿、家长、教师爱上阅读，阅读的兴趣被大大激发，"书香满满，爱意融融"的阅读氛围在家、园中流转。

（三）悦读时光：提升亲子阅读质量

针对"许多家长在陪孩子阅读时只是简单地读文字给孩子听，而忽略了阅读过程中的互动和启发"的问题，我园开启了"如何提升亲子阅读质量"的探索之旅。

我园通过层层递进的小班"爱上阅读"二十一天、中班"阅读点亮生命"六十天、大班"阅读幸福人生"九十天亲子阅读行动计划的开展，鼓励家长放下手机陪伴孩子，做孩子阅读的陪伴者和引导者。班级教师根据每月主题及幼儿年龄特点推荐适宜绘本，通过"好书推荐"阅读手册和家长沙龙，指导家长运用"看、听、说、演"基本范式

图1 "阅读点亮生活"活动

开展亲子阅读，使亲子阅读更具可行性、操作性、实效性，从而真正意义上做到了"从阅读获得经验""经验的内化和重构"，建构了从阅读到表达再到创作的全流程，帮助亲子逐渐从"养成阅读好习惯"过渡到"让阅读成为生活方式"，最终实现"让阅读像呼吸一样自然"的目标。

经过几年的实践探索，我园以阅读为载体的家园协同育人模式取得了显著成效。幼儿在阅读中培养了良好的兴趣和习惯，家长的教育理念和亲子陪伴能力得到了显著改变，幼儿园的办园特色和品位也得到了进一步提升。

三、在探索中前行：形成家园共育特色机制

（一）建立有效机制，整合家园教育资源

1. 打造家庭教育服务团队

为全面提高家庭教育工作质量，我园确定了以园长为家庭教育工作领导小组组长，副园长、保教主任以及各班班长和家委会代表为组员的组织结构，不断完善家庭教育工作制度。在专家指导下，不断优化家长学校指导课程，注重教师相关培训，打造绘本心阅读家庭教育指导师队伍，提升了教师以绘本阅读为载体开展家庭教育指导的能力，保障家庭教育指导的高质量和有效性。

图 2　绘本心阅读家庭教育指导师

2. 形成亲子阅读资源网络

在幼儿园的统筹安排下，依托幼儿园、年级、班级的家长委员会工作网格管理机

制，由家委会组织委员牵头成立"爱的陪伴家长讲师团"和"故事爸妈"社团，形成三级家长资源库。充分发挥各级家委会及社团组织的引领作用，积极开展每月亲子阅读互动分享活动，使家园共育工作无缝隙融合且更具活力。

（二）拓宽指导平台，提升家长育儿水平

1. 线上线下开放家教阵地

家长接待室、园长信箱、家长学校等多种实体打造为家长提供良好学习环境，父母成长课堂、家教云课堂、家教沙龙等活动定期开展，有效帮助家长答疑解惑。同时，顺应信息时代的发展，搭建微信、微博、QQ等多媒体平台，引导家长利用碎片化时间多渠道获取育儿知识，关注个别幼儿及家教指导，促进家园共育指导全覆盖。

2. 以绘本为工具开展亲子教育

以绘本为工具开展亲子教育专题讲座，邀请家长通过解读绘本、互动问答、亲身体验、换位思考等方式学习读懂孩子，传递科学育儿理念及方法，使家长成为会沟通、会陪伴、会支持的智慧父母。近三年来，我园对园内外家长举办的线下"父母成长课堂"和线上"家教云课堂"共计七十二场，惠及五千余人。

（三）常态阅读互动，家园共育更具实效

我园创新了家园共育模式，常态化开展以亲子阅读为核心的共育活动。在常规的亲子阅读中，我们每日推送故事音频，有效地激发了亲子阅读的热情；每周的图书漂流活动让更多优质图书走进不同的家庭；每月举行的故事分享会和图书分享日活动则为亲子提供了自我展示和情感表达的舞台。同时，我们针对不同年龄段的幼儿实施了特色"亲子阅读三行动"，分阶段培养阅读习惯，让阅读逐渐成为亲子生活的重要组成部分，有效提升亲子陪伴的质量。在家园共育课程的开展过程中，我们加强了亲子阅读的研究与指导，着力建构亲子阅读环境创设的"三个一"工程、亲子阅读"好书推荐"以及"看、听、说、演"亲子阅读指导范式等内容，使得亲子阅读和陪伴更具实效性和意义。

四、在反思中成长：助力家园共育品质发展

（一）良好的家园关系的建立需要在实践中融合

融合是家园共育工作一直追寻的目标，紧密结合才能发挥教育最大功效。在我园的教育实践中，系统、多元的亲子阅读活动为家长提供参与孩子教育的机会，家长可

以更加直观地感受到孩子在学习和生活中的点滴进步，在无形中增进了家园间的有效互动，促进了家园之间的沟通与理解，助力良好家园关系的建立。

（二）家园共育机制需要以有质量的教育活动为依托

家园共育需要依托的不仅是简单的家园沟通，更是有质量的教育活动。在我园的亲子阅读三行动中，幼儿园聚焦不同年龄段的幼儿发展重点，分层次推行阅读活动，使每一个阶段的活动都能与幼儿身心发展相契合、与家长育儿需求相契合，从而引发共鸣，使得家长和孩子更加积极主动，进而促进家园共育的有效实施。

"办一所让阅读照亮生命成长的阅见乐园"是我园不变的宗旨。我园在实践中逐步形成以阅读为载体的家园协同育人模式，实现了幼儿全面健康发展，优化了家长教育观念和高质量陪伴能力，促进了教师家教指导能力提升，助力幼儿园高品质发展！

（撰稿人：陈先蓉　张　泉　周　也）

阶梯式亲子共读的实践策略

绵阳市公园路幼儿园

一、焦虑与忽视：家长教育态度之困境

在当代社会，家长的教育方式多种多样，也存在许多问题，其中不乏因对知识的过分重视而产生焦虑，或是对孩子日常活动缺乏关注的情形，这为家园共育的有效开展增加了难度。为了改善这种状况，我园尝试以亲子共读活动作为纽带，促进亲子间的深入沟通，帮助家长树立科学的教育理念，掌握正确的育儿方法，同时搭建起更有效的家园沟通桥梁，建立和谐互信的家园关系。

二、挑战与兴趣：亲子阅读障碍与解决之道

（一）问题一：无书可读

入学之初，我们对小班孩子的家长进行了亲子阅读实践的调查，结果发现许多家庭的书籍数量不足，且与孩子年龄不匹配。例如，轩轩家仅有《伊索寓言》和《格林童话》，而小米则只能阅读她姐姐的小学课本。家长在选书时往往忽视了孩子的实际年龄和偏好，导致孩子无书可读。

为了解决这一问题，我们启动了"家庭一平米小书吧"项目，旨在为每个孩子打造专属的家庭阅读角落。我们提供了各年段的阅读书单，并根据家长的需求和孩子的兴趣，与家长进行一对一沟通，制订个性化书单。同时，我们开放了班级和园级图书馆，为孩子提供了更多合适且丰富的阅读材料。自此，家长们积极参与，每个孩子在家里都拥有了属于自己的阅读资源和专属的阅读空间，"家庭小书吧"的建设率达到了百分之百。在这一过程中，我们与家长沟通交流的次数和机会增多。通过制订个性化书单，家长也看到了班级老师对孩子细微的关注，感受到了老师的用心和细心。家庭和幼儿园在双向奔赴的道路上又迈进了一大步。

图 1　"家庭一平米小书吧"

（二）问题二：难以坚持

当我们踏上亲子阅读之旅时，家长们满怀热情地承诺每日与孩子共读。然而，随着时间的推移，这份热情往往逐渐减弱，最终变成断断续续地尝试。为了重新点燃并持续这份热忱，我们推出了"亲子阅读打卡"活动。在这三年的旅程中，我们依据孩子们的年龄和发展阶段，设计了多样化的打卡方式。

小班孩子参与"日打卡"，家长通过线上平台每日分享孩子的视频、语音及阅读瞬间，这不仅鼓励家长倾听和关注孩子的成长，也为教师和家长提供了更多交流互动的机会。中班孩子则进行"周挑战"，通过富有趣味性的游戏化打卡方式，记录每日共读的精彩时刻。孩子们绘制自己喜欢的书籍元素，分享阅读中的新发现，家长则以文字形式记录这些宝贵的对话。一周结束后，这些记录将汇聚成孩子的阅读挑战地图。教师每周都将这些记录收集起来并装订成册，一学期下来，每个孩子都能拥有一本厚厚的阅读档案，让家长和孩子共同体验到满满的成就感。大班孩子则采用"阅读日记"的形式，每日阅读后，家长与孩子一起记录反馈。在这一阶段，我们特别引导家长关注孩子的前阅读、前书写、前识字能力以及思维能力的发展。

到了毕业季，孩子们将家中的书籍堆叠起来，与自己的身高进行比较。许多孩子的书堆已经远远超过了自己的身高，这个活动被我们亲切地称为"阅读等身计划"。它不仅是一个温馨的告别仪式，更是对孩子们阅读旅程的庆祝，也是对家长坚持不懈陪伴的最好见证。

图 2　幼儿园大班幼儿的阅读日记

（三）问题三：在园喜欢读，在家不愿看

在亲子阅读的旅程中，我们遇到了一些家长，他们非常重视孩子的阅读，家中也设有舒适且充满书香的书吧。他们满怀热情地陪伴孩子阅读，孩子却不愿在家中与其共读。经过了解情况，我们发现了一些典型案例。

小黄豆的妈妈是一名小学语文老师，对孩子的阅读要求非常高，每次共读都变成了一场家庭考试，孩子感到压力重重。而丁丁的家长则认为阅读的价值在于识字，为将来自主阅读打基础，因此在阅读图画书时，只关注文字，这使得本应温馨和谐的亲子阅读时光变得乏味。

为了纠正家长对亲子阅读价值和意义的误解，并解决他们缺乏有效阅读技巧的问题，我们组织了家长会、线上微课、线下讲座、亲子阅读沙龙等多种形式的活动，为家长们搭建了互助交流的平台。在这里，大家可以共同探讨亲子阅读中的困惑，分享经验，同时，我们也向家长传达了阅读的真谛，并教授他们科学、实用的亲子阅读方法。

为了激发孩子们在家中的阅读兴趣，我们在图书借阅活动中创新地加入了"云互动"元素。我们在图画书的扉页增设了一个透明袋，孩子们借阅图书后，可在家长的帮助下，用便签记录下自己的阅读感受、最喜欢的部分以及收获等，然后放入这个小袋子中。当图画书在孩子们之间"漂流"时，借阅者就能翻阅到别人的"阅读心语"，实现"云交流"。此外，我们还增设了"图书小主播"页面，鼓励孩子们在家长的协助下录制讲绘本的视频，然后使用手机软件生成二维码，贴在对应页面上。这样，其他孩子在借书后，除了听家长讲绘本，还能扫码听同伴的讲解，亲子共读因此变得更加丰富多彩，孩子们也获得了更加愉悦的阅读体验，阅读兴趣日渐浓厚。

这些举措不仅使亲子阅读成为助力孩子成长的重要工具，还提升了家长的科学育儿能力，增进了亲子关系的和谐，加强了家园之间的紧密联系。

图3　在父母课堂阅读沙龙中讨论图画书的讲读方式

三、阶梯式指导策略：亲子阅读质量提升路径

在现代教育体系中，家长是孩子教育成长道路上不可或缺的合作伙伴。特别是在亲子阅读方面具备科学理念和有效陪伴策略的家长，能促进孩子的全面发展。我们通过阶梯式共读指导策略来提升家长在亲子阅读方面的理解和实践能力，促进家庭教育与学校教育有效衔接。

第一步，搭平台、建机制、给方法。针对家长在亲子阅读中面临的实际问题，如缺乏阅读材料、不知如何进行阅读和难以持续阅读等，我们采取了构建交流平台、建立阅读反馈机制和提供亲子共读的基本方法，为亲子阅读提供了基础保障，为家长与孩子共享阅读时光创造了条件。

第二步，创活动、办沙龙、讲微课。为了帮助家长和孩子们在日复一日的生活中找到亲子阅读的新意，将共读坚持不懈地进行下去，我们从提升亲子共读的趣味性入手创新了活动形式，例如开展"互动式图书漂流""每周阅读大挑战""阅读播报""阅读小明星"等活动提升家长和孩子的积极性；组织亲子共读沙龙活动，促进家长相互交流；通过共读微课的录制，帮助家长不断提升亲子阅读策略。这一系列的做法激发了家长的参与热情和互动交流，不仅让家长能够更有针对性地解决在亲子阅读过程中遇到的问题，还进一步提升了他们的育儿技巧。

第三步，重衔接、深参与、导评价。为了避免在亲子共读过程中家长可能出现的"重识字、重记忆"等问题，我们通过引导家长观察孩子的变化，帮助家长看见孩子的成长。注重不同年段的衔接，也注重幼升小的衔接，通过"一对一访谈""桥梁书阅读推荐"等活动引发家长深度参与，避免因焦虑导致的盲目竞争，增强家长对教师和幼儿园的信任。

四、反思与启示：家园深度合作的新范式

经过三年实践，亲子阅读项目显著提高了孩子们的阅读兴趣和能力，家长们的"抱怨"也成了甜美果实：孩子们每晚不读书不入睡，即便在旅途中，书籍也成了他们行囊中不可或缺的伙伴。这一系列的成果不仅证明了亲子阅读在儿童早期教育中的重要作用，也反映了家庭教育与学校教育相结合的巨大潜力。

综上所述，通过阶梯式亲子共读的指导和实践，我们不仅提升了家长的陪伴和科学育儿能力，也为孩子们的全面成长创造了有利的家庭环境，促进了家庭教育与学校教育的有效衔接。这种深度的家校合作模式，将继续为孩子们的未来学习之路铺设坚实的基石。

（撰稿人：张春玉 何 曼 刘燕辉）

特殊需要儿童的"特别教育"

达州市政府机关幼儿园

家庭是幼儿园的重要合作伙伴，幼儿园需要本着尊重、平等合作的原则，积极取得家长理解与主动参与，帮助家长提升教育能力，促使幼儿健康成长。

大班上学期，昊昊转入我园。在行为上，他表现出抢玩具、推搡小朋友、在地上随意翻滚爬行，甚至爬到老师身上并用双手勒紧老师的脖子、双脚紧紧夹住老师的腰等行为。在情绪上，昊昊的精神状态常常异常兴奋，推搡小朋友后会大笑，若老师试图阻止他的不当行为，他会立刻倒在地上哭闹，口中反复念叨："救救我，救救我！"在社交方面，他倾向于逃避交流，不愿开口说话，当其他小朋友想和他一起玩玩具时，他会立刻抱紧玩具，呈现出攻击性的姿态。在集体活动如集体教学、如厕、喝水时，他总是远离群体，独自在角落玩自己感兴趣的玩具。

针对昊昊的这一系列问题，我园决定首先了解他的成长环境，再进行综合分析，以便给予正确的引导。在与昊昊妈妈的沟通中，她起初总是以孩子调皮或不听话为由回避问题。然而，在我们长时间真诚且主动地沟通后，我们逐渐了解了昊昊的生活环境。他的父亲是一名商人，平时工作繁忙，陪伴孩子的时间较少。母亲则全职在家照顾孩子，但家中还有一个三岁的妹妹和一个八个月大的弟弟。多子女家庭中的日常琐事繁多，导致母亲没有足够精力去纠正昊昊的一些错误行为。因此，我们分析昊昊出现上述问题的原因可能是他来到新集体后产生了紧张焦虑的情绪，他试图通过这些行为来获取老师的关注以缓解焦虑。同时，父母陪伴时间的不足也导致他的规则意识薄弱。为了帮助昊昊健康成长，作为教师，我们需要采取科学的策略，让他更好地融入集体，并改善他的行为。

一、师者先行，做好教育示范者

（一）运用正强化正确引导

昊昊妈妈因多方面因素对昊昊的问题有心无力，因此我们先从昊昊在园时的行为入手，运用正强化引导昊昊。比如，昊昊喜欢吃巧克力，于是老师就采用了一种奖励机制，昊昊只要耐心地完成一项任务，就奖励他一块巧克力。通过这种方式，不断强化昊昊的正确日常行为习惯，最终促使昊昊在教室里玩区角玩具、绘画时，能够自己主动整理并收纳好物品。又比如，昊昊特别喜欢和小明一起打篮球。老师就借此机会尝试改善昊昊在户外随地小便的行为。老师告诉昊昊，小明不喜欢随地小便的小朋友，只要他改掉这个习惯，小明就会和他一起打篮球。慢慢地，昊昊改掉了随地小便的习惯，并且在户外活动前能主动上厕所。

（二）营造和睦的幼儿交往环境

工作繁忙的爸爸、家务繁重的妈妈以及年幼的兄妹，共同构成了昊昊生活的背景，这使得他的社会交往能力发展受到了一定限制。因此，在幼儿园里为他营造和睦温馨的交往环境显得尤为重要。幼儿园作为小型的社会环境，每当有小朋友来告状说昊昊表现不好时，老师总是耐心地引导小朋友们："昊昊是这学期刚转来的新同学，你们要多关心照顾他，帮助他改变自己，更好地融入集体，和大家一起开心地玩。"在老师的引导下，小朋友们开始有意识地照顾、保护昊昊。比如，当昊昊趁老师不注意偷偷跑出去时，小朋友们会及时地喊住他："昊昊，快回来！"在阅读月活动中，每位小朋友都会轮流上台讲述一个绘本故事。当所有小朋友都讲完故事后，只剩下昊昊没有上台。这时，老师鼓励昊昊尝试上台，告诉他唱歌也行。全班小朋友都一脸期待地看着他。当昊昊开心地介绍完自己，又腼腆地唱起歌时，全班响起了鼓励的掌声。每周五是玩

图 1　昊昊最喜欢的"超级飞侠"

具分享日，最开始的那两周，小朋友们对昊昊还有些排斥，不愿意让他玩自己的玩具。但后来，小朋友们会主动找昊昊一起分享玩具。以前放学排队时，昊昊总是黏着老师，要老师抱或牵手，看到玩具就会挣脱老师跑去玩。但经过一段时间的引导和鼓励后，他开始主动要求牵小朋友的手。到后来，小朋友们甚至抢着要牵他，一起顺利地从三楼教室走到园门口排队，直到被家长接走。这些变化都见证了昊昊在幼儿园这个温馨环境中逐渐成长和进步的过程。

二、家园共育，合力成为孩子成长的助力者

（一）主动沟通，形成教育合力

在家园双方的共同努力下，昊昊的行为问题得到了明显的改善。起初，昊昊不吃幼儿园的午餐，经过与家长的交流沟通，我们了解到，自从年前从乡下回来后，他就开始不吃米饭，只喝汤和吃面食。在幼儿园，我们担心昊昊只喝汤会饿，于是与昊昊妈妈商量，每天带一点小零食在书包里。放学回家后，妈妈也会早点让他吃晚饭，以确保不影响身体发育。经过一段时间的引导，昊昊从单纯的只喝汤到能吃点小零食，后来甚至能主动要求吃肉、蔬菜了。

（二）保持家园教育一致性

昊昊一直以来都有随意跑出教室的习惯。老师主动与昊昊妈妈沟通这种情况后了解到，当他不听话时，妈妈会选择示弱，昊昊会因此而听话一些。后来，再遇到昊昊跑出教室并趴在地上哭闹时，老师也及时示弱，让他知道悄悄跑出去后老师找不到会伤心、会难过。经过引导，渐渐地，他能在想出去玩时主动告诉老师，当被告知需要等待时，也能耐心地在教室里坐着或者绘画等待。

（三）帮助家长做好"第一任教师"的角色

家长是孩子的"第一任教师"，一言一行无不在潜移默化地影响着孩子。经过长时间的教育沟通，昊昊的父母逐渐树立起了科学的育儿观念。现在，每周六是昊昊一家的家庭日，这天不管爸爸工作多忙，都会抽时间陪昊昊读完一本绘本、拼好一个乐高或看完一部动画电影。当昊昊犯错时，妈妈第一时间不再是批评或以他还小为借口置之不理，而是先询问事情经过，再耐心地和昊昊沟通，教会他正确处理问题的方法。有一次班上两位小朋友因座位发生争执，以前的昊昊会漠不关心地继续做自己的事情，但那一次昊昊看到后立刻找老师去阻止他们的冲突。老师问昊昊："为什么想到来找老师呢？"他回答道："因为妈妈告诉我打架不能解决问题。"

在家园双方的共同努力下，昊昊变成了开朗活泼、惹人喜欢的男孩儿，他在幼儿园交到了许多好朋友，回到家里还能帮助妈妈做家务，再也没有人说过他是"问题孩子"。

图2　昊昊的"毕业大通关"

三、总结经验，家园双方构成良性教育循环

家园共育理念认同至关重要。我们与昊昊的家长保持及时沟通交流，共同关注和引导昊昊的发展。家长在家中实施与教师相协调的教育策略，以促进昊昊在不同环境中实现一致性发展。

发挥教师的教育智慧同样重要。我们对昊昊进行细致入微的观察和分析，深入了解其行为背后的原因和需求。例如，昊昊可能是因为对活动内容不感兴趣或寻求关注而表现出某些问题行为。同时，教师坚守初心，坚持育人为本。作为教师，我们不能因为任何因素而放弃孩子，而应坚持引导和帮助。

树立科学育儿观念也是必不可少的。在规则意识建立方面，我们与昊昊一起讨论并制订明确的规则，提出明确的期望，确保他清楚知道哪些行为是可以接受的、哪些是不可以接受的。同时，我们也让昊昊明白违反规则会带来什么样的后果。在社会交往能力培养方面，我们帮助昊昊学习如何以适当的方式与他人交往，通过角色扮演、情景模拟等方法，让他亲身体验到交朋友的快乐。

总之，对待像昊昊这样的孩子，教师需要付出更多的耐心和理解，并采用科学有效的教育方法。昊昊的改变不是单方面力量能实现的，只有家庭和幼儿园建立平等互信的关系，才能更好地助推昊昊的成长。昊昊妈妈的信任使我们能够在幼儿园放心地进行管教，而我们的及时反馈则让昊昊妈妈在家里能够对症下药。两者之间的完美配合形成了一个良性的教育循环，这是我们教育得以成功的关键所在。

（撰稿人：庞　娟　宋柳延　李林径）

实施"三局"路径 促进家园共育

绵阳市安州区实验幼儿园

一、生活场馆建设需家长助力，小任务引发不同反响

在推进和实施我园"生活场馆游戏"项目的过程中，我们意识到幼儿生活经验相对有限，且幼儿园资源并不丰富，仅凭幼儿园自身难以构建出理想化的幼儿生活场馆，因此，我们亟须借助家长的力量。然而，由于有的家长对幼儿园教育理念理解不深，以及对亲子任务目标的不明确，导致部分家长对幼儿园的亲子活动产生质疑，态度消极，这阻碍了"生活场馆游戏"项目的推进与实施。为了解决这一问题，共同促进幼儿的健康成长与全面发展，我们进行了深入的分析与探索，寻求有效的解决方案。

二、在体验中增强理解与支持

（一）针对问题，剖析根源

针对亲子小任务中出现的问题，保教处组织教研组长、班主任及时进行了研讨，并分析了相关原因。

1. 家长对幼儿园教育理念理解不足

由于家长们的教育背景和专业知识存在差异，部分家长难以从简短的园所介绍中深刻理解幼儿园"源于自然、基于生活、归于儿童"的教育理念。在现实中，多数家长更注重幼儿知识的学习，而忽视了大自然和真实生活对幼儿全面成长的重要性。此外，幼儿园对生活课程的介绍更多偏向于行业内部，对家长的介绍和说明相对较少，导致有的家长对"畅玩生活"理念缺乏了解，不清楚如何通过打造丰富的生活场馆来推动课程的实施，更不了解这种生活化教学在幼儿成长发展中的深远意义。

2. 教师与家长之间沟通合作不畅

在布置需要家长配合的任务时，大多数教师往往只关注任务本身，而未能详细地

向家长解释活动的内在意义，以及幼儿参与这些活动所能获得的具体发展。由于沟通不足，很多家长难以感受到"畅玩生活"的真正价值，这使得活动在家长看来意义不大，甚至成为一种负担，从而降低了参与热情。

3. 家长难以察觉幼儿在活动中的成长

由于专业知识和观察技能的限制，许多家长在参与园所活动时，只能按照教师的要求简单参与，而难以发现和引导幼儿的发展。由于他们缺乏有效的方法来评估幼儿在活动中的表现，难以捕捉到幼儿通过活动所获得的成长和进步，进一步削弱了家长对园所活动的认可和支持。

（二）三步走增强家园共育的有效性

为了让家长理解生活场馆打造对于幼儿发展的意义并全方位获得家长支持，我们决定分三步走来增强家园共育的有效性。

1. 入局：邀请体验，亲身感受

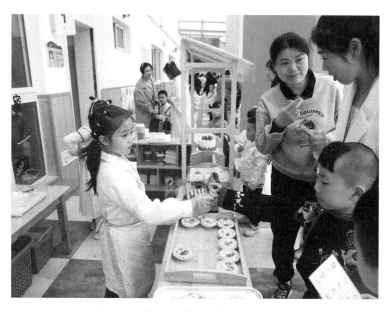

图1　家长在生活场馆游戏中亲身体验

每周五上午，我们会在各个班级邀请八名家长共同参与"生活场馆畅玩日"活动。家长们有机会与孩子们一起穿梭于我们精心打造的各个生活场馆之中，自由选择扮演工作人员或顾客的角色，亲身参与劳动与消费的过程。起初，家长们可能会觉得这只是一场属于孩子的游戏，但随着活动的深入，孩子们的热情会逐渐感染他们。家长们也开始慢慢配合，投入到这场充满趣味与挑战的活动中，并逐渐沉浸在这个世界里。在活动中，家长们会惊喜地发现孩子们展现出的各种技能与品质，无论是打鸡蛋、做蛋挞时展现出的灵巧双手，还是作为美甲师时所表现出的专注与耐心，都让家长们倍感骄傲。活动中，家长们开始用心体验、用心感受，他们随着自己的游走、观看、聆听，逐渐发现了孩子们的成长和变化，也更加理解了生活场馆游戏的意义所在。

2. 破局：案例分享，答疑解惑

图 2　幼儿在"生活场馆游戏"中制作甜品

参加"生活场馆畅玩日"之后，为解答家长的疑问，各个班级组织了案例分享会。各班老师详细介绍了本班生活场馆的打造历程，以及孩子们在其中的点滴成长。例如，家长们得知大五班的博物馆主题灵感源自一位孩子的旅游分享，它激发了 35 名孩子的好奇心。在博物馆场馆的打造过程中，孩子们经历了 3 次选址、5 次重新布局搭建、11 次对外宣传，所展示的作品则来源于 19 个家庭的材料收集和 36 名孩子的精心创作。

家长们在教师的讲述中会心微笑，通过这一个个小故事，他们心中的困惑得以解开，同时也深刻体会到了幼儿园的用心良苦、教师对幼儿的合理引导及科学支持，对幼儿园打造生活场馆的初衷与意义有了更深的理解。此外，家长们也意识到，家长的参与和支持对场馆建设至关重要，这使得他们更加愿意投身到家园共育的活动中去。

3. 设局：联合教研，携手共生

家长在亲身体验后深刻理解了幼儿生活场馆打造的意义，那么从家长的视角出发，他们会提出哪些建议呢？我们的生活场馆又该如何设计，才能更好地支持幼儿的持续发展呢？带着这些问题，我们诚邀家长走进幼儿园，与教师共同开展联合教研。

图 3 进行"生活场馆游戏"的家园联合教研

联合教研对于教师和家长而言，都不是一件轻松的事。为了确保活动的顺利进行，我们在活动前期聚焦于活动的意义、组织、内容及形式等方面进行了全面梳理。我们让教师和家长明确家园开展联合教研的目的及重要性，了解本次教研所需研讨的内容。在教研过程中，教师和家长从开始的紧张局促逐渐敞开心扉。教师们详细介绍了场馆活动中的设计、面临的困难以及孩子们出现的问题，而家长们则从孩子的参与状态、教师的组织、活动的安排等方面分享了自己的所见所感。大家围绕如何更好地发挥幼儿生活场馆的教育功能、如何通过幼儿生活场馆促进家园共育等问题展开了热烈讨论。

家长们对生活场馆的教育意义以及幼儿在场馆游戏中所展现的能力与状态给予了高度评价，并提出了许多可行的建议。例如，有家长提出在生活场馆中增加银行、快递站、物业等场景，这样既可以让幼儿园的生活场馆更好地联动起来，也可以让生活场馆更接近幼儿真实的小区生活。还有家长建议每学期邀请不同单位、不同职业的家长到园授课，让幼儿更深入地了解不同行业、不同岗位所需的专业技能和工作状态，从而使幼儿能更好地参与到生活场馆游戏中。

通过联合教研，家长们感受到了被尊重、被需要，也认识到了自己对幼儿园家园共育及生活场馆建设的重要性。这极大地提升了家长参与家园共育活动的积极性，并在实践中帮助家长提高了教育能力。同时，我们也获得了家长对幼儿园生活场馆游戏的认可，以及对教师的信任与支持。

三、共同的教育理念是家园共育的基石

在此次邀请家长参与生活场馆打造的过程中，家长所反馈的问题如同一面镜子，映照出我们在家园共育中存在的盲点与不足。我园开放、平等的交流方式让家长更加深入地了解了幼儿园的教育理念与教学实践，也让其更加信任和支持教师的工作。现在，在教师布置亲子小任务后，很多家长都会主动询问教师的目的和相关要求，并充分发挥幼儿的自主性和参与性，引导幼儿一起完成。部分家长还主动将家里的生活材料清洗干净带到幼儿园供生活场馆使用。很多家长还会在家长群、朋友圈晒出孩子的成长变化和自己对生活体验教育及生活场馆游戏的感悟。对于参与幼儿园的亲子活动，也由之前的园方邀请逐渐变成了家长主动申请报名参加。

我们也深刻认识到，家园共育的基石在于幼儿园和家庭共同的教育理念。只有双方在价值观和方法论上达成一致，才能让教师和家长相互理解、相互尊重，才能共同为幼儿开发、提供一个更加开放、自主、多元的教育空间，共同参与、支持幼儿的全面和谐成长。

（撰稿人：阳　春　刘欣妮　李　阳）

反思展望

截至 2024 年 8 月，《评估指南》已颁布两年多，广大学前教育工作者积极投入到研读和实践循证中，希望通过认知系统的优化指导教育行为的转变。大家将过去那些熟知的专业词汇置于高质量学前教育发展背景下重新思考，再一次感受到学习与实践需要并驾齐驱，两者紧密结合才能互为助力，推动学习与实践走向深处。尽管"教育过程"是《评估指南》的核心内容，但仍需要与其他四个指标协同着力，而不是孤立地去探讨。走进幼儿园每一天的保教现场，不难看到，现在的幼儿教育距离高质量的"教育过程"还有一段不短的距离。怎样才能走向期待的样态，仍然是幼儿园面临的最大难题和挑战。因此，我们还需要持续关注对育人理念的科学把握、对育人环境的良好营造以及对人自主成长的唤醒。

第一，持续关注教育理念与教育实践的转换。从教育理念到教育实践的转化还有距离。当前，幼儿园的教育活动安排、实施以及保教管理还经常处于成人视角，延续着过去的惯性思维，理解幼儿的年龄特点和成长规律还没能得到足够的体现。如"坚持以游戏为基本活动"，幼儿园还需要将游戏精神贯穿于幼儿一日活动中，而不仅是表现出"在游戏"的样态。家园协同育人还面临家长参与度不高，对活动的价值理解不到位，更多追求形式上的共育，缺乏对家庭教育理念的引领等问题。因此，教育者既要持续更新科学的育人理念，还应注重找到理论如何走向实践的具体路径。

第二，持续关注多方协同育人环境的营造。良好育人环境的营造还需得到足够的重视。幼儿成长的环境既要关注每天在园生活的班级环境，如幼儿园活动空间的设置与管理，教室的空间布局，玩具材料的类型、内容、数量、陈列方式等；还要关注环境质量发挥的隐形支持作用。良好的环境是有心的教育者在科学育人理念引领下充满智慧的创设，这样的教育者既是在教育现场看到环境、玩具材料的使用情况的教师、管理者，还应是与幼儿成长息息相关的家庭、社区环境的成员。

　　第三，持续关注教育者自主成长的唤醒。教育者的持续、主动成长是提升教育过程质量的永动机。教师作为影响幼儿发展的核心人物，其对职业的认同和理解和对幼儿在园生活意义的认识，影响着他们对实践问题的敏感觉知。但当前的培训和教科研大多仍处于就事论事的现状，应引领教师深刻领会"为党育人，为国育才"的教育使命，唤醒教师看到师幼共同生活、共同成长的重要性，激发他们主动成长、追求自我的持续发展，并通过评估机制的优化，形成幼儿园和个人的自我反思文化。此外，作为影响幼儿成长的第一责任人——家长，建立科学的育儿理念、提高家长育儿能力还需要社区、幼儿园及社会等多方的共同努力，推动他们明确并践行家庭教育的责任和义务，形成良好的育人生态。

　　行动与思考同等重要，奔跑起来，路会更清晰。

第四章

育人环境：
优化育人过程的全景场域

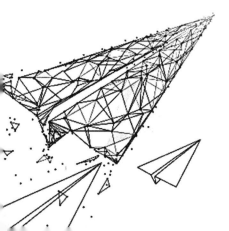

本章导读

育人环境：优化育人过程的全景场域

合理规划空间，构建幼儿的活动场

丰富玩具材料，创设幼儿的探索场

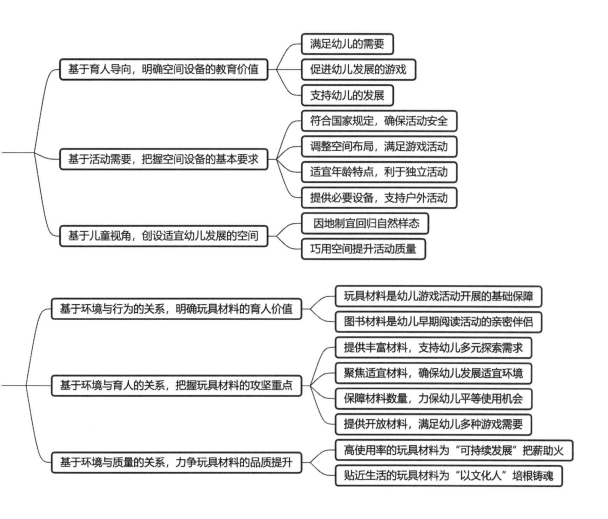

基于育人导向，明确空间设备的教育价值
- 满足幼儿的需要
- 促进幼儿发展的游戏
- 支持幼儿的发展

基于活动需要，把握空间设备的基本要求
- 符合国家规定，确保活动安全
- 调整空间布局，满足游戏活动
- 适宜年龄特点，利于独立活动
- 提供必要设备，支持户外活动

基于儿童视角，创设适宜幼儿发展的空间
- 因地制宜回归自然样态
- 巧用空间提升活动质量

基于环境与行为的关系，明确玩具材料的育人价值
- 玩具材料是幼儿游戏活动开展的基础保障
- 图书材料是幼儿早期阅读活动的亲密伴侣

基于环境与育人的关系，把握玩具材料的攻坚重点
- 提供丰富材料，支持幼儿多元探索需求
- 聚焦适宜材料，确保幼儿发展适宜环境
- 保障材料数量，力保幼儿平等使用机会
- 提供开放材料，满足幼儿多种游戏需要

基于环境与质量的关系，力争玩具材料的品质提升
- 高使用率的玩具材料为"可持续发展"把薪助火
- 贴近生活的玩具材料为"以文化人"培根铸魂

本章概述

环境是幼儿园课程的组成部分，被称为"无声的隐性课程"，它既是幼儿的活动空间，也是重要的课程资源，更是文化的重要载体，是对高品质学校建设四个基本特征中"文化浸润"的回应。

习近平总书记在学校思想政治理论课教师座谈会上的重要讲话中指出，"要坚持显性教育和隐性教育相统一，挖掘其他课程和教学方式中蕴含的思想政治教育资源，实现全员全程全方位育人"。环境是重要的隐性课程，无论是我们耳熟能详的"孟母三迁"的故事，还是"橘生淮南则为橘，生于淮北则为枳"的古语，无不指明了环境对幼儿成长影响的重要性。环境育人，是数千年来人们探索出的重要教育途径，也是新时代立德树人的必然选择。

从《幼儿园工作规程》《纲要（试行）》《发展指南》到《评估指南》，环境创设一直是幼儿园不断探讨和实践的重要课题。当环境创设成为育人过程，那环境育人价值、基本要求和创设路径便成为我们回答如何创设育人环境的逻辑起点。虞永平教授指出，幼儿园环境是幼儿园空间及其内在的影响幼儿生长发展的各种因素的总和。因此，我们认为幼儿园的环境创设不只是物质环境的创设，更是涵盖了文化、情感、人际关系的多维构建的全景场域。在这样的场域中，每一种投放的材料都承载着教育的意义，每一个空间的布局都蕴含着育人的智慧。

难点攻坚

《评估指南》将"环境创设"作为五大评估内容之一，以空间设施、玩具材料为关键指标，对幼儿园环境创设的具体内容提出了更为全面和深入的要求。

结合《评估指南》指标要求，我们思考的环境创设应是育人过程的全景场域，需要解答的两个核心问题分别是：如何满足幼儿的基本活动需要？如何满足幼儿自主、开放活动的需要？

一是如何满足幼儿的基本活动需要？我们将从环保安全、年龄适宜、空间适宜、材料种类数量适宜等方面关注环境创设的底线和基础。

二是如何满足幼儿自主、开放活动的需要？这里面不仅涉及物质环境的建设，更涵盖了文化、情感、人际关系等精神环境的营造。

从空间布局来说，高品质的环境是对幼儿友好的发展空间，将更加关注空间的整体性、层次性、自然性以及园家社携手幼儿共构教育空间。从材料投放来说，高品质的环境是富有育人价值与童趣的探索场，将更加关注以为幼儿提供多元探索经验为目标、以创设高质量的玩具材料为方向，以玩具材料的丰富与充足为保障，将育人功能隐含于玩具材料中。从精神文化来说，高品质的环境创设是基于物质环境之上的儿童立场、师幼关系、文化渗透等的多元构建，为满足幼儿自主、开放的活动需要奠定基础。

第一节 合理规划空间 构建幼儿的活动场

➤ 理论指引

合理规划布局，构建幼儿的活动场，是在回应幼儿园环境创设的目的。《纲要（试行）》指出，幼儿园应为幼儿提供健康、丰富的生活和活动环境，满足他们多方面发展的需要，使他们在快乐的童年生活中获得有益于身心发展的经验。

幼儿园作为教育机构，是幼儿生活、学习、游戏的场所。幼儿在园中度过一天中的大部分时间，幼儿园的环境如何、是否能支持幼儿的学习与游戏，一定程度上反映了幼儿园的育人质量与水平。《评估指南》指出，要"最大限度地满足幼儿游戏活动的需要""满足幼儿逐步增长的独立活动需要""确保特殊天气条件下幼儿必要的户外活动能正常开展"。这是对幼儿园高品质环境的呼唤。我们应当明确，幼儿园的环境应回归幼儿生活，满足幼儿游戏活动、独立活动、户外活动的需要，体现其育人价值。

表1 《评估指南》空间设施考查要点

重点内容	关键指标	考查要点
A4. 环境创设	B10. 空间设施	36. 幼儿园规模与班额符合国家和地方相关规定，合理规划并灵活调整室内外空间布局，最大限度地满足幼儿游戏活动的需要。除综合活动室外，不追求设置专门的功能室，避免奢华浪费和形式主义 37. 各类设施设备安全、环保，符合幼儿的年龄特点，方便幼儿使用和取放，满足幼儿逐步增长的独立活动需要。提供必要的遮阳遮雨设施设备，确保特殊天气条件下幼儿必要的户外活动能正常开展

一、基于育人导向，明确空间设备的教育价值

环境作为幼儿园的"第三位老师"，在潜移默化中发挥着育人的作用。精心设计的幼儿园环境能够提供安全、舒适的生活空间，营造良好的氛围，对幼儿的发展有着重要的影响。

（一）满足幼儿的需要

马斯洛的需要层次理论将人类需求分为五个层次，分别是生理需求、安全需求、社交需求、尊重需求和自我实现需求，幼儿园的空间环境应该满足幼儿的这五种需求。作为一个独立的个体，从家庭步入幼儿园，幼儿在幼儿园里生活，与同伴交往，与材料互动，获得新的能力，满足生理与心理的需要，这些都与环境息息相关。

（二）促进幼儿的游戏

有研究表明，不同的环境空间可能会造成幼儿游戏的水平不同，高品质的环境能给幼儿带来有目的的、复杂的、能够让幼儿聚精会神的游戏。幼儿园以游戏为基本活动，适宜的环境可以激发幼儿的探索欲与想象力，促进幼儿游戏水平的提升。

（三）支持幼儿的发展

意大利教育家蒙台梭利说："我听到了，但随后就忘记了；我看到了，也就记住了；我做了，也就理解了。"这揭示了幼儿学习的真谛——在活动中学习。幼儿通过直接感知、亲身体验、实际操作的方式来学习，多元的环境为幼儿提供了探索、操作的空间，帮助幼儿形成对自我与事物的认识与理解，促进幼儿表达、交流、合作、交往、解决问题等多种能力的发展。

二、基于活动需要，把握空间设备的基本要求

在关键指标"空间设备"方面，《评估指南》第三十六、三十七条考查要点提出了"规模与班额""合理规划""灵活调整""安全、环保""方便使用和取放""必要遮阳遮雨设施设备"等关键词，清晰描绘了高品质幼儿园的空间样态要求。

（一）符合国家规定，确保活动安全

安全的环境是幼儿园活动的基础。《评估指南》中"安全防护"这一关键指标提到"保教人员具有安全保护意识，做好环境、设施设备、玩具材料等方面的日常检查维护，及时消除安全隐患"的要求。除此之外，"空间设备"关键指标中，也对园所规模与班额、设施设备提出了具体要求。

一是园所与班额应符合规定。《托儿所、幼儿园建筑设计规范》指出，幼儿园户外活动场地人均面积应不少于四平方米，室内人均面积不少于两平方米。根据《幼儿园工作规程》的规定，幼儿园人数规模应当有利于幼儿身心健康，便于管理，全园幼儿人数一般不超过 360 人。幼儿园每班幼儿人数一般为小班 25 人，中班 30 人，大班 35

人，混合班 30 人。寄宿制幼儿园每班幼儿人数酌减。一般幼儿园每班配备"两教一保"，当班级幼儿人数明显超标时，不仅存在一定的安全隐患，也给班级的活动开展与管理带来了更多的困难与挑战，因此幼儿园应对规模与班额有所限制。

二是各类设施设备要安全、环保。根据四川省《幼儿园教育装备规范》的规定，"设施"指幼儿园开展教学、幼儿生活等所需用房的附属构筑物和一般不移动的物品，如户外大中型运动器械、洗手池、清洁池、镜墙、操作台等。"设备"指幼儿园开展教学、幼儿生活等所需器具和装置，如图书、床、桌子、椅子、多媒体设备、饮水设备等。基础的设施设备保障了幼儿在园活动的高质量开展。同时，该文件提出，进入幼儿园的所有设施、仪器、设备、器材、玩教具、图书资料等均应符合国家或行业相关标准。进入幼儿园的所有设施、设备、器材均应有合格证或材质安全证书，并具有安全标识且不易脱落。而《评估指南》在原有纲领性文件要求安全卫生的基础上，提出了"环保"的要求，体现了追求绿色低碳生活、节约资源、循环利用的理念。"安全"是对设施设备的基本要求，"环保"是顺应新时代可持续健康发展的要求，是对幼儿身心健康的特别关注。"环保"与考查要点提到的"避免奢华浪漫和形式主义"，其核心思想是一致的，都是强调回归教育本真，关注幼儿园里设施设备的实用性、经济性和生态性。

（二）调整空间布局，满足游戏活动

幼儿园的空间是有限的，如何利用有限的空间最大限度地创设幼儿游戏的场所，是高品质幼儿园建设的目标。

一是合理规划室内外空间。幼儿园的所有空间应从整体上进行规划，确保室内、户外空间功能齐全、布局合理、色彩和谐，将教育价值蕴含在幼儿园的每个角落中。室内应有独立配套、宽敞明亮、通风及采光良好的班级活动室，并根据活动面积、幼儿人数及活动需要，设置多个支持幼儿充分游戏的活动区域。户外活动面积应与幼儿园规模相适宜，应基于园所地形特征，创设自然、生态、童趣、富有挑战、能促进幼儿深度学习与发展的户外环境。

蜀地地形复杂多样，气候垂直变化显著，盆地、丘陵、高原等地形差异导致气候特征丰富多样。东部地区气候特点为冬暖、春早、夏热、秋雨频繁，雾霾天气较多，日照时间相对较少；而西部地区则表现为寒冷、冬季漫长、基本无夏季特征，日照充足且降水集中。鉴于此，幼儿园应充分依据自身所处的地理及气候特征，科学合理地规划室内外空间布局。以成都地区为例，冬季雾霾频发，夏季雨水充沛，导致幼儿难以长时间进行户外活动。因此，幼儿园应特别关注如何有效利用楼梯、走廊、教室等室内空间，打造适合幼儿活动的环境，确保在特殊天气条件下，幼儿仍能保持每日所需的运动量。对于雷波县等具有亚热带山地立体气候特征的地区，其气候特点表现为"一山有四季，十里不同天"以及"一天有四季，十里不同温"。在此类气候条件下，幼儿园须兼顾防晒与保暖的双重需求，除合理规划室内外空间外，还应灵活运用各类可移动的遮阳、遮雨及挡风隔断等设施，以增强空间使用的灵活性和适应性，为幼儿提供舒适、安全的学习和活动环境。

二是灵活调整室内外布局。幼儿园的空间设备不是一成不变的，教育者可根据需要灵活调整，或者创设新的环境空间，以多变空间支持幼儿多元发展。依据幼儿园的地形地貌，适当保留原有样态，进行改建或增建；追寻幼儿的兴趣与需要，基于幼儿的活动过程，调整空间布局，增建设施设备；遵循季节的自然变化，参考日照、降水情况，顺应时节来设置区域。

三是不追求设置专门的功能室。《评估指南》提出，"除综合活动室外，不追求设置专门的功能室"。"综合"体现了对空间的多功能运用，不局限于单一的某类活动室。"不追求设置专门的功能室"体现了教育的朴素追求。活动功能室应在满足幼儿基本活动需求的基础上，因地制宜，结合本土文化资源进行功能规划与材料投放，避免奢华浪费和形式主义。幼儿园是幼儿的活动场，教育场域里的所有场景、资源都可以用起来。

（三）适宜年龄特点，利于独立活动

随着幼儿认知和动作的发展，其自主性、动手能力都有了显著的发展，幼儿园应遵循幼儿的发展规律，创设兼具趣味性与操作性的空间，满足幼儿逐步增长的独立活动需要。因此在设施设备的投放与布局上，不仅要考虑其本身的安全、环保属性，与幼儿年龄特点的适宜性，还要考虑方便幼儿使用和取用的需求。各类设施设备及玩具材料存放应做到位置合理、高度适宜、开放管理，便于幼儿就近取用，培养他们自主取放、整理收纳的行为习惯。

基于幼儿独立活动的需求，幼儿园应关注不同年龄段幼儿的发展需要，让环境里的幼儿自在游戏。从小班到中班再到大班，幼儿年龄相差三岁，但幼儿能力的差异是非常大的。幼儿园里的设施设备应满足所有年段幼儿的不同需求，考虑到不同幼儿的能力层次，如小班幼儿的桌椅板凳，与中大班的相比要有高度上的降低；幼儿园的玩具架，下层是适合小班幼儿的材料，上层是适合中、大班幼儿的材料。班级还可根据现有的设备开创不一样的玩法，体现对不同发展层次幼儿的支持。

（四）提供必要设备，支持户外活动

著名教育家陈鹤琴曾说："不要让幼儿一天到晚在室内玩弄玩具。我们知道室内的空气远不如野外的新鲜，常在室内活动是不符合健康原则的，并且室内一切的物品都是静的、呆板的。野外的花、草、树、木、虫、鸟、兽多么活泼可爱！"幼儿的学习不仅在室内场所，更在户外，在自然空间里。幼儿园应当积极开展适合幼儿的活动，充分利用日光、空气、水等自然因素以及本地自然环境，让幼儿与大自然亲密接触，增强身体的适应和抵抗能力，激发幼儿的想象力与创造力。《幼儿园工作规程》和《评估指南》都提到了"保证每天户外活动时间不少于两小时"的要求。《评估指南》还提出了新的要求：提供必要的遮阳遮雨设施设备，确保特殊天气条件下幼儿必要的户外活动能正常开展。

遮阳遮雨设备的增设，不仅为幼儿带来了清凉和舒适的环境，更是幼儿园关心和呵护幼儿健康成长的一种体现，充分保障了幼儿户外活动的时间。提供遮阳棚、遮阳伞，种植大树，增设长廊，可以满足幼儿在特别热的天气条件下遮阳避暑，正常开展户外活动的需求。配备雨鞋、雨衣等设备，可以让幼儿在下雨天也能开展活动。幼儿园还可根据季节变化增设一些设施设备，如冬季增加保暖设施、夏季增加防晒设施，让幼儿在特殊天气条件下也能充分地活动身体、快乐游戏。

三、基于儿童视角，创设适宜幼儿发展的空间

幼儿的活动离不开环境的支持，幼儿园的空间环境创设应以幼儿为主体，追随幼儿兴趣与发展，让幼儿参与其中。教育者应以儿童视角来审视园所，营造开放、自由的环境氛围，促进幼儿在环境互动中的持续发展。

（一）因地制宜回归自然样态

陈鹤琴先生曾说过："大自然、大社会是活教材。"幼儿园在环境设计上不必追求过于精致、高大上的环境，应保留自然的底色，还幼儿一份天真与野趣。特别是乡镇幼儿园，不能盲目追求高端的设备，而是要根据本园地势地貌，挖掘当地资源，做有特色的乡土教育。留一块沙土地、一方小水塘、一个小山坡，让幼儿在沙池里玩耍、在水塘里嬉戏、在山坡上打滚，释放幼儿的天性，感受自然的乐趣。

当然，自然的环境样态、自由的游戏场域还需要教育者营造积极友好的心理氛围。"师幼互动"指标中提及，教师应保持积极乐观愉快的情绪状态，以亲切和蔼、支持性

的态度和行为与幼儿互动，平等对待每一名幼儿。空间中的环境、设备、材料、教师、儿童相互相融、和谐共生，才让教育有了温度，让幼儿有了释放天性的童真之乐。

（二）巧用空间提升活动质量

立足幼儿本位，幼儿园应充分挖掘每一个区域的价值，将其改造为适宜幼儿游戏活动的场域。

一是巧用走廊与楼梯。幼儿园的走廊一般比较长，可以考虑将其作为班级运动空间或者班级游戏空间的延伸，开展走、爬、跳等运动技能的练习，也可以将其作为表演、扮演、建构等创造性游戏空间。而幼儿园的楼梯，除了满足幼儿上下楼的需要，还可以加设垫子、绳子，利用其斜坡改造出攀爬区域。

二是妙用转角小空间。在楼梯转角处，一般都留有一处小空间。幼儿园可根据课程活动和幼儿游戏需要，将这一小空间创设为多种功能区，如乐高建构区、绘本阅读区、光影探索区、情绪管理角、山洞探秘区等。

三是活用墙面地面空间。在静态的地面空间中，加入一些线条、图形、脚印、数字等，就可以创造出好玩的游戏，如跳格子、踩脚印、绕线走等。而墙面空间，可改为白板墙、黑板墙、触摸墙、操作墙，支持幼儿的涂涂画画，满足幼儿动手动脑的需要。

共建、共创、共享 以旧"焕"新

绵阳市涪城区教工幼儿园

一、解决的主要问题

在幼儿园中，因受建筑特点所限而难以移动的设施设备有许多。随着幼儿兴趣的逐渐减弱，这些设备的使用率不断下降，不仅造成了资源的闲置与浪费，还限制了幼儿活动空间的拓展和多元化学习经验的积累。为此，我园秉持"共建、共创、共享"的理念，开始探索设备设施改造的新路径和方法。

幼儿园里有一辆废旧面包车，原本是用于汽车美容、洗车游戏的设施设备，但由于功能设计和使用范围的限制，其使用率逐渐降低。幼儿们巧妙地对其进行改造，将其变成了一个充满童趣的小树屋，使其重新焕发了生机。

图1 经改造后的面包车

二、面包车小树屋大改造

(一) 发现问题

在"共建、共创、共享"理念的指导下，我园发起了幼儿改造玩具的活动。在寻找"我想改造的大玩具"过程中，有幼儿指出玩面包车的人最少。于是，幼儿在班上展开了讨论："为什么选择面包车玩耍的小朋友这么少？"同时，负责面包车区域的幼儿通过寻问其他班级幼儿发现，多数幼儿觉得面包车只能玩涂鸦和洗车游戏，很无聊。于是，幼儿自发地讨论起如何让面包车变得更加有趣好玩。

(二) 研讨方案

1. 班级会议

在教师的协助下，幼儿组织了以"面包车改造大计划"为主题的班级会议。幼儿们纷纷提出了自己的想法，有的想把面包车改成大机器人，有的想改成飞机，还有的想改成树屋，甚至想在上面滑滑梯。

2. 初步筛选

面对众多的改造想法，有幼儿提出了疑问："这些想法，我们都能实现吗？"于是，有幼儿提议请老师帮忙制作表格，列出所有的改造想法，然后在班级进行投票选择。幼儿们对每个方案的可操作性展开了热烈的讨论，并共同思考改进方案。通过讨论和投票，初步选定了两种方案：一是把面包车变成大机器人；二是把面包车变成树屋滑滑梯。

3. 意向投票

在确定了两种方案后，幼儿们开始了最终方案的筛选工作。在选择投票方式时，幼儿们遇到了困难：如何收集这么多幼儿和家长的意见呢？这时，教室里的二维码标识和班级宣讲活动经验给了他们启发。有幼儿提议："我们可以请老师帮我们做一个二维码，放在学校门口，让全园的幼儿和家长都来投票。"也有幼儿提出："我们可以画一张海报，去其他班级介绍我们的方案。"他们通过这两种方式，收集了更多幼儿和家长的意见，最终树屋滑滑梯项目获得了更多投票。因此，大家决定将面包车改建为大型树屋滑滑梯。

4. 确定图稿

确定了改造目的后，幼儿们开始思考滑滑梯的具体形象。他们根据不同的想法，自行分了组，有的思考在面包车的顶部做一些围栏，有的思考用后备箱围成一个木屋。每个小组都通过绘画的方式表达自己的想法。到底选择哪一种设计呢？幼儿们都努力地推销着自己的设计方案，并再次通过投票，最终确定了设计方案——将面包车变为树屋。

5. 材料统计与收集

幼儿们开始分类统计已有的、可采购的、可从家里带来的以及需全园征集的材料。随后，他们积极行动，带来工具，并在全园收集树棍。

图 2　幼儿绘制的统计表格

（三）改造操作

按照分工，幼儿开始了面包车的改造。一组搭建车尾、一组搭建滑梯、一组负责面包车车身。

1. 树屋部分

幼儿们计划用收集来的树枝将后备厢搭建成一个树屋的模样，在树屋下面摆一些桌子、椅子可以进行野餐。他们先用树枝填充后备箱缝隙，但发现树枝搭建不牢固，容易掉落。观察后，他们尝试将树枝斜着搭，却又发现长度不一。通过集体讨论和工具测量，他们最终通过截取合适长度的树枝，统一了每一根树枝的长度。然而，新的问题又出现了，立在地上的树枝依旧不太牢固。经过讨论，他们决定在土里挖好洞并将树枝插在洞里，同时采用铁丝进行固定。在大家的合作下，树屋初具雏形。

图 3　幼儿在合作搭建

2. 滑梯部分

幼儿们尝试将滑梯倚靠在面包车车门处，但发现滑梯会晃动。于是，他们使用轮胎垫高两节滑梯，结果滑梯变得更加晃动。见幼儿们各执己见又不肯放弃，教师及时提出问题："为什么滑梯筒难以放入面包车车门呢？"幼儿们发现滑梯筒与车门大小不匹配，于是更换成了小一点的滑筒与车门衔接，从而解决了稳定性问题。

接着，幼儿们又发现两节滑梯对接部分存在稳定性问题。他们尝试用铅笔、麻绳等材料进行固定，但仍然不牢固。他们又计划使用螺丝钉固定，但面临寻找螺丝钉的难题。幼儿们写信给园长，请求提供螺丝钉以固定滑梯，但从园长的答复中得知滑梯是报废品，螺丝钉已不见。最终，他们选择用铁丝固定滑梯并用黏土包裹以防伤人。

滑梯搭建完成后，幼儿在试玩中发现滑梯不够平滑。有幼儿提出用水和油铺在滑梯上，但这两个想法在讨论时均被其他幼儿否定。他们又增加滑草板进行游戏，虽然幼儿们觉得很好玩，但随即也发现了速度较快带来的安全隐患。最终，经过反复探索，他们在滑梯下垫了一个轮胎，既保证了安全又增加了趣味性。

3. 面包车车身部分

考虑到户外风吹日晒雨淋的影响，幼儿们找到了小二班围菜地的塑料网，把面包车围了起来。然后用绳子把木棍捆了上去，其他幼儿则使用毛线等材料来装饰面包车身，使其变得更加漂亮。

三、问题解决成效与反思

基于此次实践，我园尝试总结出可供参考的设施设备改建方案，包括可创新的路径、可整合的资源以及可参考的评价体系。

一条可创新的路径：发现问题—研讨方案—改造操作。在发现问题阶段，鼓励幼儿自主思考，支持他们改造设施设备；在研讨方案阶段，引导幼儿针对发现的问题展开讨论，确定方案及收集材料；在改造操作阶段，幼儿进行实际操作和组织建构，帮助他们最终完成改造方案。

四方可整合的资源：幼儿、家长、社会、幼儿园。我们始终坚持倾听幼儿的声音，尊重幼儿的操作方式和想象力；对于家长，我们引导其与幼儿一同查询资料、收集材料和参与评价讨论；同时，我们寻求社会的广泛支持，面包车便是园所和废旧车报废站合作所得的成果。

三方可参考的评价体系：幼儿、家长、教师。对于幼儿，我们一是定期开展"夸夸乐"活动，通过让幼儿给喜欢的玩具贴上贴纸，了解幼儿对改造后设施设备的兴趣；二是召开幼儿反馈会议，邀请幼儿通过绘画、游戏、角色扮演等方式表达对设施设备的看法和建议。对于家长，我们一是定期设计家长问卷，收集他们对设施设备的意见和建议；二是邀请家长到园所现场体验改造后的设施设备。对于教师，我们一是定期组织专题教研活动，分享幼儿使用设施设备的表现以及观察幼儿的经验和不足；二是鼓励教师分享设施设备改造的教学方案，并通过观察记录及方案分析来评价设施设备在教学中的实际应用效果。

（撰稿人：夏　凌　赖遵吕　胡钰皎）

心中有儿童的班级空间布局

南充市清乐幼儿园

幼儿园是儿童生活的空间，更是儿童学习与发展的空间。《评估指南》提出要"合理规划并灵活调整室内外空间布局，最大限度地满足幼儿游戏活动的需要"。幼儿园的空间布局是重要的隐性课程，也是建设高质量幼儿园的重要资源。

一、审视现状：班级空间布局问题与挑战

我们以《评估指南》为引领，走进班级，观摩幼儿与环境的互动，对班级空间布局进行审视，发现教师受环创理念、专业能力、惯性思维等因素影响，班级空间布局存在以下问题：一是具有教师主体倾向，教师多根据自己的兴趣偏好规划，欠缺考虑幼儿的需要和参与；二是风格千篇一律，班级空间布局过于相似，欠缺对幼儿年龄特点和班级场域的思考；三是形式单一，呈现方式缺乏创新，环境中缺少回应幼儿情感。

二、策略调整：基于儿童立场的班级空间优化

（一）达成一个共识

针对班级空间存在的问题，我们研读《评估指南》《发展指南》等对环境空间布局的建议，通过观摩诊断、分析研讨、共读好书、外出学习等，树立起心中有儿童、基于儿童立场的空间规划和布局意识，坚守环境创设中的儿童立场，将儿童视角和儿童参与相结合，根据幼儿一日生活需求思考规划，从儿童角度评估、改造环境，创设安全、温馨、悦纳、支持幼儿成长的班级环境。

（二）尝试四个转向

班级空间不局限于幼儿活动室，室外附近区域也可被纳入班级空间范围。根据幼儿年龄特点、发展水平、兴趣爱好和内在需要，我们在班级空间布局中尝试四个转向。

1. 从"教师主体"转向"儿童立场"

班级空间的使用主体是幼儿，当教师把目光转向幼儿时，会由内而外地表现出对幼儿的尊重、信任和接纳。在空间布局前，教师把自己想象成本班年龄段的幼儿，蹲下来用幼儿的视觉看一看，静下来用幼儿的思维想一想，本阶段的幼儿需要一个什么样的班级空间，从幼儿的心理需要、生活需要、游戏需要去规划。同时，通过一对一谈话、集体讨论等倾听幼儿关于班级环境的想法，邀请他们参与空间规划。

如大三班的"中草药区"就是源于幼儿兴趣的创设。一次户外自主游戏活动中，几名幼儿拾得一些落叶并进行研磨，教师误以为他们在"煮饭"，但倾听幼儿聊天后才得知他们在研磨"中药"。游戏中，幼儿将去中药店的经历迁移到角色里，还对薄荷是否是中草药提出了争议。随后班级开展了"哦！中草药"班本活动，在环境中增设了中草药区，包括中草药的种植、晾晒、研磨、观察和幼儿记录等，教师将中草药相关书籍、绘本进行了投放与展示，支持幼儿学习与探索。

图 1　追随幼儿活动生成的"中草药区"

2. 从"千篇一律"转向"各具特色"

班级空间布局有共性的基础设计，还须根据现实场域和幼儿身心特点规划设计。首先，基础设计要考虑场域开放性、空间灵活性、区域关联性等，通过色彩、光线、质地、收纳等营造舒适的空间氛围。如教寝一体的班级，幼儿午睡床位采用可收纳推拉床，收纳后的空间成为集中晨谈区、区角游戏区等，不固定的寝室空间拓宽了活动范围。其次，根据各班级活动室位置不同，将活动空间延伸到班级之外，重构公共空间，将其改造成适用于多种动态活动的多功能空间，如将廊道转角创设为表演区，将班级和办公室的过渡区创设为积木区。最后，根据幼儿身心特点设计空间，小班突出温馨的家庭氛围，让幼儿所观所感都充满生活气息和家的味道；中班突出自主空间，支持幼儿表达情感情绪、自主探索等；大班突出读写空间、留白空间，为幼儿表达提供场地，支持深度学习。

图2　班级活动室一角

3. 从"过度饱满"转向"开放留白"

一是开放共享。空间布局不是简单的场域划分，需要有联系、有共享，开放性的设计显得生动和有趣，互通互动的空间符合幼儿好奇、好游戏的天性。如区域之间相

图3　开放的区角

对独立又彼此联系；墙面采用通透的大窗户，幼儿能在室内看到室外的树木、天空和远景，照明也更充足。二是适度留白。环境布局不要太满，在满足幼儿基本活动区域外，要适度留白，待幼儿一点一点去填充。如课程墙留白，支持幼儿用创造性表征符号将自己和同伴的探索过程记录下来，让学习看得见；还有班级尝试设立留白区，可以开展"悄悄话""失物招领"等有趣的活动。

4. 从"物质环境"转向"人文关怀"

班级活动室不只是承载幼儿生活的物理空间，还与幼儿的精神世界相连。对幼儿而言，班级环境应该是舒适的、安全的、信任的，有家的味道，空间设计要有儿童情感关怀。如材料柜的高度要方便幼儿取放，洗手台需要有高低组合，既满足不同身高的幼儿，又有错落起伏的美感。班级不仅有畅通的开放空间，还要有相对私密的空间和藏秘密的安静区域，体现对个别幼儿的关怀性。私密空间可以类似"小人国"，从空间高度、结构方式、光线来源、质感等方面做变化，让孩子感受到亲近感、安全感。

三、深度思考：班级空间布局再认识

班级空间布局不仅是物理环境的呈现，更是教育观的折射。《评估指南》在环境创设方面的考查中，使用"合理""灵活""确保""最大限度""避免""防止"等词语，为如何从现有的问题中找到解决方案提供了参照标准。我们在实践中深入反思，将儿童立场带到每一个空间的打造行动中，更新了班级空间布局的认识和思考。

一是班级空间要有儿童味。这意味着环境创设应充满儿童气息，坚守儿童立场。教师不仅要站在幼儿的视角设计环境，还要倾听并理解幼儿的想法，让他们参与环境的设计和布置。

二是班级空间要有人文情。班级活动室是身体的居所，也是心灵的安放之处。通过展示幼儿生活的照片、探索的表征、独创的作品等，营造能让幼儿感到受欢迎和被悦纳的人文空间。

三是班级空间要有生命力。空间生命力在于激活幼儿发展，并随幼儿的成长而变化。适当留白空间引导幼儿参与环境互动，支持幼儿主动表征表达，生成新的学习，也创设出新的环境。

四是班级空间要有美感。赏心悦目的班级环境可以带来愉悦的感官体验，还可以让幼儿与环境中的空间、人和物建立联系。班级摆放别致的绿植花卉，增添自然之美；设置艺术展示区，激发幼儿对美的探索欲望；呈现幼儿作品，支持美的创造与表达，让美感无处不在。

　　班级空间布局应成为一个灵动的生命体，需要随幼儿身心发展和需求而改变。教师在进行班级空间布局时应做到心中有儿童，并在和幼儿的"对话"中使之不断完善优化，践行空间布局基于儿童、为了儿童、提升儿童的理念。

（撰稿人：何　艺　张小娟　何军霞）

基于幼儿可持续发展的幼儿园教育空间优化

成都天府国际生物城第一幼儿园

一、解决的主要问题

我园作为一所新开办园，其空间布局的各项功能基本完善，但是，在幼儿园发展的过程中，我们发现各功能区之间的互动性较差，无论是色彩搭配，还是设计的独特性、趣味性，都达不到一所高品质幼儿园的标准。为此，我们优化幼儿园教育环境空间，试图以此提升幼儿园的品质，促进幼儿的可持续发展。

二、解决问题的过程与方法

结合幼儿园已有的空间布局结构，我们将"创设高品质的办园环境"作为实现"高起点、高规格、高品质的现代化公办幼儿园"目标的重点工作，对标《评估指南》要求，树立"儿童视角、合理规划、灵活调整、务实节俭"的环境创设理念。在"一元复始，生生万物"的核心文化引领下，我们认为，幼儿的生命是一个原点，连接着幼儿园、家庭与社区，也连接着过去、现在和未来。因此，我们基于幼儿可持续发展理念，对幼儿园教育空间进行了优化升级。

（一）优化空间设计，增强空间的互动性

学龄前的幼儿充满活力和好奇心，他们往往通过参与各种游戏来构建社交网络和社会联系。我们在为幼儿规划学习环境时，始终把幼儿的需要放在首位，确保能够完全符合他们在互动与沟通方面的心理期望。为了实现空间的最佳效果，我们必须考虑幼儿的年龄特征，全面构思空间的功能布局。

第一，在户外活动区域安装具有代表性的标识物等，以增强幼儿的记忆力。例如，增加建筑外立面的园所文化符号，把幼儿园吉祥物作为品牌形象代表放置在突出位置。活泼可爱的吉祥物形象不仅为幼儿营造出欢乐温馨的氛围，增加趣味性和互动性，也向师生和家长传递了园所文化和价值观，增强了对园所的归属感和认同感。

图 1　在建筑上新增的园所文化符号

第二，扩大公共游戏场所，增加不同年龄段幼儿之间的互动机会，以提升他们与不同年龄段幼儿的交流和协作技巧。例如，在现有空间已基本被充分利用的情况下，我们重新打造了一个综合体项目。这个综合体依托现有的区域及设备，主要采用通透的材质，以避免对有限的空间造成遮挡，确保空间的通透感。它形成三层运动循环空间，包括地面运动循环空间、空中运动循环空间以及连接上下两层的运动循环空间。顶部连接二楼平台和钻洞区，形成二楼的快速通道及体能循环游戏空间。在建筑设计上，以清新自然的色调为底色，并点缀以亮色，线条流畅，形体简洁，为幼儿打造一条"从 1 到 ∞"连贯完整的游戏路线，仿佛是一个流动的环，给予幼儿自由的运动体验。这个以儿童需求为核心的综合体项目，重塑了幼儿园教育场所的空间布局，提升了室内空间的互动性，并加强了室内空间与外部环境的联系，从而创造出一个开放、轻松的交流氛围，全面满足幼儿的社交心理需求。

图 2　重新打造的综合体项目

（二）满足游戏需求，扩展空间的创造力

有趣的游戏环境不仅可以满足幼儿的好奇心，还可以刺激他们的创造力。我们致力于改善幼儿园的视觉环境，通过对环境的空间布局、形状和色彩等因素进行调整以刺激幼儿的视觉感知，激活他们的想象力并释放他们的天性，同时也鼓励他们自发地寻找乐趣。例如，园所入门大厅墙面上有很多设备闸门、按钮，既不美观也没有任何教育功能。为此，我们在入门墙面增设了主题墙及主题区角，主要呈现校园文化、主题活动及园家社共育内容，在不占用过道空间的情况下，以立面主题墙的形式展现师幼温暖的笑脸，色彩多元，画面生动且和幼儿的生活息息相关，深受幼儿喜爱。

图3　入门墙面增设的主题墙及主题区角

（三）把控环境风险，强调空间的冒险性

在幼儿园里，我们经常看到各种柔软的包装物料，以防止幼儿接触到那些可能会带来危险和伤害的物品。然而这种防护措施仅仅是为了防止幼儿们受到意外伤痛，并未教会他们如何主动地保护自己，这也在某种程度上有碍于他们的自主思维发展。随着年岁的增长，幼儿的思考能力和勇气逐步提升，他们对未知事物的探究欲望也日益加深，热衷于挑战新颖且具有一定难度的事物。所以，幼儿教育的场地布置应包含些许复杂和充满挑战的游戏活动，并适当衡量潜在的风险，避免完全无风险的环境。这些带有冒险性质的空间既能满足幼儿的勇敢追求，也能提高他们独立应对危机的能力。例如，我们增加了具有一定高度的攀爬钉；在阅读区设置了阶梯椅子，便于幼儿爬到最高梯取拿书籍；在创客工坊中置入夹层；等等。为幼儿提供更加有趣的活动，可以满足其爱冒险的心理。

三、解决问题的成效与反思

《评估指南》要求"幼儿园规模与班额符合国家和地方相关规定，合理规划并灵活调整室内外空间布局，最大限度地满足幼儿游戏活动的需要。除综合活动室外，不追求设置专门的功能室，避免奢华浪费和形式主义"。

在进行教育空间优化之前，幼儿园共设置了九个教学班，每个班二十五个学位，做到"幼儿园规模与班额符合国家和地方规定"。将公共区域和教室作为幼儿综合活动的主要空间，并没有设置专门的功能室，达到了"除综合活动室外，不追求设置专门的功能室，避免奢华浪费和形式主义"的要求。因此，幼儿园在进行教育空间优化的时候，紧紧抓住"合理规划""灵活调整"几个关键词，来"最大限度地满足幼儿游戏活动的需要"，增加幼儿园教育空间的互动性、创造力和冒险性。事实证明，这一做法成效显著，更好地释放了幼儿的天性，激发了幼儿的潜力，提升了幼儿园的整体品质。

马克思曾说："人创造环境，同样，环境也创造人。"从未来的角度来看，家长对幼儿教育的质量有着更高层次的需求。因此，坚持可持续发展理念，提升幼儿园空间的育人效果，创设多元的儿童教育空间，已成为高品质幼儿园建设的重要任务。

（撰稿人：雷 欢 王晓艳 刘 谦）

以有限空间 成就无限可能

成都市武侯区第四十九幼儿园

一、解决的主要问题

幼儿园的空间资源蕴含着许多教育契机，它既是幼儿的生活空间，也是幼儿游戏、学习的空间，应该自然、开放，充满机会与挑战。《评估指南》指出，"应保证幼儿每天户外活动时间不少于两小时，体育活动时间不少于一小时"。我园结合自身实际情况不断思考：如何最大化地利用幼儿园的空间满足幼儿运动和游戏的需求？如何使体育活动与空间有效地融合在一起？如何投放材料满足幼儿的游戏需求？围绕这些问题，我园选取室内外混龄体育游戏作为突破口，对幼儿园的室内外空间进行了全方位的融合与利用，旨在为幼儿的成长创造无限可能。

二、解决问题的过程和方法

基于《评估指南》环境创设中提出的"合理规划并灵活调整室内外空间布局，最大限度地满足幼儿游戏活动需要"目标，我园立足高品质幼儿园所需的环境创设，重新审视园所的空间设置。

（一）问题分析：幼儿户外游戏场地的问题思考

1. 缺"思"——运动场地融合度不足

在日常的教学中，运动场地往往选择在室外操场或教室。受定式思维的影响，教师往往按部就班地开展活动，较少将室内外场地进行整合思考。

2. 缺"变"——游戏场地的单一性

一方面，教师会以功能定位游戏场地，导致一个场地往往只能进行固定的运动，场地利用率低；另一方面，大型运动设施往往使用功能单一。

（二）实践策略：环境设计的两个创设与三个匹配

我们尝试遵循"两个创设"和"三个匹配"的原则对幼儿园室内外活动空间进行整体创设，丰富对幼儿园运动游戏场地的使用方式。

1. 两个创设

（1）创设"两通三化"，为幼儿构建多元探索空间。

"两通"指的是室内及室外的联通，打破空间的局限性，最大限度地创设优质环境，给予幼儿充分的运动空间，并注重对三维空间的开发与利用，根据室内外场地的特点，形成户外空间开放化、走廊空间多元化、楼道空间多变化的"三化"空间。

在户外空间，我们为幼儿增设了能够遮阳挡雨的设备，以确保在特殊天气条件下也能顺利开展户外活动，同时减轻长时间强光照射所带来的安全隐患。结合走廊宽敞的特点，我们巧妙地利用椅子、桌子以及自制的纸箱等材料，将通道也转变成了游戏场地。此外，针对楼道具有坡度的特点，我们运用了绳子、轮胎和垫子等材料，创设出可以滑行、攀登和爬行的游戏环境。

图1　利用墙面创设的体育游戏

（2）创设有层次、有吸引力的体育运动空间。

与广阔的室外空间相比，室内体育活动的局限性在于空间有限，幼儿容易产生疲劳感。为此，我们从三维空间视角整体规划室内体育活动环境，将有限的空间拓展为具有趣味性的无限空间，并结合幼儿年龄特点，创设丰富、富有一定挑战性的室内外体育运动项目。一是分年龄段创设活动内容与方式，二是分空间创设活动内容与方式，三是积极探索出运动材料的多样性玩法，做到一物多玩。

2．三个匹配

（1）匹配一：适宜的游戏场地与运动游戏活动类型的匹配。

一是合理利用户外活动空间。操场作为幼儿园户外体育活动的重要场所，其中心地带障碍物较少，因此我们将那些较具挑战性和需要较大场地的游戏设置在操场中心。同时，我们也充分利用操场的边缘地带，对周围区域进行合理规划。围绕操场，我们制作了土坡、平衡桥、攀爬架等设施，并创设了适合在操场边缘进行活动的游戏场景。例如，我们创设了"小司机"场景，在其中投放了自行车和独轮车，并标注了环线标识，引导幼儿在操场周围沿着线路骑车。这样既保障了幼儿的安全，又确保了户外体育活动的质量。

图2 利用地面环境创设的骑车游戏

二是将室内空间作为运动场地的有效补充。我们充分利用地面环境，借助地贴、桌椅、柜子以及自制的体育器械等材料，引导幼儿体验多种玩法，发挥空间的最大价值。同时，我们利用大厅与教室、功能室之间的多处墙面，根据需求创设了在地面无法直接实现的、具有一定挑战性的项目，提升幼儿的平衡、攀爬、悬垂等动作技能，满足幼儿参与更具挑战性和难度项目的愿望。

此外，利用宽敞的楼道空间创编出充满活力的游戏项目。在师幼的共同探索下，我们将宽阔的楼道与垫子、绳索等结合起来，创设了"穿越火线""滑滑梯""勇登高峰"三个既刺激又富有挑战性的项目。空间的有效利用不仅增强了幼儿的游戏兴趣，还更好地促进了他们运动能力的发展。

图3　利用走廊创设的体育游戏

（2）匹配二：丰富、多元的游戏材料与运动游戏场地的多变性需求相匹配。

提供丰富的游戏材料，能够使幼儿的运动游戏空间更加多元、可变，从而激发幼儿积极体验和持续探索的兴趣。例如，在材料的投放方面，我们增加了多种支持幼儿弹跳的材料，如皮筋、高跷、跳绳、颜色大小不一的塑料圈以及形式各异的栅栏等；同时，在墙面上设置了高度不一的单杠和材质不同的绳索，这些多元化的材料满足了不同能力幼儿的发展需求。

（3）匹配三：轻松、愉悦的心理环境与运动游戏活动场地设计目标的匹配。

在园所游戏环境的创设过程中应注重物质环境与心理环境的有机融合，努力营造温暖、轻松的心理环境，让幼儿保持良好的情绪状态，积极愉快地参与各类运动项目，并获得良好的体验。在游戏中，幼儿通过对空间的不断思考和探索，也生发出许多关于环境的趣味小创造。比如，幼儿创设了"失物招领处"，他们解释说："弟弟妹妹因为不认识自己的名字，东西掉了也不知道去哪里找，所以我们就把小角落布置成了一个失物招领处。"通过不断地对幼儿园空间进行调整和创造，幼儿园环境变得更加有趣和富有意义。

三、问题解决成效和反思

环境是一种隐性的教育资源，在探索中我们深刻认识到，幼儿园的空间应该是充满生命力的、不断生长的、开放的。需要明确，环境创设不仅仅是对物理空间的简单布置，更是一种教育理念的深刻体现。因此，需要赋予空间以创造力、活力和无限可能性，通过合理利用建筑与空间环境，重构幼儿与环境、幼儿与学习的关系，使幼儿在空间中潜移默化地提升想象力、感受力、审美力和创造力，从而促进幼儿的全面发展和园所的高质量发展。

（撰稿人：郝　苗　严　凤　郭小瑜）

幼儿园公共环境户外遮阳设施建造

北京市大兴区第七幼儿园

一、解决的主要问题

幼儿园户外活动环境作为幼儿户外活动的主要载体，其优化显得尤为重要。而北方大部分园所均面临着夏季户外场地太晒，无法正常开展户外游戏的问题。我们所在的幼儿园地处北方，四季分明，每年进入 5 月之后，一直到 8 月底，孩子们的户外游戏时间和质量就会受到影响，其最大原因就是防晒问题。

二、解决问题的过程与方法

有一次，我在园所巡视过程中发现，正在户外游戏的孩子们都躲在墙边喝水，每个人的头发都湿漉漉的。老师走过去试图和他们交流今天的游戏情况，子晴说："老师，我们的游戏还没有结束呢！一会儿还要继续分出输赢。"老师问："为什么不一次决出胜负再休息呢？"站在老师身后的大亨满脸通红地说："老师，太晒了，我都觉得脸痒痒的。"其他小朋友一听也都急忙围了上来，纷纷说着不能再继续游戏。从孩子的表达中，老师感受到尽快解决户外遮阳的必要性。老师说："咱们一起想个解决的办法吧！怎么才能既不晒，还能继续在外面玩？"对于老师的这个提议，孩子们都很兴奋，想一起来解决这个问题。

（一）搬出遮阳大伞

如何才能正常开展户外游戏，不受太阳太晒的影响呢？悠悠说："早点出去玩，太阳还没出来。"话音刚落，可依就提出疑问："太早了我们还没有吃早饭，会饿的。"可迪说："咱们屋外有个大遮阳伞可以用上。"这个提议得到了孩子们的一致认可，他们决定去试一试。在老师的帮助下，遮阳大伞撑开了，孩子们赶紧跑到伞下面，开心极了。但很快，他们又发现了新的问题——能遮住的地方太小了，一离开伞，还是很晒，根本没有办法去其他地方玩，而且伞下还特别挤。所以，遮阳大伞的方案很快又被孩子们否定了。

（二）商讨建设蔬果长廊

有了遮阳伞的实践经验，孩子们意识到遮阳的东西要足够大，要能同时容纳很多小朋友。子木说："我家楼下的停车棚子可以挡雨，也有很大的地方，有一次我和奶奶在里面玩，还挺凉快的。"球球接着说："棚子能够挡雨，也可以遮住太阳的光。"他们的话得到了其他孩子的认可。"在幼儿园能不能用建停车棚的方法，并且让它更美一些呢？"老师趁机引导说。"那我们给幼儿园建一条蔬菜长廊吧！"孩子们纷纷表达了自己的想法，并画了下来。每个人都觉得自己的设计是最好的，但是该用谁的呢？小朋友们一致同意用他们经常用的投票的方式来推选最优设计方案。

（三）全园老师齐参与建设蔬果长廊

有了孩子们的想法和设计图，老师们都非常愿意帮助孩子们达成长廊下乘凉游戏的愿望。后勤老师帮忙购置了支撑架和爬藤网及网格门，并及时用各种工具材料进行了组装，一个孩子心目中的长廊很快成型落地诞生了。

图 1　蔬果长廊框架搭建完成

（四）师幼长廊藤下尽欢颜

在全园老师的参与下，长廊完成了搭建。可要种什么植物呢？针对这一问题，我们面向全园的幼儿及家长进行了意见征集。综合各班级幼儿的想法与家长的建议，爬藤类、生长速度较快的葫芦成为首选。而且"妈妈故事团"活动中也讲述过七个葫芦娃的故事，孩子们也都想看看自己种出来的葫芦会不会像故事中的那样有七个兄弟、长得是不是不一样。带着这个疑问，孩子们从网上找寻了不同的葫芦品种，并购买了种子。在寻找的过程中，孩子们观看了不同葫芦的生长图片，了解到它们还都有各自的名字，比如宝葫芦、酒葫芦、小亚葫芦等，这更让孩子们和老师们有了新的期待。

图 2 幼儿在植物长廊下游戏与观察

两个月的时间，葫芦藤爬满墙了，孩子们有了乘凉游戏的新场地。在这里孩子们尽情游戏，一起发现葫芦生长的秘密，一起观察葫芦的样子，一起去探秘一个个更有意义的活动。

三、问题解决的成效与反思

（一）科学规划校园公共空间，优化幼儿户外游戏场地

长廊选址于楼体与墙体过道之间，巧妙利用建筑阴影随太阳方位角变化的特点，以墙体作为遮阳手段，为室外公共空间提供一个更加舒适的环境。我们结合幼儿的想法，对户外公共空间的遮阳形式进行了类型分析，并采取了相应合理的遮阳设计。这一举措有效改善了户外游戏场地的舒适度，为校园的公共空间营造了一个良好的氛围。科学的遮阳设计需要综合考虑多方面因素，不仅要避免在施工中遮挡视线以及影响通风采光，还要从绿色环保的角度出发，更合理地选择遮阳的形式和措施。我们遵循节能原则，从实际出发，探索出经济、适用、美观且可持续的遮阳设施方案，以更好地服务于幼儿园里的老师和幼儿的生活与游戏需求。

（二）老师和幼儿共同构建幼儿园生活

幼儿园的每个角落、每项活动都离不开老师和幼儿的参与。老师与幼儿互为主体，共同探究那些值得深入的话题、问题和事件。我们把探索的机会留给孩子，老师的

"放权"使幼儿获得学习经验的方式更加多元化，幼儿的思考维度也变得更广。这里的"放权"需要老师做好充分的专业准备，提前预设提问与回应，以便在必要时做出及时的回应和引导，并设想各种不确定因素可能带来的学习可能性，促进幼儿多元、全面地发展。

（撰稿人：赵　郁　白　静）

好玩的桌椅板凳

《评估指南》提出，"各类设施，要求安全、环保、符合幼儿年龄特点，方便幼儿使用和取放，满足幼儿逐步增长的独立活动需要"，同时也强调要"合理规划并利用室内外空间布局，最大限度地满足幼儿游戏活动需要"。那么，作为幼儿园基础设施设备之一的桌椅板凳，除坐等基本作用以外，只能默默陈列于教室之中吗？我们不断追问：桌椅板凳还有哪些辅助功能能够满足幼儿活动需要，可以做到一物多用、一物多玩、一物多创？基于此思考，我们从拓展功用、玩法、创意三个方面展开探索，深入挖掘桌椅板凳的用法与功能。

一、一物多用，拓展功用

桌椅板凳的基础功能主要包括三个：第一，学习支持。作为孩子学习的基本设施，在学习中，用于书写阅读、绘画手工等学习活动，满足基本的学习需要；在游戏中，用于区域布局、多种游戏，辅助游戏区分隔、分区。第二，生活辅助。作为孩子日常生活的辅助设施，用于就餐、饮水等，营造便利、健康的生活环境。第三，促进健康发育。适当的桌椅高度、尺寸，有利于孩子保持正确的坐姿，促进孩子脊柱和骨骼的健康发展。

二、一物多玩，拓展玩法

面对教室内数张桌椅，可以怎么玩？孩子们尝试探讨，了解其特性，探索出了多种玩法，主要包括三项。

（一）单一使用桌椅，生成多种游戏玩法

幼儿园中的桌椅板凳多为方形结构，四角稳固支撑，形成一个个独立的小空间。这种设计对于喜欢探索洞穴的孩子来说，极易引发他们的兴趣。利用这一特性，孩子们开发出了钻、爬等多种游戏活动。

例如，"再战梅花桩"游戏，不同年龄的幼儿会选择不同高度的椅子，并将椅子按照一定的间隔有序排列，形成有起点和终点的椅子梅花桩。孩子们从起点开始，在椅子上小心行走，直至到达终点。在这个过程中，孩子们的平衡能力和协调能力得到了有效提升，同时也增强了自信心。又如"山洞探险"游戏，将若干张桌子横向连接，形成山洞状，桌下铺设垫子。根据幼儿的年龄和发展特点，他们可以进行钻爬或匍匐爬，这有助于锻炼幼儿的钻、爬动作，提升身体协调能力。

（二）组合运用，满足幼儿高阶游戏需求

幼儿园的桌椅板凳是根据幼儿的年龄特征和身高定制的，轻便且可移动。同时，小、中、大班的桌椅高度各不相同：小班桌高通常为四十至四十五厘米，椅高二十五至三十厘米；中班桌高为五十至五十五厘米，椅高三十至三十五厘米；大班桌高则为六十至七十厘米，椅高三十五至四十厘米。借助桌椅板凳的不同高度和尺寸，孩子们可以进行搭建、拼摆、组合等操作，不同的摆放方式用于攀爬、平衡、走跳等系列活动，从而产生了多种高阶游戏，如百变桌椅、翻山越岭、运球下海、跳跃火山等。以"百变桌椅"游戏为例，单一使用桌椅进行游戏已无法满足幼儿对游戏挑战的需求，因此，他们开始尝试组合桌椅，进行更为复杂的"百变桌椅"游戏活动。

图1　桌椅组合作为室内运动器械

在游戏中，孩子们共同讨论并设计桌椅的摆放方式，随后按照计划布置游戏场地，由此产生出不同的游戏效果。每当看到自己的计划逐一实现，孩子们都格外高兴，更加沉浸于游戏之中。这一过程不仅提升了孩子们的走、跑、跳、钻、爬、平衡等身体能力，还培养了他们的勇敢、专注等优秀品质，以及与人合作、交往的良好习惯。

（三）变换利用，成为教育活动辅助工具

桌椅板凳作为幼儿园最基础的设施设备，其制作严格遵循规范，确保平滑无尖角，从而具有较强的安全性和稳定性。在活动中使用这些桌椅板凳，安全有保障。因此，它们不仅可以作为日常的学习和生活用具，还可以作为教育活动的辅助工具。比如，在早操环节中，将椅子作为早操器械，通过多种放置方式和不同的组合形式，让早操变得富有变化、有趣且充满活力。这样的早操不仅能唤醒孩子们美好的一天，还能在锻炼体魄的同时，充分发挥椅子的教育功能。

图 2　将椅子作为早操器械

三、一物多创，拓展创意

随着孩子们对桌椅板凳功能的深入挖掘，他们对这些日常设施的功能和用法有了全新的认识与创意。于是，他们开始尝试利用这些设施进行创新性游戏和艺术创作，以下是从三个有趣的创意话题出发的实例。

话题一："这是椅子！"孩子们将桌椅布置成小剧场，进行角色扮演、故事演绎等活动，极大地激发了他们的想象力和创造力。

话题二："这不仅仅是椅子！"桌椅板凳在孩子们的手中变成了画架、展示台。他们把自己的画作、手工作品放在上面展示，不仅培养了他们的审美能力，还锻炼了他们的表达能力。

话题三："这不是椅子！"孩子们利用桌椅进行空间构建，搭建出小房子、小桥、城堡等。在搭建过程中，他们的空间感知和手眼协调能力得到了锻炼，同时还学会了解决问题和创新思维。例如，在"桌椅城堡"游戏中，孩子们通过讨论、设计，用桌椅和床单构建出一座座独特的城堡，并在城堡中进行角色扮演，享受创造的乐趣。

通过对桌椅板凳的深入研究和功能分析，我们得到了三点启示。

第一，以《评估指南》为依据，常思常行，将其运用于日常工作中，对于设施设备，我们定期进行盘点和分析，思考其基本功能的运用。

第二，基于静态与动态的结合，发挥优势。设施设备有固定的使用方式，但我们在保证安全的基础上，根据孩子们的兴趣和活动的需求，从不同的角度、以不同的形式进行操作探索，突破了设施设备使用的静态局限性，发挥了其功能特性。

第三，融入教育理念，创新思维。桌椅板凳是幼儿园最基础的设施设备。多功能的使用不仅是整合教学资源的价值体现，更能从中看到教师的教育理念。我们通过一物多创、创新使用，优化教学环境，提升孩子们的创造性思维。孩子们也学会了举一反三，高效利用生活物品，掌握知识技能，获得全面发展。

展望未来，我们将继续践行先进的教育理念，充分利用每一种资源、每一个设施设备，支持并满足幼儿各项活动的需要，确保幼儿在健康安全的环境中快乐成长。

（撰稿人：伍洪義 杜 玲 余小丽）

第二节　丰富玩具材料 创设幼儿的探索场

➤ 理论指引

　　丰富玩具材料，创设幼儿的探索场域，旨在通过为幼儿提供种类丰富、数量充足的高质量玩具材料，来满足他们的游戏需求，进而帮助幼儿积累多元化经验、促进其全面发展。

　　自党的十八大以来，国家在教育战略上尤为强调立德树人，并将其作为教育的根本任务。幼儿园的育人任务不仅通过课程、教学等途径实现，也通过环境与玩具材料实现，环境创设的本体价值依旧是育人。幼儿园建设富有育人价值的探索场域，必须正确认识幼儿的学习方式和特点，珍视游戏和阅读对幼儿发展的独特价值，借环境鼓励幼儿主动探索、生动发展，以为幼儿提供多元探索经验为目标，以创设高质量的玩具材料为方向，以玩具材料的丰富与充足为保障，将课程目标隐含于玩具材料中，让游戏点亮幼儿的生命，让阅读点亮幼儿的生活。

表 1　《评估指南》玩具材料考查要点

重点内容	关键指标	考查要点
A4.环境创设	B11.玩具材料	38. 玩具材料种类丰富，数量充足，以低结构材料为主，能够保证多名幼儿同时游戏的需要。尽可能减少幼儿使用电子设备。 39. 幼儿园配备的图画书应符合幼儿年龄特点和认知水平，注重体现中华优秀传统文化和现代生活特色，富有教育意义。人均数量不少于 10 册，每班复本量不超过 5 册，并根据需要及时调整更新。幼儿园不得使用幼儿教材和境外课程，防止存在意识形态和宗教等渗透的图画书进入幼儿园

一、基于环境与行为的关系，明确玩具材料的育人价值

从心理学上研究幼儿行为发展主要有遗传论、环境论和交互论三大理论学派[①]，虽然三大学派对决定幼儿行为的主要影响因素认识有所不同，但都承认环境对幼儿行为发展的重要价值。不同于遗传，环境是可操控或改变的客观因素，故而幼儿园若想正向干预幼儿行为，应从环境创设及幼儿与环境的互动质量着手。

玩具和图书是幼儿生活环境中常见的活动探索材料，也是幼儿园重要的教育资源。《发展指南》明确指出，"幼儿园应珍视游戏的独特价值"，"幼儿期是语言发展的重要时期"，而幼儿游戏和语言发展的重要载体便是玩具和图书，因此幼儿园应重视为幼儿提供丰富的玩具材料，最大限度地支持和满足幼儿主动获取多元经验的需要。

（一）玩具材料是幼儿游戏活动开展的基础保障

游戏的材料、环境和时间都是幼儿游戏的基础保障条件，它们分别保障了让幼儿有东西、有地方和有时间可玩。在安吉游戏中，教师以提供保障野趣的游戏空间、保障充分的游戏时间、保障充足的游戏材料及教师撤出幼儿的游戏过程为行动策略，[②]从中我们可以看出幼儿与材料的互动对游戏质量及幼儿发展的重要意义。

（二）图书材料是幼儿早期阅读活动的亲密伴侣

早期阅读为幼儿的终身学习奠定基石，而绘本被认为是"最适合幼儿阅读的图书"。早期阅读活动对于幼儿而言并非仅止于表面的看、听、说。经过广泛的研究验证，早期阅读经验丰富的幼儿，在语音敏感性、词汇理解以及口语表达方面均展现出显著优势。此外，这种经验不仅局限于语言能力的发展，它同样与幼儿的认知、社会性等多方面的发展紧密相连。

二、基于环境与育人的关系，把握玩具材料的攻坚重点

在《评估指南》"玩具材料"这一关键指标中，对幼儿用于游戏的玩具材料及用于阅读的图书材料进行了考查要点梳理。

玩具材料：在《玩具安全第一部分：基本规范》中明确地指出该标准中的"玩具"，既适用于设计或预定供十四岁以下儿童玩耍时适用的玩具或材料，也适用于不是

---

① 汤志明. 幼儿园环境创设指导与实例[M]. 上海：华东师范大学出版社，2012：34.
② 程雪琴. 放手游戏，发现幼儿[M]. 上海：华东师范大学出版社，2020：127.

专门设计供玩耍但有玩耍功能的产品。因此，广义上的"玩具"，泛指一切能够引发幼儿游戏行为的材料，它可供幼儿适用，且具有玩耍功能，如购置玩具、自制玩具、一块石头、一根绳子等。

图书材料：幼儿的阅读与成人的阅读有所不同，幼儿园中的"图书"主要指向的是"图画书"（即绘本）。从广义层面而言，图画书是一个包容性很强的概念，它种类繁多，各个种类之间的界限也十分模糊，如婴儿书、玩具书、图画故事书等。[①] 但从狭义层面而言，它指向的"图画故事书"，也就是"叙事类绘本"，其本质特征是：①图文结合，由图画与文字两种表现形式构成；②文本具有叙事性；③图画具有叙事性。[②] 在本节中所讨论的"图画书"，不仅指向"图画故事书"，亦涉及其他广义概念上的"图画书"。

（一）提供丰富材料，支持幼儿多元探索需求

环境是无声的教师，教师可将育人目标有目的地隐含在游戏环境中，丰富的玩具材料带来丰富的经验可能。在刘焱教授团队研发的《中国幼儿园教育质量评价量表》中，对玩具材料提出了"类型多样"这一评价标准，这也回应了《评估指南》所提到的关键词"种类丰富"，具体而言它有两层含义。

其一，它指向幼儿借助游戏材料，可开展不同类型的游戏活动，满足不同幼儿的游戏需求。如所提供户外材料应能丰富幼儿多种运动经验，支持幼儿开展不同类型运动活动（走、跳、钻、爬、投掷等）。

其二，它指向在开展同类游戏活动时有多种可使用的材料。在游戏中为幼儿提供可支持开展多元活动的材料，极大地增添了游戏的趣味性和可玩性，丰富了游戏玩法的可能性、幼儿经验的多样性。如在从小山坡上向下滑的游戏中，教师为幼儿提供了光滑度不一的塑料布、木板、泡沫垫等玩具材料，可能会引发幼儿更多的游戏探索。

此外，体裁多样、内容丰富的图书材料也有助于幼儿积累多元阅读经验。幼儿园可为幼儿选择寓言、童话、诗歌、散文、童谣、绕口令等多种形式的阅读材料，帮助幼儿感受不同体裁、题材、表现形式的文学作品所传递出来的语言特色和风格。

从不同体裁看，儿歌语言精练、音律和谐，散文语言优美、生动细腻，童话故事情节引人入胜。从不同题材看，虽然每个文学作品只表现某一方面的内容，但是众多不同题材汇集起来就会形成丰富多彩的经验。例如，同样是关于"美"的主题，散文

---

① 彭懿. 图画书：阅读与经典[M]. 江西：二十一世纪出版社，2006：83.
② 姜洪伟. 绘本概念特征与类型辨析[J]. 中国出版，2018（24）：17—21.

《春天》讲述的是自然界的风景美，故事《百鸟朝凤》讲述的是"乐于助人"的心灵美，可帮助幼儿从不同视角透析"美"的意义。

（二）聚焦适宜材料，确保幼儿发展具有适宜的环境

营造有质量的幼儿园环境，体现了对幼儿学习与发展规律的尊重，离开幼儿的学习与发展规律谈"质量"是表面的、空洞的。[①] 因此，在玩具材料的提供上应遵循幼儿发展规律，尊重幼儿年龄特点。

发展适宜性教育实践强调要能适宜幼儿在兴趣和能力上所存在的个性差异，既要关注幼儿所处年龄段的一般发展水平，也要顾及能力高于或低于一般发展水平幼儿的需要。除关注年龄适宜性外，班级应基于幼儿个体差异提供不同层次的材料，既能关注到落后幼儿的学习，也能为幼儿营造"适宜挑战"的游戏氛围，让幼儿面临挑战，获得新经验。

学习的本质便是不断地"冒险"，这是人类挑战自我、拓展知识边界的必然过程。游戏要避免没有激情、没有挑战、没有想象和创造的局面。在与富含挑战性玩具材料的交互历程中，幼儿于游戏环境中自然生发出冒险精神之火花，培育出坚韧不拔之勇敢品质，并在此过程中逐步积累起解决问题的宝贵经验。他们将逐步成长为新时代下"怀抱理想、身怀本领、勇于担当"的青年才俊，肩扛国家发展之重任，承载民族复兴之希望。在游戏环节，幼儿可能会遇到物理层面的挑战和智力的限制，但只要确保环境相对安全，我们都应积极鼓励幼儿依据自身条件，勇于探索未知，解决游戏过程中的问题和困难。

（三）保障材料数量，力保幼儿平等使用机会

为确保幼儿在游戏过程中能充分参与和体验，幼儿园应提供足够数量的玩具材料，以满足多名幼儿同时游戏的需要，让每个幼儿都能有平等使用玩具的机会，避免争抢。

以运动玩具为例，为确保幼儿能够充分参与体育活动，小型运动玩具（如篮球、沙包等）的数量配置应至少能够满足一个班的使用需求。[②] 再如，班级各区域活动的玩具材料数量应能满足入区幼儿每人拥有一件及以上，即能供四至六人同时使用。小班应尤为注意提供数量充足的游戏材料，以满足幼儿平行游戏的需求。

图书亦是如此。为确保每个幼儿都有机会选择自己感兴趣的书籍进行阅读，满足不同幼儿的阅读需求和喜好，班级图书人均数量应不少于 10 册。对于小班幼儿，由于

---

① 鄢超云. 低成本有质量的幼儿园环境创设 [M]. 北京：教育科学出版社，2013：79.

② 刘焱. 中国幼儿园教育质量评价量表（城市版）[M]. 北京：北京师范大学出版社，2009：24.

其平行游戏的特点，建议在教室中摆放一定数量的相同图书，但每班同一本图书的总数（复本量）不宜超过 5 册，以保障幼儿能在更为丰富多样的阅读海洋中遨游。

（四）提供开放性材料，满足幼儿多种游戏需要

具有开放性的游戏材料，是可加工、可改造、可转换的，能让幼儿的游戏充满无限可能，满足幼儿游戏的多种需要，让幼儿久玩不厌，是永远具有生命力的"活玩具"。

材料的封闭与开放，是区分高、低结构游戏材料的最主要依据。低结构材料结构松散、可变性强、玩法多样，目标指向性较弱，具有开放性，能满足幼儿的多种需要；而高结构材料形状与结构固定、变化少、玩法单一，目标指向性强，是相对封闭的，容易限制幼儿玩法，幼儿易对高结构材料缺乏控制感，进而失去游戏兴趣。[①]

低结构材料在幼儿园游戏中存在重要意义，幼儿园应尽可能选择那些有助于引发、支持幼儿游戏与探索的开放性游戏材料。"开放"既是游戏材料的一种特性，也是一种游戏理念。它包括两方面的含义。一方面，它指向开放性的物理环境，即幼儿可根据自己的游戏需要，灵活地操作或移动玩具材料和物品。幼儿周围环境和生活中所遇到的各种物品皆可成为幼儿的玩具，游戏区不再有玩法限制，玩具材料也不再有场地限定，幼儿能自己掌握游戏的玩法、游戏材料的使用方式，满足幼儿"想怎么玩就怎么玩"的需求。另一方面，开放性的游戏理念还指向开放性的心理环境，即游戏中的人际关系是开放的，同伴关系、师生关系是平等、互助、和谐的。在这样的心理氛围下，幼儿对玩具材料的创意探索能得到教师的肯定与支持，从而使幼儿的游戏充满无限可能。

三、基于环境与质量的关系，力争玩具材料的品质提升

（一）高使用率的玩具材料为"可持续发展"添薪助火

在"投入不足、资源短缺"的大背景下，提高幼儿园玩具材料的利用率、耐用性，对控制人力投入、促进资源的持续利用具有重要意义。若某一玩具或图书仅限于一次或少次使用，且未能深入展现其教学价值，那么教师对此付出的时间与精力无疑显得尤为不经济、不值得。

因此，我们提倡幼儿园所提供的玩具材料首先应是可反复使用、不必经常更换的，

---

① 董素芳. 结构游戏材料投放方式对幼儿结构游戏行为影响的研究[D]. 上海：华东师范大学，2007.

如耐用的木架、木梯、轮胎、碳化积木等。其次，我们提倡这些玩具材料是可通过移动、组合、增补、减少，产生不同游戏玩法的，如雪糕片的一物多玩。

表 2　雪糕片的一物多玩

序号	基础材料	辅助材料（或加工）	玩法
1	彩色雪糕片	无	挑小棒
2		色彩模式卡	模式排序
3		彩色套圈	匹配套圈
4		夹子	雪糕片建构
5		在雪糕片上绘制图案	雪糕片拼图
6		图形卡	图形拼接
7		空间感知卡	排顺序

（二）贴近生活的玩具材料为"以文化人"培根铸魂

虞永平教授一贯坚持幼儿园课程的生活化。[①] 提供生活化的玩具材料要求因地制宜。一方面，因地制宜包括注重城乡差异性，如城市幼儿的游戏主题可能会涉及交通、超市、电影院等，农村幼儿的游戏材料则更多来源于沙、水、石头、植物、动物等自然乡土资源。另一方面，因地制宜也包括注重地域文化的差异性。巴蜀地区文化资源丰富，蜀绣、川茶、川剧、川菜等都是巴蜀的文化基因。因此，在提供玩具材料时应关注其是否贴近幼儿的真实生活、本土文化与本土自然生态资源。

以成都为例，幼儿园可就地取材，基于成都周边盛产的竹木资源提供较多竹木制品玩具（竹梯、木板、竹篓、竹篮等），银杏叶等本土资源也可用作幼儿活动材料。在美工区、表演区、角色游戏区、积木区等活动区还可创造性地融入川剧变脸表演、绘制川剧脸谱、搭建民居、吃火锅、唱方言童谣等元素的玩具或图书。这一过程中，游戏材料担负了新的文化与育人使命，助力绘就中华民族现代文明的巴蜀画卷。

---

① 虞永平. 生活化的幼儿园课程［M］. 北京：高等教育出版社，2010.

创享游戏　智趣玩耍

成都市第一幼儿园

一、起源：创造性游戏亟待突破与转型

《评估指南》强调要"坚持儿童为本，以游戏为基本活动"。我园游戏课程已经历了近十年的深入研究。在此期间，我们不断审视游戏的各种形态，发现并分析游戏中的难点与堵点，同时自我追问：丰富的游戏环境是否就一定能呈现出高质量的游戏？促成幼儿高质量游戏的必要条件究竟有哪些？如何才能有效避免低质量的玩耍？带着这些深入的思考，我园更新了"以游戏为一日基本活动"的最新理解，并决定以创造性游戏为突破口，全力支持幼儿在游戏中实现高质量发展。

二、探索：以材料为擎促游戏提质增效

第一，丰富的游戏材料就一定能激发幼儿游戏的主动性吗？

和许多幼儿园一样，我园最初也尝试将班级与廊道区域相融合，精心营造了餐厅、超市、娃娃家等情境化的创造性游戏环境，并投放了丰富的游戏材料。然而，幼儿依然存在对某些区域不感兴趣、对某些内容不愿参与、对某些角色不愿扮演等现象。为了找到问题的症结，我们开始深入探究幼儿真正喜欢的游戏是什么样的。通过观察游戏，我们发现丰富的游戏材料固然重要，但开放式的游戏场域、易取易放的游戏材料以及包容性的心理环境更能为幼儿的游戏创造性和想象力提供充分的环境支持。因此，我们利用教学楼内部的楼道过渡地带，创设了比室内游戏区角更大、材料更丰富、开放度更高的游戏区域。

在一楼的廊道空间，我们根据材料的属性，分类设置了结构性较低的"木区、辅

区、器皿区、家具区、纸箱区"五大区域;在二楼的廊道空间,我们则根据情境,分类设置了有一定结构的"家、超市、医院、小舞台"四大区域。我们努力将游戏的主动权更多地还给幼儿,让他们在自由、开放的环境中尽情探索与创造。

图1 幼儿利用廊道空间自主搭建游戏场景

第二,促成幼儿高质量游戏的必要条件有哪些?

我们发现,当游戏材料以高结构材料为主时,大量幼儿出现了"不会玩,四处游走观望"或者"将高结构材料以低结构方式玩,放任自由地瞎玩疯玩"的现象。这是因为材料的结构性过强,反而使得很多幼儿不知道如何将生活经验投射到材料上。因此,我们开启了对创造性游戏材料的研究,并最终梳理出以下材料投放原则。

"破"功能:在保障幼儿安全的前提下,成人不界定或规定游戏区域内材料的功能、使用方法、步骤等,以期让幼儿赋予材料更多的功能。

无定义:不给每个游戏区域赋予成人的定义,不限定玩什么游戏、游戏的规则等,一切都交给幼儿,以期带来无限的可能性和定义。

低结构:尽可能多地投放低结构属性的材料,以支持幼儿多元的需要和探究,带给他们无尽的想象和创造空间。

仓储化陈列:模仿仓储式材料陈列方式,将材料按属性分类,进行仓储式陈列。这样不仅直观,而且取放方便,便于幼儿使用。

图 2 低结构的游戏材料为幼儿游戏带来无限可能

第三，怎样才能避免使低结构材料变成低质量玩耍？

同一种材料，使用方式不同，带来的游戏效果也截然不同。当幼儿可以不受约束地使用这些材料时，他们的探索会更加深入，游戏质量也将随之提升。因此，在幼儿进行创造性游戏时，我们强调材料的玩法不受限制、材料的使用空间不受限制、材料的整理留给幼儿自己完成。

材料的玩法不受限制，是指我们不以成人视角看待每个材料的固有属性，而是允许幼儿用自己的创意探索材料的多种玩法。孩子们在创造性游戏中就利用纸箱做堡垒、搭坦克、构桥梁，玩法多样，层出不穷。

材料的使用空间不受限制，是指我们不再限定每种材料只能在某个特定区域玩耍。只要幼儿需要，不论材料原本放置在什么区域，他们都可以跨区域使用任何材料。这样，没有了区域的限制，幼儿的游戏情景、内容、细节都变会得更加丰富和多元化。

材料的整理留给幼儿自己完成，是指我们将收纳和整理中的学习机会留给幼儿，让他们在搬运和整理材料的过程中培养合作意识、肢体协调性、对材料属性类别的认识，以及自我管理的生活习惯。

图3 幼儿将游戏场地自主拓展至园所大厅

三、明确：二阶游戏样态助推高质量育人

（一）保证基本——玩具材料需数量充足、种类丰富，以确保教育公平

为了满足幼儿游戏的需求，材料数量的充足是最基本的保障。材料的充足程度会直接影响幼儿的游戏进程。例如，在材料充足的情况下，幼儿的搭建作品往往规模更宏大，结构更精细；反之，如果材料不充足，幼儿的搭建就会受到限制，难以尽兴，所搭建的作品往往规模较小，且缺少细节。材料的不足往往会限制幼儿在游戏中进行深入复杂的探索与想象。因此，幼儿园应该不断增加材料的数量，以满足幼儿的需要，促进他们在游戏中更好地发展。

（二）提高品质——用"活"材料助推幼儿"深"学习

第一，在游戏材料上要追求"活"。提供可供幼儿自由组合的低结构"活"材料，满足幼儿自主掌控材料的需要。这样，幼儿就有机会自己去创造或构建，从而获得有意义的经验。这些低成本、多变化的玩具可以引发幼儿的不断思考，促使他们主动地探究与学习。华爱华教授曾指出，对游戏材料进行低结构开放投放，将会诱导幼儿的游戏行为，让幼儿控制材料；而对材料进行封闭式高结构投放，将诱导幼儿个别化作业活动，让材料控制幼儿。比如积木就是一种低结构的材料，在设计时就有意识地考虑了等分、比例、倍数等元素，虽然没有规定积木的玩法，但幼儿在玩任何一种搭积木游戏时，都会获得相关的数学经验。

　　第二，在幼儿学习上要追求"深"。幼儿深度学习的样态是高质量游戏活动的关键特征。常有教师担忧放手游戏会让幼儿的学习浮于表面，缺乏深度，认为必须时常干预和引导才能促使幼儿深度学习。但我们经过长期研究后发现，对于同样的游戏，教师干预得越少，幼儿自主玩耍的机会就越多，其玩的水平就越高，越会呈现出专注的学习样态。幼儿的游戏水平不是教师教出来的，而是幼儿自己玩出来的。因此，教师要杜绝对幼儿游戏行为的高度控制和无效指导，放手让幼儿自由选择、自主决定、自我挑战。教师只有放下自己想看到的游戏样态，才能够看到属于幼儿自己的真正游戏。

（撰稿人：司　茜　史　钰）

幼儿园环境创设之道

绵阳市花园实验幼儿园

创设怎样的幼儿园游戏环境才能够促进、支持幼儿主动发展，已成为广大学前教育人探讨的热点话题。带着问题与思考，我园积极围绕"环境·课程·儿童"开展一系列实践探究，围绕"幼儿需求、教师成长、活动发展"多个维度整合各项改革措施，建设"有品、雅致"的校园环境，努力将幼儿园的每一个角落、每一个空间都变成幼儿喜爱的、玩不停的游戏环境，总结出基于儿童视角的幼儿园环境创设实践经验。

一、环境创设过程即幼儿生命成长的过程

（一）主动研制材料，在亲近利用环境中积淀成长的力量

环境创设源于幼儿的需求。我们引导幼儿在"亲近环境—参与创设—开发材料—打理环境—与环境融合"的过程中，把创制游戏材料变成一种活动样态。

一是就地取材，打造游戏乐园。幼儿喜欢的材料往往是生活中随处可见、自然、质朴、低成本甚至不花钱的。因此，我园结合硬件环境实际，将常见的生活元素变为幼儿的游戏材料资源，一石一木、一沙一水都可以成为玩耍的对象。例如，在幼儿园的中庭有一棵柚子树，幼儿给成熟的柚子编号、调查柚子"失踪"案件、举办小院植物画展，还建立了植物档案，活动丰富得让人目不暇接。

二是自主创制，开发游戏材料。站在幼儿的立场上，引导幼儿在困惑与问题中丰富环境，在各类活动中生成材料，实现自给自足，提升学习能力，增加生命能量。例如，在菜园种植活动中，幼儿们通过探究寻找合适的浇水工具，最终自行设计出一种创新的半自动滴灌器，有效地解决了浇水难题。

三是联动共创，深化游戏内涵。打造"家园共构，材料共建"的教育资源库，让幼儿、教师、家长利用自身优势特长整合身边资源，主动参与环境材料创制。如开展废旧材料收集、亲子手工作品比拼等活动，力求发挥游戏材料的最大价值，满足游戏

活动需求。

图1 幼儿与游戏环境互动

（二）多元项目活动，在开放创造中实现与环境的共生

环境是课程的准备，幼儿可以借助环境成为课程的主人，也可以通过课程推动环境的再建设。只有与课程共同生长，环境才会更具有灵魂。

一是花园课程为先。结合快乐教育理念，建构花园课程的游戏环境，营造支持性育人环境与氛围。在课程实施中，打破空间的壁垒，充分运用教育资源支持幼儿的学习探究。如垒石头、水上乐园、自制滑滑梯等探究活动，以及利用花草进行的创意美工活动，让幼儿的游戏体验越来越丰富，探索的深度也越来越深。

图2 探究学习的游戏环境

二是社团活动统整。2015 年，我们创设"儿童项目社团"来深化幼儿自主游戏，每年有 50 余个园级、班级社团成立。社团将幼儿感兴趣的事项转化为具体项目，进而生成共同任务，为深入挖掘环境内容提供了更多的交流机会。例如，木工社负责承担园内的小型维修工作，手工社则出品了上百件精美的手工作品。项目社团的设立，促进了更多的幼儿、活动与环境之间的互动。

三是自创符号引领。"自创符号"是我园的教改成果，是幼儿们最喜欢、最擅长的学习工具。我们把园内的各个区域分配给各个班级，让幼儿自己负责打理。幼儿们运用符号绘制出材料、物品识别标志，还制作了活动地图、温馨提示、记录表、检查表等。这些符号的加入使得管理变得既轻松又有趣，同时也为活动增添了更多的可能性。这种方式不仅成为幼儿一种新的学习方式，还在塑造和影响着幼儿园的人文环境。

二、环境创设过程即教师专业成长的过程

创设环境是幼儿教师的一项重要工作。每创设出一个新的游戏环境、研发出一种新的游戏材料，或者生成一个新的活动，教师都会先站在幼儿学习与发展的角度进行试玩，从而不断改善细节，有效支持幼儿的游戏和学习。

一是多元研修，提升专业素养。发挥教师的主体能动性，让教师在环境创设过程中，通过项目式、体验式、坐庄式、问题式的研修方式，与幼儿一起承担区域布局设计、材料投放、活动预设、后期环境维护和材料更换。例如，教师建立"一问一研、一研一得"教研模式，对菜园农科所的游戏材料进行整改，解决水渠环境建设中的瓶颈问题。在此基础上，教师从幼儿学习与发展的角度出发，深入研究环境与游戏的关系。

二是专业自觉，激活内生动力。游戏环境建设，我们经历了"包办代替—逐步放

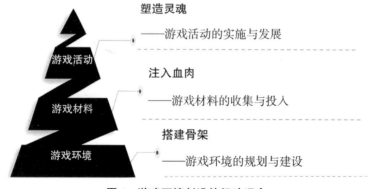

塑造灵魂
——游戏活动的实施与发展

注入血肉
——游戏材料的收集与投入

搭建骨架
——游戏环境的规划与建设

游戏活动

游戏材料

游戏环境

图 3 游戏环境创设的行动理念

手—全力支持"的过程，深刻理解了"为谁建环境，怎样建环境，建怎样的环境"的核心问题，并逐渐形成了新的认识：环境是"骨架"，材料是"血肉"，而活动则是赋予这一切以生命的"灵魂"。通过持续的追问、调整和改进自己的教育行为，我们不断积累并形成了更为丰富的教育智慧。

三、环境创设过程即家园快乐共育的过程

幼儿园环境的创设是幼儿与教师、园内与园外多元主体共同参与、紧密合作的过程。在家园之间，我们致力于构建长期、稳定的合作关系，通过将各种环境与资源有机地结合在一起，实现快乐共育的双向互动与共同成长。

一是资源共集。每学期不定时开展"环保小卫士"材料收集活动，根据幼儿活动需求列出收集清单，号召家长、教师、幼儿一起收集材料，然后根据各班级需求、材料的种类和数量进行全园的统筹安排、合理分配，满足游戏活动需求。

二是材料共建。充分挖掘家长资源，利用家长的专业知识和技能，开展家长义工活动，让家长深度参与幼儿园游戏环境创设、材料创制，比如制作船、扎稻草人、做水车。这些活动不仅丰富了游戏材料，还助推了环境与幼儿、教师及家长充分互动。

三是环境共管。根据幼儿年龄特点，幼儿园把部分班级环境的管理任务承包给自荐申请、自由结对、自主管理的家庭。现在，家长、幼儿自主管理环境已成为一种活动样态，家长认识到环境对幼儿发展的意义，成为环境创设的理解者、响应者和创造者。

环境是幼儿成长的直接载体。我们尝试将环境作为提升幼儿园教育品质的突破口，让高品质的环境成为助推幼儿园内涵式发展的动力源泉。一是以活动变革作为环境更新换代的依据。高品质的环境必须适应幼儿玩法（活动）的变化，好的幼儿园环境一定是资源整合共享、一体化的。二是以幼儿的生命律动唤醒环境的深层价值。我们努力激发幼儿的生命活力，为他们提供更多交流、讨论的机会，让幼儿在群体互动中生成材料、开发环境，成为环境的天然设计者。三是以教育观察作为高品质环境建设的抓手，教师通过关注一日活动中幼儿随时发起的环创行为，借助幼儿生命能动的表现去获取信息，在观察、追随幼儿的过程中，站在更高的水平上应答幼儿，支持幼儿的环境创设活动。

（撰稿人：加冬梅 陈文静 梁海霞）

"慧"投层次性材料"构"好玩区角

重庆市渝北区两路幼儿园

一、直面材料投放真问题，迎难而上

我园自探索构建"阳光溢彩课程"以来，致力于创设有意义的育人环境，而建构区材料投放一直是亟待突破的瓶颈，其中材料投放层次性不足是最突出的问题。基于此背景，我们在提高材料丰富性的基础上，聚焦材料投放的层次性，指向材料的结构配比问题，以支持幼儿深度学习。我们以中班班级建构区为实践阵地，开启了一场关于材料投放层次性的探索。

二、探索材料投放层次性，步步精心

（一）聚焦关键经验，凸显纵向层次性

材料的纵向层次性主要指年龄层次性，即通过不同材料的提供来支持各年龄段幼儿关键经验的达成。表1展示了中班幼儿在建构游戏中的关键经验，以及与之相对应的投放材料菜单。

表1 中班幼儿材料投放菜单

关键经验		材料
技能学习	架空、围封、叠高、延伸、组合、对称、按规律排序、镶嵌	碳化积木 泡沫积木 多米诺骨牌 几何积木 奶粉桶 纸杯 插珠
	主题搭建	搭建图纸 纸笔

续表

关键经验		材料
交往合作	合作搭建 作品介绍	搭建图纸 作品说明书
规则意识	坚持完成作品 不破坏他人作品 收纳材料	建构之星评价表 材料标识 区域规则

（二）关注个性需求，细化横向层次性

材料的横向层次性可以分为幼儿个体差异层次性和不同游戏阶段层次性。个体差异层次性又有经验再现和经验提升两个方面。为实现经验再现的层次性，投放的材料应具有低结构且操作性强的特点，以满足不同幼儿建构需要。为实现经验提升的层次性，应提供不同难度的建构图以及体现进阶性和差异性的材料。

1. "四层"建筑图片，助力幼儿经验升级

在建构区域中，我们投放了展示四个层级的建筑图片，旨在逐步引导幼儿提升建构技能与创造力。首先，提供基础建构技能图片，为幼儿打下坚实的建构基础；其次，展示建构材料造型图纸，鼓励幼儿进行模仿建构，进一步掌握材料运用方式；再次，呈现卡通建筑造型图纸，继续通过模仿激发幼儿的兴趣与想象力；最后，展示实体建筑图片，引导幼儿进行转化与创造性搭建，挑战更高层次的建构任务。图纸层次的递进带来了活动的趣味性与创造性不断提升，为不同水平的幼儿提供的适宜参考图，有助于他们在模仿与创造中不断突破自我，提升建构能力。

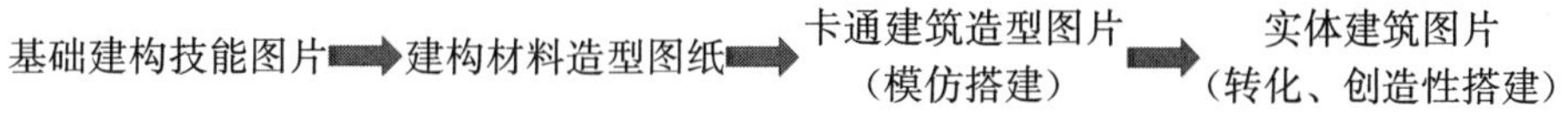

基础建构技能图片➡️建构材料造型图纸➡️卡通建筑造型图片（模仿搭建）➡️实体建筑图片（转化、创造性搭建）

图 1　"四层"建筑图片支持个体差异性

不同游戏阶段的层次性，分为初期、中期和后期三个阶段。初期是产生搭建兴趣或确定搭建主题，可提供的材料是设计绘画类材料；中期进行建构，可提供主要搭建材料和辅助材料；后期开展想象游戏，须根据主题提供场景性、角色性等辅助材料。在材料的投放过程中，可遵循以下思路：首先，要能够激发兴趣、明确主题；其次，提供的材料要具有可选择性，便于幼儿进行建构；最后，要能够引导幼儿展开想象，助力游戏情节的拓展。

2. 纸杯"变变变"，适应幼儿不同游戏阶段

当在建构区大量投放纸杯后，起初幼儿并无兴趣。针对这一情况，教师采取了相应策略。

做法一：增强材料的趣味性和目标性，以激发幼儿的建构兴趣，并引导他们掌握建构技能。在益智区，投放数字杯拼搭材料，包括拼搭模式图、标有数字的纸杯、空白纸杯以及笔。幼儿们首先模仿图片搭建出相同的数字结构造型，随后他们开始自己写数字并进行拼搭，这一过程极大地提升了他们的建构兴趣和技能。

做法二：丰富材料种类，支持幼儿的创意搭建。在建构区，投放多种颜色、图案和型号的纸杯，供幼儿们自由选择。这不仅提高了纸杯的利用率，还激发了幼儿们的创意搭建活动。

做法三：明确材料摆放，启发幼儿对建构造型和规律性的探究。根据幼儿的搭建情况，对已有的纸杯进行了分类摆放。这一举措不仅帮助幼儿们更好地选择和利用纸杯，还拓展了他们的建构思维，使他们在搭建过程中更加注重造型的创意和规律的探索。

图2　幼儿纸杯搭建过程

（三）坚持幼儿行为观察，深化材料层次性内涵与价值

教师借助对幼儿搭建行为的持续观察，及时了解幼儿发展现状与需求，通过不断凸显材料层次性的内涵，支持幼儿建构经验的丰富和建构能力的提升。在"我喜欢什么材料"的谈话活动中，可以明显看出，幼儿对材料表现出兴趣并愿意参与其中是实现材料层次性价值的重要前提条件。

表2　"我喜欢什么材料"的谈话活动结果统计

材料	喜爱人数占比（％）	喜爱或不喜爱理由
碳化积木	57.14	可搭建主题多 搭"高楼"时不稳固
泡沫积木	85.71	搭出来的城堡很漂亮
乐高积塑	71.43	牢固，不会掉
纸杯	71.43	可搭建得很高，可以玩空气炮
插珠	71.43	能搭出可以旋转的东西
多米诺骨牌	76.19	可以搭得很高，可以搭很多东西，不小心就容易倒
彩色积木	85.71	可以搭漂亮房子
小积木	90.48	颜色好看，可以搭很多东西，可以玩抽出来的游戏
牛奶包装箱	90.48	可以做障碍物、玩空气炮
奶粉罐	57.14	可以搭一些有趣的东西
纸板	76.19	可以连起来搭桥
玩具车	42.86	可以用来装东西、玩开车的游戏
建筑图书、图片	64.29	可以学着搭一些上面有趣的建筑
场景、人偶	52.38	可以用来玩扮演交警、开车的游戏

（四）放眼幼儿持续发展，形成材料层次性评价要点

为了更好地反思和评价材料层次性落实情况，我们尝试基于材料层次性内涵与实践，形成建构区材料层次性评价要点，为后续优化材料层次性提供参考。

表3　建构区材料层次性评价要点

内容	评价要点
年龄层次性	材料能支持幼儿进行架空、围封、叠高、延伸、组合、对称、按规律排序、镶嵌等建构技能的学习
	材料能支持幼儿进行主题设计与展示
	材料能支持幼儿的交往合作
	幼儿能对材料进行清楚、细致的收纳，规则意识得到培育
幼儿个体差异层次性	幼儿能用建构材料表达自己感兴趣的主题
	材料能支持不同水平幼儿丰富其建构技能，表现出差异性与进阶性
不同游戏阶段层次性	材料能支持幼儿形成建构主题、产生建构兴趣
	游戏过程中有更多材料加入，支持幼儿不断推进主题建构进程
	材料能支持幼儿用搭建的作品开展有情节的想象游戏

三、反思材料投放实践成效，蓄能助力

在充分考虑幼儿经验需求的基础之上，我们通过观察材料的调整情况，以评价作为指导，持续优化材料的结构配比，确保能够及时满足幼儿的发展需求。在创设充分准备的环境时，教师利用学习、研讨、观察记录等多种方式，深入探索材料投放层次性的有效策略，使材料与教师真正成为幼儿发展过程中的强有力支持。因此，我们欣喜地看到了建构区从冷清转变为热闹，参与的幼儿从少数增加到多数，且他们的活动方式也从固定变得多元。通过材料的支持，不同水平的幼儿都获得了适宜的发展：他们的建构兴趣日益浓厚，建构经验不断积累，建构游戏得以拓展，同时，同伴间的合作与友好交往行为也显著增多。

在后续的实践探索中，我们仍需不断提高材料投放层次性中幼儿的参与度，将静态与动态调试相结合，丰富幼儿参与材料优化的方式，实现智慧投放，以期成就幼儿更为出色的发展。

（撰稿人：刘　燕　李　静　谭　倩）

齐灵乐园里的松鼠城堡

眉山市东坡区齐通幼儿园

一、问题先行，把握材料投放的难点

为打造高品质幼儿园，我园作为一所年轻的幼儿园，围绕"齐自然之气，通万物之灵"的办园理念，努力为幼儿打造健康自然的活动环境和充满灵性的教育环境。在探索如何科学地在灵动自然的教育环境中投放玩具材料时，我们将目光聚焦在了齐灵乐园内一个独特的角落，并将其改造为松鼠城堡，以此作为我们思考与实践材料投放的试验田。

二、关注过程，思考材料投放的问题

我园坐拥宽阔的户外场地，如何利用这一环境优势，紧密围绕办园理念，科学投放材料，打造既健康自然又富有灵性的活动与教育环境，成为我们首要关注的问题。当幼儿们表达出饲养松鼠的愿望时，我们结合为幼儿构建自然灵动教育环境的初衷，决定在户外引入松鼠这一活生生的"材料"，为幼儿提供近距离观察、了解松鼠的机会。这一举措旨在满足幼儿通过直接经验获得发展的需要，同时尊重他们探索自然、亲近自然的身心发展规律。

在具体实施上，我们并未直接提供与松鼠饲养相关的所有材料，而是将选择权交给了幼儿。我们告诉幼儿："作为幼儿园的小主人，你们有权决定为松鼠搭建一个怎样的家，以及需要哪些材料来实现这一愿望。"那么，在松鼠城堡从构想到实现的过程中，我们究竟投放了哪些材料？幼儿园又是如何确保为幼儿提供既丰富多样又结构合理的游戏材料的呢？

当决定在幼儿园饲养松鼠并为松鼠建造家园后，如何为幼儿提供既丰富多样又具低结构开放性的游戏材料，便成了核心问题。首先，为了饲养松鼠，需要储备相关知识。为此，我园增添了与松鼠相关的百科类儿童图书，供幼儿查阅学习。

图1　松鼠城堡建立前

在收集建造松鼠城堡材料之初，我们鼓励幼儿收集各种松鼠家园的图片，通过分享来拓宽思路。同时，我们期望提供的材料能够锻炼幼儿的发散思维，而非直接提供成品让他们进行游戏。为了实现这一目标，我们组织了一场"材料收集头脑风暴"活动。幼儿们展现出了惊人的创造力，他们别出心裁的想法让我们眼前一亮。我们耐心地倾听每一位小设计师的表达，徜徉在他们的想象世界中。

最终，在"儿童视角、户外材料、自然灵动"这三个关键词的指引下，我们将松鼠城堡的材料进行了分类整理，分为工具类材料、环保废旧材料、自然类材料等多个类别。材料投放后，幼儿们迅速利用这些材料大胆创作，还原他们心中的想法。于是，一座属于幼儿的特殊松鼠城堡逐渐建成，一只幸运的小松鼠也成功入住了这个新家。

图2　松鼠城堡初建成形

松鼠城堡初建之后，幼儿们每日必做的事情便是与小松鼠互动玩耍。然而，一些问题也逐渐浮现出来，如松鼠的居所漏雨、松鼠逃逸、活动不便等。面对一系列问题，我们不断思考：在材料投放方面，我们能为幼儿提供哪些助力与支持？

材料的投放并非静态不变，而是需要随着幼儿兴趣和需求的变化以及游戏的发展进程动态地进行调整。这个过程既涉及材料数量的增加，也涉及材料结构的优化。所谓"量的变化"，是指提供丰富多样的材料种类；而"质的变化"，则是指确保材料结构的合理性。这种变化需要建立在教师有目的地观察幼儿与环境互动的基础上。在一次次的游戏中，幼儿们总结了松鼠不开心的原因：恐惧、孤独、无人喂食、活动空间狭小等。在收到幼儿的反馈后，我们对游戏材料进行了相应的调整与更新，例如增加美工类材料，方便幼儿制作松鼠城堡所需的提示牌、参观规则牌以及喂养打卡牌等；制作松鼠跑道，以扩大其活动区域；制作松鼠玩具以解闷；增设松鼠活动滚筒、松鼠喂食器、松鼠秋千等。

材料一经投放，幼儿们便迫不及待地开始大胆创作，进一步完善松鼠城堡。在这个特别的角落，幼儿的热情与创造力四溢，每一种材料都被他们赋予了游戏的印记。在齐灵乐园里，他们共同创造了一个充满惊喜与欢乐的松鼠世界。

图3 幼儿在松鼠城堡游戏

三、提炼经验，总结材料投放的要点

陈鹤琴先生说："小孩儿玩，很少是空着手玩儿的，必须有许多东西来帮助才能玩儿起来，才能满足玩儿的欲望。"而《评估指南》关于"玩具材料"的要求明确指出，幼儿园在投放材料时，应确保材料的丰富多样性和结构的合理性。因此，在松鼠城堡里，我们提供了多种类型的材料，其中大部分是具有开放性和可操作性的，使幼儿能够在这里充分地进行自主游戏。同时，我们一直遵循目的性、探索性和动态性原则，充分促进幼儿与环境的互动，并且始终立足儿童视角，让幼儿参与游戏材料的准备过程。

我园自建园以来的五年间，不断探索与学习，成功打造了一系列独具园本特色的环境，如东坡水街、躬耕东坡等，真正实现了为幼儿营造自然且充满活力的教育环境的目标。"松鼠城堡"只是我们环境创设与材料投放实践中的一个小小缩影，它的诞生让我们深刻领悟到了玩具材料投放的精髓。幼儿园环境的教育性不仅体现在环境本身，还蕴含在环境创设的过程中。高品质的幼儿园环境应当源于幼儿、追随幼儿、激发幼儿、成就幼儿，成为促进其学习与发展的乐园，让幼儿的生命在这里绽放光彩！

（撰稿人：杨　柳　赵栩艺　王媛媛）

立足儿童本位优化图书配置

宜宾市市级机关幼儿园

一、明晰问题定航向

我园于 2023 年 9 月迁至新址，这座拥有 71 年历史的老园焕然一新，坐拥 24 亩宽广园区，设有 23 个班级，涵盖 2 至 6 岁幼儿，共计 600 余人。随着学段的拓展和新园的建设，图画书的配备与使用对幼儿园的保教质量产生了深远的影响。基于近 10 年来"支持儿童主体性发展"的教育改革背景，面对琳琅满目的低幼读物，如何选择合适的书籍、如何有效地利用这些书籍，以实现高质量课程建设中对图画书优质性和适宜性的追求，进而构建幼儿早期阅读内容与学习经验之间的联系，支持儿童的全面发展，成为我园提升保教过程性质量的关键问题。

二、实践探索寻策略

（一）绘本节：实现图画书从无到有的跨越

2016 年，我园成功举办了第一届"书香市幼，幸福童年"绘本节。活动初期，围绕"图画书的定义""家庭图画书藏量"以及"图画书阅读量"等问题，对全园家庭进行了深入的调查。调查结果显示，75％的家庭对图画书的认知仅限于《唐诗三百首》《三字经》等传统书籍；幼儿藏书量在不同家庭间差异显著，有的家庭藏书高达 400 余本，而有的家庭不足 5 本。针对这一情况，我园通过举办"家长沙龙""亲子绘本演绎"以及"亲子共读"等活动，进一步提升了家长对图画书的认识。同时，幼儿园还向家庭推荐了涵盖传统节日、自然科学等 19 个方面的优质图书。

绘本节的举办让家园双方深刻感受到了早期阅读的重要性。3 岁的玥玥妈妈反馈道："以前我家的书柜里都是大人的书，现在全都是玥玥的书了。"许多家庭也像玥玥妈妈一样，实现了图画书从无到有、从少到多的转变。此外，绘本节还提升了教师组织阅读活动的能力，"每晚亲子阅读""每日午睡故事讲述"以及"每周班级绘本漂流"等活动逐渐成为更多家庭和班级的日常选择。同时，幼儿园的藏书量也达到了历史新高。

图 1　亲子阅读

图 2　我园第一届绘本节开幕式

（二）从成人选择到关注幼儿兴趣

随着活动的深入推进，部分家长认为新购买的书一定可以吸引幼儿，结果兴冲冲地买回家后，幼儿反应却很平淡。教师们也相继反馈，幼儿园精心打造的绘本馆和精心挑选的图画书越来越受到孩子们的冷落。然而，也有一些书籍深受孩子们喜爱。小班教师提到，幼儿对具有重复情节的图画书表现出浓厚的兴趣。大班教师则分享了一个例子：《蚯蚓的日记》原本被放在图书角无人问津，但自从孩子们在种植区发现了蚯蚯后，这本书就成了他们最喜欢的读物。我们意识到，在选择图画书时，成人往往基于主观意愿进行挑选，而幼儿则更偏好那些具有重复情节、人物特征鲜明、贴近幼儿生活以及符合最近发展区的图画书。因此，我们尊重幼儿的个人兴趣和爱好，为他们提供了类型、题材、风格等多元化的图画书。

（三）从满足兴趣到促进发展

我们注意到一些值得关注的现象，例如，4 岁的六六和一群小伙伴对各类英雄人物非常感兴趣。结合国家"培养社会主义建设者和接班人"的根本任务，以及我园"培育主动而有力量的现代中国儿童"的育人目标，我们借助幼儿园间周一次的"红色观影"活动，积极营造红色氛围，例如在观影剧场及班级投放红色故事图书、角色游戏表演材料、舞台剧本等。通过积极正向的引导，幼儿逐渐组建起了一支"警察小队"。此后，我们更加重视红色故事类图画书的投放。

（四）从购买引进到幼儿原创自制

随着对图画书内涵价值认识的不断加深，教师的教学行动也在悄然发生变化。大班教师在组织幼儿开展"回顾总结优点和建议"的活动中，把幼儿们的画作制作成书，取名《优点放大镜》并投放在区角。没想到这本书深受班级幼儿的喜爱，他们常常讨论书中的内容。5 岁半的泽泽受到自制书的启发，萌发了制作书籍的愿望。在教师的支持与鼓励下，泽泽尝试将自己看牙医的经历绘制成书。教师在泽泽完成书籍制作后，

图 3　柠檬草班幼儿新书发布会

在班级为他举行了隆重而盛大的新书发布会。这次发布会激发了更多幼儿制作书籍的愿望和行动。在混龄混班游戏时间、餐后活动时间，他们总是拿着自己的书到其他班级去推荐。"我为什么要做这本书""我这本书主要讲述的是……""如果喜欢我的故事，就请给我签个名吧"……慢慢地，幼儿的书上积累了越来越多的读者签名。

在这个过程中，幼儿自然习得了一本图画书应该包括的结构要素，如主题、情节、角色形象、封面、作者等。而幼儿自主设计并完成的自制图书更是受到了全园师生的青睐，在随后的毕业晚会上还举行了盛大的新书发布会。

三、成效彰显促反思

图画书作为高品质幼儿园的核心课程资源，是我园在教育改革中研究的关键性问题。实践促发展，伴随研究，我园形成了如下经验。

一是明确配书红线，贯彻落实《评估指南》选配图画书的基本要求。通过学好、用好《评估指南》，深入研读其中第 39 条对幼儿园图画书配置的数量和质量所提出的要求，结合我园教育改革研究成果，将 0 至 6 岁学段幼儿年龄特点、学习方式作为图画书选择的重要依据。同时，通过园本化保教质量自评工具，开展每学期分层分级自评及反思性提问，确保达成选配图画书的基本要求。

二是优化选书质量，把关图画书的文字内容和图画价值。从图画书底层文化逻辑和图画书深层认知取向出发，选择丰富适宜且能体现社会传承价值、能引导幼儿形成正确社会主义核心价值观的图画书。

三是达成用书实效，提升图画书的良好育人功能。根据图画书的多维度认知特点，对书籍进行分层分类的班本化投放。同时，通过规范化管理，保障幼儿园图画书"分段选购—观察使用—调整投放—再分段补选"的循环行动策略得以有效实施。此外，我们还创新图画书的使用方式和活动组织模式，引导教师和家长正确利用图画书内容价值。通过邀请家长进课堂、小组绘本分享、绘本项目社团等活动，引导幼儿猜测图画内涵和故事情节，避免利用图画书进行说教和灌输式教育，从而优化图画书的使用效果。

（撰稿人：邹晓敏 郭 静 曾滟茹）

园馆"阅享＋"课程 共构阅读大环境

乐山市实验幼儿园

一、阅读环境的现实困境——阅读资源有限，育人效果不佳

阅读环境包括物质环境与心理环境两个层面。在物质层面，我园受限于狭隘的园内视角，阅读空间与资源相对有限。在心理层面，教师往往将"阅读"狭义地理解为"看书"，忽视了阅读的趣味性、创造性和延展性。此外，园所还面临着阅读氛围淡薄、资源利用不足、图书使用频率低、管理方式僵化以及内容脱离幼儿生活经验等现实问题。

二、阅读环境变革的解决措施

为了最大限度地优化阅读环境，拓展阅读育人的无限可能，依托毗邻乐山市图书馆的优势，我园基于儿童视角，整合家庭、幼儿园和社区资源，创新开发了满足幼儿兴趣需求、激发幼儿"越阅读、越享受"生命成长状态的"阅享＋"课程。

（一）细品"阅享"，明确变革方向

在"阅享＋"课程中，"阅"指的是阅读，"享"则包含分享、享用、享受之意，"＋"代表着无限可能。该课程立足于儿童视角，指向多维的阅读课程实践主体、优质的阅读资源类目、童趣的阅读活动形式以及长远的阅读育人效能等层面的无限可能性。

（二）阅读空间创新变革——营造园所阅读氛围

我们从班级和园所两个维度出发，从外显的物质环境入手，开启阅读空间的变革。我们关注"每一个孩子、每一天、每一处角落"，致力于营造园所内"人人、时时、处处可阅读"的氛围。

1. 图书区——打造班级专属阅读空间

我们将图书区理解为能支持幼儿深度阅读的独立区域，在班级图书区的创设上，

主要从四个方面进行：一是根据班级区域设置状况，提出"每个班图书区面积大致在6至10平方米"的阅读空间保障底线。二是根据图书区的功能定位，明确图书区的核心材料是图画书，但不应仅限于图画书。投放符合幼儿认知与年龄特点、种类丰富、具有正面育人价值的绘本，并提供辅助阅读的手偶、动物头饰、纸、画笔等材料，以激发幼儿的阅读意愿。三是基于幼儿兴趣，设置小帐篷、地垫、小桌子、小椅子等，营造温馨的氛围。四是图画书的陈列布局和材料呈现方式要体现出开放、通透的特点，方便幼儿取阅。在空间利用上，充分利用墙面空间，让幼儿能够"看得到、拿得到、能读到"。

2. 阅享书吧——构建园级共享阅读空间

将幼儿园进门处的闲置空间巧妙地设计成阅享书吧，以此构建园级共享阅读空间。分类整理并投放传递社会主义核心价值观、中华优秀传统文化相关主题的图书，以及与幼儿经验密切相关的入园适应、同伴关系建立、生活能力养成、情绪管理等科学育人的优质图书。

图1　阅享书吧

3. 园馆合作——拓展阅读领域

我园久顺分园与乐山市图书馆仅一墙之隔，为充分利用和整合家庭、幼儿园、社区的资源，拓展幼儿的阅读领域，分园园长主动牵头，通过"走出去，请进来"的策略，开启了园馆合作的探索之旅。2021年9月17日，在市图书馆四楼报告厅，我们成功举办了以"阅读，放飞梦想点亮未来"为主题的"阅享＋"课程启动仪式。我园与市图书馆签订了合作协议，就未来三年"一园一馆"的育人目标和规划达成了共识。自此，我们搭建起家庭、幼儿园、社区三方协同交流、合作共赢的平台，迈出了将幼儿阅读领域从园内拓展到社区的第一步。

图2 乐山市图书馆副馆长授牌"久顺书吧"

园馆合作主要体现在三个方面：一是乐山市图书馆在二楼儿童文学作品区专设了"阅享书吧"空间，供我园幼儿阅读及教师组织家长沙龙等活动使用；二是园馆合作创制"私人订制"借阅手册，并为我园幼儿开通了VIP专属借阅通道；三是园馆联合举办劳动节、国庆节、新年主题绘本画展、原创绘本戏剧展演、周末绘本课堂、家长沙龙等系列活动。

（三）多元"慧玩"活动：创新图画书管理与应用

1. 图书漂流

我们开展了每周一次的班级内、每月一次的年级内以及每学期一次的全园内图书漂流活动。教师引导幼儿自主结对、制作标记、制订漂流规则等，以增加图书的流动频率，拓宽幼儿的阅读范围，灵活更新图书使用，实现师幼自主管理图书。

2. 图书畅玩日

教师将"绘本与科学、艺术表达、空间建构"相结合，启发幼儿围绕绘本进行大胆想象，用符号、线条、色彩等方式自由表达，深入理解绘本内容，并衍生出游戏主题。师幼共同创建游戏场景，每周五定为阅读畅玩日，幼儿自主规划并参与游戏，玩转绘本。

3. "1.0～5.0"原创绘本迭代升级

绘本创生课程自开展以来，一直锚定"一期·一班·一本"的绘本创生目标。经过5个学期的努力，原创绘本已从"1.0"迭代更新至"5.0"版本，现有55本原创绘本被收录于乐山市图书馆的少儿阅读区。

原创绘本从1.0到5.0的迭代更新，除了数量上的叠加，主题更加多元、开放；

内容选定从教师主导走向师幼共构，贴近幼儿生活，符合幼儿认知水平，满足幼儿阅读需要；表现形式从简单拼接到深度整合，实现原创绘本内涵品质提升。

图 3　原创绘本展

三、反思与评析

基于阅读生态环境的新思考，我园致力于创设具有高度辨识度、独特文化气质的阅读大环境。

（一）游戏化阅读课程：探索阅读的全新美好样态

游戏化阅读课程，以幼儿喜爱且擅长的方式，引领他们遇见阅读的另一种美好。在这种课程中，幼儿的独特个性得以彰显。他们在阅读中游戏，在游戏中创造，幼儿的天真烂漫与教师的丰富阅历在游戏中相互碰撞，共同创造出独一无二的原创绘本，这正是"阅享＋"所蕴含的无限魅力。

（二）跨越时空的阅读环境融合

所有的行动都源自我们的所见和所知。只有站在全域、全景育人的高度，打破固有思维中关于阅读的"墙"，我们才能跨越时空的束缚，实现阅读环境的大融合。这样的融合让我们更深刻地理解到，"一百个读者就有一百个哈姆雷特"——儿童在创造故事的同时，他们自身也成为了故事的一部分。

展望未来，我园将继续深化园馆"阅享＋"课程的实践，携手家庭、幼儿园和社区，共同构建阅读大环境。我们将进一步拓展幼儿的阅读空间与资源，优化图画书的配置与管理，助力阅读大环境实现"此时无声胜有声"的育人价值提升。

（撰稿人：夏嘉忆　吴秀平　汤　晴）

反思展望

第一，站稳儿童立场，创设精神文化。构建精神文化之基，首先在于培育儿童参与的文化氛围，实现从教师主导到师幼共同创造的转变。鼓励幼儿根据个人意愿，自主参与，真正实现"我的环境我做主"。其次，聚焦于构建和谐融洽的师幼关系，尊重幼儿对环境、空间、材料等方面的合理想象与创意，避免过度干预，以开放包容、积极支持的态度引导幼儿，让幼儿深切感受到来自环境的温暖、尊重与爱护。再者，注重环境创设中的人文内涵，紧密结合当地的文化特色与艺术元素，为环境的可持续发展注入丰富的文化底蕴。

第二，坚持自我评估，持续观察改进。环境创设不是一成不变的，而应根据幼儿的成长和变化进行适时的调整。教师应持续观察幼儿与环境的互动，坚持环境创设有效性的自我评估，并根据反馈进行必要的改进。

第三，突破空间定位，营造无界游戏圈。应倡导室内与室外环境的无缝融合，灵活转换环境功能，助力幼儿全面融入世界，共享知识与经验；倡导幼儿园创建无界游戏圈，连接室内与室外；鼓励幼儿走出幼儿园，走进社区，甚至通过网络拓宽视野，打破空间、知识、文化和情感的界限。幼儿在探索、体验、交流中形成多元认知，培养开放包容心态和跨文化交流能力，学会在不同环境中寻找学习机会，在差异中求同，在交流中增进理解尊重。这正是"走出教室，迈向生活"的真谛。

第五章

教师队伍：
做强育人过程的中坚力量

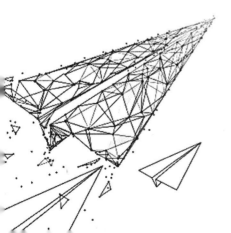

本章导读

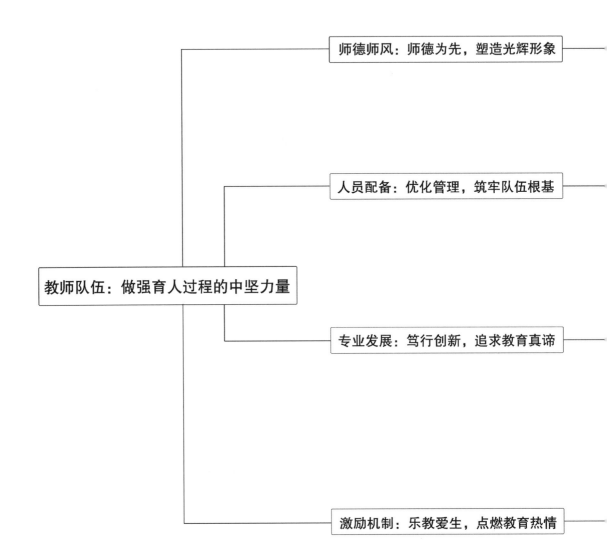

教师队伍：做强育人过程的中坚力量

师德师风：师德为先，塑造光辉形象

人员配备：优化管理，筑牢队伍根基

专业发展：笃行创新，追求教育真谛

激励机制：乐教爱生，点燃教育热情

师德师风是推动教育事业可持续发展的内生动力
- 师德师风是党和国家对幼儿园教师的殷切期望
- 师德师风是幼儿园高质量发展的保障
- 师德师风是幼儿园教师专业成长的基石

信念道德是师德师风的核心要义

"一定四做六行"策略打造师德为先的教师队伍
- "一定":坚定政治信仰,厚植幼儿园教师爱国担当
- "四做":争做"四有"好老师,强化幼儿园教师职业使命
- "六行":践行教育家精神,提高幼儿园教师教育境界

精准人员配备,优化教师队伍构成
- 基于国家标准的科学管理和规划
- 瞄准高质量发展的人员价值审视

推行"三定一力",队伍管理提质增效
- 锚定"三定"管理,提升办园水平
- 凸显园长领导力,提升治校才能

教师专业发展是决定教育事业兴衰成败的关键因素
- 教师队伍是园所保教质量的核心竞争力
- 教师专业发展是教改创新的重要支撑
- 教师专业发展是幼儿成长的专业保障
- 教师专业发展影响园所文化和社会影响

笃行创新是教师专业发展的动力源和加速器

"规划·教研·学习"是教师专业发展的重要路径
- 合理规划启航,描绘发展蓝图
- 教育科研筑基,精进专业能力
- 终身学习助力,积蓄发展势能

正向激励弘道追求,提振教师队伍发展活力
- 建立健全激励制度
- 用好多样激励手段
- 公平公正激励实施
- 正确对待激励评估

人文关怀以爱育爱,提升教师职业幸福感
- 营造良好工作氛围
- 给予充分人文关怀
- 提供专业发展平台

本章概述

从古至今，我国历来就有尊师重教的传统。"国将兴，必贵师而重傅；贵师而重傅，则法度存。"(《荀子·大略》)荀子在这里明确了"师"在道德教化中的重要作用，强调了尊师重教对国家繁荣、社会发展的重要意义，甚至将其上升为与"天地君亲"并列的高度。兴国必先强师，中华民族五千多年的文明历史延续至今，积蓄传承了尊师重教的优良传统。

新时代高品质幼儿园可持续发展的关键是教师队伍。人民教育家于漪指出，教师做的是育人的工作，特别是基础教育领域的教师，他们面对的是心智与价值观念尚不十分成熟的青少年，在这样的年龄阶段，教师的影响在某种程度上将决定学生的终身发展方向。教师肩上挑着的是祖国的未来和希望。

如何培养和造就一支高素质的教师队伍？《新时代基础教育强师计划》提出，要"遵循教师成长发展规律，以提升教师思想政治素质、师德师风水平和教育教学能力为重点"。《评估指南》在教师队伍建设中提出了师德师风、人员配备、专业发展和激励机制四项关键指标、九个考查要点。

本章以"教育家精神"为线，根据《评估指南》中教师队伍板块的关键指标，分别从师德师风、人员配备、专业发展、激励机制四个方面来对教师队伍进行解读，以期提升幼儿园教师队伍的思想政治素质、师德师风水平、教育教学能力，为高品质幼儿园可持续发展的人力资源建设提供经验。

难点攻坚

　　著名教育家夸美纽斯曾说："老师是太阳底下再优越不过的职业了。"建设教育强国、构建高质量教育体系都离不开坚实的师资基础。在我国学前教育持续发展的过程中，涌现出了一大批为学前教育事业呕心沥血、倾尽所有的幼儿教师。他们怀揣着对教育的无限热忱和对幼儿的深切关爱，默默耕耘，无私奉献着自己的青春与智慧。作为基础教育的起始阶段，学前教育乃是儿童终身发展的基础，是为其一生成长的奠基石。不难看出，幼儿教师具有学前教育育人过程中坚力量的地位和价值。

　　《评估指南》的推出是为了加快建立健全教育评价制度，促进学前教育高质量发展。"教师队伍"作为评估内容中不可或缺的一环，旨在促进幼儿园加强教师师德工作，注重教师专业能力提升，提高园长专业领导力，采取有效措施激励教师爱岗敬业、潜心育人。

　　幼儿园教师队伍建设过程中也存在难点。一是师德师风问题。如何加强教师的政治信仰，提升道德情操？二是人员配备难题。如何合理设置幼儿园岗位，明确各岗位职责，并提升幼儿园园长的专业领导力？三是专业发展挑战。如何激发幼儿园教师的自我效能感，开展有效的教研活动，并营造良好的学习氛围？四是激励机制缺失。如何建立健全幼儿园的激励机制，增强教师的幸福感和归属感？

　　如何遵循幼儿教师成长发展的规律，加快形成幼儿教师思想政治建设、师德师风建设、业务能力建设相互促进的新格局，是摆在各幼儿园、教育主管部门以及师范高等院校教师培养面前的核心难题。

　　教师队伍建设之路虽长且阻，但前行的脚步永远不会停歇。

第一节　师德师风：师德为先，塑造光辉形象

➤ 理论指引

　　教育强则国家强，教师强则教育强。习近平总书记指出："一个人遇到好老师是人生的幸运，一个学校拥有好老师是学校的光荣，一个民族源源不断涌现出一批又一批好老师，则是民族的希望。"以教育家精神为引领，培养和造就一支师德高尚、业务精湛、结构合理、充满活力的高素质专业化教师队伍，是建设教育强国的应有之义，也是实现中华民族伟大复兴的重要前提。

　　师德师风是高素质专业化教师队伍建设的第一要务和核心要素，也是评价高素质专业化教师队伍素质的第一标准。师德师风作为第一标准具有深刻的理论逻辑，它继承了马克思主义的师德观念，汲取了中华优秀传统师德文化的精髓，与中国特有的教育家精神的实质一脉相承。教育家精神，以"心有大我、至诚报国的理想信念"立根，以"言为士则、行为世范的道德情操"立德，立根、立德组成了教师队伍建设"师德为先"的重要内涵，也是高品质学校建设中高素质教师队伍"顶天立地"的内在特征和必由之路。新时代的幼儿教师，一要立根—坚守政治信仰，二要立德—树立高尚的道德情操，成为一名具有教育家精神的"四有"好老师，塑造师者光辉形象。

表 1　《评估指南》师德师风考查要点

重点内容	关键指标	考查要点
A5.教师队伍	B12.师德师风	1. 教职工有坚定的政治信仰，按照"四有"好教师标准履行幼儿园教师职业道德规范，爱岗敬业，关爱幼儿，严格自律，没有歧视、侮辱、体罚或变相体罚等有损幼儿身心健康的行为。 2. 关心教职工思想状况，加强人文关怀，帮助解决教职工思想问题与实际困难，促进教职工身心健康

　　教师队伍是高品质幼儿园发展之需。《评估指南》在充分尊重教师成长规律，把握教师专业发展难点问题的基础上，对师德师风提出了两个考查要点，旨在帮助幼儿园认识到师德师风是推动教育事业可持续发展的内生动力，"一定四做六行"策略（"一

定"坚定政治信仰，"四做"争做四有好老师，"六行"践行教育家精神），有助于幼儿园实实在在地引领教师队伍专业发展。

一、师德师风是推动教育事业可持续发展的内生动力

惠特曼曾说："没有信仰，则没有名副其实的品行和生命；没有信仰，则没有名副其实的国土。"良好的师德师风是教师履行教育职责、促进幼儿全面发展的重要保障，也是塑造教师良好形象的关键，更是推动教育事业可持续发展的内生动力。

（一）师德师风是党和国家对幼儿园教师的殷切期望

党和国家高度重视教师队伍的师德师风建设，颁布了系列文件，习近平总书记更对师德师风进行了多次论述。2018 年，教育部印发《新时代幼儿园教师职业行为十项准则》，明确了幼儿园教师的师德底线，分别从爱国守法、政治方向、关爱幼儿等方面提出了明确的要求。2019 年，教育部、中央组织部等七部门印发《关于加强和改进新时代师德师风建设的意见》，旨在全面提升教师思想政治素质和职业道德水平，加强和改进新时代师德师风建设。2020 年颁布的《教师资格条例》对于教师的资格认定明确提出了遵守教师职业道德的要求。

习近平总书记高度重视师德师风建设，多次作出重要讲话。2013 年 9 月 9 日，在致全国广大教师的慰问信中要求"广大教师牢固树立中国特色社会主义理想信念，带头践行社会主义核心价值观，自觉增强立德树人、教书育人的荣誉感和责任感，学为人师，行为世范，做学生健康成长的指导者和引路人"。2014 年 9 月 9 日，在同北京师范大学师生代表座谈时提出"四有好老师"标准，指出做好老师要有理想信念，做好老师要有道德情操。2016 年 12 月 7 日，在全国高校思想政治工作会议讲话中提出要"引导广大教师以德立身、以德立学、以德施教"。2023 年教师节前夕，习近平总书记致信全国优秀教师代表，提出中国特有的教育家精神，勉励广大教师以教育家为榜样，大力弘扬教育家精神，牢记为党育人、为国育才的初心使命，树立"躬耕教坛、强国有我"的志向和抱负，自信自强、踔厉奋发，为强国建设、民族复兴伟业做出新的更大贡献。

师德师风建设关系到国家的未来和民族的希望，良好的师德师风才能提高教育质量，实现教育强国梦。

（二）师德师风是幼儿园高质量发展的保障

幼儿正处于人生发展的初始阶段，具有极强的可塑性。这一阶段，教师的言传身

教对他们的成长起着至关重要的作用。一位具备良好师德师风的幼儿教师，会以关爱、耐心和尊重对待每一个孩子，为他们营造温暖、安全、充满爱的学习和生活环境。这种积极的情感氛围有助于幼儿建立起对他人的信任，培养他们的自信心和社交能力，为其今后的发展奠定坚实的心理基础。

良好的师德师风能够激发教师的工作热情和创造力。当教师真正热爱幼教事业、关爱幼儿，他们会不断探索更适合幼儿的教育方法和活动，为幼儿提供丰富多彩、富有启发性的学习体验。他们会用心观察每个孩子的特点和需求，因材施教，挖掘每个孩子的潜力，促进幼儿的全面发展。

同时，师德师风也是幼儿园树立良好形象、赢得家长信任和社会认可的关键。家长们都希望自己的孩子能在一个充满爱与责任的环境中成长。当幼儿园拥有一支师德高尚、师风优良的教师队伍时，家长会更放心地将孩子托付给幼儿园，这无疑会提升幼儿园的声誉和竞争力，吸引更多的幼儿入园，形成良性循环，推动幼儿园的高质量发展。

（三）师德师风是幼儿园教师专业成长的基石

教育是修己安人、立己达人、润己泽人的过程，教师的一言一行对幼儿的成长起着潜移默化的作用。杨绛在百岁之际曾说，"好的教育"首先是启发人的学习兴趣、学习的自觉性，培养人的上进心，引导人们好学，和不断完善自己。要让学生在不知不觉中受教育，在潜移默化中接受影响。这方面榜样的作用很重要，言传不如身教。拥有良好的师德师风，能让教师深刻理解自己工作的价值和意义，从而全身心投入到幼儿教育事业中，从中获得满足感和成就感。

师德师风也是教师自我提升的内在动力。秉持高尚的师德师风，教师会不断反思自己的教育行为，努力提高自己的专业素养和教育教学能力，以更好地满足幼儿的发展需求。

同时，良好的师德师风有助于教师应对工作中的各种挑战和压力。在面对幼儿的调皮、哭闹等情况时，具备良好师德师风的教师能以平和、宽容的心态去处理，从而有效规避由于个人情绪管理不当或失控给幼儿造成不良影响的问题。

师德师风更是教师赢得家长信任和社会尊重的关键。家长们更愿意将孩子交给有良好师德的教师，社会也会对这样的教师给予高度的赞誉和认可。

总之，师德师风建设是一项长期而艰巨的任务。每一位幼儿教师都应当牢记使命，以"心有大我、至诚报国"的理想信念立根，以"言为士则、行为世范"的道德情操立德，用爱与责任托起幼儿的美好未来，为培养德智体美劳全面发展的社会主义建设者和接班人贡献自己的力量。

二、信念道德是师德师风的核心要义

习近平总书记指出，"正确理想信念是教书育人、播种未来的指路明灯"。2022年，教育部等八部门印发《新时代基础教育强师计划》，明确提出了"坚持社会主义办学方向，落实立德树人根本任务，坚持培育和践行社会主义核心价值观，坚持把教师队伍建设作为基础工作来抓""以提升教师思想政治素质、师德师风水平和教育教学能力为重点"的工作方针。理想信念和道德情操组成了师德师风的重要内涵，也成了教师成长的标杆和德行准则。

（一）政治信仰指引下，树立"心有大我、至诚报国"的理想信念标杆

人无信仰不立，教无信仰不强。有信仰的教育需要有信仰的教师。中国共产党是马克思主义指导的政党，我们所坚定的政治信仰，就是马克思主义；我们所坚守的政治方向，就是共产主义远大理想和中国特色社会主义共同理想。新时代加强党对教育的全面领导，坚持社会主义办学方向，必须始终坚定政治信仰，坚持马克思主义指导地位，坚持用习近平新时代中国特色社会主义思想武装全党、教育人民。2024年1月8日，四川省教育科研重点课题"新时代高品质学校建设成果的深化与推广研究"课题组成员走进了丽江华坪女子高级中学，走近"时代楷模"张桂梅，全体成员参加党性教育活动，与张老师面对面交流，更深切感受到张老师的教育情怀与责任担当。张老师以淡泊名利的坚守、教书育人的执着，将个人发展需求与铸魂育人的历史使命有机结合，把为教育事业而奋斗作为自己最大的幸福，勇敢肩负起时代赋予的重任。她用羸弱的身躯，托起了贫困山区女孩的梦想，点亮了她们美好的人生，矢志不渝地为党育人、为国育才。这就是心有大我、至诚报国理想信念的最好诠释，这就是新时代教育家精神的生动展现。

在成为一名具有教育家精神和"四有"好老师的逐梦之旅中，我们应该清醒地认识到教师队伍建设中仍存在精神"缺钙"的核心问题，部分教师理想信念不坚定，政治意识淡薄。"理想信念不坚定，精神就会'缺钙'，就会得'软骨病'"，其具体表现是对学前教育事业没有坚定的信念和追求，缺乏为学前教育发展贡献力量的内在动力。这都严重影响了学前教育事业健康发展和人才培养的质量。

践行教育家精神，我们的信仰之基一时一刻也不能松动，精神之钙一丝一毫也不

能缺少，只有不断掸去思想上的灰尘、淬炼政治上的坚定，才能筑牢信仰之基、补足精神之钙、把稳思想之舵。

幼儿园教师承担着立德树人的重要责任，肩负着培根铸魂的神圣使命。有了信仰引领，确立了理想信念，我们将全面贯彻党的教育方针，始终站在党和国家事业后继有人、中华民族永续发展的战略高度，坚持立德树人，为党育人、为国育才，以"躬耕不辍、强国有我"的志向和抱负，做孩子成长的引路人，引导孩子坚定理想信念，永远听党话、跟党走，矢志奉献国家和人民。坚定政治立场，把炽热的教育情怀转化为持久的报国行动，用智慧和汗水回应国家之需、人民之需，为实现中华民族伟大复兴造就更多理想远大、信念坚定、可堪大用、能担重任的栋梁之才，"以教育之力厚植人民幸福之本，以教育之强夯实国家富强之基"，这就是教育人的神圣使命。

（二）道德情操浸润下，遵守"言为士则、行为世范"的道德情操准则

"言为士则、行为世范"出自南朝宋刘义庆所著的《世说新语》开篇《德行第一》的第一则第一句，意思是说言行足以为士人的法则、举世的示范。这句话常用来形容那些品德高尚、言行可为表率之人，强调了个人的言行对于社会和他人所具有的示范和引领作用。

习近平总书记在中国人民大学考察调研时强调指出，"老师应该有言为士则、行为世范的自觉，不断提高自身道德修养，以模范行为影响和带动学生，做学生为学、为事、为人的大先生，成为被社会尊重的楷模，成为世人效法的榜样"。这体现了对知识分子承担社会责任和历史使命的殷切期望，意味着知识分子应努力成为道德的标杆、社会的楷模、为人的典范。

在教育领域，"言为士则、行为世范"对于教师具有重要的指导意义。教师应具备高尚的道德情操，通过言传身教，为学生树立榜样，引领学生成长发展。拥有"人民教育家"称号的于漪，从教近七十年，始终将"树中华教师魂，立民族教育根"作为自己终生奋斗的目标和不变的精神追求。她用自己的高尚道德情操诠释了"言为士则、行为世范"的深刻内涵，以模范言行引导学生潜心学业、明德修身。无数事实证明，优秀教师的言传身教能够帮助学生选择正确的人生道路，成就一番事业。

在教育强国的逐梦之路中，幼儿园教师队伍建设也还存在肌体"贫血"的核心问题，有的教师工作责任心不强、使命感不足。肌体"贫血"就会得"乏力症"，具体表现为敬业精神不足，工作态度不认真，对教学任务敷衍了事；关爱幼儿不足，对幼儿的需求不够敏感，不能及时给予关心和照顾；个人情绪管理不当，将个人不良情绪

（焦虑、紧张、压抑）带到工作中，这些问题严重影响了教育高质量的发展，也制约了幼儿园高品质建设。

教师不仅应传授知识，更要塑造灵魂，培养学生的品德修养、社会责任和爱国情怀。道德情操，是境界修为，是教育家成长的行为准则。幼儿是观察家和模仿师，教师的一言一行，都会对幼儿产生深刻的影响。良好的道德情操，要求教师学会注意自己的言行举止，在课堂、校园内外为幼儿树立良好的榜样，在处理好工作与生活以及自己与他人、与集体、与国家的关系中，成为一个不断自我提升的人。

总之，"言为士则、行为世范"是一种崇高的道德追求和行为准则，鼓励每个人尤其是教师群体以高尚的品德和行为为他人树立榜样，为社会的进步和发展贡献积极的力量。

信念道德作为教师职业的德行标杆和行为准则，指引着教师在教育教学及日常生活中能够以正确的价值观、人生观和世界观引导学生，培养出具备良好品德、扎实知识和创新能力的人才，为国家的发展提供有力的人才支持。

三、"一定四做六行"策略打造师德为先教师队伍

立足信念道德建设需要，高品质幼儿园教师队伍师德师风建设可以从"一定四做六行"入手，帮助幼儿园教师立根、立德。

（一）"一定"：坚定政治信仰，厚植幼儿园教师爱国担当

心中有信仰，脚下有力量。坚定的政治信仰能够为幼儿园教师提供明确的方向和目标，激励教师坚持培育和践行社会主义核心价值观。

一是强化政治理论学习，保持政治清醒。幼儿园党组织要发挥教师思想政治教育的主体责任作用，创新"三会一课"形式，丰富"三会一课"方法，采取富有时代特色、体现实践要求的路径，坚定教师的政治信仰，引导教师忠诚党和人民的教育事业，把忠诚与信仰相结合，自觉把信仰教育贯穿教育教学全过程，教育和引导学生热爱中国共产党、热爱祖国、热爱人民，成为社会主义事业的合格建设者和可靠接班人。

二是与日常活动相结合，提高信仰教育有效性。教师的一言一行对儿童的成长起着潜移默化的作用。幼儿园要注重发挥典型、榜样的引领作用，讲好身边故事，传递身边正能量，培育政治信仰、确立政治信仰、践行政治信仰；还要在日常教学活动中，鼓励广大教师躬耕教坛，锻炼自己，提高自己，做到知行合一、言行一致，做政治信仰的忠实践行者，用自己的实际行动为坚持和发展中国特色社会主义、为实现共产主

义远大理想不懈奋斗。

三是完善考评机制，强化政治担当。幼儿园应大力实施品格启蒙教育，以灵魂影响灵魂、以信仰塑造信仰，以德立身、以德治学、以德施教，做幼儿的思想引领者和政治指导者；把政治信仰作为评价教师的第一标准，不断完善考评机制，科学制订考核评价标准，适当增加其权重，激发教师"教"的积极性、主动性，变"要我教"为"我要教"，提高育人育才效果，强化教师的政治担当。

（二）"四做"：争做"四有"好教师，强化幼儿园教师职业使命

关于如何成为好教师，习近平总书记提出了四个方面的内容：做好教师，要有理想信念，要有道德情操，要有扎实学识，要有仁爱之心。

一是坚定理想信念，铸就教育之魂。作为新时代的幼儿教师应该始终怀揣对教育事业的崇高理想和信念，明确自身肩负的培养下一代的重任，为幼儿培植爱国的种子，引导幼儿养成良好的学习习惯、生活习惯。

二是提升道德情操，树立师德楷模。广大幼儿园教师必须率先垂范、以身作则，引导和帮助幼儿养成良好的品格——正直善良、关爱他人、以身作则等，特别是引导和帮助幼儿扣好人生的第一粒扣子。

三是丰富自身学识，筑牢教学根基。教师应该通过多种形式和途径丰富自己的知识功底，提升教学能力，养成勤勉的教学态度，形成科学的教学方法。注重保教过程中的反思和总结，不断优化教学方法，提高教学质量。

四是心怀仁爱之心，关心幼儿成长。教育是一门"仁而爱人"的事业，爱是教育的灵魂，没有爱就没有教育。教师的爱，既包括爱岗位、爱学生，也包括爱一切美好的事物。[①] 在一日活动组织和实施过程中做到关爱每一个孩子，尊重孩子的个体差异和发展需求。

"四有"好教师的提出，深刻阐释了教育工作和教师工作的极端重要性，让我们争做"四有"好教师，当好"四个引路人"。

（三）"六行"：践行教育家精神，提高幼儿园教师教育境界

一是坚持社会主义办学方向，坚定教师政治信仰。幼儿园应该毫不动摇坚持社会主义办学方向，始终把加强教师队伍政治引领摆在首位，在工作开展过程中让每位教师深刻领悟"两个确立"的决定性意义，增强"四个意识"，坚定"四个自信"，做到

---

① 习近平. 做党和人民满意的好老师——同北京师范大学师生代表座谈时的讲话［C］//四川大学出版社.《师陶学刊》2016 年 3 月. 四川大学出版社，2016：9.

"两个维护"，牢记为党育人、为国育才初心使命，把立德树人根本任务贯穿教书育人全过程，努力培养德智体美劳全面发展的社会主义建设者和接班人，造就更多可堪大用、能担重任的栋梁之才。幼儿园教师需要不断自我反思，定期回顾自己投身幼教事业的初衷，思考自己为何选择成为幼儿园教师，明确自己的使命和责任。

二是强化政治理论学习，提升教师政治觉悟。深入研读马克思主义理论、中国特色社会主义理论体系，不断提升政治觉悟和理论水平，以坚定的政治立场引领教育方向。幼儿园可以通过组织教师参加教育部门或幼儿园组织的政治学习、专题培训，由专业的讲师进行系统讲解和指导；阅读政治理论书籍，选择适合自身理解水平的政治理论书籍，如有关党的教育方针、儿童教育政策等方面的著作，深入研读并做好读书笔记；结合工作实践反思，将所学的政治理论与日常的幼儿园教育教学工作相结合，反思如何更好地贯彻党的教育方针，落实立德树人根本任务；关注时事新闻，通过报刊、电视、网络等渠道，及时了解国内外的政治动态和教育相关政策的最新变化。

三是严把师德师风标准，提升教师师德修养。幼儿园应该把师德师风作为评价教师队伍素质的第一标准，厚植"言为士则、行为世范"土壤，要求教师率先垂范、身体力行，以独特的人格魅力、高尚的道德情操来影响幼儿。幼儿园应该严格落实新时代教师职业行为十项准则，继承发扬老一辈教育家的精神，持续开展"四川省最美教师""四川好人"等先进典型宣传，引导广大教师勤修"乐教爱生、甘于奉献的仁爱之心"。

四是秉承公平公正办学，培养教师的儿童视角。幼儿园应该为每个幼儿提供相同质量的教学设施、教材教具等，确保不因家庭环境、地域特征等因素产生差异。引导教师对待幼儿一视同仁，不因其家庭背景、个人特点等不同而有所偏颇，营造公平正义的教育环境。教师在教学活动的设计和组织中，要充分考虑每个幼儿的特点和需求，让每个幼儿都能参与其中并获得发展的机会，不因为幼儿的个体差异而限制他们参与某些活动；评价幼儿的发展和进步时，要采用多元化的评价标准和方式，全面、客观地评价幼儿，避免单一的评价标准对幼儿造成不公平的评判。

五是树立教师模范典型，引导教师自律自省。幼儿园可以通过开展主题活动，如"我心中的好榜样"，引导幼儿发现身边教师和同伴的优秀行为，强化榜样的力量。此外，建立激励机制，对展现出良好榜样作用的教师进行表彰和奖励，也能鼓励更多教师积极践行"言为士则，行为世范"的美好品行，引导教师严格要求自己的言行举止，做到文明礼貌，不说粗话脏话；行为举止得体，做到尊老爱幼；遵守秩序规则，遵守幼儿园的各项规章制度，如按时上下班、认真备课、参加教研活动等，为幼儿树立守规则的榜样；形成良好品德，展现诚实、正直、善良、宽容等优秀品德，如帮助他人、尊重他人的意见等。

六是弘扬传播正向能量，培植爱心与责任。幼儿园可以多途径宣传好人好事，讲述社会上的正能量故事，激发教师们向榜样、向教育楷模、向教育家们学习；开展感恩教育，引导幼儿学会感恩，通过简单的活动，如制作感谢卡片，表达对家人、朋友和周围人的感激之情；每天以真诚的微笑迎接孩子们，用积极的语言鼓励他们的每一次进步和努力。

教育家精神是对所有教师提出的共同要求，是对全体教师的发展期待。不是人人都能成为教育家，但人人都应拥有教育家精神。幼儿园要引导广大教师践行教育家精神，争当"四有"好教师。

践行教育家精神 展现新时代幼儿教师新画像

绵阳市花园实验幼儿园

强国先强教，强教必强师。2023 年教师节前夕，习近平总书记致信全国优秀教师代表，首次提出中国特有的教育家精神，标志着我们进入了弘扬教育家精神的崭新时代。面对新时代的新要求，立足自身发展实际，我们认为，只有塑造好自我、团队、群体这三张画像，才能推进高素质专业化教师队伍建设，更好地践行教育家精神。

一、自我个体画像

自我画像的价值在于找到自己的目标、短板、优势等，正确认识自我、不断完善自我、勇于超越自我。

（一）绘制蓝图，筑梦幼教：办人民满意的幼儿园

每个教师、园长都要坚定理想信念，坚持以儿童为本，全面落实党的教育方针，这是绘制幼儿和幼儿园发展蓝图的根本。建园三十年来，我园始终将目光聚焦在儿童发展上，历经起步、发展、提质、示范四个历程，在实践中形成了"快乐教育"办学思想，通过文化立园、科研兴园、特色亮园、开放强园的"四园共治"模式，建立起充满活力、影响显著的育人格局。

（二）勤学笃行，秀出自我：做新时代的好老师

学术能力是教师的专业名片。教师要让自己的生命之旅既有意思又有意义，最重要的就是终身学习。因此，每个教师要朝着学习有术、思考有道迈进，积极做研究、写论文、出专著，与更多人共建共享教育成果。首先，是有主动学习的态度，有长期学习的计划，有广泛学习的兴趣，有相互学习的习惯，有深入学习的决心，更有学以致用、用以促学的精神。其次，要有全局思考的能力，有长远思考的眼光，有前瞻思考的意识，有联系思考的方法，有创新思考的能力，更有谋后而定、行且坚毅的意志。

图 1　何云竹园长参加四川省"弘扬教育家精神"巡回宣讲活动

二、教师团队画像

优秀的教师团队应具有什么样的特征？在我园，我们始终把教师队伍建设作为工作中心，建立了有师德温度、专业深度、格局宽度、智慧高度的教师培养机制，让每一位教师有育人智慧、躬耕态度、仁爱之心，勾勒出践行快乐教育的"四度"教师专业成长的团队画像。

（一）有育人智慧，支持发展

2014 年起，我园相继开展了"儿童自创符号""儿童项目社团"两个原创性研究，来推动幼儿园自主游戏。教师们将自创符号作为提升幼儿游戏质量和学习效率的中介物，引导幼儿运用符号制订计划、管理环境、解决问题、打理生活，形成了自创符号深化自主游戏的 N 条路径。同时，指导自创符号在交流中走向公共化，为社团活动提供了更多交流机会，让一个个相对独立的小社团逐渐演变为密切联系、广泛联结的大社团，推动了游戏的持续深化与生成。这段实践，让教师们爱上了学习研修，喜欢上钻研、琢磨儿童和游戏，变得越来越有教育智慧。

（二）有躬耕态度，潜心钻研

我园走到今天，得益于教研科研的引领。一路坚持下来，我们最大的体会是要解决好两个问题。一是坚持走教育科研兴园之路。每一次探究，从尝试解决问题到优化路径，再到迭代更新理念，研究力成为教师专业成长的基础。目前，我们共开展了课题研究 21 项，编写出版专著 8 部，科研辐射效应惠及上千所幼儿园。二是建立园本教研的有效路径。通过"务本而研"，引导教师变回儿童，修炼儿童视角；通过"据实而研"，带领教师走进现场，锤炼专业素养；通过"循需而研"，倡导教师分享故事，提升研修精气神。在教研潜移默化的影响下，科学精神、科学判断、科学方法的种子悄然种在了教师们的心里、行动中。

图 2　课程生成故事教研

（三）有仁爱之心，以爱育爱

爱园爱生是我们最重要的本职工作。一方面，我们为教师打造有幸福感、归属感、安全感的工作环境，构建"学习求实、研究求真、人际求善、生活求美"的育人氛围，让情暖心、爱满园。如用心建好教工食堂，留住老师的胃，就留住教师的心；建立沁知花园，让教师们拥有美好心情，实施常态教研；开展公积金讲座、生活保健讲座、运动健身活动等。另一方面，积极建立平等互助的家园关系，在"共什么""育什么""怎么共育"的问题上下功夫、深研究、真实践，倡导家长做有时间陪伴、有共同爱好、有榜样示范、有理解支持、有底线意识的"五有"家长，形成家园教育的同频共振。

三、工作室群体画像

作为"四川省首批名校长工作室"、教育部"双名计划"名园长工作室主持人所在园所，我们担负着川渝 191 名园长发展共同体建设的时代使命。对此，我们积极探索专业共同体视域下名校长工作室运行机制建设，实现了"培养一个，带动一批，辐射一片"的目标。

（一）清晰的发展理念

理念是发展行动的先导。我们秉持"协同创新、开放共享"的理念，擘画群体发展蓝图，绘制清晰的路线图、效果图。遵循"三讲、三有、三性"原则，确立了"四园"发展定位，努力实现个人与团队双突进、问题与目标双导向、传承与创新双引擎。

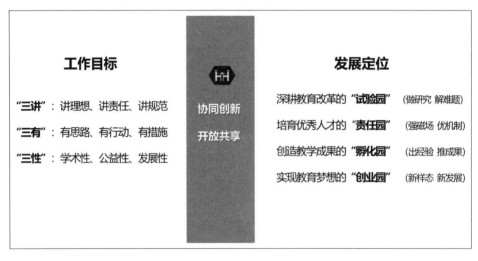

图3　教育部"双名计划"何云竹名园长工作室建设目标

（二）有效的运行机制

目标是发展的动力。着力建设"三优"工作室、创设"三力"工作室、塑造"三同"工作室，我们集结成员园长出版《名园长修炼之路》，为全国名园长工作室建设提供了实践范例。2020年起，承办了三届"全国幼儿园园长专业发展公益学术活动"。2024年5月，在国家教育行政学院举办了"京川"名园长工作室联合学术研讨，展示了川渝幼教发展的风采，彰显了合作共赢的格局与魅力。

（三）精准的培养策略

予人玫瑰手留余香。我们帮助每一个成员园长制订个人成长规划，引领她们在愿景、学术、心智三方面不断修炼、不断智慧成长，由此勾画出优秀园长的群体画像。通过三项修炼，每个成员园长不仅提升了办园境界，更提升了人生格局、人生质量和人生境界，催生了"我要干"的内生动力，由事务型园长走向学术型、研究型、管理型园长。

每个教师都可以像教育家那样做老师。让我们从画好新时代幼儿教师的新画像开始，当一名好教师，办好每一所幼儿园，育好新时代每一个儿童，讲好属于中国幼师的成长故事。

（撰稿人：何云竹　李　敏　陈思佚）

聚焦"三力" 锻造政治作风优良的军队幼儿园教师队伍

四川省军区第一幼儿园

一、解决的主要问题

我园成立于 1957 年，坐落于文化底蕴深厚的文殊坊旁。经过六十余年的建设与发展，我园始终致力于传承党和国家对军人子女的关怀与爱护。它植根于国家和军队幼儿教育事业的改革与发展中，专注于运用"三力"策略建设一支政治坚定、作风优良、业务精湛的幼儿教师队伍，为党和国家培育出具有红色基因的"军娃"，践行"为党育人，为国育才"的初心使命。但做好军队幼儿园教师的思想政治工作并非易事，需要深入理解和把握三个特殊性，解决三个关键问题，即如何高标准做好教育的同时兼具服务的双重任务，如何帮助教师适应军队特殊要求的同时提升他们的职业幸福感，如何帮助教师在严格遵守纪律的同时保持对教育事业的初心。

二、解决问题的过程与方法

（一）政治培塑力，树立教师服务信念

入职政审，把好识人用人关。军队幼儿园由于家长群体的特殊性，对教师的选拔提出了更高要求。把好教师入职政审关是我园教师队伍建设的重要工作。除审核新教师的无犯罪记录证明外，考虑到现代社会人员流动性大、经济行为频繁等特点，幼儿园还将个人征信和家庭情况纳入审核范围。在同等条件下，党员、团员将被优先录取。这样不仅能确保教师的个人素养基本合格，还能使教师的职业规划更贴近幼儿园的期望，同时降低因教职工个人家庭原因影响幼儿园正常运作的风险。

开展党团活动，拓宽教师政治视野。教师的政治素养是确保"为党育人、为国育才"方向不发生偏差的重要因素，持续而常态化的党团活动是确保教师政治思想健康成长的关键措施。我园除了定期组织党团员进行政治学习，还安排全体教师学习园史、军史、党史、国史，让新教师感受我园一代代教师克服困难、坚持不懈的精神；学习军队保密条例、制度要求，严格按照军队管理的要求，做到对军人家长的具体工作不打听、不议论，对军人家长的信息做好保密工作；开展形式多样的见学和研学活动，以明确教育的初心；组织教师参观红色教育基地、走进军营，亲身体验军纪军风和军队特有的政治文化，系列党团活动不仅拓宽了教师的政治视野，也坚定了他们为党、为军队服务的初心，帮助教师树立坚定的理想信念，增强干事创业的使命担当，主动将个人的人生追求融入强军改革建设发展的洪流中。

图 1　党员研学活动

姓军为战，把好服务保障关。在学习落实习主席强军思想、实现"让军人成为社会羡慕的职业"过程中，我园带领广大教师理解军队幼儿园"教育、服务"的双重任务，发扬"军人守护祖国，我们守护军娃"的奉献担当精神。例如，对于经常调动的军人而言，孩子的教育始终是他们最关心的问题。我园秉承"随调随收"的原则，全力以赴解决军人子女的托育难题，连续十多年成为驻蓉军幼中保障军人子女最多的幼儿园。鉴于军人频繁参与战训任务，常年在外奔波，教师们自发承担起家长的角色，向孩子们讲述军队的故事，教导他们树立远大志向和梦想。从"姓军为兵"到"姓军为战"，我园致力于为军人子女提供高质量的学前教育，解除军人的后顾之忧，并持续提升服务保障能力。

（二）信仰支撑力，促教师职业幸福

为了确保教师队伍能够深深扎根于我园并安心工作，我们始终将关心教师的学习与生活放在首位，致力于成为教师们的贴心人。为此，我园建立了教师学历提升机制。同时，我们注重为教师提供丰富多样的学习与发展机会，比如预订游泳馆、羽毛球场地以及组织参加合唱团等，鼓励教师们通过参与各类文体活动来不断提升个人素养。此外，幼儿园还特别关注教师的职业发展规划，积极寻求解决教师待遇、职称评审等实际问题的有效途径。我们从生活中的细微之处入手，比如为教师准备生日、节日的小礼物等，让教师们切实感受到生活中的幸福与温暖。通过这些贴心的举措，教师们充分感受到了组织的关怀与支持，从而更加坚定了他们为军队幼教事业服务的信仰与决心。

图2　党员学习活动

（三）文化引领力，增强教师教育初心

我园的教职工之家记录了幼儿园的历史变迁，承载着幼儿园的核心办园理念：自然而然，唯爱至尚。这一理念在环境、教学、管理以及人际交流中得到充分体现。在我园，当孩子哭泣时，教师们不会简单地说"不哭"，而是会接纳幼儿的情绪，说"我知道你很伤心"。领导被称为"老师"，而非"园长"。幼儿入园时不仅向教师问好，也会向每位工作人员致意。开放的环境、自主的游戏、平等的关系，让教师们深刻感受到尊重幼儿发展规律、以儿童为本的重要性，即"自然促发展"。以友爱凝聚教师力量、以热爱指导工作生活、以仁爱圆满社会责任，这便是"办园之根"。

阳光管理，放大亮点正向激励。积极正面的管理评价有助于教师重温教育初心，建立职业自信。我园实行阳光管理模式，例如，幼儿园持续开展的年度"最美教师"评选活动，不仅扩大了教师队伍的优秀面，还增强了教师的工作幸福感，展现了无数精彩感人瞬间：教师细心照顾身体残疾的军人子女，帮助他们树立自信心；班级教师经常照顾在外执行任务的军人家庭子女；在新冠肺炎疫情期间，教师坚持开展线上线下活动，解决军人家长的后顾之忧。

三、问题解决成效与反思

"三力"教师队伍培养策略显著增强了我园教师队伍建设的成效。在政治信仰方面，教师积极参与党团组织的各项活动，主动向党组织靠拢，展现出坚定的政治信仰；在专业素质方面，教师积极发表文章并进行学术交流，彰显出卓越的专业能力；在队伍稳定性方面，教师流失率保持低位，职业满意度高，且教师间团队协作氛围良好。

图 3　教职工歌咏比赛

办军人满意的学前教育需要一支具有坚定政治信仰的新时代军队幼儿教师队伍，聚焦"三力"锻造政治信仰坚定的军队幼师队伍，我们永远在路上。未来，我园将进一步结合军队幼儿园的特殊性，在教师队伍建设上下力气，不断凝练军队幼儿园队伍建设经验，改革创新队伍建设机制，形成多元队伍建设工作法，坚守"为党育人、为国育才"的使命担当！

（撰稿人：谢　蓉　睿　曾向阳）

集团化办园背景下"一体两翼"的教师队伍建设实践

遂宁市河东实验幼儿园

一、解决的主要问题

基础教育集团化办学是推动教育均衡发展的重要途径，我园自 2015 年开启集团化办园，现已形成一园四区。随着办园规模的不断扩大，逐渐呈现出中层管理人员不足、教师流动性较大、教师队伍专业水平下降、人才储备断层等问题。面对高质量发展的时代要求，提升教师队伍整体质量成为集团化办园需要首先解决的课题。经过多年实践，我们探索形成了"一体两翼"（党建为体，师德、师能为翼）的教师队伍质量提升路径。

二、解决问题的过程与方法

（一）党建为体，筑牢发展之基

坚持党建引领就是坚持创新发展，有助于幼儿园在教育教学、课程改革、师资培养等方面不断探索和创新，形成自己的课程特色和教育品牌，助力集团实现高质量发展。

1. 打造阳光堡垒，凸显率先带动作用

我园高度重视园所治理的公平、公正、公开原则，对全体教职工的所有考评工作均在党组织的领导下进行，形成了优良的管理生态和工作氛围，降低了层级之间、同事之间产生矛盾的可能性，使得同事关系变得简单而纯粹。

2. 承接项目活动，激发心灵归属

以项目带队伍，激发团队凝聚力，慢慢成为我园教师队伍建设的重要路径。2021年，我园积极承办遂宁市河东新区党史教育成果展，经过党组织、教职工集体研究，决定以情景表演的方式呈现百年党史。我园面向全体教职工公开招募演员，教师们积

极参与，形成了"人人为我，我为人人"的和谐局面。

以党建为体，我园打通了教师的心灵通道，建立了牢固的心灵链接，树立了正确的教育观和儿童观，形成了愿景一致的教师队伍，为集团化管理闻令必达打下坚实基础。

（二）师德为先，追寻榜样之光

师德引领发展，榜样传递力量。每年的 9 月 30 日，我园都要召开一年一度的"榜样的力量"表彰大会。表彰围绕园所文化，设置有"荷花教师""金荷奖"；围绕园所特定节日，如建园周年日，设置有"我园点灯人"奖项；围绕岗位，设置有"优秀班主任""优秀教师""优秀班集体"等奖项。

图 1 "榜样的力量"表彰大会

我园将"四有"好老师标准、"四个引路人"角色定位以及教育家精神的核心要求细致入微地融入各个岗位的每一项具体职责之中。通过这一过程，我们发掘并彰显了每位教师及其所在岗位的独特光芒。在庄严的表彰大会上，这些佼佼者站上舞台，收获了来自孩子们、同事们、家长们以及社会各界的热烈掌声与芬芳鲜花。这一刻，我园教育大家庭中每个人的辛勤付出与每个岗位的价值意义都得到了极大的彰显，榜样的力量被极大凸显。"向榜样看齐，矢志成为新榜样"已成为驱动我园教职工不断前行的强大动力。

心心在一艺，其艺必工；心心在一职，其职必举。以师德为翼，我们为每一位教职工插上了飞翔的翅膀。原本浮躁的心静下来了，心中有了责任、肩上有了使命。

（三）师能为本，唤醒内在之力

L 老师作为一名新手幼儿教师，唱、跳、弹等幼师传统技能曾是她的明显短板，这让她感到不自信并陷入失落，与优秀教师的差距更让她感到焦虑，甚至开始怀疑自已是否适合幼教事业。幸运的是，园长及时发现了她的困境，并迅速与她进行了深入的沟通交流。园长为她的成长规划提供了宝贵的建议和支持，鼓励她将个人强项转化为幼儿园的优势资源。在园长的适时鼓励和支持下，L老师逐渐树立了自信。她的成长速度令人惊叹，不仅在专业技能上取得了显著突破，还在班级环境创设、活动组织等方面取得了长足进步。更值得一提的是，她的美术特长和教育科研能力逐渐显现出来。随后，她主动请缨，成立了以自己名字命名的美术工作室。在不到三年的时间里，L老师不仅成了幼儿园学术管理团队的负责人之一，还被四川职业技术学院特聘为教师。在更大、更广阔的平台上，L老师继续发光发热，获得了极大的专业自信。

图2　L老师的竹艺课堂

L老师的成长经历是我园众多教师成长的缩影。我园以师为翼，为每一个老师找一条路子、搭一个台子、递一把梯子，让大家都能找到成就自己的路径，享受到专业发展的幸福教育生活。

三、问题解决成效与反思

"一体两翼"的教师队伍建设模式，已发展成为我园独特的园本模式。这一模式为我园铸就了一支政治信仰坚定、专业自觉性强、稳定且高质量的教师队伍，并且逐步形成了合理的人才储备梯队。

图3 积极向上的教师队伍

习近平总书记提出，"教师是人类灵魂的工程师，是人类文明的传承者，承载着传播知识、传播思想、传播真理，塑造灵魂、塑造生命、塑造新人的时代重任"。下一步，我园将继续传承教师队伍建设好的做法，不断总结经验，改革培养机制，创新培养路径，探索科学评价策略，为建设高品质幼儿园贡献积极力量！

（撰稿人：尹　艳　周袁茜　梁　勤）

基于精神取向 成就"五美"师风

成都市金牛区机关第二幼儿园

我园已走过六十七年的发展历程,前辈和在岗的教师牢记"深透致教,潜心育人"的工作作风,将最初六个班的小小幼儿园发展为今天拥有五十四个班的集团园。我们将"爱"作为师幼之间的情感基础,以师幼关系为切入点,形成温暖有爱的班级氛围。

走进新时代,我园致力于"五美"教师队伍建设,将"人"的质量提升作为教育高质量发展的基石。

一是坚守之美。坚守之美在于守护初心、使命不改。那些从教三十余年的教师们,正用实际行动鼓舞着团队中的每个人。

欧阳晓露老师,在工作的三十年里有三分之二的时间都在新小班,只要有"欧阳妈妈"在,孩子们就能很快收起了眼泪,新教师和保育员心里就有了依靠。时间的车轮带着这些孩子们告别幼儿园、成家立业,而她依然在班级门口等待她的孩子们来上幼儿园。

杜红老师,研究生毕业后来到我园,成为一名专职做教育科研的教师。她一开始负责一个园区的科研课题、教师培训,后来成为集团教师发展中心的负责人,带领小伙伴们研究儿童情感教育,其成果荣获四川省人民政府教育成果奖。她通过接触孩子们的老师,也在间接影响着孩子们的成长。

欧阳老师和杜老师代表了我园两代教师群体,她们在不同的岗位上爱岗敬业,坚守教育初心;关爱幼儿,严于律己。

在坚守之中,我们建立并完善了情感型教师队伍打造与管理机制,重视团队归属感的营造。我们一直秉持"先要留住人,才能培养人"的信念,通过组织新教师外出开展团建、给教职工过集体生日、组织教师观影等活动,让教师感受到团队的温暖;在园刊、微信公众号中推出新教师系列文章,让新教师也参与到幼儿园的重要工作中,意识到自己也是幼儿园的主角;通过以老带新、"有经验的教师+新入职的教师"搭档组合的方式,让新教师感受到被支持;通过以情化人,以情感型教师队伍建设、教师梯队建设等措施,丰盈教师群体的精神世界。

图 1　情感型教师卡通形象

二是责任之美。责任之美在于立于潮头、勇于承担。当前幼儿园发展已步入集团化办学的新阶段，分园建设面临的最大挑战便是人才培养的周期被压缩，青年教师与骨干教师迅速被推至承担更重大责任的岗位上，压力骤增。这些年来，在我园集团化发展的征途中，一群满怀激情的干部与骨干教师全身心投入分园建设，他们学习审阅图纸、组装家具、设计校园。幼儿园的发展为他们提供了成长的动力，而他们也以实际行动为幼儿园的发展贡献了自己的力量。人才快速成长的过程激发了大家"为党育人、为国育才"的责任感与使命感。

我们成立了青年骨干教师共同体，并编写了《青年骨干成长手册》，使走向优秀与成熟成为每位教师的追求。集团的青年骨干教师团队由年龄在四十五岁以下、教龄在五年以上、本科学历及以上的教师自愿报名组成，将各园区的优秀教师与青年力量进行了整合与重组。在培养集团青年骨干教师的过程中，我们通过开展"五个一"活动（列席一次行政会、担任一周的值周园长、与其他园区的一名同事结成伙伴并互相走访对方园区、做一次分享交流、读一本书），让这部分教师找到新的成长点，拥有新的挑战与目标，逐步成长为成熟的幼儿园教师。

三是沉浸之美。沉浸之美在于潜心钻研。在与三至六岁儿童相处的过程中，爱与陪伴同样需要专业力量的支撑。刘珊老师是一名年轻的班主任，从担任班主任的那天起，她就开始了为孩子们写小作文的历程。她每天花费大量时间记录孩子们的情况，并及时与每位家长沟通；精心设计教育活动，引导孩子们对周围生活与世界保持敏感与好奇。周艺老师创编的早操、编排的节目广受好评，无论是动作编排的科学性，还是音乐的连贯性与趣味性，都体现了她的深刻思考。看着她与孩子们沉浸在艺术活动中的样子，每个人都会深刻感受到教育影响人的魅力。

我们创立并完善了"促进教师专业成长"的管理机制，鼓励教师沉浸于对保教、师幼互动与幼儿发展等过程性的专业思考，通过拟定和完善《班级功能性环境创设基本要求及建议》《玩具与材料投放基本要求及建议》等文件，以及研制《班级一日活动组织要点》《师幼情感联结与互动行为观察要点》等围绕教师专业知识与能力的工具，激励教师深入教育现场，审视并反思自身的教育教学行为。

图 2　沉浸于与幼儿互动中的教师

四是风格之美。在某种意义上，拥有独特教育风格的教师，不仅能将世界的精彩呈现给幼儿，还能引领幼儿走向更广阔的世界。我园的方燕老师和屠欢老师，凭借她们深厚的美术特长与造诣，让幼儿园及班级洋溢着教育的美学氛围。从幼儿园楼道的创意设计，到教师形象的生动描绘；从美术功能室的精心打造，到班级环境与氛围的独特创设……每一处都蕴含着她们从美术教育视角出发的独特见解。以她们为代表的我园教职员工在面对幼儿时并非简单地照搬教材，而是在与幼儿的日常互动中，逐渐形成了各自独特的教育理念与风格，从而发挥出深远的教育影响力。

在追求风格的同时，我们构建并不断完善了"促进教师生命成长"的活动体系，高度重视并不断丰富教师的精神世界。我们尊重教师作为个体的全面发展，同时鼓励教师关注自身的生命成长。通过组织工作室互访、教师技能展示、运动月、咖啡日等活动，以及为教师提供外出参加艺术节、展览、研讨会等观摩与学习的机会，我们确保每位教师都能在自己擅长的领域发挥所长，为提升幼儿园的保教质量贡献力量。人是最宝贵的教育资源，只有重视并不断发展自我，不断丰富自己的内涵，才能最终惠及每一名幼儿。

五是共进之美。共进之美，在于相互扶持、共享成果、携手前行。教师在专业成长的道路上，离不开同行的陪伴与支持。因为有人同行，才能不迷失方向，用一致的步调缓解压力。当刘力铭老师的信息技术专长、胡晓老师的活动组织能力与李佳蔚老师的专业理论素养汇聚一堂时，他们共同创造了"神奇的榫卯——虚拟与增强现实之旅"融创课程。这不仅是一次大胆的尝试与创新，更是他们在学前教育智慧教学领域携手探索的见证。这一教学创意成果历经挑战，最终荣获 2023 年四川省师生信息素养提升实践活动融合创新应用教学案例一等奖。

图 3　教师和幼儿游戏玩耍

每位教师都有其独特的智能与专长，一个人或许无法面面俱到，但一个团队却能相互弥补，共同提升。在共进的氛围中，我们成立了各类教师互助小组，并不断完善教师互助成长机制，将教师之间的差异转化为宝贵的学习资源。我们充分利用一园多区的优势，成立了集团名师工作室，构建了跨园区的教师发展共同体，让智慧在情感的流动中不断迸发。我们始终秉持"互助共同成就"的团队文化，通过设立名师工作室、微型成长小组等教师发展共同体，开展"教师专业发展现状及需求"问卷调查及访谈，修订《教师专业发展积分细则》等措施，激励教师结对成长。

如果说"四有"好老师和"四个引路人"是高位引领，那么我园教师所展现的"五美"师风就是将这些理念付诸实践的具体体现。一路走来，我们坚守初心，勇担责任，沉浸于教育，追求独特风格，注重团队合作。这既是我园对"师风之美"的诠释，也是对于如何成为一名优秀人民教师的有力实践。拥有"五美"师风的我园教师队伍，是坚守教育初心、保持幼儿园持续健康发展的关键。我们深知，没有完美的人，但可以打造完美的团队。我们接纳每个人的不完美，支持每个人的生命成长，共同创造更加美好的未来。

（撰稿人：黄　洁　涂恩来）

第二节 人员配备：优化管理，筑牢队伍根基

➤ 理论指引

幼儿园教职工配备标准是幼儿园办园标准的重要内容，是促进幼儿园教师队伍建设的重要手段。2013 年，教育部印发《幼儿园教职工配备标准（暂行）》，提出"幼儿园应当按照服务类型、教职工与幼儿以及保教人员与幼儿的一定比例配备教职工"。文件的出台为幼儿园教职工配备提供了依据，进一步规范了各类幼儿园的用人行为。2016 年，国务院办公厅印发《关于加快中西部教育发展的指导意见》，指出"各地要按照幼儿园教职工配备标准，在地方事业单位编制总量内，合理调配，配齐农村公办幼儿园教职工，落实每班'两教一保'要求"。

幼儿园管理者们应该用发展的眼光去构建队伍，思考人员配备的科学性、合理性和专业性，确保每位教职工都能具备相应的专业资质和教育理念，明确各自的岗位职责，并且在各自的岗位上发挥自身优势和特长，构建一支和谐、专业、可持续发展的教职工队伍，这是幼儿全面发展的重要保障，也是《评估指南》的核心内容。

表 1 《评估指南》人员配备考查要点

重点内容	关键指标	考查要点
A5. 教师队伍	B13. 人员配备	1. 幼儿园教职工按国家和地方要求配备到位，并做到持证上岗，无岗位空缺和无证上岗情况 2. 幼儿园教师符合专业标准要求，保育员受过幼儿保育职业培训，保教人员熟知学前儿童身心发展规律，具有较强的保育教育实践能力。园长应具有五年以上幼儿园教师或者幼儿园管理工作经历，具有较强的专业领导力

一、精准配备人员，优化教师队伍构成

（一）基于国家标准的科学管理和规划

幼儿园的人员配备是指幼儿园根据国家和地方的相关规定及要求，合理配置各类

工作人员，包括教师、保育员、管理人员等，并确保所有人员均持证上岗，避免出现岗位空缺或无证上岗的情况。具体而言，应该做到以下五点。

（1）数量与质量并重。人员配备不仅要确保数量上的充足，以满足幼儿园日常运营和教育教学的基本需求，更要强调质量上的合格。合格的教师、保育员及行政人员等必须具备相应的专业知识和技能，这是保障幼儿得到全面、科学、有质量保教的前提。

（2）团队协作与分工明确。一个高效的团队需要成员之间既能够紧密协作，又能够明确分工。应注重团队协作精神的培养，确保每个岗位都有明确的职责划分，以形成强大的教育合力，推动幼儿园工作的高效开展。

（3）队伍稳定与合理流动。队伍的稳定是幼儿园持续发展的基础，但适度的流动也有必要。在保持教师队伍相对稳定的同时，应适度引进新教师，为园所注入新鲜血液，形成梯队发展模式。这既有利于园所的长远发展，也能够激发教师队伍的活力。

（4）关注教职工专业素养与持续发展。教职工的专业素养是幼儿园保教质量的重要保障。应关注教职工的专业发展，提供培训学习机会，鼓励教职工各尽其责，充分发挥自身优势，为幼儿园的发展贡献力量。

（5）重视管理团队的配备。管理团队是幼儿园发展的领航者，其教育理念和管理能力直接影响着幼儿园的发展方向和水平。在人员配备中应特别关注管理团队的配备，确保他们具备先进的教育理念、丰富的管理经验和出色的领导能力，以引领幼儿园向更高水平发展。

（二）瞄准高质量发展的人员价值审视

一支好队伍应该心齐、气顺、劲足、风正、人和，一个好团队应该"人人有事干、事事有人干"。四川目前正大力推进集团化办园、名园带动新园、乡镇园引领村幼等多种发展模式，然而在实施过程中，常常面临一些问题：如何配置分园的管理团队？如何保障新园教师队伍的质量？名园骨干力量被稀释后应如何补充？针对分园教师队伍的保障问题，一些幼儿园采取了提前招聘、跟岗学习、模拟实操、竞聘上岗等一系列培训措施。具体做法是，分园全体教职工先到本部对应岗位进行为期两个月的零距离跟岗学习，之后再回到分园上岗。这样一来，分园教师的教育理念、专业能力和实操水平都得到了显著提升，为分园的开园奠定了坚实的基础。

二、推行"三定一力"，队伍管理提质增效

幼儿园的"三定一力"指的是定岗位、定职责、定人员和园长专业领导力。"三定

一力"有利于优化幼儿园的人员配备结构，是幼儿园可持续发展的关键。

（一）锚定"三定"管理，提升办园水平

从传统管理向现代治理转型，幼儿园应构建扁平化的管理结构、参与型的管理机制以及评估性的管理考核体系。通过明确岗位、界定职责、配置人员，实现人力资源的合理配置，进而建立起科学的岗位管理体系。具体来说，"定岗位"是依据幼儿园的工作内容和发展需求，明确幼儿园所需设立的岗位；"定职责"则是根据所设岗位的要求，明确相应岗位应承担的责任；"定人员"则是根据岗位设置和职责要求，确定从事该岗位所需的人数及具体人选。"三定"旨在科学规划、合理配置人力资源，有效提高人员使用效率，进而提升管理效能。

1. 岗位合理、配置齐全

幼儿园的岗位配置因地域、规模、类型的差异而有所不同。规模较小的幼儿园可采用单线管理模式，园长能够全面顾及所有事务，所需岗位较少。规模较大的幼儿园，尤其是集团园，多采用金字塔管理、层级管理模式，所需岗位较多。不论是单线管理、金字塔管理还是层级管理，幼儿园的岗位设置都应紧密围绕幼儿园的发展目标，根据实际需要设置岗位，避免因人设岗的情况。

值得注意的是，岗位设置并非越多越好，特别是行政管理和后勤岗位，更需统筹规划，合理安排。岗位设置还应根据实际需求进行调整，向重点部门倾斜。例如，保教部门因工作性质需要增加机动人员，在设置岗位时就应将机动人员的配置纳入考虑。另外，由于幼儿园工作中交叉内容较多，人与人之间协作频繁，因此在设置岗位时，还应考虑一人多职、一专多能、一岗多责的情况，以提高工作效率和团队协作能力。

表2　××幼儿园集团化办学中层干部及年级组长职责与分工

部门	工作职责	负责人	分管领导
党政办	1. 负责集团化办学管理党政办工作。 2. 负责工会及退管工作，协助分园管理。 3. 完成集团化办学管理专项工作及领导交办的其他工作	×× （主任）	××
	1. 负责集团化办学管理党政办工作。 2. 负责幼儿园招生工作。 3. 完成集团化办学管理专项工作及领导交办的其他工作	×× （副主任）	

部门	工作职责	负责人	分管领导
教务办	1. 负责本部一日活动、德育、安全教育及游戏环境创设等常规管理工作。 2. 负责本部课程建设、游戏环境创设、家园共育、信息技术、示范辐射、竞技竞教等工作。 3. 联系本部小班组，完成集团化办学管理专项工作及领导交办的其他工作	×× （主任）	××
	1. 负责分园一日活动、德育、安全教育及游戏环境创设等常规管理工作。 2. 负责分园课程建设、家园共育、信息技术、示范辐射、竞技竞教等工作。 3. 完成集团化办学管理专项工作及领导交办的其他工作	×× （副主任）	××
教科室	1. 负责集团化办学管理教育科研专项工作。 2. 负责集团化办学管理各级各类教师培训、学术活动。 3. 联系本部大班组，完成集团化办学专项工作及领导交办的其他工作	×× （副主任）	××
安全保育办	1. 负责校园安全、隐患治理、综治创建等集团化办学管理安全工作。 2. 负责本部保育、卫生保健及校园绿美亮化工作。 3. 联系本部中班组，完成集团化办学管理专项工作及领导交办的其他工作	×× （主任）	××
	1. 负责校园安全、隐患治理、资产管理及食堂工作等分园安全、后勤总务工作。 2. 负责本部分园保育、卫生保健及校园绿美亮化工作。 3. 完成集团化办学管理专项工作及领导交办的其他工作	×× （副主任）	××
后勤总务办	1. 负责财务采购、规划基建、资产管理等集团化办学管理后勤总务工作。 2. 负责本部食堂工作。 3. 完成集团化办学管理专项工作及领导交办的其他工作	×× （主任）	××
年级组	1. 负责本年级组保教常规、队伍建设、环境创设、家园共育、延时教学等工作的过程管理、考核评价，班组优质活动成果提炼与推广等。 2. 完成领导交办的其他工作	×× （各年级主任）	××

在四川地区，幼儿园的岗位通常被分为行政管理岗位、保教岗位和后勤岗位三类，各幼儿园可以根据自身的实际情况和需求灵活设置。

2. 责任清晰、分工明确

有岗必有责，确认好岗位后，必须明确各岗位的责任。岗位职责越清楚，责任越明确。职责的确认可以从岗位名称、部门归属、工作职责、工作任务、工作要求及标准、任职条件等多方面对岗位进行详细约定。由于幼儿园工作的特殊性，各岗位职责既交叉也独立，因此在确定责任分工时，既要有独立工作的详细要求，也要包含共性工作内容和不同岗位间的配合规定，以促使教职工建立相互协作的精神，避免因岗位设置而将所有工作割裂成单独的部分。一般来说，共性工作内容主要体现在党建引领与安全保障等方面。

3. 明确数量、责任到人

要按照国家的方针政策，结合保教工作的基本需求，合理确定幼儿园各岗位的职工数量。根据《幼儿园工作规程》和《幼儿园教职工配备标准（暂行）》等文件的要求，全日制幼儿园教职工与幼儿的比例应达到 1∶5～1∶7，保教人员与幼儿的比例应达到 1∶7～1∶9。具体来说，6 个班以下的幼儿园应配备副园长 1 人，6～9 个班应配备副园长 2 人，10 个班以上应配备副园长 3 人。全日制幼儿园每班应配备 2 名专任教师和 1 名保育员，或者配备 3 名专任教师。卫生保健人员、食堂工作人员、保洁人员等则应根据实际需求进行配备。同时，幼儿园还应根据实际情况配备专兼职水电工等后勤人员。

将各岗位职责具体落实到人，是"三定"管理中的重要环节，也是落实人事匹配的末端环节和岗位管理的闭环。在"定员"管理中，应实现动态管理，实施"能者上，庸者下"的用人机制。无论是一岗多人还是一人多岗，都要将具体事务落实到具体个人，以确保工作的积极性和完整性。

总之，人事管理是一项复杂的专业工作。幼儿园必须掌握国家、省、市的相关政策，并同时具备岗位分析与应用的专业能力。必须加强对幼儿园人事管理人员的培训，以此加强人事管理队伍的自身建设，全面提高整个队伍的政策水平和专业能力。

（二）凸显园长领导力，提升治校才能

"一位好的园长就是一个好的幼儿园"，这凸显了幼儿园园长领导力的重要性，体现了引领和激励团队达成目标的能力要求。在幼儿园管理中，园长的领导力尤为关键，它不仅是幼儿园教育质量的保障，更是孩子们快乐成长的引领力量。园长通过自身魅力和管理智慧，影响着园所的每一项工作。

1. 做个会管理、有智慧的园长

《幼儿园园长专业标准》指出，园长的专业职责之一就是要优化内部管理。管理既是一门科学，也是一门艺术，幼儿园的管理涉及对人、财、物、时间、空间、信息等资源的计划、组织与协调。园长应遵循"刚性制度，柔性管理"的原则，既要了解并熟知各项政策法规，以法律法规和制度为依据，审时度势，运筹帷幄，运用制度约束人；又要合理修订和完善幼儿园内部各项规章制度，因为任何一所幼儿园的制度都不可能是一成不变的。不断完善的制度看似对员工的约束越来越紧，实则是为员工提供更明确的工作标准、方法和策略。这种承受能力的增强，有助于形成幼儿园的规范性、秩序感以及教职工的规则意识，对团队建设起到至关重要的作用。

在刚性的制度下，园长也不能一味地进行强势管理，因为强势的做派会逐级传递，最终影响到幼儿。而"刚性制度，柔性管理"的原则能让员工在园长的非权力影响力下，既敬畏制度，又感受到园长的温和，从而带给孩子更多的关爱。

2. 做个懂专业、能研究的园长

"领导保育教育"是园长专业职责之一，《幼儿园园长专业标准》凸显了园长作为教育者的职能责任，要求园长在专业理念、认知、知识、方法以及能力与行为方面都要具备一定的水平和领导能力。园长不仅要掌握幼儿园保教的原则和原理，还要熟知幼儿身心发展的基本规律和特点，把握好幼儿园的发展方向，对教育资源做出精准的甄别与判断。

园长的专业水平和思想高度往往决定着幼儿园的发展方向和整体水平。幼儿园的课程实施是保教质量的重要途径，课程建设是一个非常专业的问题。很多一线教师，包括园长自己，都不是课程建设的专家，也不可能依靠一个人的力量构建出完整的课程体系。幼儿园课程建设是在学习、借鉴、传承的基础上不断创新的过程，需要全园全员参与，逐步构建。在课程构建中，还要依托课题研究，激发教师参与课题研究的积极性，提高教师的专业化水平和保教质量。

3. 做个会引领、善用人的园长

在管理中，"人"是最重要但也是最难驾驭的因素。园长在管理中要把握以人为本的原则，懂得知人善任和扬长避短。引领教师成长是园长的专业职责之一。教师是幼儿园不断发展的动力。随着学前教育"普及普惠""8050 攻坚计划"的实施，许多新建园应运而生，其职工绝大多数是青年教师。青年教师是幼儿园发展的新生力量，对他们的培养是幼儿园管理的重要内容。园长要用发展的眼光看待教师队伍的建设，注意教师队伍的梯队培养，形成合理的教师结构。园长要能够"识才、爱才、重才"，了解教师的发展需求，有针对性地培养人才，为教师搭建展示的舞台，根据他们的优势和不足进行分层培养。对有能力的教师要予以重任，敢于放权促进其成长。管理中，园长可能不是样样精通，但一定要有知人善任的能力和气魄，掌握科学的用人艺术。

4. 做个能牵手、会共育的园长

在幼儿园教育中，家庭是教育的重要合作伙伴。《幼儿园园长专业标准》提出，园长要有"调试外部环境的能力"。在家长工作中，园长要充分认识到家长是幼儿园重要的合作伙伴，积极争取家长的支持和理解，让家长主动参与到幼儿园的活动中来。同时，要挖掘社会资源，形成园家社协同育人的格局。此外，通过培训增强教师的沟通技巧和合作意识，向家长宣传科学的儿童观、教育观，可以更好地促进家园之间的沟通和合作。园长的角色不仅是教育者、引领者、指导者，在面对家长的不理解和与教师发生争执时，还是沟通者、协调者。园长既要关心家长，理解他们的处境和诉求，也要坚守正确的教育理念，维护教师的尊严与权益。要具有敏锐的洞察力、同理心，掌握与家长沟通的艺术以及解决问题的策略和方法，并具有亲和力，使家长成为推动幼儿园发展的合力而非阻力。

　　总而言之，园长需要具备坚定的愿景与使命感，擅长团队建设，拥有卓越的沟通协调能力、敬业奉献精神以及资源整合能力等多方面的素养和能力。幼儿园管理的过程也是践行教育家精神的过程。园长们要以身作则，躬行实践，彰显人格魅力，用教育信仰塑造人，用园所文化凝聚人，让教育家精神根植在教职工的日常教育生活中，根植在教育活动中，根植在每个人的心中。

聚焦游戏愿景 提升园长游戏领导力

攀枝花市实验幼儿园

一、问题由来：幼儿园发展需要提升园长游戏领导力

游戏是幼儿的天性，也是其基本活动形式。2014 年，一所拥有二十六年荣誉与文化积淀的老幼儿园面临着如何切实提升游戏质量，进而促进保教质量发展的挑战。作为园长，首先思考的是当前的具体困难是什么，以及该如何引领幼儿园的游戏发展。

经过深入剖析，我们发现存在两大问题：一是幼儿园在开展游戏活动中缺乏核心价值引领。多数教师对游戏的理解与支持不足，常在游戏的"过度控制"与"放羊"之间徘徊。教师往往把游戏看作是一种调剂，轻视了游戏的价值，难以引导幼儿深入开展有价值的游戏活动。二是幼儿园游戏活动的发展方向不明确。例如，游戏是否需要预设？是否所有游戏都应该是自主游戏？这些问题需要园长带领教师共同寻找答案。遵循自下而上的原则，我们带领教研团队对幼儿和教师进行了大量访谈，从游戏愿景出发，致力于明确游戏发展方向，切实提升游戏质量。

二、聚焦愿景，领导游戏发展方向

园长的游戏领导力是组织和发展游戏愿景的决定因素，也是带领幼儿园实现教育目标的关键。为了聚焦愿景，我们尝试从以下几个方面进行引领。

（一）深挖园所文化内涵，播下游戏愿景种子

我们带领全园教师在全面深入研究幼儿身心发展特点及教育规律的基础上，开展了"我喜欢的童年""我最喜欢的游戏"等征集活动。同时，结合我园的艺体教育特色，将"玩"和"美"确定为园本课程、园本活动以及园本特色教育的核心要素。玩

是孩子的天性，如同孩子成长过程中的阳光、空气和水分；美则更多时候表现为一种和谐氛围的体验，一种身心情志的愉悦。因此，我园以"玩美教育，奠基人生"为办园理念，以培养阳光、勇敢、智慧、创新的儿童为目标，以"玩中求真、真中创美、各美其美"的教育哲学播下玩美游戏愿景的种子。

（二）重塑教师观念，滋养游戏愿景萌发

愿景的种子要萌发，教师是非常重要的因素。在明确了办园理念和教育哲学后，我们重新审视了我园的游戏活动，发现教师的儿童观、游戏观、课程观须进一步更新与强化。于是，我们带领教师研究并学习了《指导纲要》和《发展指南》的要求，围绕"尊重儿童天性，弘扬游戏精神"，重塑教师观念，即由接收式学习者转变为主动积极的学习者的儿童观；由游戏是幼儿教学手段转变为游戏是幼儿的内在需要和幼儿生命体现的游戏观；由课程即教材转变为游戏即课程、生活即课程，儿童是课程的推动者的课程观。基于这些转变，我们带领教师在多次的学习与思考、研讨与碰撞中，通过对幼儿游戏的观察指导与反思，将我园游戏课程的儿童发展愿景确定为"慧玩"儿童——让儿童在高趣味性、生活化的游戏中，以自主、自创的活动体验，促进身心智慧的和谐发展。

图 1　游戏中的"玩美"师幼

三、"1＋2＋3"策略：让游戏愿景照进现实

为将理念转化为行动，将游戏愿景变为现实，将游戏管理升级为领导游戏，我园形成"1＋2＋3"策略，总结出"一种方法""两种路径""三种领导"，以充分发挥园

长游戏领导力，体现园长核心价值。

（一）坚持"一种方法"——问题思维

坚持以问题为导向，倡导团队作战的工作思路。领导建立游戏课程核心研究团队，开展头脑风暴，以问卷、访谈、数据收集等方式，深入研究和梳理游戏课程建设中存在的问题和困惑，形成"问题串"。随后，采用走出去、请进来策略，与专家、同行进行反复讨论和对话，明确了"问题串"中的主干问题，坚持基于一日活动，循序渐进地开展研究。

（二）实施"两种路径"——游戏情境与家园合作

因地制宜创设游戏情境。在构建游戏课程的过程中，我园结合攀枝花本土资源和"玩美"办园理念，因地制宜地创设了班级区角和幼儿园大区角游戏的情境。这些情境为幼儿提供了主动学习的环境和充分的游戏活动空间与时间，让幼儿在游戏中生活、在生活中游戏。

携手多方力量有效实施。在游戏实施中，我园注重挖掘家长和社会教育资源，延展和延长游戏空间和时间，将这些资源组合成一个和谐多维的整体，共同打造更为丰富、多元的游戏体验。例如，我们组织幼儿走进攀枝花中国三线建设博物馆，让他们在角色扮演中感受历史的厚重与传承的力量。

（三）夯实"三种领导"——专业领导、组织领导、实施领导

专业领导：有所为有所不为。园长作为游戏课程建设的第一责任者和引领者，要引领团队形成游戏课程的愿景、理念和课程目标。同时，要用自己的专业思想引领教师，用自己的专业行为服务、支持教师，实施赋权和增能。此外，还要树立科学的教师观，相信教师的游戏课程领导能力，适当放权。

组织领导：人尽其职。在游戏课程建设的组织领导中，注重团队组织建设。我们亲自统领、设计、参与和实践，积极沟通协调各方面人员的关系，让全体教师和责任人清楚自己在游戏课程建设中的责任和分工，各负其责，形成凝聚力和向心力。

实施领导：保障到位。在游戏课程建设中，强化落实制度和形成机制，从时间保证、顶层设计、材料购置、经费支持以及教师培训提升等方面给予全方位的支持。

在游戏愿景的指引下，我们形成了多维联动、有逻辑的"玩美"游戏内容体系。幼儿园全面梳理了各阶段幼儿必须把握的核心经验，游戏内容也追随幼儿经验螺旋上升。教师设计的游戏和儿童生成的游戏互为参照，从而增强了教师行为的目的性，实现了真正意义上学习和游戏的融合。

图 2 游戏点亮快乐童年

四、总结反思：持续提升园长游戏领导力

通过以上策略，我园已成功提升了园长的游戏领导力，但这仅是起点。为了满足幼儿成长需求、促进教师专业发展以及提升园所保教质量，我们认为，园长的游戏领导力还须从以下几个方面持续提升。

（一）扎根游戏现场，让领导有角度

要持续提升园长的游戏领导力，须深入了解园所内幼儿的游戏喜好，如他们当前热衷的游戏类型等。同时，要细致观察教师与幼儿的互动方式，以及环境材料的适宜性。这样，园长才能从实际出发，客观分析幼儿的游戏水平和教师的专业素养，为领导游戏发展提供有力的实践依据。

（二）注重专业发展，让领导有力度

在日常的繁杂管理之余，园长应不断提升自身的专业素养，发现教师在组织游戏活动过程中出现的问题，并凭借自身过硬的专业素养，有效地引导和支持教师，使领导更加有力。

（三）紧密家园协作，让领导有温度

园长应善于运用自己对教育政策的熟知和丰富的教育经验，通过家长会、家长讲座、社交媒介等方式，向家长宣传游戏对幼儿的重要价值。通过有温度的领导方式，鼓励家长积极参与到为幼儿创造游戏环境的工作中来，让幼儿在游戏中真正获益，体验幸福人生。

（撰稿人：周 吉 江俊杰 夏德芳）

高标准配备后勤队伍 探索形成内部管理"234工作法"

大英县实验幼儿园

一、解决的主要问题

我园创办于 2014 年，地处成渝双城之心，坐落在大英新城中央。幼儿园现有 12 个教学班，537 名幼儿，57 名教职员工。作为"四川省示范性幼儿园""全国足球特色示范园"及"全国校家社协同育人项目实验基地"，我园周边政府部门单位众多，且与一所 5000 人规模的实验学校相邻，生源基础优越，是我县规模最大的公办幼儿园。面对高质量发展的要求，如何更有效地管理后勤工作、提升后勤服务质量，成为我园亟须突破的主要方向。为此，我们着手单设后勤管理部门，高标准配备后勤管理队伍，并探索形成适宜的后勤管理机制。

二、解决问题的过程与方法

幼儿园后勤工作是实现教育目标的基石。为解决后勤管理人员素质低和能力不足、缺乏科学规范管理、工作流程不够便捷高效等问题，我园秉承"和乐教育，幸福花开"的办园理念，以"六和"文化为办园目标，经过长期摸索和行动研究，总结出后勤管理干部领导力提升策略的"234 工作法"。

（一）推行"两大模式"，优化管理体系

高效实施"纵横双向"管理模式。横向管理实行年级负责制，领导班子挂靠年级，年级带动班级；纵向管理实行部门负责制，园级干部带动中层，中层带动助理。此模式严格遵循七步闭环管理工作流程，确保工作有序进行。

创新推行"1＋1＋N"人员配备。制定《大英县实验幼儿园部门助理选聘管理办法》，采用"1 个园长＋1 个中层干部＋N 个部门助理"的人员配备方式，通过日考核、周评比、月公示、期表彰，形成良性循环，确保"人人有事做，事事有人做"。

（二）强化"三种能力"，提升团队素养

锻造干部领导力。通过专家问诊、专题讲座、专题沙龙、师徒结对、以会代培等方式，着力提升后勤干部的领导力，使其成为推动精细化后勤管理的有力保障。

培育助理执行力。以"六和"文化为引领，选拔得力后勤助理，点对点制订培养计划，并加强执行过程追踪，确保后勤管理闭环的高质量运行。

凝聚团队向心力。通过各类会议强化文化润园、思想引领，提升团队归属感，凝聚向心力，提高团队协作力，确保幼儿园整体工作的高效能运转。

图1 "团队素养"模型

（三）做实"四项重点"，保障后勤服务

坚持"三个原则"，筑牢安保屏障。一是坚持预防为主，消除安全隐患。每天入园前，安保人员和带班教师对校园周边和班级环境进行"初步查"。每周一，值周领导提前15分钟入园，开展安全隐患"精细查"。每月第一周，对全园重点设施设备、重点区域进行"重点查"。二是坚持全员参与，责任层层落实。层层签订岗位责任书，层层落实安全责任，织密扎牢安全防护网，打通责任落实"最后一公里"。三是坚持动态管理，注重过程监控。在开学前，熟悉安全目标任务，提升校园安全保障水平。在日常检查中深入实际，了解真实情况，找准重点薄弱环节、主要问题，做到心中有数。在后续整改时，奔着问题去，揪着隐患改，不达目的决不放手。

坚持"三个为先"，做好卫生保健。一是常规检查，预防为先。严守期初体检关、严把晨检午检关、严控疾病预防关。落实好消毒通风，开展好健康教育，关心好体弱幼儿。二是强身健体，锻炼为先。保证幼儿每日户外活动时间不少于两小时，聘请专业体智能教师，开设篮球、足球、乒乓球、武术、游泳、中国舞等社团活动。三是品格教育，习惯为先。扎实开展"十好十会"生活课程，真正践行"孩子学前三年，为孩子奠基三十年，为中华民族思考三百年"的教育使命观。

坚持"三级管理"，做细营养膳食。高标准、严要求，抓好食品安全"月调度""周排查"和"日管控"。一是压实人员责任。严格落实陪餐和试尝制度，确保菜品的健康和安全。保健医生制订科学营养的带量食谱，厨房人员严格把控食品来源，公开招标、定点采购。二是严格食品监管。督促落实厨房人员每日晨检、进货查验、索证索票、规范加工、清洗消毒等具体工作，严格执行食品留样制度。三是落实常态督导。每天做好值周教师、分管领导、园长三级检查；每周做实营养食谱公示栏、班级群、公众号三级公开；每月接受家长督学、学区督学、主管部门督学三级督导。从案边灶头到教学课堂，将厨艺融入生活化课程之中，从打造专业的厨师队伍到营造良好的就餐文化，我们每天为孩子创作美味，守护着孩子们舌尖上的安全。

坚持"三个明白"，理清财务资产。一是勤俭节约成为习惯，让师幼明白。常态开展"开学第一课""国旗下讲话""午间播报"等专题活动，积极倡导节约一张纸、一支笔、一度电、一粒米，让传统美德深入人心。二是阳光财务接受监督，让家长知情。严格按标准收费，具体财务情况由财务人员统计、支委会审核通过，每月底公示公开，推行阳光财务。三是规范物资库存管理，让"家底"明白。坚持"先进先出"原则，实时公示统计表，方便采购使用。做好物资台账登记工作，及时更新库存动态，确保物资供应好、周转快、消耗低、费用省。

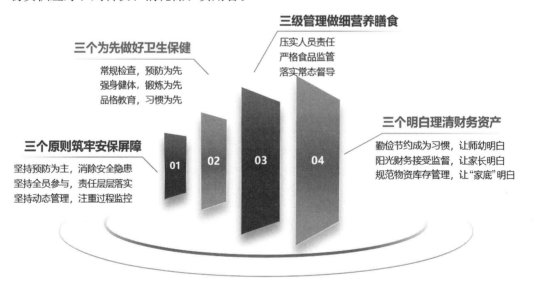

图 2　后勤管理"四项重点"

三、问题解决成效与反思

后勤管理的高质量依赖于精细化管理水平的维系与支撑，须将精细化管理贯穿后勤工作的始终，以此推动幼儿园整体工作品质的提升。我园通过单独设立后勤部门、高标准组建后勤队伍、高效能实施过程管理，逐步探索并形成了后勤管理的"234 工作法"，为幼儿园的高品质发展奠定了坚实的基础。展望未来，我园将在现有后勤管理工作模式的基础上，秉持"标准、规范、精细"的基本原则，通过提升后勤管理队伍的专业素养、优化规章制度、加强内部控制、创新工作方法，以及提供更加精心的管理和贴心的服务，不断提高管理水平和服务质量，推动幼儿园的管理与服务逐步走向标准化、规范化和精细化。

（撰稿人：魏红桔　梁红林　丁秋萍）

第三节　专业发展：笃行创新，追求教育真谛

➤ 理论指引

大力推动高质量教师队伍建设是提升幼儿园教育教学质量、促进幼儿园可持续发展的关键。习近平总书记提出，要把加强教师队伍建设作为建设教育强国最重要的基础工作来抓。从"四有"好老师到"四个引路人"，从做"经师"与"人师"的统一者到成为"大先生"，显示出了习近平总书记对广大教育工作者充满殷切期许。

教师的专业发展不仅是学校的核心竞争力之一，也是实现学校愿景和使命的关键。教师以崇高的职业态度和精神追求，勤学笃行、求是创新，通过持续学习，掌握新的教育理论、教学方法、专业技术，不断反思自己的教育理念与行为，不断改进教学方法，追求教育的真谛，这也是教育家精神的丰富内涵与实践体现。要将教师的专业发展置于优先发展的战略高度，建设一支高素质的教师队伍，为学生提供优质教育，推动学校整体向前发展。

表1　《评估指南》专业发展考查要点

重点内容	关键指标	考查要点
A5.教师队伍	B14.专业发展	1. 园长能与教职工共同研究制订符合教职工自身特点的专业发展规划，提供发展空间，支持他们有计划地达成专业发展目标。 2. 制订合理的教研制度并有效落实，教研工作聚焦解决保育教育实践中的困惑和问题，注重激发教师积极主动反思，提高教师实践能力，增强教师专业自信。 3. 园长能深入班级了解一日活动和师幼互动过程，共同研究保育教育实践问题，形成协同学习、相互支持的良好氛围

一、教师专业发展是决定教育事业兴衰成败的关键因素

（一）教师队伍是园所保教质量的核心竞争力

教师是幼儿园的主体，是教育过程中的核心人物，他们的专业知识、教学技巧和

教育理念直接决定了教学质量。教师的专业发展有助于提升教育效果，使幼儿获得更好的学习支持和情感体验。

（二）教师专业能力是教改创新的重要支撑

教育是一个不断变化和发展的领域，教师需要不断学习以适应新的教育理念、教学技术和课程标准。通过专业发展，教师能够及时掌握最新的教育动态，从而确保教学内容和方法符合时代需求，确保改革措施能够被正确理解和有效执行，保障各项改革的顺利实施，达到改革的目的。

（三）教师专业发展是幼儿成长的专业保障

教师作为传道、授业、解惑者，需要有源源不断的知识储备，这就需要教师在专业发展上不断提升，保持终身学习的好习惯。当教师展示出对学习的热情时，这种态度会传递给幼儿，能够激励幼儿探索未知，培养创新思维和解决问题的能力。

（四）教师专业发展影响园所文化和社会影响

一个致力于提升教师专业发展的幼儿园会营造出积极向上的园所文化，这种文化如同磁石能够吸引并汇聚更多的优秀教师，这些教师凭借高尚的师德、高超的教学技巧、卓越的教学成果能够赢得家长和社会更多的支持和信任。社会对教育的信心将直接影响到教育资源的分配和政策的支持力度。

综上所述，教师的专业发展是确保教育系统能够适应不断变化的社会需求并维持高质量教育服务的基础。它不仅关乎教师个人的成长，也是整个教育体系能持续进步的关键所在。当然，社会也应该营造尊师重教的良好氛围，促进教育事业的健康发展。

二、笃行创新是教师专业发展的动力源和加速器

"笃行创新是教师专业发展的动力源和加速器"，这句话精准地指出了幼儿园教师实现专业成长的关键路径。

勤学笃行，是幼儿教师不断充实自我的必要方式，是将所学知识转化为实际行动的重要环节。幼儿教育领域的知识在不断更新和拓展，教师需要勤奋学习、紧跟时代步伐。不仅要深入研究幼儿心理学、教育学，还要了解艺术、科学等多领域的知识，以丰富教学内容。通过参加各类培训、阅读专业书籍和文献，教师能够拓宽视野，为教育实践储备丰富的知识和方法。勤学笃行是将所学知识转化为实际行动的重要环节。教师要把学到的教育理念和技能，切实运用到日常的教学活动中。认真观察每个孩子的独特表现，因材施教，精心设计生动有趣的教学活动，激发幼儿的好奇心和探索欲。

积极与家长沟通合作，共同促进幼儿的全面发展。在实践中不断反思和总结经验，不断优化教学策略，提升教育效果。

求是创新，是幼儿教师持续发展自我的必要路径，是将教学实践进行深化提升的重要动力。幼儿教师要做到求实创新，首先应立足实际，深入了解幼儿的特点与需求，因材施教。教学方法上，观察幼儿兴趣，灵活多样，巧妙融合游戏与学习。课程设计紧跟时代，贴近生活，注重培养综合能力。环境创设富有创意，激发幼儿探索欲。积极创新家园合作，多元化沟通，让家长深度参与。教师团队常交流，共研共进步。还须不断提升自我，参加培训，反思实践，以务实之态、创新之举，为幼儿成长护航。

勤学笃行、求是创新应相辅相成。只有持之以恒地勤学笃行，并坚定不移地求是创新，幼儿园教师才能在专业发展的道路上稳步前进，为幼儿的成长提供更优质、更专业的教育引导，成为幼儿教育领域的行家里手。

三、"规划·教研·学习"是教师专业发展的重要路径

（一）合理规划启航，描绘发展蓝图

教育家精神鼓励教师不断学习新知识、新技能，这与教师专业发展的核心理念——终身学习紧密相关。有的教师对教师职业的认知不清晰，对教育教学的热情度和教师职业的认可度不高；有的教师虽然上进心比较强，但缺少适切的、引领个人发展的职业目标；有的教师虽有相对明确的职业目标，也确定了大致的发展路径，但可能过于理想化和碎片化，缺少系统性和科学性，在现实中极易受挫。《评估指南》要求"园长能与教职工共同研究制订专业发展规划，提供发展空间，支持他们有计划地达成专业发展目标"，充分强调了教师个性化规划发展的重要性。

第一，进行自我评估。立足教育理念、教学方法、沟通能力、团队合作等多个维度，深入分析个人的优势与不足。同时，考虑个人的兴趣爱好和职业价值取向，坚定自己对幼儿教育事业的热情与追求。

第二，设定明确的目标。短期目标包括在本学期内提升某一教学领域的技能，或与一定数量的家长建立有效的沟通；中期目标可以是在一至两年内获得某项专业证书，或承担园内更多的教研任务；长期目标则可以是计划在五年内成为骨干教师或晋升至管理岗位等。

第三，关注专业发展，确定提升专业知识和技能的途径。如参加培训课程、学术研讨会，以及阅读专业书籍和期刊。规划参与教学研究项目，积极探索并实践创新的教育方法。制订详细的教学计划，包括课程设计、教学方法的改进以及教学资源的开

发等。观察和评估幼儿的发展，以便及时调整教学策略。

第四，注重反思与调整。定期回顾并反思规划的执行情况，从中总结经验教训。根据实际情况和新的需求，对规划进行适时的调整和完善。

幼儿园教师的规划应具有明确的目标、切实可行的措施以及动态调整的机制，以适应不断变化的教育环境和自身发展需求。

（二）教研科研筑基，精进专业能力

2019 年，教育部发布《关于加强和改进新时代基础教育教研工作的意见》，提出"教研工作是保障基础教育质量的重要支撑。长期以来，教研工作在推进课程改革、指导教学实践、促进教师发展、服务教育决策等方面，发挥了十分重要的作用"。教育家精神倡导理论与实践相结合，勇于探索、刻苦钻研是教育家精神的职业态度和追求。教师应积极参与教育研究，将研究成果应用于课堂教学，同时将自己的教学经验转化为有价值的研究数据，促进教育理论的发展。

能否确保学前教育的科学性和适宜性、教学过程的最优化与合理性，以及真正无愧于"专业人员"的称号，关键在于是否勤学笃行、求是创新。唯有成为研究者，幼儿园教师才能超越"孩子王"的角色限定，提升职业品位，深刻体会其专业内蕴的尊严与价值，最终成为推动教育改革的中坚力量。

那么，如何进行教研活动呢？

第一步，明确教研目标。依据幼儿园的教育理念、课程设置及幼儿发展需求，确立教研的总体目标，并将其细化为具体、可操作的阶段性目标。第二步，组建教研团队。选拔具有丰富教学经验、较强研究能力和团队合作精神的教师组成教研小组；同时，根据教研主题的不同，邀请相关领域的专家或骨干教师参与。第三步，确定教研主题。从日常教学中发现问题，如幼儿行为习惯的培养、教学方法的有效性等；同时，关注教育政策和前沿研究成果，选择具有前瞻性和实践意义的主题。第四步，收集资料，查阅相关的教育文献、研究报告、优秀教学案例等；组织园内教师进行经验分享和交流，收集实际教学中的案例和数据。第五步，开展研讨活动。定期组织教研会议，鼓励教师们分享自己的观点、经验和困惑；采用小组讨论、案例分析、观摩教学等多种形式，深入探讨教研主题。第六步，实践与观察。教师将研讨得出的教学策略和方法应用于实际教学中；对实践过程进行细致观察和记录，包括幼儿的反应、教学效果等。第七步，总结与反思。对实践结果进行总结和分析，评估教研成果的有效性；反思教研过程中存在的问题和不足，为下一步的教研活动提供参考。第八步，成果推广

与应用。将成功的教研成果在全园范围内进行推广和应用；持续跟踪和评估成果的应用效果，并根据实际情况进行必要的调整和改进。

教研活动的核心目的在于推动幼儿园的教学改进，要求进行真实有效的教研，以切实解决幼儿园教育实践中遇到的实际问题，不断提高幼儿园的教育教学质量，进而促进教师的专业成长与幼儿的全面发展。

（三）终身学习助力，积蓄发展势能

随着科技进步和社会变革发展，知识更新速度加快，教师需要不断更新自己的知识体系以保持与时代同步。通过终身学习，教师可以获取更好的课堂管理技巧，维护良好的学习氛围；了解最新的教育理论和发展趋势，使教师能够在实践中应用这些理论。美国著名的早教大师卡罗尔·格斯特维奇在《发展适宜性实践：早期教育课程与发展》一书中指出，"对幼儿园教师来说，转变是艰难的。放弃原有的行为方式、学习新的知识技能、变化中出现的焦虑、个人时间的耗费、承受新的压力、处理新的关系等一系列由转变带来的问题，都会影响转变是否能真正实现。所有的变化都涉及学习，所有的学习都包含理解和做一些新的和不同的事情"。因此，幼儿园教师应当保持终身学习的习惯。

此外，终身学习有助于教师的心理健康，因为它提供了一个积极的生活态度和自我实现的机会。教师通过持续学习，能够获得更多的职业成就感和满足感。终身学习有助于培养教师的领导能力和团队合作精神，促使他们与其他教育工作者分享宝贵的实践经验和教育资源，共同提高教学质量，激励教师探索新的教学方法和工具，成为教育改革的支持者和倡导者，推动教育体系的持续改进。终身学习不仅能提高工作能力，还能丰富教师的个人生活，使之成为一个有趣且多才多艺的人，更好地服务于学生和社会，实现个人的价值和目标。

学习的具体方法丰富多样，个人可以根据自身的兴趣、时间安排及资源条件进行灵活选择。这些方法包括但不限于在职脱产学习、参与教育机构或专业组织提供的培训课程、园本学习、自主阅读、网络学习以及加入社团或群体学习等。

幼儿园应当积极营造良好的学习氛围，为教师构建学习共同体，帮助教师形成共同的专业发展理念和未来愿景，共同探讨并解决教育教学中的实际问题。通过共同努力和全身心投入，教师们能够在合作学习、合作做事、合作探索的过程中，将幼儿教育工作视为实现自我价值的核心载体。这样的学习共同体不仅能够提振幼儿教师团体和个人的精神风貌，焕发出勃勃生机与活力，还能够形成持续发展的内在动力，推动幼儿教育事业不断向前发展。

培养有儿童视角的研究型教师

成都市金牛区机关第三幼儿园

　　教师是教育发展的第一资源。教育家精神要求我们树立勤学笃行、求实创新的躬耕态度。因此，教育者需要具备终身学习的品质，始终保持学习的积极性。

一、求是创新：厘清教师发展薄弱环节

　　求是，意味着要看到教师专业发展的事实，直面真实问题：一是有的幼儿教师研究意识薄弱，研究能力不强，不能很好地审视和分析自己在教育过程中的行为、决策以及由此产生的结果。二是部分教师儿童意识淡薄，对幼儿的支持显得乏力，未能坚定贯彻以幼儿为主体的教育原则，也未能及时更新教育理念和实践经验。

　　创新，意味着我们要积极探索问题解决的新理念、新策略、新方法和新经验，紧跟时代的步伐，让人才培养适应社会发展需要。

　　为此，我园着力培养一支有儿童视角的研究型教师队伍。"有儿童视角"是指教师要在尊重幼儿的基础上支持幼儿学习。要尊重幼儿的本能、兴趣、学习特点、已有经验和个体差异，并创设相互尊重和支持的环境，通过因人而异、因时而变的教学策略支持幼儿学习。"研究型教师"意味着教师要有饱满的研究精神。这包括：一是敏锐的洞察力，能够增强问题意识，及时发现幼儿发展和教育中存在的问题；二是自觉的学习力，能主动探索、寻求问题的答案；三是深度的思考力，能突破既有观念和经验，对教育实践进行全过程、全方位的反思。

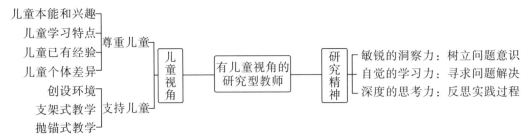

图1　教师发展素养框架

二、规划筑基：完善"三纵三横"研培机制

我园系统建构了"三纵三横"教师研培机制，合理规划教师的专业发展，引导教师钻研进取，逐渐养成研究精神与儿童视角，深入践行勤学笃行的教育家精神。

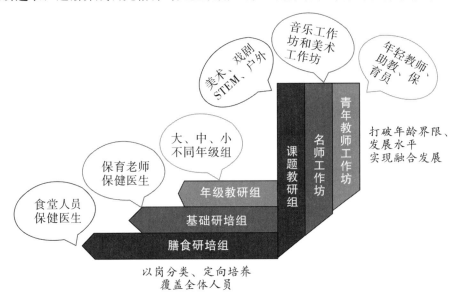

图2　"三纵三横"教师研培机制

（一）"三纵"——打破年龄界限、发展水平，实现融合发展

1. 课题教研组

分别为美术、戏剧、STEM和户外四个课题组教研团队，以课题研究的方式引领教师形成课程活动中的儿童视角。由课题组教师依次组织教研活动，活动前、中、后分别形成教研方案、教研记录和教研简报，充分锻炼教师组织能力、研究能力、应变能力、总结归纳能力等。

图 3　课题教研组的观摩活动

2. 名师工作坊

分为音乐工作坊和美术工作坊。由擅长音乐和美术教育、有较高专业素养的名师担任坊长，面向所有教师招募成员，教师可以根据自身需求和兴趣爱好自愿参加，坊长带领坊友基于兴趣，聚焦问题，自主研究。

3. 青年教师工作坊

由入职五年以内的教师、助教以及保育员构成。通过青年教师和名师师徒结对、名师日常观课指导、青年教师观摩名师课堂、名师讲坛等方式，鼓励名师发挥专业优势，在一日环节组织、师幼互动、家园沟通等方面为年轻教师提供深入指导。

（二）"三横"——实行以岗分类、定向培养，覆盖全体人员

1. 年级教研组

以年级组为单位的教研组织，所有教师置身其中，由分管行政牵头研究本年级组幼儿的特点、共性问题和适合的课程。根据年级组面临的共性问题和该组教师的发展水平，有计划、有目的地开展教研活动、培训活动、练兵赛课、个别指导，提升教师研究能力。

2. 基础研培组

由保育老师和保健医生构成，聚焦儿童保育护理展开研究，包含保育工作规范、幼儿观察记录、特殊幼儿护理、餐前一课、班级活动协作配合等内容，依托"保育社团"开展日常培训、研究、练兵等活动。

3. 膳食研培组

由后勤食堂人员和保健室医生构成，从幼儿膳食营养量、食材选择，到新菜品研发、食材切配方式、幼儿用餐情况收集汇总、餐具清洗、膳食课程等方面进行精细化膳食管理研究。

三、教研加速：引导教师充分研究儿童

依托"三纵三横"教研机制，我园定期组织形式多样的研究活动，包括观察记录分享、集体备课、课题教研、课程审议、学习故事分享等。

表1　教研活动开展情况

研究活动	开展频率	参与群体	组织形式	组织特点	研究内容
集体备课	每月1次	班长教师	分年级组进行（横向组织）	打破领域界限，包含美术、戏剧、STEM、户外四大特色课程	月初规划班级特色课程
课题教研	每月2次	班长教师	分课题组进行（纵向组织）	打破年龄界限，包含大、中、小三个年龄段	美术、戏剧、STEM和户外现场活动＋集体教研
课程审议	每月2次	全体保教人员	同时囊括课题组、年级组、基础研培组、膳食研培组等（纵横交织）	贯穿三个年龄段，衔接四个课题组，联动保育后勤人员	基础性课程、拓展性课程、大型活动等
观察分享	每月1次	全体教师	分年级组进行（横向组织）	打破课题组界限	儿童观察记录分享
其他形式	工作坊教研、名师教坛、保育社团、厨房练兵等				

我们通过各类常态教研，引导教师观察、记录、识别幼儿，提升对幼儿需求的解读和辨析能力，引领和支持幼儿走向深度学习。

集体备课：每月初，班长教师分年级组围绕本月班级项目活动课程进行规划。各年级组均涵盖了美术、戏剧、STEM及户外四大特色课程，在相同年龄段中涉及不同领域。非班长教师围绕本月园级大型主题进行集中备课，在共性的基础上基于本班幼儿实际情况凸显课程的个性化。

课题教研：每月中，四大课题组以班长轮流主持开展两次现场教研活动，采取"活动＋教研"的形式进行。活动现场可能是高结构的集体教学活动，也有可能是低结构的区域游戏活动。各课题组均包含大、中、小班，在同领域研究中贯穿不同年龄段。

课程审议：在高校专家引领下，聚焦大型主题月活动、幼儿游戏、四大特色课程

等多元内容，反思课程活动、材料、师幼互动等，分析幼儿发展目标的达成情况。引导教师深入理解幼儿经验建构的基本规律与特点，并将此作为课程实施的核心脉络和线索。此过程打破了传统领域与年级的界限，实现了课程内容的横向衔接与纵向贯通，营造了共同研究、资源共享、激发联动的良好氛围，这是一个旨在整合资源、促进各方面协同合作的研究过程。

图 4　每月举行一次集团课程审议

观察记录分享：每月末，围绕幼儿观察记录进行定期交流，针对幼儿表现、教师分析以及支持策略等方面进行解读分享，引导教师关注幼儿，提升研究主体意识。

四、总结反思：凝练教师发展关键经验

一方面，通过系统培养，教师观察和分析幼儿的意识与能力显著提升，并且能够基于幼儿兴趣和需求发起课程活动。另一方面，教师的研究积极性和研究能力明显增强，由此总结出相应经验。

（一）园本教研应坚持全员覆盖、量体裁衣

"三纵"打破了教师年龄界限和发展水平，实现了不同阶段教师的融合发展，"三横"实行以岗分类、定向培养，覆盖了不同岗位人员。"三纵三横"教研机制通过形式多样的活动，让不同需求、不同岗位、不同阶段的保教人员基于不同视角和维度充分研究幼儿，拓展了研究幼儿的广度和深度。

（二）园本教研具有系统性、持续性、阶段性

教师的专业发展并非一蹴而就，而是长期持续的淬炼过程。幼儿园要有明确的目

标导向，细化教师专业发展计划，建构完善的园本教研机制，遵循系统建构、分层推进的原则，为教师搭建主动发展的支点与平台。

（三）园本教研应聚焦实际问题、真实需求，彰显现实意义

针对部分教师缺乏问题意识和支持幼儿发展能力的状况，我园教研机制有目的地帮助教师更好地尊重和支持幼儿，为幼儿提供更为适宜的教育环境、课程资源和学习游戏的方式，彰显了园本教研的现实意义。

（撰稿人：高　翔　严婷婷　胡　露）

构建"五阶四维"学习生态体 加速高品质教师队伍孵化

成都市温江区实验幼儿园

近年来,随着集团化办园趋势的兴起,我园教师队伍面临年轻化、成长断层化等现实挑战。如何加快年轻教师的专业成长步伐,激发青年教师的学习内生动力,并解决资深教师观念与方法滞后的问题,已成为当务之急。在实践中,我园以"五阶"为基点,以"四维"为路径,构建有效的学习生态体。这一体系营造出积极向上、自主乐学、温暖互助的学习氛围,加速了高品质教师队伍的培育。

一、构建"五阶"成长体系,明确个人专业晋升路径

我园建立了"五阶"教师专业成长阶梯。这一阶梯将教师发展分为起步型、进阶型、成熟型、骨干型和名师型五个阶段,并为每个阶段设定了具体的发展目标、要求以及相配套的成长机制。教师通过《五阶教师专业评分标准》进行自我测评定位,明确自身所处层级,并审视与下一层级的差距。例如,我园一位有七年教龄的黄老师,按年限本应进入"成熟型"教师序列,但通过"五阶"量化工具测评,发现她在专业能力、个人发展两方面的测评分值处于中低位水平,因此被定位在"进阶型"行列。针对这一情况,我们为她量身打造了一套详细的成长规划,明确了成长为"成熟型"教师的发展目标、行动计划、时间节点及评价奖励等,并安排年级组长和黄老师的师傅随时监督跟进。最终在第二年的考核中,她顺利晋升为"成熟型"教师。"五阶"阶梯帮助教师快速找准自身定位,为其提供了明确的成长路径,激发了教师对更高层次追求的动机。

二、实施"四维"发展路径,加速教师队伍专业化发展

(一)开设"三专双培"课程,强化教育共性与个性并重

为了确保每位教师都能在复杂多变的教育环境中从容应教,我园设计了"三专双

培"课程体系。这一体系包括"教学能力、专业实践能力、教科研能力"三大专业领域培训，以及"共性培训＋个性培训"相结合的双轨制培训。共性培训涵盖了师德师风、儿童教育理念、园本课程实施等基础内容，确保所有教师都具备良好的职业素养和教学基本功。个性培训则根据教师所处的发展阶段和个性化需求，提供差异化的课程，如领域核心经验、小课题研究、团队管理等，以满足教师的多元化发展需要。

图 1　教师参与全省共同体学术研讨会

（二）创建多元学习空间与社群，深化专业交流与情感联结

我们深知环境对教师成长的重要性，因此特别注重物质与心理环境的双重建设。为了给教师提供一个温馨、宁静的学习与休憩空间，我园打造了书香阁，提供各类教育理论书籍、经典绘本、心理学著作等，让教师们放松身心、交流思想、自主学习、提升自我。

同时，幼儿园还积极组建了多个学习共同体，如领域研修坊、教科研联组、微项目工作坊等。上文中的黄老师，因在科学领域的教学测评分中表现不理想，主动报名参加了由保教组长领衔的科学领域研修坊。她从观摩骨干教师的课堂开始，进而模仿教学，最终勇于与骨干教师进行同课异构的擂台挑战。在这个过程中，领导与同伴给予了黄老师大量支持与帮助，帮她修改教案，共同试课磨课，使黄老师得以汲取众多宝贵的教学方法与经验。在短短一年的时间里，黄老师不仅成功从"四阶"晋升到"三阶"，还在擂台赛中赢得了观摩教师的高度赞誉，并荣获了"学年度进步最佳"奖项。

学习共同体的建立，帮助了像黄老师一样渴望进步的教师们找到了志同道合的伙伴，不同特长与经验的教师在相互学习中取长补短，形成了紧密合作的团队精神。在这样的环境下，年轻教师能快速融入并找到归属感，而资深教师则能在分享中巩固经验，激发新的灵感，实现了教师队伍的共生共长，促进了教育智慧的交流与传承。

图 2 教科研联盟研讨交流

（三）"1＋1＋N"师徒模式，传承智慧与实践创新

为加速教师从教书匠到研究型人才的转变，我园实行了"1＋1＋N"师徒实训模式，即一位经验丰富的骨干教师与一名"成熟型"教师及多名其他层级教师结成师徒关系，通过日常教学、科研活动、学术交流等多种形式的深度互动，形成协同共进的氛围。

图 3 师徒结对仪式

（四）"五阶任务"必达清单，目标导向激发潜能

"五阶任务"必达清单制度是基于五阶教师成长标准而设计的，为处于不同发展阶段的教师设定了具体且可衡量的任务目标。清单助力教师明确自己的专业位置与职责。

教师在《五阶教师积分考核》中获得认可与奖励，从而稳步实现专业晋升。黄老师正是在这一制度的激励下，从"进阶型"教师成功晋升为"成熟型"教师，并持续向名师型教师目标努力。

三、进一步优化体系，共绘高品质教师培育未来蓝图

"五阶四维"学习生态体系实施五年来取得了显著成效。一方面，加速了教师的专业成长，使教师们在清晰的五阶成长体系指引下，普遍实现了两年晋升一阶、三至六年实现重大跨越的发展目标。另一方面，学习氛围得到了明显改善，多元学习空间与社群的建立，促进了群体间形成积极向上、温暖互助的良好氛围，增强了教师的归属感与进取心。此外，教师教育潜能得到了有效激发，精准实施的五阶激励机制不仅激发了教师内在的成长动力，也提供了充分的外在肯定，从而提升了教师队伍的整体教育效能。

展望未来，我园将在两方面继续优化教师学习培育工作：一是强化效果评价与反馈机制。将引入更为精细化的评价体系，包括社会问卷反馈、幼儿谈话反馈、同伴评价等，确保每位教师都能获得及时、全面、客观的评价，为他们的持续成长提供持久动力。二是将增设心理健康支持系统，定期举办心理健康讲座，开设压力管理工作坊，并为教师提供心理咨询服务，给予他们更多的身心关怀与支持。

（撰稿人：彭海霞　罗　丹　徐　文）

"职级制"培养体系 助力新教师快速成长

成都市金沙幼儿园

一、解决的主要问题

随着我园集团园所数量的增多以及教师队伍的扩大，我园现有的教师培养体系逐渐显现出其局限性，具体问题包括：缺乏系统性的新教师培养机制，未能充分关注教师的个体差异，培训内容缺乏针对性，培养方式单一，缺乏实践性和互动性，无法满足当前教师队伍的发展需求。在全面分析全体教师发展现状的基础上，我园构建出一套基于教师发展不同阶段的"职级制"培养体系，根据不同职级序列为教师制订个性化的成长目标，并运用师徒结对等方式，促进教师的专业发展，激发教师队伍的潜能，助力园所实现高质量发展。

二、解决问题的过程与方法

（一）构建"职级制"培养体系，明确教师队伍培养方向

我园积极探索教师在不同成长阶段的培养模式，以教师的专业层级和所在岗位为核心，综合考虑教龄、专业素养、工作成效及获得荣誉等多方面因素，对教师进行考核评价，将教师从低到高划分为新教师、教育能手、教育精英和教育专家四个职级，并针对每个职级设计了相应的培养内容和成果输出要求。通过不断地尝试和调整，逐步形成适合我园教师发展的"职级制"培养体系，为园所的高质量发展提供了有力支撑。

（二）以"职级制"培养体系为引擎，助力新秀教师成长之路

幼儿园教师队伍受人员配备、经费等因素限制，常面临教师产假、长期病事假等问题，导致教师队伍人手不足，同时，新教师往往需要迅速上岗，几乎没有过渡期。面对这一现状，如何破局？如何让新教师快速成长？"职级制"培养体系成了关键

抓手。

在初期阶段，注重夯实基础，促进新教师的职业认同。新教师需要迅速适应教育教学的环境与节奏，并深入了解幼儿的发展需求与特点。为此，我园采取了一系列针对性措施。首先，引导新教师深入参与园所顶层文化与发展规划的学习，帮助他们快速融入园所文化，增强文化认同感。通过深入理解园所的教育理念、发展目标及特色，新教师能更准确地把握并适应园所的教育模式，逐步发挥应有的作用。其次，为提升教育教学水平，我们向新教师推荐了一系列必读书目，如《发展指南》《幼儿园保育操作手册》《幼儿园保教工作一日流程》等。同时，要求新教师严格按照规范进行备课，确保日常教学活动的组织符合《幼儿园保教工作一日流程》要求。此外，为新教师匹配结对导师，新教师需要在导师指导下撰写高质量的教育反思、游戏观察记录等，并积极参与园本教研观摩活动。

在中期阶段，鼓励新教师深入研读与实践，促进专业素养的提升。此阶段的新教师应积极投身于课题研究与教学实践之中，不断锤炼自己的教学技艺。

图 1　新教师参与区级小课题结题答辩

作为新教师，应当充分利用空余时间，深入研读各类专业书籍和优秀教学案例，同时积极参与教研活动以及园级公开课的展示。在日常工作中，新教师应协助班主任制订班级主题计划、月计划和周计划，并确保每学期至少完成一次园级以上的示范课、公开课或专题讲座。同时，园所层面也将为中期发展阶段的新教师提供必要的帮助，如精心策划半日观摩活动，聚焦教学实践，让新教师在实际教学中不断锤炼和提升自己。此外，向日葵中心组作为园所的核心骨干力量，将为新教师提供丰富的资源支持和专业的指导，助力他们迅速成长，并打造出更多的精品课程与案例。除此之外，我们还组织内部评审活动，对新教师的教学成果进行评选，并择优推荐给外部机构或平台，让新教师的教育教学成果获得更广泛的认可与展示机会，从而进一步激发他们的教学热情和创造力。

图 2　新教师参加区级教师技能大赛

着眼长期发展，积累成果，促进职级晋升。在长期发展规划中，教师们不仅致力于独立肩负教学重任，更在科研领域力求卓越，以期取得显著成就。为此，我们通过园级教研活动，引导教师深入研读《评估指南》和《学前儿童学习与发展 PCK 核心经验》，鼓励他们从中汲取教育智慧，提升专业素养。同时，我们要求新教师撰写具有典型行为表现的幼儿游戏案例，以锻炼他们的教学实践能力和观察力。

同时，积极鼓励新教师申报区级及以上公开课展示，并为其搭建展示教学风采的平台，助力他们提升教学自信。定期开展年级教研活动，让教师们分享教学经验，相互学习，共同进步。在学术研究方面，推动新教师独立完成班级主题活动计划，撰写论文或教育经验总结，以提升学术素养和教育教学能力。

三、问题解决成效与反思

通过"职级制"培养体系的实施，我园新教师取得了显著的成果：荣获区级及以上荣誉十余人次，在多种权威教育期刊上发表论文三十余篇。这些成绩充分展示了教师们在教育教学领域的卓越表现和持续进步，也为他们实现职级的晋升奠定了坚实的基础。

然而，由于"职级制"培养体系仍处于初探阶段，我们在考虑教师不同发展阶段的心理需求与专业知识技能发展水平等方面还有待完善。因此，在下一步的实施中，我园将继续优化教师层级划分，同时融入多种教师培养方式，并在培养内容的设定上既注重专业知识与技能的提升，也关注教师心理健康，更全面地促进教师的专业成长，助力幼儿园实现高质量发展。

（撰稿人：张启弘 魏秀秀 徐 婷）

第四节　激励机制：乐教爱生，点燃教育热情

➤ 理论指引

国之兴，必贵师而重傅。新修订的《中华人民共和国教师法》明确规定了对教师的奖励和表彰制度，通过授予荣誉称号、颁发奖章和证书等方式，对在教育事业中做出突出贡献的教师进行表彰和奖励。2018年发布的《中共中央 国务院关于学前教育深化改革规范发展的若干意见》强调，要完善学前教育教师的待遇保障机制，提高教师的工资待遇，确保教师队伍的稳定和发展。2018年下发的《教师教育振兴行动计划（2018—2022年）》指出，要为学前教育教师提供更多的培训和进修机会，支持他们提升专业素养，拓宽职业发展通道。2018年发布的《中共中央 国务院关于全面深化新时代教师队伍建设改革的意见》明确提出，要不断提高教师地位待遇，真正让教师成为令人羡慕的职业。通过设立专项奖励基金、"全国优秀教师""全国教书育人楷模"等评选表彰活动。并对在学前教育中表现出色、有突出贡献的教师进行表彰和奖励。

国家层面对幼儿园教师队伍的稳定与和谐发展提出了明确要求，并指明了发展方向，强调幼儿园应充分利用教师激励机制，以推动学前教育质量向高品质发展迈进。国家出台的一系列关于教师激励机制的政策文件，为学前教育事业的优质提升注入了强大动力。法国艺术家罗丹说："工作就是人生的价值，人生的欢乐，也是幸福之所在。"关注幼儿教师的职业获得感、幸福感，充分点燃教师的教育热情，让幼儿教师能坚守初心，去做点亮幼儿人生之灯的引路人，让幼儿拥有幸福的童年，是幼儿园工作的核心关键所在。

表1　《评估指南》激励机制考查要点

重点内容	关键指标	考查要点
A5.教师队伍	B15.激励机制	1. 树立正确激励导向，突出日常保育教育实践成效，克服唯课题、唯论文等倾向，注重通过表彰奖励、薪酬待遇、职称评定、岗位晋升、专业支持等多种方式，激励教师爱岗敬业、潜心育人 2. 善于倾听、理解教职工的所思所做，发现和肯定每一名教职工的闪光点和成长进步，教职工能够感受到来自园长和同事的关心与支持，有归属感和幸福感

一、正向激励弘道追求，提振教师队伍发展活力

泰戈尔曾说："不是槌的打击，乃是水的载歌载舞，使鹅卵石臻于完美。"每个生命都应该在充满爱意和真诚的氛围里受到教化，茁壮成长。幸福的教师孕育幸福的孩子。幸福的教师需要在充满爱、和谐的团队氛围里生长。为此，幼儿园教师队伍建设迫切需要建立有效的激励机制，以更加科学有效的教师激励机制促进学前教育事业优质提升，去撬动、激发教师的工作热情和创新意识，让教师成为沐浴爱、传播爱的使者，去摇动、唤醒另一个灵魂。例如通过设立奖惩制度、完善晋升机制、提升薪酬待遇、加强培训和发展等多种方式，激发教师的工作热情和创造力，提高他们的专业素养和教学水平，增强幼儿园教师的团队凝聚力和幸福感，从而为教师终身践履育人本职提供内生动力和重要引擎。[①]

（一）建立健全激励制度

幼儿园建立健全激励制度有利于提升教师工作的积极性，对于提升幼儿园保教质量至关重要。如何建立健全幼儿园激励制度呢？

首先，物质激励与精神激励并重。在物质方面，可以设立绩效奖金制度，根据教师的教学成果、班级管理情况、家长满意度等指标进行综合评估，给予相应的奖金奖励。同时，提供良好的工作环境和教学设备，满足教师的基本工作需求。在精神激励上，设立"优秀教师""最佳创意教学奖""最具爱心教师奖"等荣誉，定期进行评选和表彰，通过园内公告、家长会等形式进行宣传，增强教师的荣誉感和成就感。

其次，注重职业发展激励。为教师提供丰富的培训和学习机会，包括参加专业研讨会、进修课程、观摩优秀教学活动等。建立教师晋升机制，明确各级教师的职责和晋升条件，让教师有清晰的职业发展目标和路径。

---

① 房阳洋. 幼儿园教师"评价与激励"能力及其发展研究[D]. 北京：北京大学博士学位论文. 2018.

再者，实施个性化激励。了解每位教师的不同需求和兴趣，给予不同的展示平台。对于有研究兴趣的教师，支持他们开展课题研究；对于擅长组织活动的教师，给予他们更多策划园内活动的机会。同时，关注教师的生活需求，在合理范围内提供一定的生活帮助和关怀，让教师感受到幼儿园的温暖。

最后，鼓励教师参与激励制度的制订和完善。通过座谈会、问卷调查等方式，广泛听取教师的意见和建议，使激励制度更贴合教师的实际需求，提高教师对制度的认同感和执行度。

总之，建立健全的激励制度需要综合考虑多方面因素，充分调动教师的积极性和主动性，为幼儿园的发展注入源源不断的动力。

（二）用好多样激励手段

幼儿园建立健全激励制度对于提升教师工作积极性、提高教育质量以及促进幼儿园的良好发展具有至关重要的意义。幼儿园可以采取多元化的激励方式，满足不同教师的需求，提高激励机制的灵活性和针对性，激发教师更多的工作动力和创新意识。

提高薪资待遇：这是最直接的激励方式。增加教师的薪资待遇，可以让教师感到自己的工作价值得到了认可，从而更加努力地工作。

提供职业发展机会：园所可以为教师提供职业发展的机会，如培训、学习、晋升等，让教师感到自己的职业发展前景广阔，从而更加有动力去工作。

建立良好的工作环境：包括舒适的办公场所、先进的教学设备、充足的教学资源等，让教师感到自己的工作环境舒适、便利，从而更加愿意投入工作。

给予教学自主权：园所可以给予教师一定的教学自主权，如让教师自由选择教学方法、课程内容等，让教师感到自己的工作受到重视。

给予肯定和表扬：通过授予荣誉称号、颁发奖状、公开表扬等方式，让教师感到自己的工作得到了认可和赞赏，从而更加有信心和动力去工作。

实施教师专业发展阶梯工程：通过培养园级、区级、市级青年教师"希望之星"、学科带头人、教学能手及培养区级、市级、省级骨干教师、学科名师、特级教师等方式，让每位教师在专业发展的不同阶段都能看到清晰的目标和愿景，进而激励其为实现目标而持续努力进取。

深化改革师徒结对的管理与评价体系：如通过捆绑式评价，真正实现师徒共同进步，激发他们的共进凝聚力。

组建由任教满三十年的骨干教师组成的园所功勋教师团队：为其颁发礼遇证书，

让团队教师在园内享受特殊的礼遇，有效地激发老教师的自豪感与使命感。

这些激励方式都可以有效地提高教师的工作积极性，满足教师的多种需求、多元需求和多层次需求，从而最大化产生激励效果和价值。当然，还有更多幼儿园的教师激励方式。幼儿园应该着力打造团结、和谐的教师团队，促进师生之间的良好关系，提升教学效果和教育质量。

（三）公平公正激励实施

每一位教师都渴望得到公平公正的待遇，幼儿园的激励机制应该让每一位教师得到同等的机会，在公平公正的评价中凸显自我价值，这样可以更好地激发教师的工作热情和创新精神，提高教学质量和教育水平，为幼儿园的发展注入新的活力和动力。

首先，监测评估是激励机制公平公正且有效实施的重要保障。幼儿园管理者应设立专门的评估机构或委员会，对激励机制的执行情况进行定期检查和评估。这包括监测激励项目的执行情况、评估激励效果的达成情况以及收集教师的反馈意见等。通过监测评估，管理者可以及时发现问题和不足，及时进行调整和改进，确保激励机制的顺利实施和预期效果的实现。只有确保激励机制有效落地并产生预期效果，才能为幼儿园教师队伍的建设和发展奠定坚实的基础。

其次，激励机制的实施还需要建立科学、公平的评价体系，确保评价标准明确、公正，激励措施具体可操作。幼儿园管理者可以借助先进的信息技术手段，建立起庞大的数据系统，对教师的工作表现和绩效进行量化分析，及时发现问题，明确改进方向。

最后，管理者还应该不断优化激励机制，根据教师的实际情况和需求，调整奖惩措施和激励方式，使之更符合教师的期望和潜能。

（四）正确对待激励评估

正确对待激励要把握好一般性原则：（1）激励要因人而异。由于教师的需求不同，所以相同的激励政策起到的激励作用也会不尽相同。（2）奖励适度。奖励和惩罚不适度都会影响效果，同时会增加激励成本。（3）公平公正、奖罚分明。任何不公平的待遇都会影响教师的工作效率和工作情绪。（4）物质激励与精神激励相结合。（5）正激励和负激励相结合。要灵活地掌握好激励方法，充分考虑到教师的个体差异和需求，为其提供更精准的激励方向和引导，为教师提供更广阔的发展空间和更多的成长机会。

从教师队伍建设的改善情况来看，激励机制的实施起到了积极的作用。但是，我们需要客观地看待激励机制的实际影响。激励机制的实施需要精心设计和对合理激励力度的掌控，过高或者不当的激励反而可能造成教师的压力增加，甚至产生教师之间的不公平感和破坏性竞争关系。因此，在实施激励机制的过程中，园所管理者需要及时进行监测和调整，确保激励机制的有效性和可持续性。

二、人文关怀以爱育爱，提升教师职业幸福感

教育是爱的事业，教师是爱的使者，没有爱就没有教育。习近平总书记在给全国优秀教师的信中指出，"乐教爱生、甘于奉献的仁爱之心"是对教师之爱的深刻诠释。乐教爱生，甘于奉献，永葆仁爱之心，立德树人，为国育才，为党育人，这是时代赋予教师的使命。当每一位教师以乐教为己任，将教学视为一种享受和追求时，他会用无私的爱和深切的关怀去呵护孩子的心灵，尊重孩子的个性和发展需求，激发孩子的学习兴趣和潜能，以无私的爱心和耐心引导孩子健康快乐地成长，这就是教育永恒的价值追求。

教育是对生命高度的觉醒，爱是教育的灵魂。教育家于漪老师指出，师爱的最高境界就是仁爱。仁爱是一种博大而深邃的情怀，是中华民族道德的象征。仁爱的教育温润仁爱的社会，仁爱的社会滋养仁爱的教育。而师者，便是这仁爱之源，是强国建设的精神支柱和理想之魂。只有老师有爱，他们才会更好地去爱。教师激励机制不应仅仅是一种管理手段，更应是一种教育理念与人文关怀的体现。园所应着眼于教师的专业成长与职业发展，通过提供丰富的教学资源、良好的工作环境以及持续的专业培训来激发教师的教学热情与创新精神。教师要真心认同教育事业是有价值的工作，是有生命力的工作，并投身于它，相信它能够带来生命的满足感。陶行知说："先生之最大快乐，是创造出值得崇拜的学生。"一名心中有爱、眼里有光的教师能从工作中体会到价值和获得满足，从而持续践行教书育人的使命。所以，让教师有充分的专业自信是获得成就感、幸福感的关键和核心，这就需要幼儿园为教师专业发展搭建平台，不断提升其专业知识和专业技能，帮助其建立专业自信。教师只有在教学实践中得到理想目标和理想实现的精神满足，在追求理想与目标的过程中得到了愉悦感受，体验到最美的情感，才会尽情投入去呵护每一个生命的健康成长，让幼儿园焕发生机，让教育实现最终目标。[①] 那么，怎样才能让教师有职业幸福感呢？

（一）营造良好工作氛围

首先，幼儿园要坚持以人为本的管理理念，致力于营造和谐、积极、向上的工作

---

① 叶澜. 学校文化的关键：唤醒教师内在的创造激情[J]. 教书育人，2008（03）：35.

氛围。通过优化工作环境、完善管理制度、加强团队建设等措施，为教师提供一个宽松、愉悦的工作环境。一个良好的工作环境可以提高教师的工作效率和幸福感，从而更好地服务于幼儿园的发展。提供宽敞明亮的办公场所、先进完善的教学设施、舒适愉悦的工作氛围，给予教师足够的尊重和支持，让他们感受到自己的价值和重要性，能够让教师更加专注地投入到教育教学工作中，充分释放他们的潜能，实现个人价值和团队目标的完美结合。

其次，幼儿园要建立科学、规范的管理制度，明确各项工作的职责和流程。注重民主管理，鼓励教师参与园所决策，充分发挥教师的积极性和创造性。同时，还要加强对教师工作的考核和评价，确保教师工作的质量和效率。

最后，幼儿园要注重团队精神的培养，定期组织各种形式的团队建设活动，如户外拓展、文艺演出等，增进教师之间的友谊和信任。建立教师互助机制，鼓励教师之间互相帮助、共同进步，形成一支团结、协作、高效的教师团队。

（二）给予充分人文关怀

教育的本质不仅是知识的传递、智慧的启迪，更是品德的涵养、心灵的塑造，而被爱润泽的教师才能用爱培育爱、激发爱、传播爱，润泽孩子的心田。幼儿园应通过关注教师生活、关心教师成长、尊重教师人格等措施，提升教师的职业幸福感和归属感。关心每一位教师的生活状况，积极为教师排忧解难。建立教师健康档案，定期组织教师进行体检和举办健康讲座，确保教师的身心健康。同时，还要关注教师的家庭情况，对家庭困难的教师给予适当的帮助和支持。

幼儿园应尊重每一位教师的人格尊严和个性差异，鼓励教师发挥个人特长和优势。注重听取教师的意见和建议，对教师的合理诉求给予积极回应和满足。同时，运用公正、公平的激励机制，对表现优秀的教师给予表彰和奖励，激发教师的工作热情和积极性。比如，绵阳市科技城新区园艺东街幼儿园创新"2＋3＋N"教师激励机制，通过抓牢两个方向，激发教师幸福感；落实三项行动，提升教师文化认同感；打造 N 个团队，增强专业获得感的新教师成长路径探索，让我们看到新教师快乐成长的生命样态。

（三）提供专业发展平台

建立完善的教师培训体系，包括入职培训、在职培训、专项培训等多个层次，针对不同层次和需求的教师制订相应的培训计划，确保每位教师都能得到适合自己的培训和发展机会。同时，还要注重培训内容的实用性和前瞻性，确保教师能够学到最新的教育理念和教学方法。

积极搭建多元的交流平台，为教师提供与其他同行交流学习的机会，定期组织教师参加各类教育研讨会、教学观摩等活动，让教师能够了解最新的教育动态和教学改革成果。同时，通过建立教师微信群、QQ 群等线上交流平台，方便教师随时随地进行交流和分享。

鼓励教师参与课题研究，通过课题研究提升教师的科研能力和专业素养，为教师提供课题申报、研究指导、成果发表等方面的支持和帮助，确保教师能够顺利开展课题研究。同时，注重课题研究的实际应用价值，确保研究成果能够真正服务于教学实践。

教师强则教育强，教育强则国强。幼儿园应坚持以教师的职业幸福为本，让幼儿教师成为跟随光、成为光、散发光的人，去温暖孩子的心灵，成为孩子们成长路上的引路人。

内外多元激励 助力教师螺旋式成长

成都市武侯区第二十八幼儿园

一、解决的主要问题

近年来，随着新生儿出生率逐年下降，幼儿教师面临着职业前景的不确定性。他们应如何规划自己的职业发展？在幼教行业中如何找到幸福感？教师评价机制能否从重视结果转变为重视过程？通过与教师进行座谈交流和问卷调查，我们发现部分教师在个人成长上存在诸多困惑。针对当前教师队伍发展的困惑及建议，我园结合园所的"爱·美"文化体系，制订了一系列"内部驱动＋外部平台"的激励举措，旨在推动教师实现螺旋式成长，建设一支既温和又坚定、既有趣又有智慧的高素质教师队伍。

二、解决问题的过程与方法

在"两自一包"灵活管理体制的背景下，我园坚持以"人的发展为中心"，并遵循发展性、适宜性和公平性原则，聚焦"多劳多得、优劳优得"的目标，创新实践了内部驱动的教师队伍发展系列激励机制，如岗位竞聘制和项目管理制。同时，采用教师数字画像作为客观呈现教师发展过程的有效手段，并借助国家、省、市、区的外部平台，形成了内外联动的多元激励举措。

（一）活用激励机制，驱动成长动力

我园岗位竞聘制强调公平竞争与择优录用，旨在提升园所的整体效能，促进教师的个人发展。鼓励教师根据自身能力、兴趣及职业规划，积极参与岗位竞聘，通过展示自己的专业技能、工作成绩及发展潜力，争取获得更适合自己的岗位。在实施岗位竞聘制时，园所明确各岗位的职责、要求及考核标准，确保竞聘过程公开、公正与透明。教师按照规定流程提交竞聘申请，接受资格审核、竞聘考核及综合评价等多个环节的评估。

我园蒋老师，在竞聘机制的驱动下，积极争取学习交流的机会。先后前往成都市武侯区教育科学发展研究院、西北师范大学以及浙江的名优幼儿园进行挂职、学习和交流，并将所学到的知识应用于教学实践中。从一线教师起步，蒋老师逐步成长为"武侯区学科带头人"。在集团岗位竞聘中，蒋老师成功竞聘为集团教育教学部的负责人，肩负起四个园区的教学质量发展重任，并协助总园园区负责人全面落实园区各项工作。她先后负责和主要参与了十余个省、市、区级课题研究，并屡获佳绩。她的文章《有趣的材料，让数学玩出来——基于大班幼儿数学核心经验的区域材料投放》和《走向适宜的博物馆综合实践课程——幼儿园里的博物馆，博物馆里的幼儿园》分别在国家级和地市级刊物上发表。此外，蒋老师还独立组织并开展了区域新教师培训项目，覆盖受训教师近千人，为园内和区域内的教师共同成长提供了有力的引领和支持。

（二）全岗全员参与，激发协同创新力

我园面向全体教师实施了项目管理制，该制度基于教师的兴趣、爱好和特长进行立项，公开发布项目信息，并招募志同道合的教师组成项目团队。团队内部通过经验分享、合作探究等方式，促进成员之间的沟通与协作。团队成员共享资源，从而形成了丰富的资源链。项目管理制的实施，不仅成功挖掘并培养了一批具备各类特长和卓越专业水准的教师，还涌现出了众多优秀团体。例如，"爱美合唱团"成功登陆天府云端国际音乐厅进行展演，"啦啦操"工作坊带领幼儿荣获四川省一等奖，而"悦读会"团队则从最初的 14 名成员发展到如今的 41 人，覆盖了集团的 4 个园区，甚至吸引了区内外其他园教师的加入。他们共读书籍 42 本，记录下了 50 余万字、5000 多条的打卡日记，200 余条读书音频，以及几千字的精彩语句手写摘抄。此外，"悦读会"还拥有专属 LOGO 及公众号宣传平台。他们的故事"悦读会，发现阅读的力量"在武侯区书香校园叙事评选中荣获一等奖，并作为全国唯一的学前代表，在江苏海门进行了分享交流。

当被问及职业的幸福感在哪里时，我园的老师们会坚定地回答：幸福感就在那些能够取长补短、汲取同伴智慧，不断突破自我、成就自我的项目活动中！

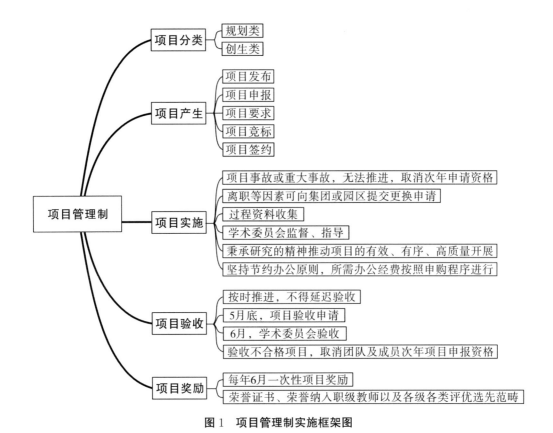

图1　项目管理制实施框架图

（三）数字画像牵引，实施精准评价

对于职业规划不清晰的问题，教师数字画像便是最好的解决工具。为了更好地支持教师的专业成长，我园充分发挥了教师数字画像的数据优势。通过平台采集教师的个人发展愿景和成长档案，结合教师对幼儿的观察记录、保教水平发展态势等信息，利用大数据分析和可视化技术，为管理者和教师提供了直观、全面的教师个体和群体画像。这些画像直观地呈现了教师的结构和发展态势，如教学能手型教师、活动策划型教师、科研中坚型教师、管理组织型教师等，每位教师都能清晰地了解自己的短板、特长和未来发展方向。这也为管理层对教师的分层分类培养和自主发展提供了客观数据支持。例如，一名有着近10年教龄的班长教师，通过数字画像大数据分析被识别为潜在的教学能手型教师。于是，平台为其个性化地推送了学习资源，强化了理论学习，并引导其针对班级环创、集教活动、区角活动、晨间活动等进行细致打磨，从而强化了其优势发展。该教师所形成的"玩转书包柜"幼儿晨间活动案例，不仅促进了师幼的共生共长，还在全园得到了好评，并在国家级平台上进行了直播分享。

通过内外多元激励机制的建立、实施、评估与运用，我园教师队伍现已展现出螺旋式上升的发展态势。截至目前，已有 27 人次荣获区级及以上名师优师的荣誉称号，5 位优秀教师被推荐至区教育局、区教科院进行上挂锻炼，同时有 15 位优秀教师成功竞聘为副园长、园长助理、中层干部以及年级组长。这一系列成就极大地满足了教师的幸福感、获得感和成就感，也促使他们的教育观、儿童观和课程观发生了深刻变化，更加深刻地理解和尊重了教育教学的本质。这一变化不仅有助于提升教育教学质量，还促进了幼儿的全面发展和个性成长。激励机制的成功实施，也让我们有了更深刻的认识。

1. 科学有效的激励机制至关重要

幼儿园必须根据新时代教师队伍的发展要求，不断完善和优化激励机制，为教师提供广阔的成长空间和平台。这样做可以促进教师之间的良性竞争与协作共赢，激发教师的工作热情和创新能力，进而挖掘和培育一批教育家型的教师队伍。

2. 教师发展的核心地位不可动摇

教师是高质量教育发展的中坚力量。幼儿园必须将教师的发展放在首位，通过实施一系列激励措施，激发教师的成长动力，帮助教师明确职业发展规划，不断提升他们的专业素养。

3. 教师成长的评价方式需创新且适宜

幼儿园应充分利用现代科技手段，打破传统教师成长评价方式中轻过程、轻数据、轻实证的局面。要努力破除"唯文凭、唯职称、唯论文"的顽固弊端，创新教师发展评价体系。通过将数字技术与整体评价紧密结合，为教师进行全员、全过程、全方位的综合素质画像，从而为教师的分层分类及精准施培提供科学的决策依据。

（撰稿人：徐　颖　何　平　牛　充）

多措并举 激励新教师快乐成长

绵阳科技城新区园艺东街实验幼儿园

一、解决的主要问题

2020 年 11 月，在国家学前教育"80·50"攻坚计划的推动下，我园正式开园。面对大量拥有不同的文凭层次和工作经历的新教师的入职，如何帮助他们快速成长，使他们能够认同、适应并胜任新的工作岗位，成为亟待解决的问题。为此，我园紧密围绕园所的"快乐教育"办园理念，将教师队伍建设目标定位为"激发新教师活力，致力于打造一支既有职业幸福感又有文化认同感，同时具备专业获得感的快乐教师队伍"。

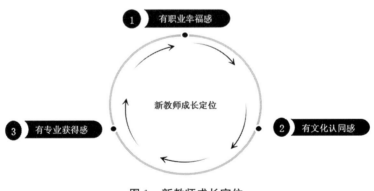

图 1 新教师成长定位

二、多措并举，实施"2＋3＋N"新教师成长激励机制

我园依托"2＋3＋N"新教师成长激励机制，抓牢两个方向，落实三项行动，打造 N 个团队，创新新教师培养路径，使新教师的成长有目的、有方向、有办法。

（一）抓牢两个方向，激发职业幸福感

职业幸福感是新教师成长的精神源泉，只有当工作能够带给教师快乐、幸福时，才能让其主动、自发地成长。

一是关注情感需求，让教师感受爱的力量。我们把有爱的人文关怀作为提升教师职业幸福感的法宝，关心他们的工作与生活，满足他们的情感需求：教师及家属生病住院的病房里，有大家关心的身影；隔离在家时，有幼儿园送来的生活物资。

二是保障薪资待遇，激发教师工作热情。我们在保证基本的工资待遇基础上，一方面不断改进绩效工资方案，按照定性与定量结合、激励与约束并重、效率与公平兼顾的原则，让一线教师的待遇增长"看得见"；另一方面优化激励机制，打破平均主义，实行多劳多得、优绩优酬制度，以此激活教师内生活力。

（二）落实三项行动，提升文化认同感

文化认同感是新教师成长的文化基石。我们发现，对园所文化的认同有助于新教师对幼儿园产生归属感、责任感，从而形成他们成长的强大动力。

一是关注人文文化，重视历史传承。定期开展幼儿园办学思想、园史学习活动，帮助教师熟悉园训、园歌等；通过园庆纪念日、园庆专栏等形式，引导教师感知园所文化。新园刚开园，随处可见大家忙碌的身影。夜里，忙碌了一天的王老师踏出了办公室大门，迎接他的是一张张灿烂笑颜，还有温暖的生日歌。在年终总结会上，王老师分享道："都那么忙、那么晚了，园长和同事们还记得我的生日。午夜一点，一个蛋糕，一群人，是我最感动、最难忘的记忆！"教师之间既是同事，也是家人，这样温暖的文化浸润，为教师成长指明了方向。

二是打造环境文化，营造良好氛围。在园内为教师创设了相对独立的办公空间，提供了功能齐全的办公设备，打造了集学习、工作、休闲为一体的教师资源中心。同时，定期开展"美食鉴赏""插花培训""礼仪培训"等体验式活动来"保鲜"教师的心态，营造正向积极、轻松快乐的工作氛围。

三是优化管理文化，坚持以人为本。在制度先行的前提下，我们充分尊重教师这一主体，实实在在做有温度的管理。除建立民主管理制度、实行园务公开、让教师参与园所决策等，我们还举办教职工代表大会、职工谈心会倾听教师心声，增强教师参与感与认同感。

（三）打造 N 个团队，增强专业获得感

专业获得感是新教师成长的重要驱动力。建设专业自觉的教师队伍，引导教师高度认同自身职业，在自我教育、自我实现、自主发展中成为快乐教育人。

1. 建学习型团队

让终身学习理念入脑入心。我们组建了不同岗位、不同年龄的学习小组，多形式、

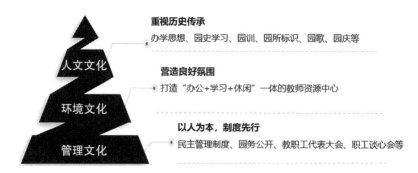

图2 提升文化认同感三项行动

多渠道开展学习活动，如新教师亮相课、教师技能大赛、青年教师沙龙、后勤岗位练兵、瑜伽锻炼等，满足不同群体多元化学习需求。在一月一次的新教师讲坛中，刘老师有感而发道："作为一名新教师，我没想到会有机会在大家面前分享工作中的思与行。感谢幼儿园给予的机会，让我收获满满的专业成就感！"

2. 建研修型团队

结合实践中遇到的共性典型话题，以问题为导向开展教研，建立"四个一"内培研修模式，固化"自主申报—问题共研—总结提升"的研培链。或轮流主持研讨活动，或共读游戏理论书籍，或通过讲故事分享游戏发现，或走进现场研究材料和活动，多元化研修活动解决了新园建设、师幼发展的很多共性和典型问题。

图3 游戏材料研讨体验活动

3. 建专项型团队

注重引导教师悦纳自我，秉持"看见每一个老师的长处"的理念，按教师特长组建专项工作小组，按教师的特长外出送培，让所有教师都有机会亮相展示，使其在团队中的价值更加凸显。如支持擅长手工的老师开工作坊，邀请保洁老师做物品消毒培训，让安保人员参与儿童警察社团的带教。

三、总结反思，凝练新教师成长经验

"2＋3＋N"激励机制的实践探索促进了新教师的成长，证明以激励机制为依托的新教师成长路径是可行的。

新教师自主成长意识的激发使他们对自己的专业发展有了更高的要求，如对自己教育行为的主动反思和调整，对教育问题提出周全而有效的解决策略等。新教师在这一过程中养成的学习反思、执着专注的品质又不断地促进其自主发展。

新教师专业能力得到提升。成长团队围绕教育实践中的实际问题开展教研活动，让新教师在无止境地发现和解决教育问题的过程中逐渐形成实践智慧，从"不知"到"知"，再到"知行合一"。

新教师成长文化初步构建。形成了积极向上的教师成长文化，并渗透于各个领域，如轻松、温馨的环境文化，积极、向上的人文文化，公平公正的制度文化，形成文化引领、激扬生命的积极生长景象。"爱每一个教师，看到每一个教师的长处"，尊重他们、肯定他们、鼓励他们，努力让快乐成为教师成长的生命样态，从而实现快乐的传递，助力每一个孩子健康快乐成长。

（撰稿人：何　芳　易传凤　邵　莉）

反思展望

　　康有为说过，"师道既尊，学风自善""敬教劝学，建国之大本；兴贤育才，为政之先务"。教师队伍作为育人过程的中坚力量，对全面推进教育强国建设、提升幼儿园办园品质、促进幼儿全面和谐发展具有不可替代的核心作用。通过政策指引、实践探索，我们形成以下反思。

　　第一，幼儿园教师信念道德教育必须抓实。政治信仰关乎立根，道德情操指向立德。作为中国特色社会主义教育事业的从业者，应该毫不动摇地坚持社会主义办学方向，坚持贯彻党的教育方针，坚守为党育人、为国育才的使命担当。教师历来肩负着培养社会主义建设者和接班人的光荣使命，拥有高尚的道德情操是成为教师的重要基础和必要条件。因此，在幼儿园教师队伍建设过程中，不仅要抓牢教育教学能力，还应抓实幼儿教师的思想政治素质、师德师风水平建设。

　　第二，幼儿园教师专业素养提升迫在眉睫。当下幼儿园教师队伍普遍存在结构失衡、管理失序、质量失准的现状。幼儿园教师老中青的年龄结构明显失衡，缺乏中坚骨干、名师型教师引领；集团管理的模式推广，诞生出了一大批新开办的分园，随之而来的就是管理的失序，各岗位工作职责、工作流程不清晰等问题；虽然大量全日制本科幼儿教师踏上了工作岗位，但学历显著提高的同时新教师的工作经验明显匮乏，职前教育实践的机会不足，导致新教师专业素养尤其在家园沟通、师幼互动、游戏观察等方面存在短板。

　　第三，幼儿园教师人文关怀举措亟待提升。爱是教育的灵魂，没有爱就没有教育。当前幼儿教师仍面临着诸多困难，不管是社会、教育主管部门还是幼儿园，都应该加强对教师的人文关怀，真正让每一位幼儿教师能够静心教书、潜心育人。

追求品质建设 育新时代好儿童

近年来，四川教育发展的一个鲜明特点是通过教育科研来探索教育发展规律。自2018年起，依托四川省重大课题"高品质学校建设的探索与实践研究"，我们二十所子课题幼儿园，围绕办园的七个方面展开了"高品质学校建设"的实践研究，形成并出版了专著《走向高品质学校·幼儿园卷》，该书受到了广泛关注与好评，并被评为2020年度"四川好书"。2021年课题结题并荣获了四川省基础教育教学成果特等奖。之后，大家并未停滞不前，而是以新的省级重点课题"新时代高品质学校建设成果的深化和推广研究"为载体，在课题负责人、四川省教师发展中心副主任崔勇同志的带领下，对高品质幼儿园建设的理论与实践问题进行了持续探索。

本书是继"走向高品质幼儿园"之后的第二部曲——《走近高品质幼儿园》，重点在于"走近"。"走近"意味着趋近、逼近，是一个不断缩短距离的过程。我们主张"任何一所幼儿园都可以建成高品质幼儿园"。如果说《走向高品质学校·幼儿园卷》是四川学前教育开启新时代征程的理想愿景与发展蓝图，那么《走近高品质幼儿园》则展示了一大批幼儿园在推进改革过程中所提交的行动答卷和展现的生长图景，我们的研究重心也从幼儿园改革发展的顶层设计逐渐走深走细，更加强调品质的提升与可持续发展。

作为课题负责学前阶段的主研人员，自2023年3月课题开题以来，我带着一大批有思想、有情怀的幼教同人进行创新实践。首先，我们确立了以绵阳市花园实验幼儿园为基础的核心研究团队，牵头组织全省学前学段三十个子课题单位，带领教育部"双名计划"何云竹名园长工作室的一百九十一名川渝成员园长，并带动了绵阳市花园实验幼儿园"四川云教"的一百七十六所联盟幼儿园，集合多方力量共同开展了高品质幼儿园成果运用与推广实践研究。同时，我们与教育部"双名计划"赵旭莹名园长工作室进行联动，构建协同研究机制，展开了京、川、渝三地幼儿园的共研共建共享活动。此外，我们还对标《评估指南》，积极开发了基于《评估指南》的幼儿园一日活动手册，探索了幼儿园一日活动质量提升的实践范例。通过研究，我们进一步认识到，高品质幼儿园建设的实质是构建更高水平的育人体系，落实立德树人根本任务。高品质说到底就是立德树人的高质量、育人的高质量、人发展的高质量。唯有以改革追求进步，以内涵引领发展，我们才能担负起培养能担当民族复兴大任的时代新人的时代使命。

积力之所举，则无不胜也。2023 年 6 月，我们在绵阳市花园实验幼儿园举办了课题阶段成果交流会。本着"人人要亮剑，人人敢亮剑、人人会亮剑"的研究态度，三十个子课题单位做了全面细致的阶段成果汇报，呈现出三个特点：驱动性成长、过程性引导、结果性共生。每一个研究都是采取任务驱动，带着目的和任务出发，紧紧围绕一个中心任务，在问题动机的驱动下，进行自主探索和互动协作的学习，并将学习研究成果运用到实践活动中，推动幼儿园改革创新。每一次学习都有专家全过程引导，带着问题和解决方案而来，紧紧围绕一个核心话题，在目标动机的激励下，专家全过程服务、全过程把关，逐一"号脉"，科学指导，筑牢了稿件质量生命线。每一场活动都精彩纷呈，成员带着思考和收获而去，紧紧围绕一个重点问题，在发展策略的确立中，立己达人，努力做到与改革同步、与发展同行。在共同努力和作用下，大家通过园本行动、区域推动、全国推广等路径，积极寻求更深层次的学理支撑和更普适性的实践策略，引发了更多幼儿园参与改革实践，汇聚了一大批幼儿园内涵发展的经验，进一步明晰了高品质幼儿园的画像：关注教育过程，抓住质量核心，科学实施保教工作。

众智之所为，则无不成也。2024 年年初，本书开始编写。在总课题组的指导下，我们共同完成了全书主题确定、框架设计和内容撰写培训，由绵阳市花园实验幼儿园推进全书的编写、统稿等工作。我们成立了包括子课题研究领衔园、"双名计划"何云竹名园长工作室成员单位在内的核心编写团队，吸引了子课题研究园、工作室成员幼儿园和帮扶幼儿园共四十九个单位近二百名研究者参与编写。在编写过程中，我们瞄准"育人过程""保教质量"等幼儿和幼儿园可持续发展的关键范畴，对标 2022 年 2 月教育部印发的《评估指南》中的五个重点内容，成立了五个编写组，由五所幼儿园牵头负责。我们按照贯彻落实"关键指标"、系统建构"育人过程"、持续促进"质量提升"的原则来编写，每章均包含"理论指引"和"实践探索"两个主体板块。牵头幼儿园负责组织撰写本章的"理论指引"，并完成本章的统稿、改稿工作。"实践探索"部分面向参研幼儿园征集了一百多个案例，最后采用了五十五个，其中所使用的图片均由撰写案例的幼儿园提供。

本书第一章由绵阳市花园实验幼儿园负责，何云竹园长带领李敏、乔晓丽、何苗、邵莉、蔡镜思之、王梦潇等人完成；第二章由绵阳市子云幼儿园负责，伍洪羲园长带领李平、杜玲、余小丽、李思默、彭泽翠、韩兴丽等人完成；第三章由成都市金牛区机关第二幼儿园负责，黄洁园长带领涂恩来、解立谦、张靖霞、谢娟、杜红、李佳蔚等人完成；第四章由成都市第十一幼儿园负责，王霞园长带领蒋小茜、鲁正群、郭丁绮、邹锦、余小梅、彭书红等人完成；第五章由攀枝花市实验幼儿园负责，刁玲园长带领朱志康、胡荔、李艺、邵坤玉、郜美、王婷等人完成。在此，特别感谢所有提供案例的幼儿园和老师的大力支持！特别感谢五个编写小组的通力合作与辛勤付出！

在本书撰写过程中，很幸运地得到了四川省教育厅教师发展处罗瑜处长的关心，还有以雷云主任为首的四川省教师发展中心的专家老师们的指导，以及四川教育出版社相关同志对本书编写出版的支持。很荣幸，本书能邀请到四川师范大学张伟教授作序《让保育教育过程充满"最优生长"的力量》，成都市第十六幼儿园余琳园长也以"保育教育过程质量：跨越高品质幼儿园建设的时代沟壑"为题撰文。对此，我们心怀感恩，铭记所有相助！

本书不仅是写出来的，更是干出来的。这是一次一线老师、园长努力亲近理论的集体尝试，图书集结了一批既有边远民族地区，又有北京和重庆区域的学校的学前实践方案。希望本书能通过多样化的呈现满足多种需要，拥有更广泛的适用价值。但限于认知和研究水平，也因幼儿园层次、类型、规模、地域和师资不同，各篇案例水平还不完全一致。尽管经过多次修改完善，还有不尽如人意之处，来稿案例也具有一定局限性，恳请大家批评与指正。

未来走向何处？我们在党的二十大报告和党的二十届三中全会决议中找到了方向：全面、创新的高质量发展。我们认为，"全面"与"创新"将成为新时代学前教育改革发展的新方向。其中，"全面"至少包含三个层面的意义：在国家层面实现全面的普惠优质，在幼儿园层面实现全面的保教优质，在儿童层面实现全面的发展优质。"创新"体现在四个方面：理念的创新、实践的创新、方法的创新、成果的创新。可见，"全面、创新的高质量发展"是学前教育的题中之义，是新时代赋予我们的时代命题。因此，在研究的第三阶段，我们将围绕"走入高品质幼儿园"进行探索。"走入高品质幼儿园"并非代表每个园所都达到了最高的品味和质量，因为品味和质量的"高"是无限度、无止境的，而是应重在去展现高品质幼儿园的样态，向目标逐渐迈进，不断入格，直达优秀。在我们看来，是否真正"进入"没有标准答案，也许不经意间就已然实现，但"走近"无疑是其中最为关键且不可忽视的一个阶段。

一本书的成长就是一段历程。从"走向"到"走近"，再到"走入"，这三步是密切相连、相互融合、互为促进的，呈现了阶段性、持续性、递进性，我们将把理想信念、道德情操、育人智慧、躬耕态度、仁爱之心、弘道追求更深地融入高品质幼儿园建设的方方面面，教天地人学、育生命自觉。我想，每一段距离，都将激励我们不断向前迈进，无限提升幼儿园的品质和质量，进一步推动学前教育横向的优质均衡与纵向的融会贯通。希望《走近高品质幼儿园》的诞生，闪耀着教育家精神的光芒，成为弘扬教育家精神的范本。

我们会向着"高品质幼儿园"再出发！以满腔热爱为墨，以专业智慧为笔，在探索前进中走向更高境界，共同绘制孩子们全面发展、绚丽多彩的成长蓝图，肩负起办好人民满意的幼儿园、培育新时代好儿童的崇高使命！

2024 年 8 月